21 世纪全国高校应用人才培养机电类规划教材

冲压工艺与模具设计

佘银柱　主　编

赵跃文　副主编

内 容 提 要

本书共8章：概述、冲压成形的基本理论、冲裁、弯曲、拉深、其他成形工艺、冲压工艺规程设计、模具的安装与调整等，并附有冲模设计的参考资料。

根据应用人才的教育特点，本书以培养学生从事实际工作的基本职业能力和技术应用为目的，理论知识以必需、够用为度，按少而精的原则选取，重点突出实践能力的培养。全书对冲压工艺与模具设计的基本原理、方法、步骤有较系统、全面的介绍，内容通俗易懂，图文并茂，实用性强，每章均附有思考题，重点章节附有设计实例，以方便学生学习。

本书适用于各类高职高专、二类本科院校机械类专业学生学习使用，也可作为从事模具设计与制造工程技术人员的参考用书或自学用书。

图书在版编目(CIP)数据

冲压工艺与模具设计/佘银柱主编. —北京：北京大学出版社，2005.11
(21世纪全国高校应用人才培养机电类规划教材)
ISBN 978-7-301-09133-3

I. 冲… II. 佘… III. ①冲压－工艺－高等学校：技术学校－教材 ②冲模－设计－高等学校：技术学校－教材 IV. TG38

中国版本图书馆CIP数据核字（2005）第069429号

书　　名：冲压工艺与模具设计
著作责任者：佘银柱　主编
责 任 编 辑：韩玲玲
标 准 书 号：ISBN 978-7-301-09133-3/TH・0026
出　版　者：北京大学出版社
地　　　址：北京市海淀区成府路205号　100871
电　　　话：邮购部62752015　发行部62750672　编辑部62765013　出版部62754962
网　　　址：http://www.pup.cn
电 子 信 箱：xxjs@pup.pku.edu.cn
印　刷　者：河北滦县鑫华书刊印刷厂
发　行　者：北京大学出版社
经　销　者：新华书店
787毫米×980毫米　16开本　17印张　350千字
2005年11月第1版　2009年8月第3次印刷
定　　　价：25.00元

前　言

本书是《21 世纪全国高校应用人才培养机电类规划教材》之一，适合于应用型普通本科院校、高等专科院校、高等职业学校、成人高校的模具设计与制造专业使用，也可作为从事模具设计与制造工程技术人员的参考用书。本书教学参考时数为 60～80 学时。

冷冲压在机械制造、电子电器、航空航天、汽车工业及日常生活中都占有十分重要的地位，应用非常广泛。本书以培养学生从事冷冲压实际工作的基本职业能力和技术应用为目的，以培养服务第一线的高等技术应用型专门人才为根本任务。全书讲述了冲压成形的基本理论及冲裁、弯曲、拉深和其他成形工艺的基本理论、工艺特点、工艺计算等内容，还介绍了相应工艺的典型模具结构与设计实例，其中以冲裁、弯曲、拉深的成形工艺和模具设计为重点。在内容编排上以“应用”为主旨，注重知识面的宽广和实践能力的培养，并力求理论知识与模具设计及冲压生产的实践相结合，既侧重各工艺方法的特点，又注意它们之间的内在联系以及在工艺设计和模具设计中带有共性的问题。

本书由中北大学分校佘银柱、赵跃文任主编。全书共 8 章，其中第 2、3、5、6、7、8 章及附录由佘银柱编写，第 1、4 章由中北大学分校赵跃文编写。本书在编写过程得到北大出版社、兄弟院校有关老师、工厂技术员的大力支持和帮助，参考了众多专家学者的研究成果，在此一并表示深深的感谢。

由于编者水平有限，不当之处在所难免，望读者批评指正。

作　者

2005 年 3 月

目　录

第1章　概　　述

1.1　冲压加工的特点

冲压加工是利用安装在冲压设备上的冲模对材料施加压力，使其产生分离或塑性变形，从而获得一定尺寸、形状和性能的零件加工方法。

材料、模具和冲压设备是冲压加工的三要素。

由于冲压加工通常是在室温下进行的，所以被称为**冷冲压**。冲压加工不仅可以加工金属板料、棒料和带料，而且也可以加工非金属材料和复合材料。由于冲压加工的原材料一般为板料，所以也被称为**板料冲压**。冲压加工是压力加工方法的一种，隶属于材料成形工程技术，是机械制造中先进的加工方法之一。本书主要介绍金属的板料冲压。

冲压加工与其他加工方法相比，具有以下特点。

（1）操作简单，易于实现自动化，并且具有较高的生产效率。

（2）冲压加工可以获得其他加工方法不能或难以制造的形状复杂、精度一致的制件，而且可以保证互换性。

（3）冲压过程耗能少、材料利用率高，加工成本低。冲压加工不像切削加工那样需要消耗很多能量、把大量金属切成碎屑后获得零件，材料的利用率一般可达70%~85%。

（4）冲压件刚性好、强度高、重量轻、表面质量好。冲压加工过程中，材料表面不易遭受破坏，而且通过塑性变形还可以使制件的机械性能有所提高。

（5）冲压加工中所用的模具结构一般比较复杂、制造周期长、生产成本高，因此在小批量生产中受到限制。

（6）冲压件的精度主要取决于模具精度，如果零件的精度要求过高，用冲压生产的方法就难以达到。

1.2　冲压加工的作用与地位

由于冲压加工具有许多突出的优点，因此在工业生产中，尤其是大批量生产中得到广泛应用。从精细的电子元件、仪表指针到汽车的覆盖件、高压容器封头以及航空航天器的蒙皮、机身等均需冲压加工。据粗略统计，在汽车制造业中，有 60%～70%的零件是采用冲压工艺制成的，冷冲压生产所占的劳动量为整个汽车工业劳动量的 25%～30%。在机电及仪器、仪表生产中有 60%～70%的零件是采用冷冲压工艺来完成的。在电子产品中，冲压件的数量约占零件总数的 85%以上。在飞机、导弹、各种枪弹与炮弹的生产中，冲压件所占的比例也相当大。人们日常生活中所用的金属制品，冲压件所占的比例更大，如铝锅、不锈钢餐具、搪瓷盆等都是冲压产品。占世界钢产量 60%～70%以上的板材、管材及型材，其中大部分是通过冲压制成成品的。在许多先进的工业国家里，冲压生产和模具工业得到高度的重视，例如美国和日本，模具工业的产值已超过机床工业，模具工业已成为重要的产业部门，而冲压生产则成为生产优质先进机电产品的重要手段。随着工业产品的不断发展和生产技术水平的不断提高，不少过去用铸造、锻造、切削加工方法制造的零件，已被质量轻、刚度好的冲压件所代替。可以说，冲压加工已成为现代工业生产的重要手段和发展方向，是提高生产率、提高产品质量、降低生产成本、进行产品更新换代的重要保证。

1.3 冲压工序的基本类型

冲压加工因制件的形状、尺寸和精度的不同，所采用的工序也不同。但是，概括起来可分为分离工序和成形工序两大类。**分离工序**是将冲压件或毛坯沿一定的轮廓相互分离，其特点是变形部分材料的应力达到强度极限以后，使材料发生断裂而分离。**成形工序**是在材料不产生破坏的前提下使毛坯发生塑性变形，形成所需要的形状及尺寸的制件，其特点是变形部分材料的应力达到屈服极限，但未达到强度极限，使材料产生塑性变形。

上述两类工序，按冲压方式的不同又可分为很多基本工序，表 1-1 列出了常用冲压基本工序的分类和性质。

表 1-1 冲压基本工序

类别	工 序	图 例	工 序 性 质
分离	落料	工件 废料	将板料沿封闭线分离，冲下的部分为工件，其余部分为废料
	冲孔	废料 工件	将板料沿封闭线分离，冲下的部分为废料

（续表）

类别	工　序	图　例	工 序 性 质
分离	剪切	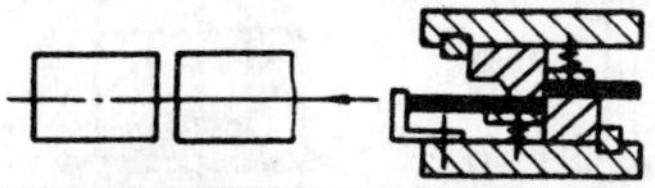	用剪刀或模具切断板料，且断线不封闭
	切口	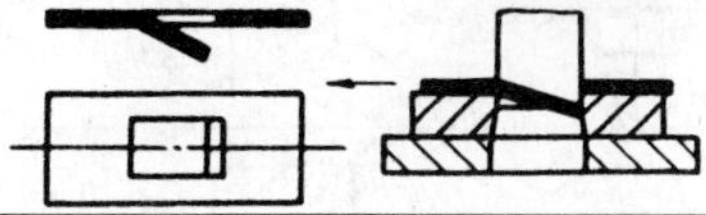	在坯料上将材料的一部分切开，切口部分发生弯曲
	切边	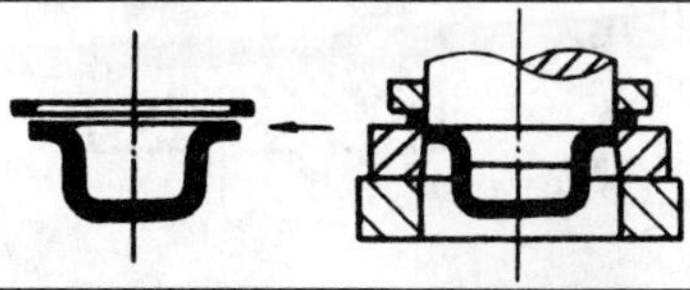	将拉深或成形后的半成品边缘部分的多余材料切掉
	剖切	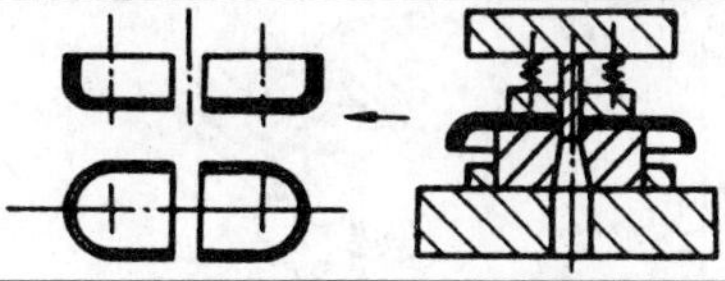	将半成品切开成两个或几个工件，常用于成双冲压
成形	弯曲	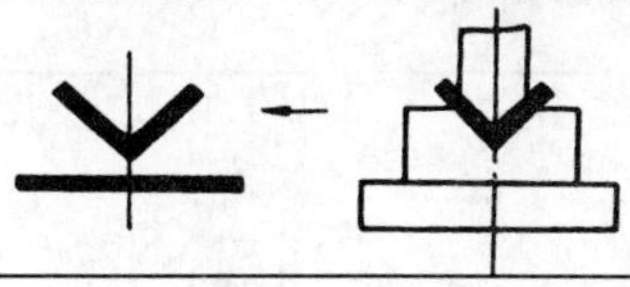	将材料沿弯曲线弯成各种角度与形状
	卷圆	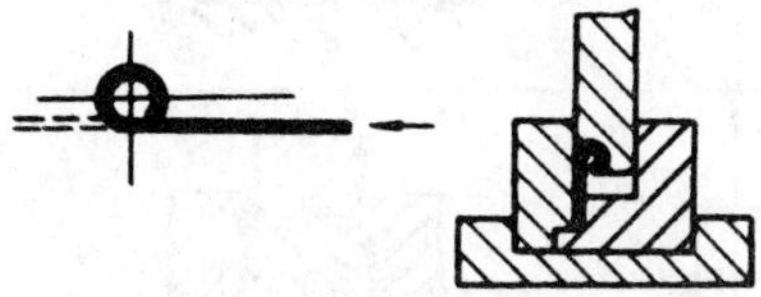	将板料端部卷圆
	扭曲	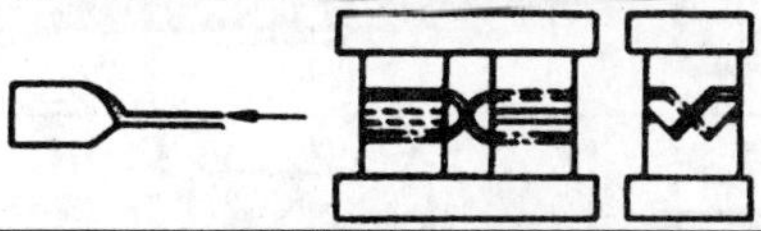	将平板毛坯的一部分相对于另一部分扭转一个角度
	拉深	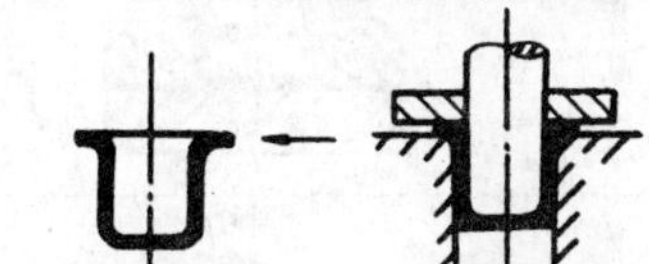	将板料压制成空心工件，壁厚基本不变
	变薄拉深	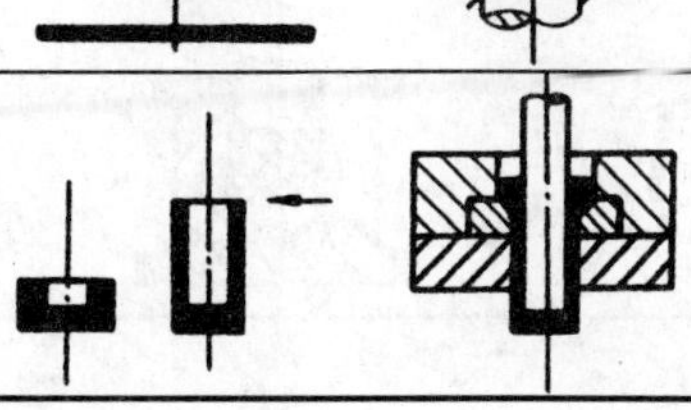	用减小直径与壁厚、增加工件高度的方法改变空心件尺寸，得到要求的底部厚、壁部薄的工件

（续表）

类别	工序		图例	工序性质
成形	翻边	孔的翻边	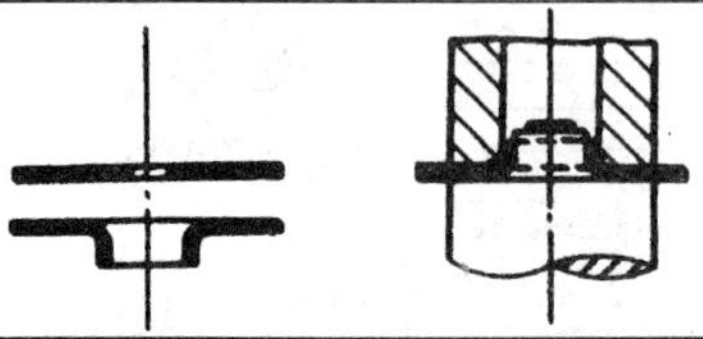	将板料或工件上有孔的边缘翻成竖立边缘
		外缘翻边	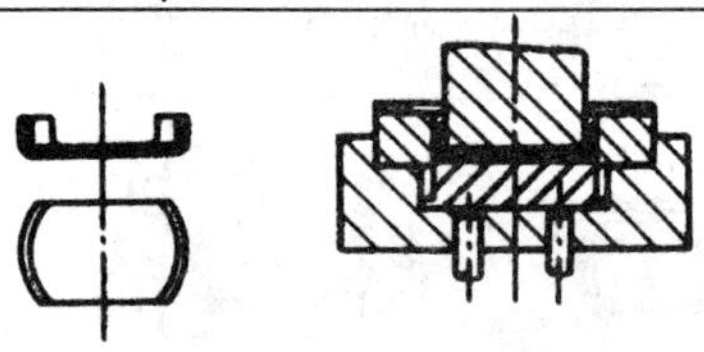	将工件的外缘翻成圆弧或曲线状的竖立边缘
	缩口		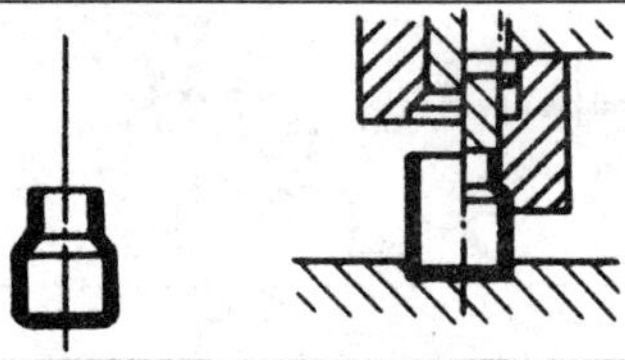	将空心件的口部缩小
	扩口		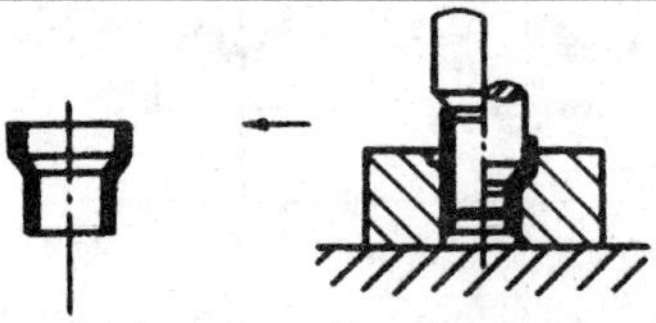	将空心件的口部扩大
	起伏		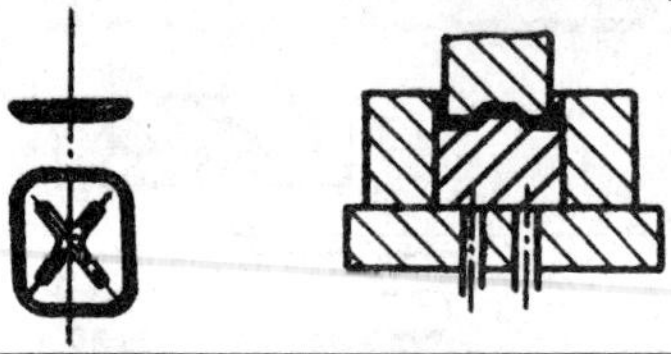	在板料或工件的表面上压出各种形状的凸起或凹陷，起伏处材料在整个厚度上都有变形
	卷边		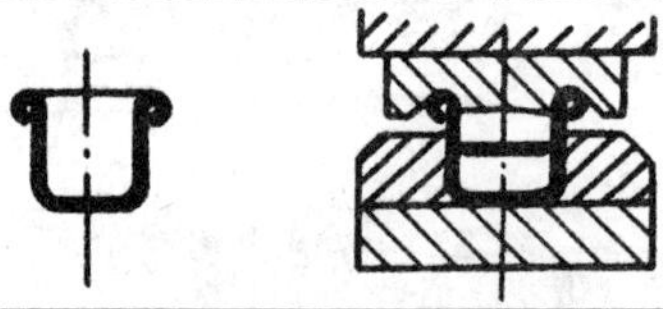	将空心件的边缘卷成一定的形状
	胀形		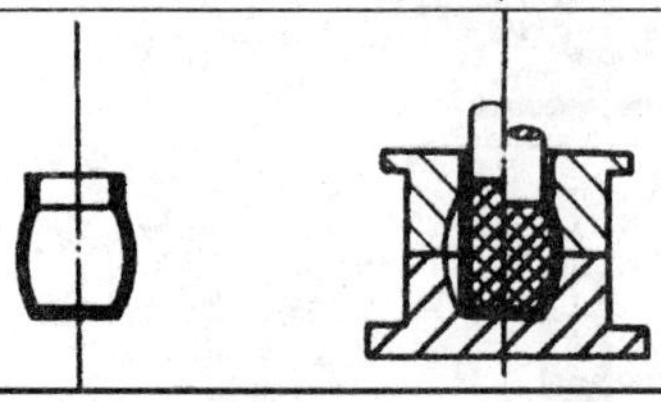	使空心件（或管料）的一部分沿径向扩张，呈凸肚形

（续表）

类别	工　序		图　例	工序性质
成形	旋压		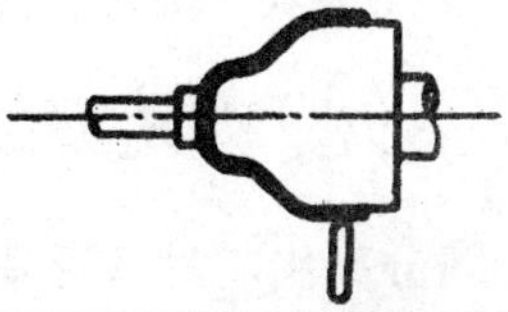	利用赶棒或滚轮将板料毛坯赶压成一定形状（分变薄和不变薄两种）
	整形		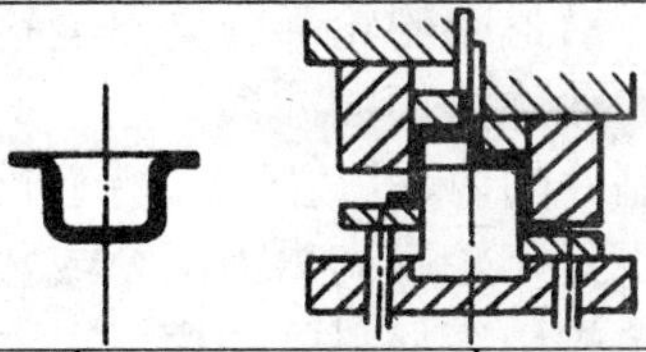	把形状不太准确的工件校正成形
	校平		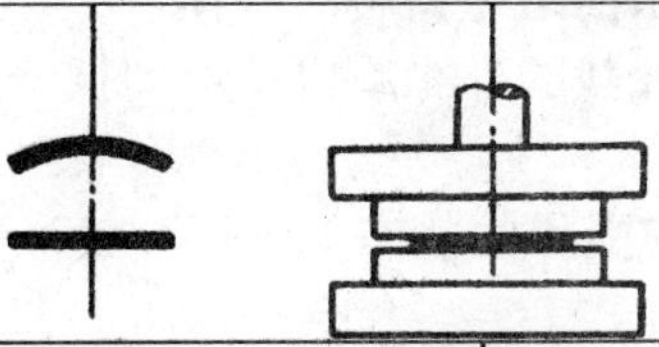	将毛坯或工件不平的面予以压平
	压印		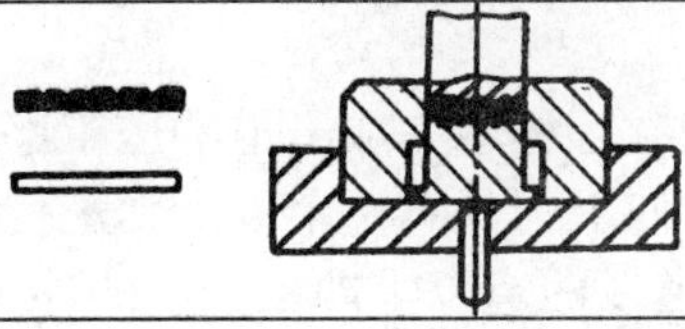	改变工件厚度，在工件表面上压出文字或花纹（只在制件厚度的一个平面上有变形）
	挤压	正挤压	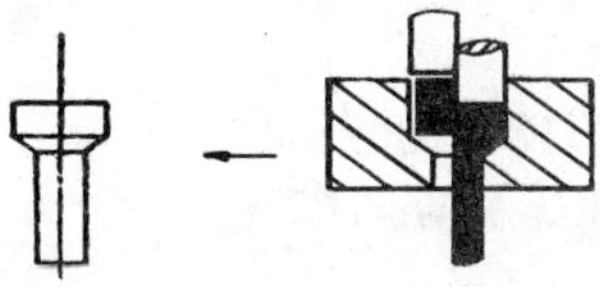	凹模腔内的金属毛坯在凸模压力的作用下，处于塑性变形状态，使其由凹模孔挤出，金属流动的方向与凸模运动方向相同
		反挤压	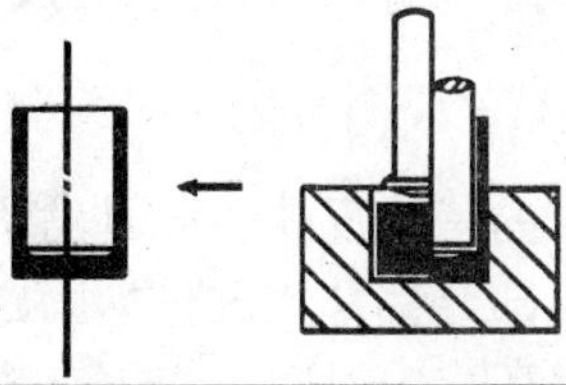	金属挤压过程中，沿凸模与凹模的间隙塑流，其流动方向与凸模运动方向相反
		复合挤压	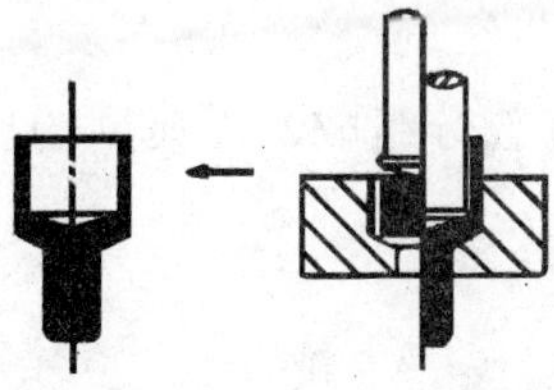	正挤与反挤的结合

1.4 冲压模具的分类与基本结构组成

冲裁模的结构型式很多，为了研究的方便，可以对冲裁模按以下特征进行分类。

（1）按工序的性质分类

① **落料模** 在板料上沿封闭的轮廓分离出制件或毛坯的冲模。

② **冲孔模** 在板料或毛坯上，沿封闭的轮廓分离出废料，得到带孔制件的冲模。

③ **切断模** 将板料沿不封闭的轮廓分离的冲模。

④ **切口模** 从毛坯或半成品制件的内、外边缘上，沿不封闭的轮廓分离出废料的冲模。

⑤ **剖切模** 将半成品制件沿不封闭轮廓切离为两个或数个制件的冲模。

⑥ **切边模** 切去成形制件多余的边缘材料的冲模。

⑦ **整修模** 沿半成品制件被冲裁的外缘或内孔修切掉一层材料，以提高制件尺寸精度和断面粗糙度的冲模。

⑧ **精冲模** 使板料在处于三向受压的状态下进行冲裁，冲制出冲切面无裂纹和撕裂、尺寸精度高的制件的冲模。

（2）按工序的组合方式分类

① **单工序模** 在压力机的一次行程中完成一道冲压工序的冲模。

② **连续模** 在条料的送料方向上，具有两个以上的工位，并在压力机的一次行程中，依次在几个不同的工位上完成两道或两道以上冲压工序的冲模。

③ **复合模** 只有一个工位，并在压力机的一次行程中，完成两道或两道以上冲压工序的冲模。

（3）按上、下模有无导向装置或按导向方法分类

可分为无导向模、导板导向模和导柱导向模。

（4）按工作零件所用材料分类

可分为橡胶冲模、钢带模、低熔点合金模、锌基合金模、硬质合金模等。

（5）按凸、凹模的布置方法

可分为正装模和倒装模。

上述各种不同的分类方法从不同的角度反映了模具结构的特点。但模具都可分为上模部分和下模部分。中小型冲模的上模部分都是通过模柄固定在压力机滑块上的，对于大型冲模则可用螺钉、压板将上模座固定在压力机的滑块上。模具的下模部分用压板与工作台连接。

冲模零件按其作用大致由以下 6 部分组成。以典型的导柱导套冲裁模为例，其基本结构组成如图 1-1 所示。

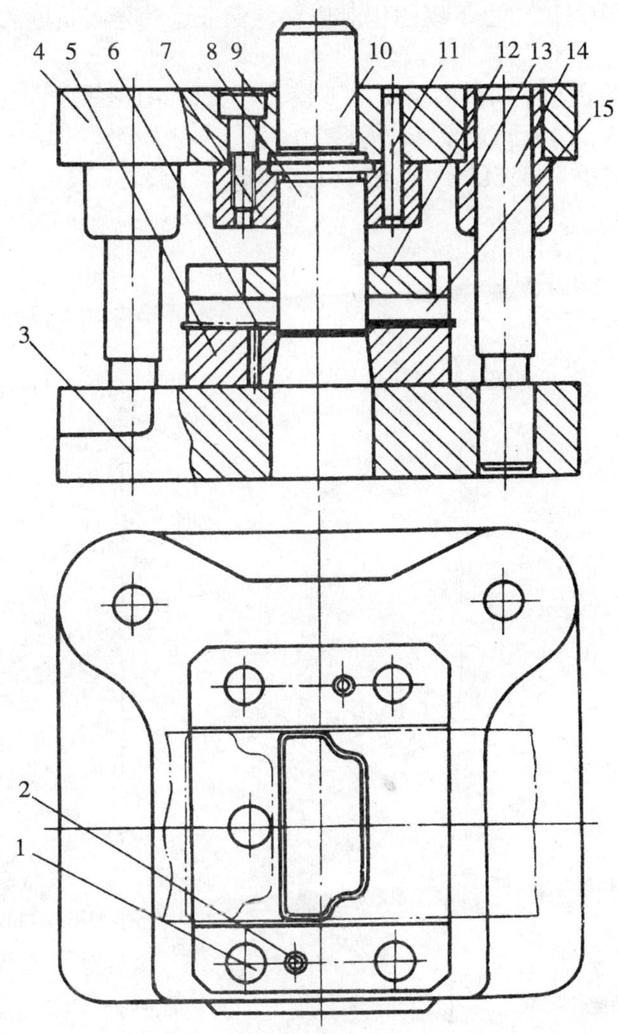

1—螺钉 2—圆柱销 3—下模座 4—上模座 5—凹模 6—挡料销 7—凸模固定板 8—凸模 9—螺钉 10—模柄 11—圆柱销 12—卸料板 13—导套 14—导柱 15—导料板

图 1-1　导柱式简单冲裁模

（1）工作零件　直接对坯料进行冲压加工的冲模零件。如凸模 8、凹模 5。

（2）定位零件　确定坯料在冲模中正确位置的零件。如挡料销 6、导料板 15。

（3）压料、卸料及出件零件　将冲切后的零件或废料从模具中卸下的零件。如卸料板 12。

（4）导向零件 用以确定上下模的相对位置，保证运动导向精度的零件。如导套 13、导柱 14 等。

（5）固定零件 将凸模、凹模固定于上下模上，以及将上下模固定在压力机上的零件。如上模座 4、下模座 3、凸模固定板 7、模柄 10 等。

（6）紧固及其他零件 把模具上所有零件连接成一个整体的零件。如螺钉 1 和销钉 2、11 等。

冲模零件分类可以表示如下：

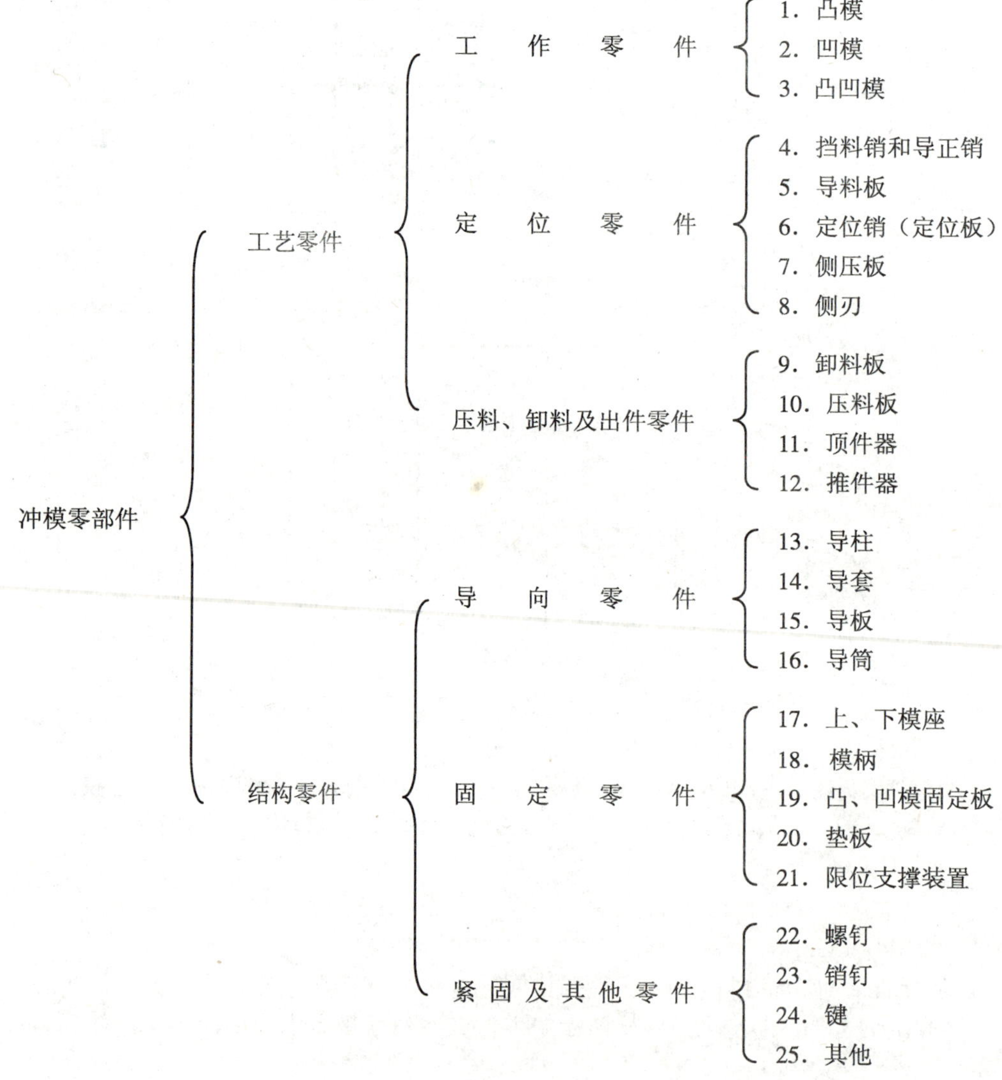

1.5　冲压技术的发展趋势

冲压技术一直在不断地向前发展。国内、外 21 世纪的发展方向和动向主要有以下几个方面。

（1）冲压成型工艺与理论研究

近年来，冲压成形工艺有很多新的进展，特别是精密冲裁、精密成形、精密剪切、复合材料成形、超塑性成形、软模成形以及电磁成形等新工艺日新月异，冲压件的成形精度日趋精确，生产率也有极大的提高，正在把冲压加工提高到高品质的、新的发展水平上。

计算机辅助工程（CAE）的引入，使冲压成形已从原来对应力应变进行有限元等分析而逐步发展到采用计算机进行工艺过程的模拟与分析，以实现冲压过程的优化设计。在冲压毛坯设计方面也开展了计算机辅助设计，可以对排样或拉深进行优化设计。

此外，对冲压成形性能和成形极限的研究、冲压件成形难度的判定以及成形预报等技术的发展，均标志着冲压成形走向计算机辅助工程化和智能化的发展道路。

（2）新一代冲模设计软件技术

新一代冲模设计软件是建立在从模具设计实践中归纳总结出的大量知识上、具有智能化意义的软件。在智能化软件的支持下，模具 CAD 不再是对传统设计与方法的模仿，而是在先进设计理论的指导下，充分运用本领域专家的丰富知识和成功经验，其设计结果必然具有合理性和先进性。

新一代冲模软件以立体的思想、直观的感觉来设计模具结构，所生成的三维结构信息能方便地用于模具可制造性评价和数控加工，既可对多方案进行筛选，又可对模具设计过程中的合理性和经济性进行评估，并为模具设计者提供修改依据。模具可制造性评价主要包括模具设计与制造费用的估算、模具可装配性评价、模具零件制造工艺性评价、模具结构及成形性能的评价等。

新一代冲模软件还具有面向装配的功能，因为模具的功能只有通过其装配结构才能体现出来。而新一代模具软件可为模具设计人员提供多种途径来建立模具的装配模型。采用面向装配的设计方法后，模具装配不再是逐个零件的简单拼装，其数据结构既能描述模具的功能，又可定义模具零部件之间相互关系的装配特征，实现零部件的关联，因而能有效地保证模具的质量。

（3）在模具设计制造中广泛应用 CAD/CAE/CAM 技术

模具设计制造是一个多环节的复杂过程，从初始设计到最后的装配检测，实质上是将产品的设计信息在生产环节间进行不断传送、处理并反馈的过程。正确的模具设计制造方法应该是采用并行工程的方法，要实现模具 CAD/CAE/CAM 等各个模具间信息的提取、交换和处理的集成化，必须建立模具集成化的产品信息模型。采用基于特征变量化设计、工程数据库管理系统等技术已成为目前研究的热门。

反求工程技术是先进制造技术的重要组成内容，采用反求技术，可迅速将实物模型CAD模型化，再利用已有的模具CAD/CAM系统进行模具设计制造，具有速度快等优点，同时它使模具设计制造的流程由传统的开环结构向闭环结构转变，从而建立起模具质量保证体系。

利用和集成各种计算机技术，以网络为通讯手段，协调企业的各种行为以获得最好的经济效益为目标来制造产品。模具工业作为一种特殊的工业无疑要向集成制造方向发展，这是未来模具设计制造总的发展趋势。

（4）冲压加工自动化、精密化与柔性化

为了适应大批量、高效生产的需要，在冲压模具和设备上广泛应用了各种自动化的进、出料机构。对于大型冲压件，例如汽车覆盖件，专门配置了机械手或机器人，这不仅大大提高了冲压件的生产品质和生产率，而且也增加了冲压工作和冲压工人的安全性。在中小型冲压件的大批量生产方面，现已广泛应用多工位级进模、多工位压力机或高速压力机。在小批量多品种生产方面，正在发展快速柔性制造系统（FMS），为了适应多品种生产时不断更换模具的需要，已成功地发展了快速换模系统。现在，换一副大型冲压模具，仅需6～8分钟即可完成。此外，近年来，集成制造系统（CIMS）也正在被引入冲压加工系统，出现了冲压加工中心，并且使设计、冲压生产、零件运输、仓储、品质检验以及生产管理等全面实现自动化。

（5）冲模新材料及模具热处理新技术的研制、开发以及推广应用

我国模具的使用寿命与国外模具的使用寿命仍存在着较大的差距，究其原因，很大程度在于模具材料和热处理、表面处理技术上。使用进口模具材料，虽然对提高模具寿命有利，但价格昂贵，增加了模具成本。因此，必须努力提高国产模具材料的质量，研究和推广先进的热处理、表面处理技术，充分发挥模具材料的潜力。

（6）提高冲模标准化水平和模具标准件的使用率

实现模具零件标准化和专业化是缩短模具制造周期、降低模具成本的行之有效的途径，同时也会为计算机辅助设计与制造创造有利条件。因此，必须加快模具制造的产业调整以满足市场的需要，走出一条低成本、高效益的发展之路。

1.6 思考题

1．试述冲压工序的基本类型及其特点。

2．冲压模具包括哪些基本组成部分？

第 2 章　冲压成形的基本理论

2.1　塑性、塑性变形、变形抗力的概念

2.1.1　塑性与塑性变形

在外力作用下，金属产生的形状与尺寸变化称为**变形**。变形分为弹性变形和塑性变形。在固体材料中，原子在空间内都呈有序排列，原子之间作用着相当大的力。在没有外力作用时，金属中的原子处于稳定的平衡状态，物体具有自己的形状与尺寸。如果施加外力，会破坏原子间原来的平衡状态，造成原子排列畸变，引起金属形状与尺寸的变化。

假如作用于物体的外力卸载后，金属中的原子立即恢复到原来稳定平衡的位置，金属完全恢复了自己的原始形状和尺寸，则这样的变形称为**弹性变形**。如增加外力，原子排列畸变增大，达到邻近的稳定平衡位置，当外力卸载后，原子并不能再回到原始位置，而是停留在邻近的稳定平衡位置，则金属的形状和尺寸就发生了永久改变。这种在外力作用下产生不可恢复的永久变形称为**塑性变形**。

受外力作用时，原子总是离开平衡位置而移动。因此，在塑性变形条件下，总变形既包括塑性变形，也包括除去外力后消失的弹性变形。塑性变形和弹性变形一样，都是在变形体不破坏的条件下进行的。

所谓**塑性**，是指固体材料在外力作用下发生永久变形，但不破坏其完整性的能力。塑性不仅与材料本身的性质有关，而且与变形条件有关。所以，不同材料在同一变形条件下有不同的塑性；而同一材料，在不同变形条件下也会出现不同的塑性。

塑性的大小可用“塑性指标”来评定。**塑性指标**是以材料临近开始破坏时的塑性变形量来表示。塑性指标可用各种试验方法求得。

2.1.2　变形抗力

塑性变形时，使金属产生塑性变形的外力称为**变形力**，金属抵抗变形的力称为**变形抗力**。变形抗力反映了使材料产生塑性变形的难易程度。变形抗力和变形力数值相等，方向相反，一般用作用在金属和工具接触面上的平均单位面积变形力表示其大小。压缩变形时

的变形抗力即是作用于施压工具表面的单位面积压力，亦称**单位流动压力**。变形抗力是从力的角度反映塑性变形的难易程度。

通常用真实应力作为变形抗力的指标。但变形抗力与真实应力是两种不同的概念，**真实应力**是在单向拉伸（或压缩）试验时，作用在试样瞬时断面上的应力，只有在单向应力状态下，变形抗力才等于材料的真实应力。金属塑性加工过程多数是在两向或三向应力状态下进行的，所以变形抗力一般要比单向应力状态的真实应力大得多，可达真实应力的1.5～6倍。因此，变形抗力的大小除了取决于该材料在一定变形温度、变形速度和变形程度下的真实应力外，还取决于塑性加工时的应力状态、接触摩擦及相对尺寸等因素。

2.2 影响塑性变形的主要因素

影响金属塑性变形的因素很多，如金属的化学成分、组织状态、晶格类型等内在因素，及变形温度、变形速率、应力状态等外部因素。从冲压工艺角度出发，往往着重于外部条件的研究，以便创造条件，充分发挥材料的变形潜力，尽可能减少工序数。

1. 金属的成分和组织结构

（1）化学成分的影响

金属的塑性随其纯度的提高而增加，但工业用金属大都含有一定杂质，有时为改善金属的使用性能，常人为的加入一些合金元素，它们对金属塑性都有影响。例如碳钢中的杂质元素硫、磷、氮、氢、氧等分别会产生热脆、冷脆、时效脆性及氢脆等，从而使碳钢的塑性降低。

合金元素对塑性的影响取决于所加入元素的特性、数量、元素之间的相互作用及分布等。当合金元素与基体形成固溶体后具有较好的塑性。若加入元素的量不适当，形成过剩相时则会使塑性降低。对于多元合金，由于其中各元素的不同作用及元素之间的相互作用，元素对塑性的影响很复杂，需结合具体情况进行分析。

（2）组织结构的影响

一般情况下，单相组织（纯金属或固溶体）比多相组织的塑性好，固溶体比化合物的塑性好。而多相组织的塑性又与各相的特性、晶粒的大小、形状、分布等有关。若两相变形性能相近，则塑性为其平均值。当两相相差悬殊时，则变形主要在塑性好的一相中进行，另一相起阻碍作用，这时多相组织的塑性与第二相的分布有关。第二相若呈不连续网状状态分布在晶界上，则塑性很差；若第二相呈片、层状分布在晶粒内，则塑性稍有下降；若第二相呈颗粒状弥散分布，则不影响组织的塑性。

2. 变形温度

冲压加工中应用最广泛的材料，如：低碳钢、铜等熔点较高的金属，其温度与塑性的关系如图 2-1 所示。

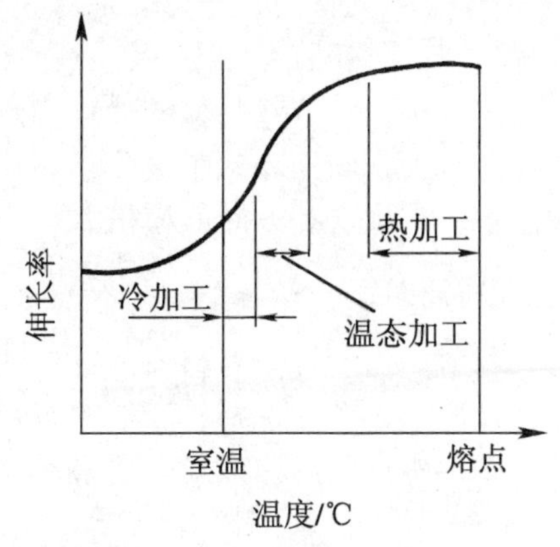

图 2-1　温度与塑性的关系

由图可知，塑性随变形温度的升高而增加，通常把在室温附近的加工称为**冷加工**，把再结晶温度以上的加工称为**热加工**，把介于常温与再结晶温度之间的加工称为**温态加工**。

升温过程中金属塑性总体上是提高的，但要注意的是，在某些温度区间，塑性可能会降低，出现脆性区。如碳钢在 200～250℃，800～900℃温度范围内，出现塑性下降，分别称为蓝脆区、热脆区，超过 1 250℃时由于发生过热、过烧，塑性又急剧下降，这个区称高温脆区。所以在确定变形温度时必须根据不同材料的温度—力学性能曲线、加热对材料可能产生的不利影响及材料变形性质来正确选择。

3. 变形速度

变形速度对塑性有以下两个不同方面的影响：一方面随变形速度的增大，要驱使更多的位错同时更快地运动，使金属的变形抵抗力增加，进而使断裂提早，所以使金属的塑性降低。同时在热变形条件下变形速度较大时，可能没有足够的时间发生回复和再结晶，也使塑性降低。另一方面随着变形速度的增大，温度效应显著，会提高金属的塑性。

因此在实际应用中，可依据上述影响规律来选用塑性成形设备的工作速度。通常是：

（1）对于形状简单的小零件，因为变形程度小，一般可以不考虑速度因素，只需考虑设备的构造、公称压力、功率等。

（2）对于大型复杂零件的冲压成形，宜用低速压力机。因为大尺寸复杂零件成形时，坯料各部分的变形程度差异很大，用低速压力机，减小变形速度，从而使得坯料整体塑性良好。

（3）对于加热成形工序，如加热拉深、加热缩口等，为了使坯料中的已变形区域能及时冷却强化，宜用低速。

（4）对于应变速率比较敏感的材料，如不锈钢、耐热合金、钛合金等，加载速度不宜超过 0.25 m/s。

4. 应力状态

应力状态中的压应力个数越多，数值越大，则塑性越好；反之，拉应力个数越多，数值越大，则塑性越差。

5. 尺寸因素

同一种材料，在其他条件相同时，尺寸越大，塑性越差，变形抗力越小。这是因为材料尺寸越大，组织和化学成分越不均匀，且内部缺陷也越多，应力分布也不均匀。例如厚板冲裁，产生剪裂纹时凸模挤入板料的深度与板料厚度的比值比薄板冲裁时小。

6. 材料的力学性能

材料的力学性能对材料的冲压成形影响很大，进而影响冲压工艺的制定、冲压模具的设计及冲压设备的选择。一般来说，板料的强度指标越高，产生相同变形量所需的力就越大；塑性指标越高，成形时所能承受的极限变形量就越大；刚性指标越高，成形时抗失稳起皱的能力就越大。

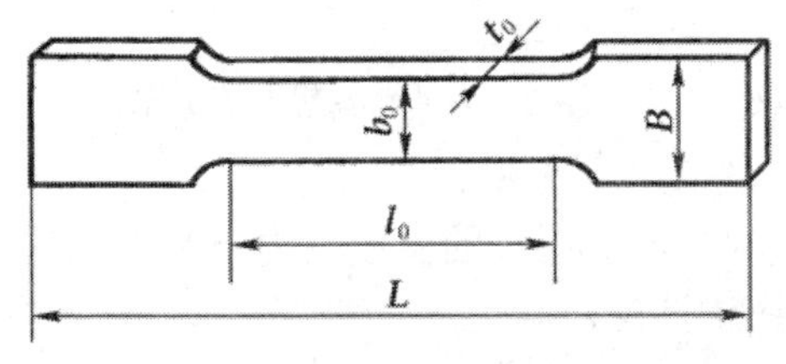

图 2-2 拉伸试验试样

材料的力学性能一般通过单向拉伸试验获得，其实验试样如图 2-2 所示。拉伸试件的长度按国标（GB 228－1987）确定。材料主要的力学性能指标及其影响介绍如下：

（1）屈服极限 σ_s

屈服极限 σ_s 小，材料容易屈服，则变形抗力小，产生相同变形所需的变形力就小。另外，当压缩变形时，屈服极限小的材料因易于变形而不易出现起皱。对弯曲变形的回弹小。

（2）屈强比 σ_s/σ_b

屈强比小，说明 σ_s 值小而 σ_b 值大，即容易产生塑性变形而不易产生拉裂，也就是说，从产生屈服至拉裂有较大的塑性变形区间。尤其是对压缩类变形中的拉深变形而言，屈强比具有重大影响，当变形抗力小而强度高时，变形区的材料易于变形而不易起皱，传力区的材料又有较高强度而不易拉裂，有利于提高拉深变形的变形程度。

（3）延伸率

延伸率又分为总延伸率和均匀变形的延伸率，试样拉断时的延伸率称总延伸率 δ（或简称延伸率 δ），而试样开始产生局部集中变形（缩颈时）的延伸率称均匀延伸率 δ_u，表示板料产生均匀或稳定的塑性变形的能力，它直接决定板料在伸长类变形中的冲压成形性能。δ_u 值愈大，则翻边、扩孔、弯曲、胀形等极限变形程度愈大。

（4）硬化指数 n

单向拉伸硬化曲线可写成 $\sigma=k\varepsilon^n$，其中指数 n 即为硬化指数，表示在塑性变形中材料的硬化程度，它与冲压成形性能的关系最为密切。通常认为，n 值增大，材料加工硬化严重，硬化使变形部分材料的强度提高，于是增大了均匀变形的范围。提高板料成形时的总体成形极限。但是硬化指数 n 大必然伴随着所需要的变形力加大。

（5）塑性应变比 r

塑性应变比又称厚向异性指数，指单向拉伸中，板材试样宽度应变和厚度应变之比，即：$r=\varepsilon_b/\varepsilon_t$，$r$ 反应了板料在厚度方向上的相对变形能力。r 值越大，表示板料越不易在厚度方向上产生变形，即不易出现变薄或增厚。r 值对拉深成形影响较大，由于 r 大时，板料易于在宽度方向变形，厚度方向起皱的可能性减小，而板料受拉处（筒壁）厚度不易变薄，又使拉深不易出现裂纹，因此拉深变形程度得以提高。

板材的 r 值常具有方向性，即在板平面不同方向上的 r 值常不一样，这时可以按平均值计算：

$$r_{均} = (r_0+2r_{45}+r_{90})/4 \tag{2-1}$$

式中：r_0、r_{45}、r_{90}分别是与板材成 0°、45°、90°的方向上截取的试样上测得的塑性应变比 r 值。

（6）凸耳系数 Δr（板平面方向性系数）

$$\Delta r = (r_0 + r_{90} - 2r_{45})/2 \tag{2-2}$$

凸耳系数越大，表示板平面内的各向异性越严重，拉深时会在零件口部出现不平整的凸耳现象，影响零件的形状和尺寸精度，必要时需增加一道修边工序。

许多冲压材料的 r 值大的同时，Δr 也大，所以选择材料时要综合考虑 r 对成形有利和不利两方面的因素。

2.3　常用冲压材料

2.3.1　冲压工艺对材料的基本要求

冲压所用材料不仅应满足设计的技术要求，而且还应满足冲压工艺的要求。冲压工艺的要求主要指以下三点：

（1）具有一定的塑性　在变形工序中，塑性好的材料，其允许的变形程度大，有利于减少中间工序及中间退火次数，或者不需中间退火。对于分离工序，材料也需具有一定的塑性，这对断面质量和尺寸精度有利。

（2）具有光洁、平整、无损伤的表面　表面状态好的材料，变形时不易破裂，也不容易擦伤模具，制成的零件表面状态也好。

（3）材料的厚度公差应符合国家规定标准　因为冲压时模具间隙与材料的厚度密切相关，如材料厚度的公差太大，则不仅会影响制件的质量，而且还可能导致产生废品和损坏模具。

2.3.2　常用冲压材料

常用冲压材料是金属板料，有时也用非金属板料。冲压可分为成形与分离两类工序，一般非金属板料仅适合分离工序，而金属板料对成形与分离都有良好的适应性。

非金属板料有各种纸板、纤维板、塑料板、皮革、胶合板等。金属板料分黑色金属和有色金属两种。黑色金属板料按性质可分为：

（1）通碳素钢钢板 如 Q195，Q235 等。

（2）优质碳素结构钢钢板 这类钢板的化学成分和力学性能都有保证。其中碳钢以低碳钢使用较多，常用牌号有：08，08F，10，20 等，冲压性能和焊接性能均较好，常用以制造受力不大的冲压件。

（3）低合金结构钢板 常用的有 Q345（16Mn），Q295（09Mn2），用以制造有强度要求的重要冲压件。

（4）电工硅钢板 如 DTl，DT2。

（5）不锈钢板 如 1Cr18Ni9Ti，1Cr13 等，用以制造有防腐蚀、防锈要求的零件。

常用的有色金属有铜及铜合金（如黄铜）等，牌号有 T1，T2，H62，H68 等，铝及铝合金，常用的牌号有 L2，L3，LF21，LY12 等。

2.3.3 常用金属冲压材料的规格

常用金属冲压材料以板料和带料为主。板料常见规格有 710 mm×1420 mm 和 1000 mm ×2000 mm 等。对大量生产可采用专门规格的带料，带料的优点是有足够的长度，可以提高材料利用率，还有利于自动化生产，其不足是开卷后需要整平。

钢材的生产工艺分冷轧和热轧，一般厚度在 4 mm 以下的钢板用热轧或冷轧，厚度在 4 mm 以上的用热轧。相比之下，冷轧板的尺寸精确，偏差小，表面缺陷少，表面光亮且内部组织细密。因此冷轧板制品一般不应用热轧板制品代替。

板料及带料的供货状态分退火状态M，淬火状态C，硬态Y，半硬Y_2（1/2 硬）等，其力学性能会因供货状态不同而表现出很大差异。

国标 GB 708—1988 对 4 mm 以下的黑色金属板料轧制精度、表面质量及拉伸性能作了规定。轧制精度按厚度公差分为 A、B、C、D 四级，A 级最高。表面质量及拉伸性能的规定参见表 2-1 与表 2-2。

表 2-1 金属薄板表面质量分类

级 别	表 面 质 量
Ⅰ	特高级别的精整表面
Ⅱ	高级别的精整表面
Ⅲ	较高级别的精整表面
Ⅳ	普通精整表面

表 2-2　金属薄板拉深级别分类

表达符号	拉深级别
Z	最深拉深
S	深拉深
P	普通拉深

2.4　思考题

1．简述影响塑性变形的主要因素。

2．板料的力学性能对冲压加工有什么影响？

3．板材的塑性应变比和凸耳系数对拉深成形有何影响？

4．若已知某 4 种板材的厚向异性系数与加工硬化指数如下表 2-3 中所给值，试分别计算$r_{均}$值、Δr值及$n\times r$值，并分别列出用这些板材冲压成形时其拉深高度、凸耳高度及胀形极限变形程度的大小顺序。

表 2-3

板料序号	r_0	r_{45}	r_{90}	$r_{均}$	Δr	n	$n\times r$
1	0.60	0.53	0.94			0.27	
2	0.82	0.93	0.81			0.44	
3	1.32	1.05	1.64			0.21	
4	2.25	2.08	1.61			0.11	

第3章　冲　　裁

冲裁是利用模具使板料在凸、凹模刃口剪切作用下，沿一定轮廓形状分离的一种冲压工序。从广义上讲，冲裁是分离工序的总称，它包括落料、冲孔、切断、修边、切舌等多种工序，其中应用最多的是落料和冲孔工序。从板料上冲下所需的零件（或毛坯）称为**落料**，在工件上冲出所需形状的孔称为**冲孔**。冲裁所使用的模具称为**冲裁模**，如落料模、冲孔模、切边模等。

根据分离变形机理的不同，冲裁可分为普通冲裁、精密冲裁、半精密冲裁和整修，本书仅介绍普通冲裁。

冲裁工艺是冲压生产的主要工艺方法之一。冲裁所得到的工件可以直接作为零件使用或用于装配部件，也可以作为弯曲、拉深、成形等其他工序的毛坯。

3.1　冲裁变形过程分析

3.1.1　冲裁变形过程

冲裁时板料的变形是由弹性变形逐渐过渡到塑性变形，最后产生断裂分离的过程。

（1）弹性变形阶段

当冲裁凸模接触板料后继续加压，板料在凸、凹模作用下产生微小的弹性变形（图3-1（a））。此过程很短，以材料内的应力达到弹性极限为止。在该阶段，凸模下的材料略呈弯曲状，凹模上的板料向上翘起，凸、凹模之间的间隙越大，则弯曲与翘起的程度也越大。如果在此阶段内凸模上行，变形可完全恢复。

（2）塑性变形阶段

随着凸模继续压入板料，压力增加，当材料内的应力状态满足塑性条件时，开始产生塑性变形，进入塑性变形阶段（图3-1（b））。此阶段凸模挤入板料，并且将板料的下部挤入凹模孔内，形成光亮剪切断面。随着凸模挤入板料深度增大，塑性变形程度增大，变形区材料硬化加剧，冲裁变形抗力不断增大，直到刃口附近的材料应力、应变达到极限时出现上下微裂纹（图3-1（c）），塑性变形阶段结束，此时冲裁变形抗力也达到最大值。

（3）断裂分离阶段

凸模继续下压，刃口附近已形成的裂纹逐渐扩大，并沿最大切应力方向向材料内层延伸，直至上下裂纹相遇，板料被剪断分离，冲裁过程结束（图 3-1（d））。由于材料最后是被拉断的，在断面上会形成一个粗糙的区域。

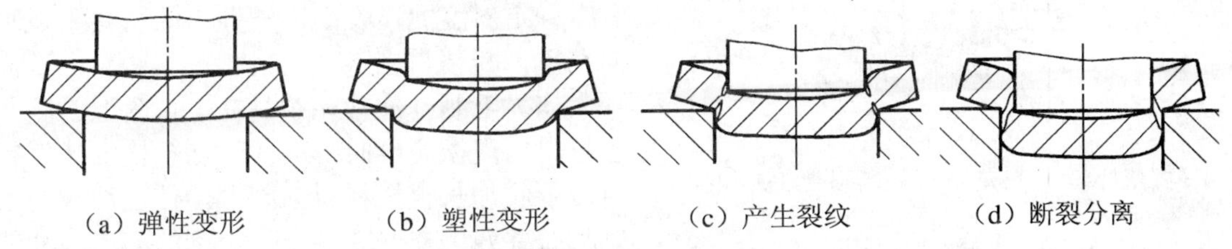

图 3-1　冲裁变形过程

3.1.2　冲裁力—凸模行程曲线

图 3-2 为冲裁时冲裁力—凸模行程曲线。图中 *AB* 段是冲裁的弹性变形阶段，凸模接触材料后，载荷急剧上升。当凸模刃口挤入材料，即进入塑性变形阶段，如 *BC* 段所示，载荷的上升就慢下来，这是由于一方面凸模挤入材料使承受冲裁力的材料面积减小，材料变形抗力有减小趋势，另一方面，材料出现加工硬化，使得变形抗力有增大趋势，加工硬化的影响超过受剪面积减小的影响，冲裁力就继续上升，当两者的影响达到相等的瞬间，冲裁力达最大值，即图中的 *C* 点。此后，受剪面积减少的影响超过了加工硬化的影响，冲裁力下降。凸模继续下压，材料内部的微裂纹迅速扩张，冲裁力急剧下降，如图 *CD* 段所示，此时为冲裁的断裂阶段。

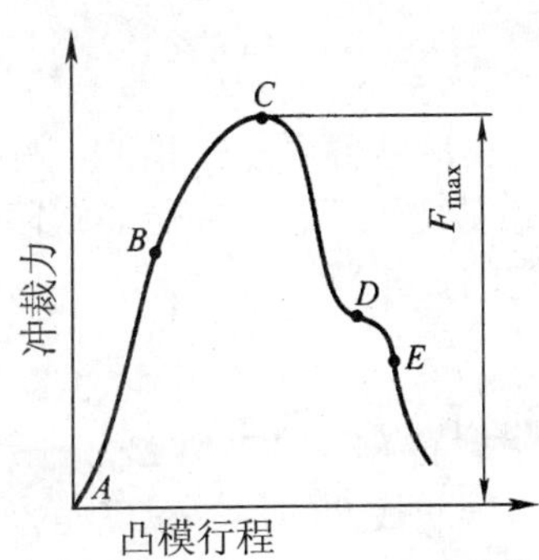

图 3-2　冲裁力—凸模行程曲线

3.1.3　冲裁件断面分析

冲裁件断面可分为四部分：圆角带、光亮带、断裂带、毛刺，如图 3-3 所示。

（1）圆角带　圆角带是由于冲裁过程中刃口附近的材料发生弯曲和伸长变形，被牵连拉入凹模的结果。材料的塑性越好、凸模与凹模的间隙越大，圆角带越大。

（2）光亮带　也称为剪切面，是刃口切入板料后产生塑剪变形时，凸、凹模侧面与材料挤压形成的光亮垂直的断面。光亮面是最理想的冲裁断面，冲裁件的尺寸精度就是以光

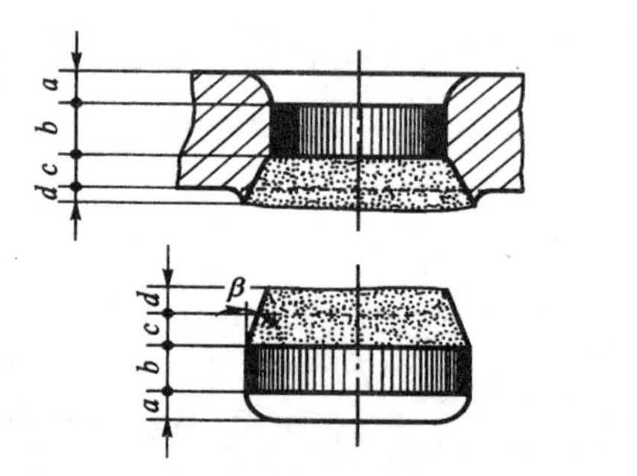

a—圆角带　b—光亮带　c—断裂带　d—毛刺

图 3-3　冲裁件断面特征

亮面处的尺寸来衡量的。普通冲裁时，光亮面的宽度约占板料厚度的 1/2～1/3，材料的塑性越好，光亮带越宽。

（3）断裂带　断裂带是在断裂阶段形成的，由主裂纹贯通而形成的，表面十分粗糙，且有一定斜度的撕裂面。塑性差的材料撕裂倾向严重，断裂带也宽。

（4）毛刺　冲裁毛刺是在刃口附近的侧面上材料出现微裂纹时形成的，当凸模继续下行时，裂纹加长直至材料断裂，便使已形成的毛刺拉长并残留在冲裁件上。毛刺的高度与冲裁间隙相关。普通冲裁中毛刺不可避免。

3.2　冲裁件质量

冲裁件质量是指冲裁件的剪切断面质量、尺寸精度及形状误差。切断面应平直、光洁、无裂纹、撕裂、夹层等缺陷。零件表面应平直或穹弯较小。尺寸精度应保证不超出图纸规定的公差范围。

3.2.1　尺寸精度

冲裁件的**尺寸精度**是指冲裁件的实际尺寸与公称尺寸的差值，差值越小，则精度越高。影响尺寸精度的因素主要有：

（1）冲模的制造精度

冲模的制造精度对冲裁件的尺寸精度有直接的决定性的影响，冲模的精度愈高，冲裁件的精度亦愈高。所以，模具本身的制造精度必须高于冲裁件的精度。冲模制造精度与冲裁件精度之间的关系如表 3-1 所示。

（2）材料性质

由于冲裁过程中材料产生一定的弹性变形，冲裁件产生回弹现象，从而影响其精度。对于较软的材料，弹性变形量较小，冲裁后的回弹值也少，因而零件精度较高，而硬的材料情况正好与此相反。

表 3-1　模具精度与冲裁件精度对应关系

冲模制造精度	材料厚度 t（mm）											
	0.5	0.8	1.0	1.5	2	3	4	5	6	8	10	12
IT6～IT 7	IT 8	IT8	IT9	IT10	IT10	—	—	—	—	—	—	—
IT7～IT 8	—	IT9	IT10	IT10	IT12	IT12	IT12	—	—	—	—	—
IT9	—	—	—	IT12	IT12	IT12	IT12	IT12	IT14	IT14	IT14	IT14

（3）冲裁间隙

冲裁间隙对冲裁件精度影响很大。当凸、凹模间隙过大时，材料除受剪切外还产生拉伸变形，冲裁后由于材料弹性恢复，将使落料件尺寸有所减小；对冲孔件，其弹性恢复方向与落料件相反，孔尺寸将增大。如间隙过小，则材料除受剪切外还产生压缩变形，冲裁后材料弹性恢复，将使落料件尺寸有所增大，而使冲孔件的孔尺寸减小。所以，冲裁间隙的过大或过小都使得制件尺寸偏差增大。薄板冲裁时因制件弹性恢复小，尺寸偏差较小。

3.2.2　断面质量

对断面质量起决定作用的是冲裁间隙。如间隙合理，则冲裁时上、下刃口处所产生的裂纹就能重合。此时冲出的制件，断面虽有一定斜度，但比较平直、光洁，毛刺很小。间隙过小或过大时，就会使上、下裂纹不能重合。

间隙过小时，凸模刃口附近的裂纹较合理间隙时向外错开一段距离，凹模刃口处产生的裂纹在进入压应力区后便停止发展。而在上、下裂纹中间的部分将产生二次剪切，并被凸模挤入凹模腔内，从而使制件断面的中部留下撕裂面（图 3-4（a）），而两端呈光亮带，靠近凸模的一端出现挤长毛刺。但这时制件穹弯小，断面垂直，毛刺易去除，所以只要中间撕裂不是很深，仍可应用。

间隙过大时，凸模刃口附近的裂纹较合理间隙时向里错开一段距离，材料受到较大的弯曲和拉伸，使制件断面的光亮带减小，毛刺、圆角和断面斜度都增大（图 3-4（c））。

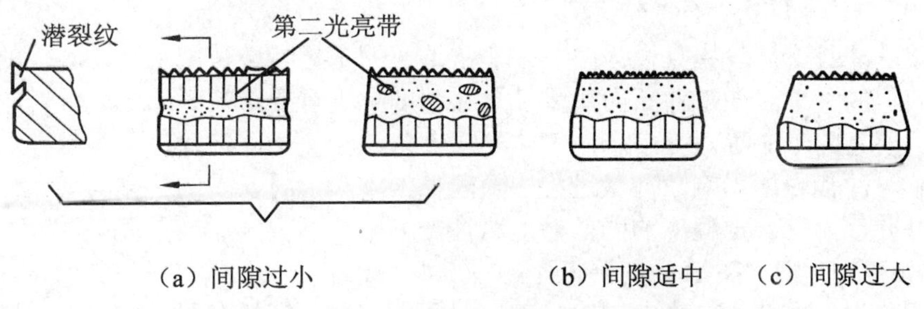

（a）间隙过小　（b）间隙适中　（c）间隙过大

图 3-4　间隙对冲裁件断面的影响

另外，当选用的间隙合理，但模具装配时没有保证间隙的均匀分布，则间隙大与间隙小的边将出现不同的质量缺陷。

3.2.3 毛刺

毛刺的大小主要与凸、凹模间隙有关，此外还受模具的磨损影响。凸、凹模间隙过大会产生明显拉断毛刺，间隙过小会产生尖锐的挤出毛刺。如凸、凹模的间隙不均匀，则制件将产生局部毛刺。当凸模刃口变钝时，落料件的边缘将产生毛刺；凹模刃口变钝时，冲孔件的孔边缘也将产生毛刺。

冲裁工作中，产生很大毛刺是不允许的，应查明原因加以解决。如果不允许有微小毛刺出现，则应在冲裁后加去毛刺工序。如钳工去毛刺，离心滚筒去毛刺，振动去毛刺、砂带磨床去毛刺等。一般生产中允许的毛刺高度见表 3-2。

表 3-2 一般冲裁件允许的毛刺高度（mm）

材 料 厚 度	～0.3	＞0.3～0.5	＞0.5～1.0	＞1.0～1.5	＞1.5～2
生产允许毛刺高度	≤0.05	≤0.08	≤0.10	≤0.13	≤0.15
试模允许毛刺高度	≤0.015	≤0.02	≤0.03	≤0.04	≤0.05

3.3 冲 裁 间 隙

冲裁间隙是指冲裁模凸模与凹模刃口之间的间隙，凸模与凹模每一侧的间隙，称为**单边间隙**，两侧间隙之和称为**双边间隙**。冲裁间隙一般是指双边间隙，用字母 Z 表示。冲裁间隙的数值等于凹模刃口与凸模刃口尺寸之差。

3.3.1 冲裁间隙对冲裁工艺的影响

冲裁间隙是冲裁工艺与模具设计中一个非常重要的工艺参数，由上节冲裁件的质量分析中可知，间隙的大小对冲裁件断面质量及尺寸精度有极重要影响，除此之外，它还影响冲裁工艺力、模具的寿命等。

（1）间隙对冲裁力的影响　冲裁过程中随间隙的增大，材料受的拉应力增大，更容易被分离，所以冲裁力有一定程度的降低，但这种影响影响不很大，当单面间隙介于材料厚度的 5%～20%范围内时，冲裁力的降低不超过 5%～10%。

间隙对卸料力、推件力的影响比较显着。随间隙增大，卸料力和推件力都将减小，当单面间隙增大到材料厚度的 15%～25%时，卸料力几乎降到零。但间隙继续增大时，毛刺的增大又将引起卸料力和推件力的迅速增加。

（2）间隙对模具寿命的影响　由于冲裁时板料的弯曲变形，材料对模具的反作用力主要集中于凸、凹模刃口部分。间隙过小时，材料对模具刃口部分垂直力和侧压力将增大，摩擦力增大，加剧刃口的磨损。冲裁后卸料和推件时，材料与凸、凹模之间的滑动摩擦还将再次造成刃口侧面的磨损，使得刃口侧面的磨损比端面的磨损大。而当间隙过大时，模具刃口受到拉应力作用增大，磨钝变的严重，模具寿命又会变短。

3.3.2　冲裁间隙的选择

1. 冲裁间隙的确定原则

（1）当冲裁件尺寸精度要求不高、或对断面质量无特殊要求时，为了提高模具使用寿命和减小冲压力，从而获得较大的经济效益，一般采用较大的间隙值。

（2）当冲裁件尺寸精度要求较高、或断面质量有较高要求，应选择较小间隙值。

（3）在设计冲裁模刃口尺寸时，考虑到模具在使用过程中的磨损，会使刃口间隙增大，模具的设计与制造应取最小间隙值。

2. 冲裁间隙的选用

间隙值大小主要决定于冲压材料的性能和厚度，但要注意不同行业的产品对冲裁件断面质量要求不同，即使相同材料状况，选用合理间隙值也有所不同。

间隙值的确定方法有理论法、经验法和查表法。理论法在实际生产中应用的意义不大。

（1）经验公式法

当 $t<3$ mm 时：

软钢、纯铁　$Z=(6\%\sim9\%)\,t$

铜、铝合金　$Z=(6\%\sim10\%)\,t$

硬钢　$Z=(8\%\sim12\%)\,t$

当 $t>3$ mm 时：

软钢、纯铁　$Z=(15\%\sim19\%)\,t$

铜、铝合金　$Z=(16\%\sim21\%)\,t$

硬钢　$Z=(17\%\sim25\%)\,t$

（2）查表法

目前国内有关企业和行业多按本行业制定的冲裁间隙表来使用，如表 3-3 是汽车、拖拉机行业推荐的间隙值，表 3-4 是电器仪表行业推荐的间隙值。

另一种是我国 1997 年公布的“冲裁间隙”指导性技术文件（GB/T16743—1997）中的间隙表。该表以实用方便为前提，综合考虑冲件质量的各因素，将冲裁间隙分为 I 类（小间隙）、II 类（中等间隙）和 III 类（大间隙），其适用情况及间隙的取值见表 3-5 和 3-6。

建议尽量按国标选取合理间隙值。

需要指出的是，各种资料中所给的间隙值并不相同，有的相差较大，应根据具体情况选用，并可适当增减间隙值。如冲小孔时，为防止凸模折断，可适当增大间隙值；当冲孔凹模壁厚很薄（指复合冲裁的凸凹模）时，为了防止胀裂，间隙应取大些；凹模刃口为斜壁时，间隙应比直壁刃口小；当凹模型孔采用电火花加工时，间隙可比磨削小；高速冲裁时，模具易发热，间隙应增大，如每分钟行程超过 200 次，间隙值可增大 10%；当材料加热冲裁时，间隙值可取小些；硬质合金模具应比钢模具的间隙值大 15%左右；同样条件下，非圆形应比圆形的间隙大；冲孔的间隙应比落料的间隙大；冲孔后需攻丝时，间隙应取小些。大量的实验证实，采用大间隙（相当于III类间隙）冲裁时，冲孔应比落料取稍小的间隙；而在采用小间隙冲裁时，冲孔的间隙可比落料的间隙大些等。

另外，间隙表或经验公式都是基于普通薄板材料而制定的，对极薄板与极厚板冲裁可能不适用。如冲裁厚度 0.2 mm 的低碳钢板材时，间隙值取为（3%～7%）t时，则实际间隙近乎为零，模具在加工、安装、组合及工作时可能会出现“卡模”、“啃模”现象。为此，应取更大些的值。在冲裁厚度 8 mm 以上厚板时，如果取（10%～12%）t 的间隙，工件断面的缺陷会十分明显，为此，应取更小些的值。因此设计者在设计时要注意这些问题，以便灵活处理。

表 3-3　冲裁模初始双面间隙（汽车拖拉机行业）

材料厚度（mm）	08,10,35 09Mn,Q235		16Mn		40,50		65Mn	
	Z_{min}	Z_{max}	Z_{min}	Z_{max}	Z_{min}	Z_{max}	Z_{min}	Z_{max}
<0.5	极小间隙（mm）							
0.5	0.040	0.060	0.040	0.060	0.040	0.060	0.040	0.060
0.6	0.048	0.072	0.048	0.072	0.048	0.072	0.048	0.072
0.7	0.064	0.092	0.064	0.092	0.064	0.092	0.064	0.092
0.8	0.072	0.104	0.072	0.104	0.072	0.104	0.064	0.092
0.9	0.092	0.126	0.090	0.126	0.090	0.126	0.090	0.126
1.0	0.100	0.140	0.100	0.140	0.100	0.140	0.090	0.126
1.2	0.126	0.180	0.132	0.180	0.132	0.180	—	—
1.5	0.132	0.240	0.170	0.240	0.170	0.240	—	—
1.75	0.220	0.320	0.220	0.320	0.220	0.320	—	—
2.0	0.246	0.360	0.260	0.380	0.260	0.380	—	—
2.1	0.260	0.380	0.280	0.400	0.280	0.400	—	—
2.5	0.260	0.500	0.380	0.540	0.380	0.540	—	—
2.75	0.400	0.560	0.420	0.600	0.420	0.600	—	—
3.0	0.460	0.640	0.480	0.660	0.480	0.660	—	—
3.5	0.540	0.740	0.580	0.780	0.580	0.780	—	—
4.0	0.610	0.880	0.680	0.920	0.680	0.920	—	—
4.5	0.720	1.000	0.680	0.960	0.780	1.040	—	—

（续表）

材料厚度（mm）	08,10,35 09Mn,Q235		16Mn		40,50		65Mn	
	Z_{min}	Z_{max}	Z_{min}	Z_{max}	Z_{min}	Z_{max}	Z_{min}	Z_{max}
<0.5	极小间隙（mm）							
5.5	0.940	1.280	0.780	1.100	0.980	1.320	—	—
6.0	1.080	1.440	0.840	1.200	1.140	1.500	—	—
6.5	—	—	0.940	1.300	—	—	—	—
8.0	—	—	1.200	1.680	—	—	—	—

表 3-4　冲裁模初始双面间隙（电器、仪表行业）

材料名称	45 T7，T8（退火） 65Mn（退火） 磷青铜（硬） 铍青铜（硬）		10、15、20、30 钢板、冷轧钢带、 H62，H65（硬） LY12（硬铝） 硅钢片		08、10、15、Q215、 Q235 钢板 H62，H68（半硬）、 纯铜（硬） 磷青铜（软） 铍青铜（软）		H62，H68（软） 纯铜（软） LF21、LF2 纯铝 L2～L6 LY12（退火）	
力学性能	HBS≥190		HBS =140～190		HBS =70～140		HBS≤70	
	σ_b≥600 MPa		σ_b=400～600 MPa		σ_b=300～400 MPa		σ_b≤300 MPa	
厚度 t	初 始 间 隙 Z							
	Z_{min}	Z_{max}	Z_{min}	Z_{max}	Z_{min}	Z_{max}	Z_{min}	Z_{max}
0.1	0.015	0.035	0.01	0.03	*	—	*	—
0.2	0.025	0.045	0.015	0.035	0.01	0.03	*	—
0.3	0.04	0.06	0.03	0.05	0.02	0.04	0.01	0.03
0.5	0.08	0.10	0.06	0.08	0.04	0.06	0.025	0.045
0.8	0.13	0.16	0.10	0.13	0.07	0.10	0.045	0.075
1.0	0.17	0.20	0.13	0.16	0.10	0.13	0.065	0.095
1.2	0.21	0.24	0.16	0.19	0.13	0.16	0.075	0.105
1.5	0.27	0.31	0.21	0.25	0.15	0.19	0.10	0.14
1.8	0.34	0.38	0.27	0.31	0.20	0.24	0.13	0.17
2.0	0.38	0.42	0.30	0.34	0.22	0.26	0.14	0.18
2.5	0.49	0.55	0.39	0.45	0.29	0.35	0.18	0.24
3.0	0.62	0.68	0.49	0.55	0.36	0.42	0.23	0.29
3.5	0.73	0.81	0.58	0.66	0.43	0.51	0.27	0.35
4.0	0.86	0.94	0.68	0.76	0.50	0.58	0.32	0.40
4.5	1.00	1.08	0.78	0.86	0.58	0.66	0.37	0.45
5.0	1.13	1.23	0.90	1.00	0.65	0.75	0.42	0.52
6.0	1.40	1.50	1.10	1.20	0.82	0.92	0.53	0.63
8.0	2.00	2.12	1.60	1.72	1.17	1.29	0.76	0.88
10	2.60	2.72	2.10	2.22	1.56	1.68	1.02	1.14
12	3.30	3.42	2.60	2.72	1.97	2.09	1.30	1.42

注：有 * 处均系无间隙。

表 3-5　冲裁间隙分类

分类依据			I　类	II　类	III　类
冲件剪切面质量	剪切面特征		毛刺一般β斜度小光亮带大塌角小	毛刺小β斜度中光亮带中塌角中等	毛刺一般β斜度大光亮带小塌角大
		塌角深度 a	$(4\%\sim7\%)\,t$	$(6\%\sim8\%)\,t$	$(8\%\sim10\%)\,t$
		光亮带宽度 b	$(35\%\sim55\%)\,t$	$(25\%\sim40\%)\,t$	$(15\%\sim25\%)\,t$
		剪裂带宽度 E	小	中	大
		毛刺高度 h	一般	小	一般
		斜度 β	4°～7°	7°～8°	8°～11°
冲件精度	挠度 f		稍小	小	较大
	尺寸精度	落料件	接近凹模尺寸	稍小于凹模尺寸	小于凹模尺寸
		冲孔件	接近凸模尺寸	稍大于凸模尺寸	大于凸模尺寸
模具寿命			较低	较高	最高
力能消耗	冲裁力		较低	小	最小
	卸、推料力		较大	最小	小
	冲裁功		较大	小	稍小
适用场合			冲件剪切面质量、尺寸精度要求高时，采用小间隙。冲模寿命较低	冲件剪切面质量、尺寸精度要求一般时，采用中等间隙。因残余应力小，能减少破裂现象，适用于继续塑性变形的制件	冲件剪切面质量、尺寸精度要求不高时，应优先采用大间隙，以利于提高冲模寿命

注：选用冲裁间隙时，应针对冲件技术要求、使用特点和生产条件等因素，首先按表 3-5 确定拟采用的间隙类别，然后按表 3-6 相应选取该类间隙的比值。

表 3-6　冲裁间隙值（$Z/2\,t$）

分类依据	I　类	II　类	III　类
低碳钢 08F，10F，10，20，Q215，Q235	(3.0～7.0)	(7.0～10.0)	(10.0～12.5)
中碳钢 45 不锈钢 1Crl8Ni9Ti，4Crl3 膨胀合金（可伐合金）4J29	(3.5～8.0)	(8.0～11.0)	(11.0～15.0)
高碳钢 T8A，T10A 65Mn	(8.0～12.0)	(12.0～15.0)	(15.0～18.0)

（续表）

分类依据	I　类	II　类	III　类
纯铝L2，L3，L4，L5 铝合金（软态）LF21 黄铜（软态）H62 紫铜（软态）T1，T2，T3	（2.0～4.0）	（4.5～6.0）	（6.5～9.5）
黄铜（硬态） 铅黄铜 紫铜（硬态）	（3.0～5.0）	（5.5～8.0）	（8.5～11.0）
铝合金（硬态）LY12 锡磷青铜 铝青铜 铍青铜	3.5～6.0	7.0～10.0	11.0～13.0
镁合金	1.5～2.5	—	—
硅钢	2.5～3.0	5.0～9.0	—

注：1．此表适用于厚度为10 mm以下的金属材料。考虑到料厚对间隙比值的影响，将料厚分成0.1～1.0 mm，1.2～3.0 mm，3.5～6.0 mm，7.0～10.0 mm四档，当料厚为0.1～1.0 mm时，各类间隙比值取下限值，并以此为基数，随着料厚的增加，再逐档递增（0.5%～1.0%）t。

2．凸、凹模的制造偏差和磨损均使间隙变大，故新模具应取最小间隙（可将表中值左边视为最小初始间隙，右边视为最大初始间隙）。

3．其他金属材料的间隙比值可参照表中剪切强度相近的材料选取。

4．对于非金属材料，可依据材料种类、软硬、薄厚的不同，在$Z/2=(0.5\%\sim4.0\%)\ t$的范围内取。

3.4　冲裁模刃口尺寸计算

凸模和凹模的刃口尺寸和公差，直接影响冲裁件的尺寸精度。合理的间隙值也是靠凸模和凹模刃口的尺寸和公差来保证的。它的确定需考虑到冲裁变形的规律、冲裁件精度要求、模具磨损和制造特点等情况。

3.4.1　凸、凹模刃口尺寸计算原则

实践证明，落料件的尺寸接近于凹模刃口的尺寸，而冲孔件的尺寸则接近于凸模刃口的尺寸。在测量与使用中，落料件是以大端尺寸为基准，冲孔件是以小端尺寸为基准，也即落料和冲孔都是以光亮带尺寸为基准的。冲裁时凸模会愈磨愈小，凹模会愈磨愈大。考虑以上情况，在决定模具刃口尺寸及其制造公差时应遵循以下原则：

（1）落料时，制件尺寸决定于凹模尺寸；冲孔时，孔的尺寸决定于凸模尺寸。故设计落料模时，应以凹模为基准，间隙取在凸模上；设计冲孔模时，应以凸模为基准，间隙取

在凹模上。因使用中，随着模具的磨损，凸、凹模间隙将越来越大，所以初始设计时，凸、凹模间隙应取最小合理间隙。

（2）由于冲裁中凸模、凹模的磨损，故在设计落料模时，凹模公称尺寸应取工件尺寸公差范围内的较小尺寸；设计冲孔模时，凸模公称尺寸应取工件尺寸公差范围内的较大尺寸。这样，在凸模、凹模受到一定磨损的情况下仍能冲出合格零件。

（3）凹、凸模的制造公差主要与冲裁件的精度和形状有关。一般比冲裁件的精度高 2～3 级。若零件没有标注公差，则对于非圆形件，按国家标准“非配合尺寸的公差数值”的 IT14 精度处理，对圆形件可按 IT10 精度处理。冲裁件精度与模具制造精度的关系见表 3-1。

（4）冲裁模刃口尺寸均按“入体”原则标注，即凹模刃口尺寸偏差标注正值，凸模刃口尺寸偏差标注负值，而对孔心距，以及不随刃口磨损而变的尺寸，取为双向偏差。

冲裁模刃口尺寸与公差位置关系见图 3-5。

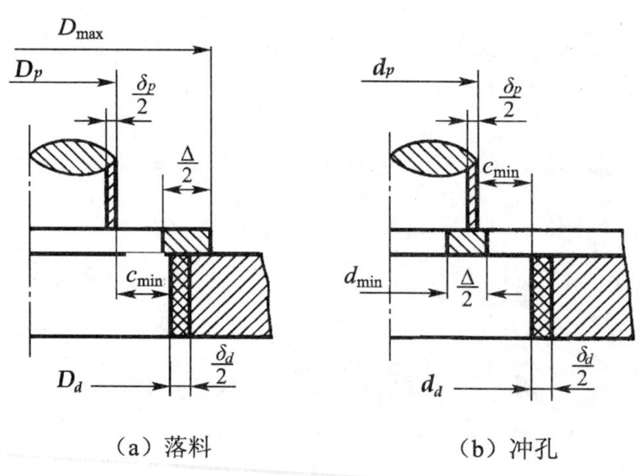

图 3-5 冲裁模刃口尺寸与公差位置

3.4.2 凸、凹模刃口尺寸计算

由于模具的加工和测量方法不同，凸模与凹模刃口部分尺寸的计算方法可分为两类。

1. 凸模与凹模分开加工

这种方法适用于圆形或简单规则形状的冲裁件。为了保证合理的间隙值，其制造公差（凸模制造公差 δ_p，凹模制造公差 δ_d）必须满足下列关系：

$$|\delta_p| + |\delta_d| \leqslant Z_{max} - Z_{min}$$

其取值有几种方法：① 按表 3-7 查取；

② 规则形件一般可按凸模 IT6，凹模 IT7 级精度查标准公差表选取；

③ 取$\delta_p = 0.4(Z_{max} - Z_{min})$，$\delta_d = 0.6(Z_{max} - Z_{min})$。　（3-1）

表 3-7　规则形状（圆形、方形）冲裁时凸、凹模制造公差（mm）

基本尺寸	凸模公差	凹模公差	基本尺寸	凸模公差	凹模公差
≤18	0.020	0.020	＞180～260	0.030	0.045
＞18～30	0.020	0.025	＞260～360	0.035	0.050
＞30～80	0.020	0.030	＞360～500	0.040	0.060
＞80～120	0.025	0.035	＞500	0.050	0.070
＞120～180	0.030	0.040			

（1）冲孔

$$d_P = (d_{min} + x\Delta)_{-\delta_p}^{0} \tag{3-2}$$

$$d_d = (d_p + Z_{min})_0^{+\delta_d} = (d_{min} + x\Delta + Z_{min})_0^{+\delta_d} \tag{3-3}$$

（2）落料

$$D_d = (D_{max} - x\Delta)_0^{+\delta_d} \tag{3-4}$$

$$D_P = (D_d - Z_{min})_{-\delta_p}^{0} = (D_{max} - x\Delta - Z_{min})_{-\delta_p}^{0} \tag{3-5}$$

（3）孔心距

$$L_d = (L_{min} + 0.5\Delta) \pm 0.125\Delta \tag{3-6}$$

式中：D_d，D_p——落料凹模与凸模刃口尺寸（mm）；

d_d，d_p——冲孔凹模与凸模刃口尺寸（mm）；

L_{min}——制件孔距最小极限尺寸（mm）；

D_{max}——落料件最大极限尺寸（mm）；

d_{min}——冲空件最小极限尺寸（mm）；

δ_p，δ_d——凹模上偏差与凸模下偏差（mm）；

Δ——冲裁件公差（mm）；

Z_{min}——凸、凹模最小初始双面间隙（mm）；

x——磨损系数，与制造精度有关，可按表 3-8 选取，或按下列关系选取：

冲裁件精度 IT10 以上时，　x=1；

冲裁件精度 IT11～IT13 时，　x=0.75；

冲裁件精度 IT14 以下时，　x=0.5。

表 3-8 系数 x

材料厚度 t（mm）	非圆形			圆形	
	1	0.75	0.5	0.75	0.5
	工件公差Δ（mm）				
≤ 1	≤0.16	0.17～0.35	≥0.36	<0.16	≥0.16
1～2	≤0.20	0.21～0.41	≥0.42	<0.20	≥0.20
2～4	≤0.24	0.25～0.49	≥0.50	<0.24	≥0.24
＞ 4	≤0.30	0.31～0.59	≥0.60	<0.30	≥0.30

2. 凸模与凹模配合加工

对于形状复杂或薄材料的工件，为了保证凸、凹模间一定的间隙值，必须采用配合加工。此方法是先加工其中一件（凸模或凹模）作为基准件，再以它为标准来加工另一件，使它们之间保持一定的间隙。因此，只在基准件上标注尺寸和公差，另一件配模只标注公称尺寸及配做所留的间隙值。这样 δ_p、δ_d 就不再受间隙的限制。通常可取 $\delta=\Delta/4$。这种方法不仅容易保证很小的间隙，而且还可放大基准件的制造公差，使制模容易，成本降低。

（1）落料模　落料时应以凹模为基准模，配制凸模。设图 3-6（a）为某落料凹模刃口形状及尺寸，按工作时，凹模磨损后尺寸分变大、变小和不变三种情况：

① 凹模磨损后变大的尺寸（如图 3-6（a）中 A_1，A_2），可按落料凹模尺寸公式计算。

$$A_d=(A-x\Delta)_0^{+\delta_d} \tag{3-7}$$

② 凹模磨损后变小的尺寸（如图 3-6（a）中 B_1，B_2），相当于冲孔凸模尺寸。

$$B_d=(B+x\Delta)_{-\delta_d}^{0} \tag{3-8}$$

③ 凹模磨损后不变的尺寸（如图 3-6（a）中 C_1，C_2），相当于孔心距。

$$C_d=(C+0.5\Delta)\pm\delta_d/2 \tag{3-9}$$

落料凸模刃口尺寸按凹模尺寸配制，并在图纸技术要求中注明“凸模尺寸按凹模实际尺寸配制，保证双面间隙为 Z_{min}～Z_{max}”。

（2）冲孔模　冲孔时应以凸模为基准模，配制凹模。设图 3-6（b）为某冲孔凸模刃口形状及尺寸，按工作时，凸模磨损后尺寸变大、变小和不变三种情况：

① 凸模磨损后变小的尺寸（如图 3-6（b）中 A_1，A_2），可按冲孔凸模尺寸公式计算。

$$A_p=(A+x\Delta)_{-\delta_p}^{0} \tag{3-10}$$

② 凸模磨损后变大的尺寸（如图 3-6（b）中 B_1，B_2），可按落料凹模尺寸公式计算。

$$B_p=(B-x\Delta)_0^{+\delta_p} \tag{3-11}$$

③ 凸模磨损后不变的尺寸（如图 3-6（b）中 C_1，C_2），相当于孔心距。

$$C_p=(C+0.5\Delta)\pm\delta_p/2 \tag{3-12}$$

此时，冲孔凹模刃口尺寸按凸模尺寸配制，并在图纸技术要求中注明“凹模尺寸按凸模实际尺寸配制，保证双面间隙为 Z_{min}～Z_{max}”。

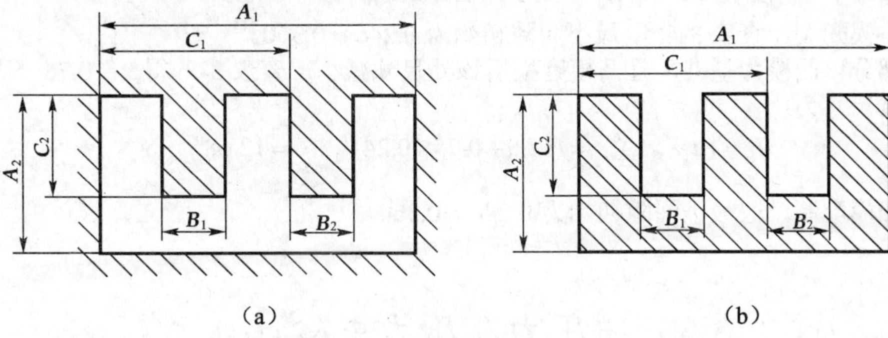

图 3-6　冲裁模刃口尺寸类型

例：冲制图 3-7 某拖拉机用垫圈，材料 Q235，料厚 t=2mm，试计算凸、凹模刃口尺寸。

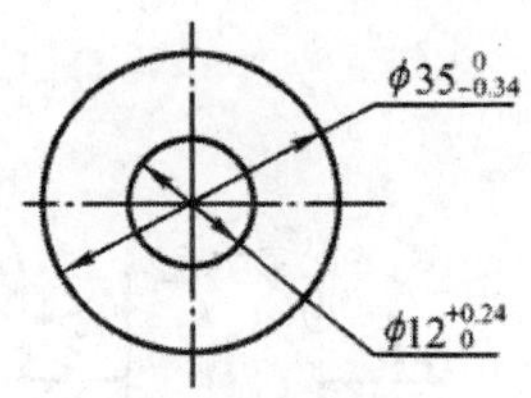

图 3-7　垫圈

解：方法一：凸模与凹模分开加工

查表 3-3 得：$Z_{max}=0.360$，$Z_{min}=0.246$，$Z_{max}-Z_{min}=0.114$

落料部分，δ_d 按 IT7、δ_p 按 IT6 查标准公差表，得：

$$\delta_d=+0.025,\quad \delta_p=-0.016$$

$$|\delta_d|+|\delta_p|=0.041<Z_{max}-Z_{min}$$

查表 3-8 得落料部分 $x=0.5$，落料模刃口尺寸为：

$$D_d=(D-x\Delta)_0^{+\delta_d}=(35-0.5\times 0.34)_0^{+0.025}=34.83_0^{+0.025}$$

$$D_p=(D_d-Z_{min})_{-\delta_p}^{0}=(34.83-0.246)_{-0.016}^{0}=34.58_{-0.016}^{0}$$

冲孔部分，δ_d 按 IT7、δ_p 按 IT6 查标准公差表，得：

$$\delta_p=-0.011,\quad \delta_d=+0.018$$

$$|\delta_d|+|\delta_p|=0.036<Z_{max}-Z_{min}$$

查表 3-8 得冲孔部分 $x=0.75$，冲孔模刃口尺寸为：

$$d_p=(d+x\Delta)_{-\delta_p}^{0}=(12.5+0.75\times 0.24)_{-0.011}^{0}=12.68_{-0.011}^{0}$$

$$d_d=(d_p+Z_{min})_0^{+\delta_d}=(12.68+0.246)_0^{+0.018}=12.93_0^{+0.018}$$

方法二：凸模与凹模配合加工

落料部分以凹模为基准，且凹模磨损后该处尺寸增大。查表 3-8 得 $x=0.5$，所以落料凹模刃口尺寸为：

$$D_d=(D-x\Delta)_0^{+\delta_d}=(35-0.5\times0.34)_0^{+\frac{1}{4}\times0.34}=34.83_0^{+0.085}$$

落料凸模配制，查表 3-4 取最小间隙初始为 0.246～0.360。

冲孔部分以凸模为基准，且凸模磨损后该处尺寸减小。查表 3-8 得 $x=0.75$，所以冲孔凸模刃口尺寸为：

$$d_p=(d+x\Delta)_{-\delta_p}^{0}=(12.5+0.75\times0.24)_{-\frac{1}{4}\times0.24}^{0}=12.68_{-0.06}^{0}$$

冲孔凹模配制，取最小间隙初始为 0.246～0.360。

3.5 冲压力及压力中心计算

3.5.1 冲压力

冲压力包括冲裁力、卸料力、推料力、顶料力，如图 3-8 所示。计算冲压力是选择压力机的基础。

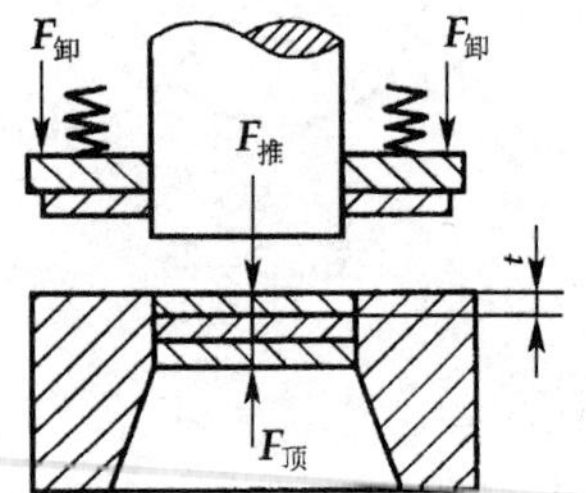

图 3-8 卸料力、推料力、顶料力

1. 冲裁力

$$F=L\times t\times\tau \tag{3-13}$$

式中：F——冲裁力（N）；

L——冲裁件周边长度（mm）；

t——材料厚度（mm）；

τ——材料抗剪强度（MPa）。

2. 卸料力、推料力、顶料力

（1）**卸料力**是将箍在凸模上的材料卸下所需的力；

$$F_{卸}=k_{卸}F \tag{3-14}$$

（2）**推料力**是将落料件顺着冲裁方向从凹模孔推出所需的力；

$$F_{推}=nk_{推}F \tag{3-15}$$

（3）**顶料力**是将落料件逆着冲裁方向顶出凹摸孔所需的力。

$$F_{顶}=k_{顶}F \tag{3-16}$$

式中：$k_{卸}$——卸料力系数；

$k_{推}$——推料力系数；

$k_{顶}$——顶料力系数；

n——凹模孔内存件的个数，$n=h/t$，（h 为凹模刃口直壁高度，t 为工件厚度）；

F——冲裁力。

卸料力、推料力和顶料力系数可查表3-9。

表3-9　卸料力、推料力、顶料力

料　厚		$k_{卸}$	$k_{推}$	$k_{顶}$
钢	≤0.1	0.065～0.075	0.1	0.14
	>0.1～0.5	0.045～0.055	0.063	0.08
	>0.5～2.5	0.04～0.05	0.055	0.06
	>2.5～6.5	0.03～0.04	0.045	0.05
	>6.5	0.02～0.03	0.025	0.03
铝、铝合金		0.025～0.08	0.03～0.07	
纯铜、黄铜		0.02～0.06	0.03～0.09	

3. 冲压设备的选择

如冲压过程中同时存在卸料力、推料力和顶料力时，得总冲压力 $F_{总}$为：

$F_{总}=F+k_{卸}+k_{推}+k_{顶}$，这时所选压力机的吨位须大于 $F_{总}$约30%左右。

当 $k_{卸}$、$k_{推}$、$k_{顶}$并不是与 F 同时出现时，则计算 $F_{总}$只加与 F 同一瞬间出现的力即可。

3.5.2　减小冲裁力的措施

减小冲裁力的目的是为了使较小吨位的压力机能冲裁较大。较厚的制件，常采用阶梯冲裁、斜刃冲裁和加热冲裁等方法。

（1）阶梯冲裁

在多凸模的冲模中，将凸模做成不同高度，按阶梯分布，可使各凸模冲裁力的最大值不同时出现，从而降低冲裁力。

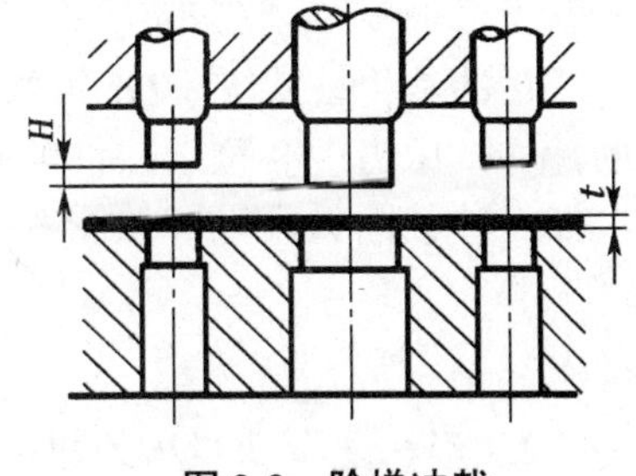

图3-9　阶梯冲裁

阶梯式凸模不仅能降低冲裁力，而且能减少压力机的振动。在直径相差较大、距离又很近的多孔冲裁中，一般将小直径凸模做短些，可以避免小直径凸模因受被冲材料流动产生的水平力的作用，而产生折断或倾斜的现象。在连续冲模中，可将不带导正销的凸模做短些。图3-9中 H 为阶梯凸模高度差，对于薄料，可取长、短凸模高度差 H 等于料厚；对于 $t>3$ mm的厚料，H 取料厚的一半即可。

（2）斜刃冲裁

用平刃口模具冲裁时，整个制件周边同时参加冲裁工作，冲裁力较大。采用斜刃冲裁时，模具整个刃口不与制件周边同时接触，而是逐步将材料切离，因此，冲裁力显著降低。

采用斜刃口冲裁时，为了获得平整工件，落料时凸模应为平刃，将斜刃口开在凹模上。

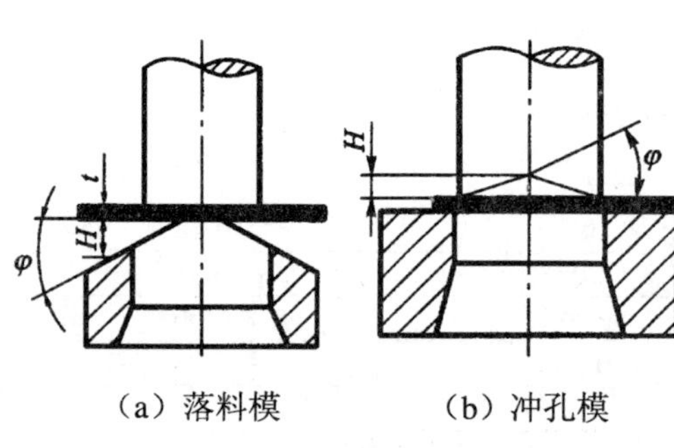

（a）落料模　　（b）冲孔模

图 3-10　斜刃冲裁

冲孔时相反，凹模应为平刃，凸模为斜刃，如图 3-10 所示。斜刃应当是两面的，并对称于模具的压力中心。

斜刃冲裁模刃口制造和修磨都比较复杂，且刃口易磨损，得到的制件不够平整，使用中应引起注意。

（3）加热冲裁

利用材料加热后其抗剪强度显著降低的特点，使冲裁力减小。一般碳素结构钢加热到 900 ℃时，其抗剪强度能降低 90%，所以在冲裁厚板时，常将板料加热来解决压力机吨位不足的问题。

3.5.3　压力中心计算

冲压力合力的作用点称为**压力中心**。在设计冲裁模时，应尽量使压力中心与压力机滑块中心相重合，否则会产生偏心载荷，使模具导向部分和压力机导轨非正常磨损，使模具间隙不匀，严重时会啃刃口。对有模柄的冲模，使压力中心与模柄的轴线重合，在安装模具时，便能实现压力中心与滑块中心重合。

1. 形状简单的凸模压力中心的确定

由冲裁力公式 $F = Lt\tau$ 可知，冲裁同一种制件时，F 的大小决定于 L，所以对简单形状的冲件，压力中心位于冲件轮廓图的几何中心。冲裁直线段时，其压力中心位于直线段的中点。冲裁圆弧段时，如图 3-11 所示，其压力中心可按下式计算。

$$x_0 = R\frac{180° \times \sin a}{\pi \cdot a} \tag{3-17}$$

2. 形状复杂凸模压力中心的确定

形状复杂凸模压力中心的确定方法有解析法、合成法、图解法等，常用的是解析法。解析法原理是基于理论力学，采用求平行力系合力作用点的方法。一般的冲裁件沿冲裁轮廓线的断面厚度不变，轮廓各部分的冲裁力与轮廓长度成正比，所以，求合力作用点可转化为求轮廓线的重心。具体方法如下（参考图 3-12）：

（1）按比例画出冲裁轮廓线，选定直角坐标系 $x—y$。

（2）把图形的轮廓线分成几部分，计算各部分长度 l_1、l_2、　、l_n,并求出各部分重心位置的坐标值（x_1, y_1）、（x_2, y_2）、…、（x_n, y_n），冲裁件轮廓大多是由线段和圆弧构成，线段的重心就是线段的中心。圆弧的重心可按式（3-16）求出。

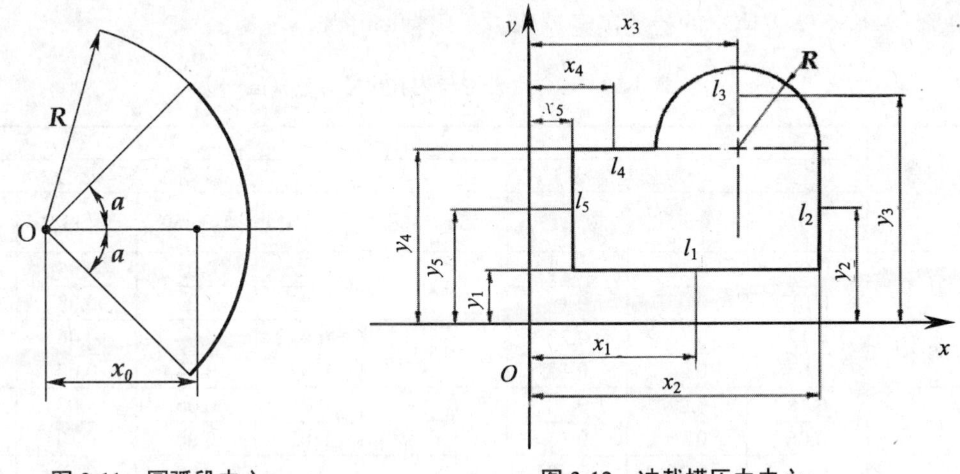

图 3-11　圆弧段中心　　　　图 3-12　冲裁模压力中心

（3）按下列公式求冲模压力中心的坐标值（x_0, y_0）。

$$x_0=\frac{l_1x_1+l_2x_2+\cdots+l_nx_n}{l_1+l_2+\cdots+l_n}\qquad y_0=\frac{l_1y_1+ly_2+\cdots+l_ny_n}{l_1+l_2+\cdots+l_n}\tag{3-18}$$

对于多凸模的模具，可以先分别确定各凸模的压力中心，然后按上述原理求出模具的压力中心。但此时公式（3-17）中 l_1、l_2、…、l_n 应为各凸模刃口轮廓线长度，(x_1, y_1)、(x_2, y_2)、…、(x_n, y_n) 应为各凸模压力中心。

3.6　冲裁件的工艺性

冲压前应对冲裁件进行工艺性分析。所谓**冲裁件的工艺性**，是指冲裁件对冲压工艺的适应性，即冲裁件的结构、形状、尺寸及公差等技术要求，是否符合冲裁加工的要求。良好的冲裁工艺性应保证材料消耗少、工序数目少、模具结构简单且寿命长、产品质量稳定、操作安全方便等。因此，冲裁件的工艺性是否好，对冲裁件质量、生产效率及冲裁模的使用寿命均有很大影响。

3.6.1　冲裁件的公差等级和断面粗糙度

（1）普通冲裁件内外形尺寸的经济公差等级一般不高于 IT11 级，落料件公差等级最好低于 IT10 级，冲孔件比落料件高一级，最好低于 IT9 级。普通精度冲裁件外形与内孔尺寸公差、孔中心距公差、孔中心与边缘尺寸公差，见表 3-10、表 3-11、表 3-12。如果工件要求的公差值小于表值，冲裁后需经整修或采用精密冲裁。

表 3-10　冲裁件外形与内孔尺寸公差（mm）

料厚（mm）	工件尺寸							
	一般公差等级工件				较高公差等级工件			
	<10	10～50	50～150	150～300	< 10	10～50	50～150	150～300
0.2～0.5	0.08/0.05	0.10/0.08	0.14/0.12	0.20	0.025/0.02	0.03/0.04	0.05/0.08	0.08
0.5～1	0.12/0.05	0.16/0.08	0.22/0.12	0.30	0.03/0.02	0.04/0.04	0.06/0.08	0.10
1～2	0.18/0.06	0.22/0.10	0.30/0.16	0.50	0.04/0.03	0.06/0.06	0.08/0.10	0.12
2～4	0.24/0.08	0.28/0.12	0.40/0.20	0.70	0.06/0.04	0.08/0.08	0.10/0.12	0.15
4～6	0.30/0.10	0.31/0.15	0.50/0.25	1.0	0.10/0.06	0.12/0.10	0.15/0.15	0.20

注：分子为外形公差，分母为内孔公差。

表 3-11　冲裁件孔中心距公差（mm）

料厚（mm）	普通冲孔公差			较高精度冲孔公差		
	孔距中心尺寸					
	≤ 50	50～150	150～300	≤ 50	50～150	150～300
≤ 1	±0.1	±0.15	±0.2	±0.03	±0.05	±0.08
1～2	±0.12	±0.2	±0.3	±0.04	±0.06	±0.10
2～4	±0.15	±0.25	±0.35	±0.06	±0.08	±0.12
4～6	±0.2	±0.3	±0.4	±0.08	±0.10	±0.15

注：1. 表中所列孔距公差，适用于两孔同时冲出情况。

2. 一般精度是指模具工作部分达 IT8，凹模后角为 15′～30′的情况，较高精度是指模具工作部分达 IT7，凹模后角不超过 15′～30′。

（2）冲裁件的断面粗糙度与材料塑性、材料厚度、冲裁模间隙、刃口的锐钝以及模具结构有关，断面粗糙度和所允许的毛刺高度见表 3-13、表 3-14。

表 3-12　冲裁件孔中心与边缘尺寸公差（mm）

料厚（mm）	孔中心与边缘尺寸				料厚	孔中心与边缘尺寸			
	≤50	50～120	120～220	220～320		≤50	50～120	120～220	220～320
≤2	±0.5	±0.6	±0.7	±0.8	>4	±0.7	±0.8	±1.0	±1.2
2～4	±0.6	±0.7	±0.8	±1.0					

表 3-13　冲裁件断面的粗糙度

材料厚度 （mm）	～1	＞1～2	＞2～3	＞3～4	＞4～5
断面粗糙度 R_a μm	3.2	6.3	12.5	25	50

表 3-14　冲裁件断面允许的毛刺高度（mm）

材料厚度（mm）	～0.3	＞0.3～0.5	＞0.5～1.0	＞1.0～1.5	＞1.5～2.0
新模试冲允许的毛刺高度	≤0.015	≤0.02	≤0.03	≤0.04	≤0.05
生产时	≤0.05	≤0.08	≤0.10	≤0.13	≤0.15

3.6.2　冲裁件的结构形状与尺寸精度

（1）冲裁件的形状应尽可能的简单、对称、规则，或由简单的几何图形组成的形状。

（2）冲裁件的外形或内孔的转角处，要避免有尖角，应采用圆弧过渡，以利于冲模的加工，减少热处理时的应力集中，减少冲裁时尖角处的破裂现象。冲裁件最小圆弧半径见表 3-15。

表 3-15　冲裁件的最小圆弧半径 R

零 件 种 类			黄铜、铝	合金钢	软　钢	备　注
落料	交角	≥90°	0.18t	0.35t	0.25t	≮0.25mm
		＜90°	0.35 t	0.70t	0.5t	≯0.5mm
冲孔	交角	≥90°	0.2t	0.45t	0.3t	≮0.3mm
		＜90°	0.4t	0.9t	0.6t	≯ 6mm

（3）冲裁件上孔与孔、孔与外边缘间的距离不能太小，否则将影响模具强度和零件质量。一般对非平行轮廓线间距应使 $c_1 \geqslant 1.5t$，平行轮廓线间距应使 $c_2 \geqslant 2t$。如图 3-13 所示。

（4）冲裁件上应避免冲裁件上有过长的悬臂或狭槽，悬臂或狭槽最小宽度为满足 $b \geqslant 1.5t$ 。如图 3-14 所示。

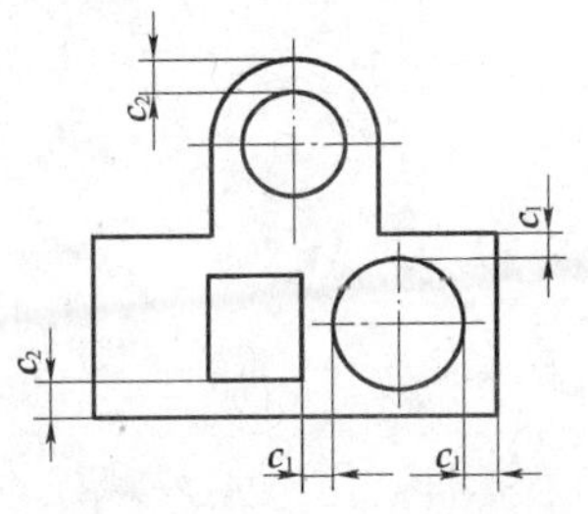

图 3-13　最小孔边距

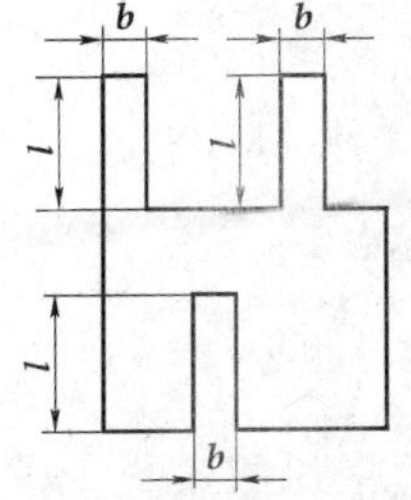

图 3-14　悬臂与凹槽图

（5）为了防止冲裁时凸模折断或压弯，冲孔的尺寸不能太小，自由凸模冲裁与加保护套凸模冲裁时的最小孔径见表 3-16 和表 3-17。

表 3-16 自由凸模冲孔的最小尺寸

材 料	圆孔直径	正方形孔宽度	长方形孔宽度	长圆形孔宽度
钢 $\tau \geq 700$ MPa	$d \geq 1.5t$	$\alpha \geq 1.35t$	$\alpha \geq 1.1t$	$\alpha \geq 1.2t$
钢 $\tau = 400 \sim 700$ MPa	$d \geq 1.3t$	$\alpha \geq 1.2t$	$\alpha \geq 0.9t$	$\alpha \geq 1.0t$
钢 $\tau < 400$ MPa	$d \geq 1.0t$	$\alpha \geq 0.9t$	$\alpha \geq 0.7t$	$\alpha \geq 0.8t$
α 黄铜、铜	$d \geq 0.9t$	$\alpha \geq 0.8t$	$\alpha \geq 0.6t$	$\alpha \geq 0.7t$
铝、锌	$d \geq 0.8t$	$\alpha \geq 0.7t$	$\alpha \geq 0.5t$	$\alpha \geq 0.6t$
纸胶版、布胶版	$d \geq 0.7t$	$\alpha \geq 0.6t$	$\alpha \geq 0.4t$	$\alpha \geq 0.5t$
硬纸、纸	$d \geq 0.6t$	$\alpha \geq 0.5t$	$\alpha \geq 0.3t$	$\alpha \geq 0.4t$

注：一般要求 $d \geq 0.3$ mm，t 为材料厚度。

表 3-17 带保护套凸模冲孔的最小尺寸

材 料	圆 孔 直 径	长方形孔宽度
硬钢	$d \geq 0.5t$	$a \geq 0.4t$
软钢、黄铜	$d \geq 0.35t$	$a \geq 0.3t$
铝、锌	$d \geq 0.3t$	$a \geq 0.28t$

3.6.3 冲裁件的尺寸基准

冲裁件结构尺寸的基准应尽可能与制造时的定位基准重合，这样可避免因尺寸基准不重合带来的尺寸误差。冲孔件的孔位尺寸基准应尽量选择在冲压过程中不变形的面或线上，孔位尺寸就易于得到保证。如图 3-15（a）所示，尺寸标注 S_1 与 S_2 基准在零件轮廓，因考虑模具制造公差的影响及模具刃口磨损，必然造成孔心距的不稳定。图 3-15（b）是正确标注方法。

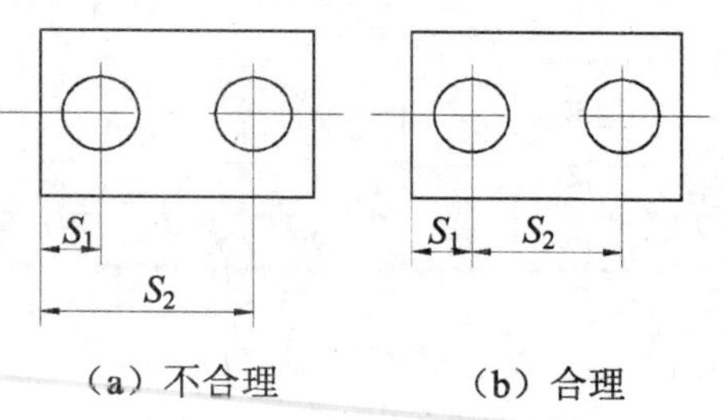

（a）不合理 （b）合理

图 3-15 冲裁件的尺寸标注

3.7 冲裁件的排样

冲裁件在板料、带料或条料上的布置方法称为**排样**。排样是冲裁模设计中的一项很重要的工作。在冲压零件的成本中，材料费用约占 60%以上，排样方案对材料的经济利用具有很重要的意义，不仅如此，排样方案对冲件质量、生产率、模具结构及寿命等都有重要影响。

3.7.1　材料利用率

排样的经济程度用材料利用率来表示。一个步距内的材料利用率η用下式表示：

$$\eta = \frac{nA}{Bh} \times 100\% \quad (3\text{-}19)$$

式中：A——冲裁件的面积（mm^2）；

B——条料宽度（mm）；

n—— 一个步距内冲裁件的数目；

h—— 步距（mm）。

整张板料或带料上材料总的利用率$\eta_{总}$为：

$$\eta_{总} = \frac{NA}{BL} \times 100\% \quad (3\text{-}20)$$

式中：N——板料或带料上冲裁件总的数目；

A——冲裁件的面积（mm^2）；

L——板料或带料的长度（mm）；

B——板料或带料的宽度（mm）。

$\eta_{总}$总是要小于η，这是因为整板上材料的利用率还要考虑冲裁时料头、料尾、及剪板机下料时余料的浪费。

冲裁所产生的废料可分为两类，如图 3-16 所示，一类是结构废料，是由冲件的形状特点产生的；另一类是由于冲件之间和冲件与条料侧边之间的搭边，以及料头、料尾和边余料而产生的废料，称为工艺废料。提高材料利用率主要应从减少工艺废料着手，设计合理的排样方案，选择合适的板料规格和合理的裁板法（即把板料裁剪成供冲裁用条料）。

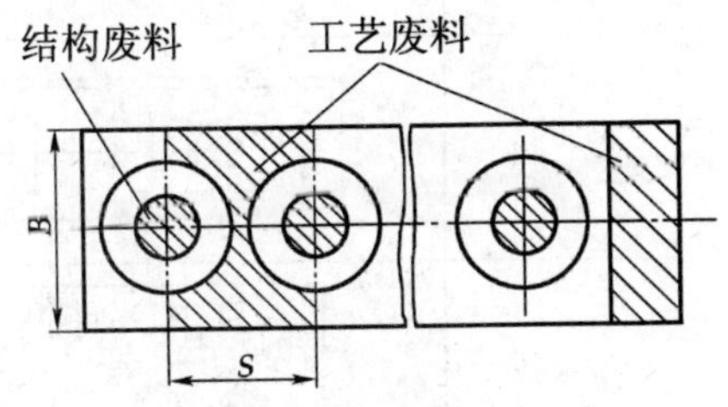

图 3-16　废料分类

3.7.2　排样方法

冲裁排样有两种分类方法：一是从废料角度来分，可分为有废料排样、少废料排样和无废料排样三种。有废料排样时，工件与工件之间，工件与条料边缘之间都有搭边存在，冲裁件尺寸完全由冲模保证，精度高，并具有保护模具的作用，但材料利用率低。少或无废料排样时，工件与工件之间，工件与条料边缘之间存在较少、或没有搭边存在，材料的利用率高，模具结构简单，但冲裁时由于凸模刃口受不均匀侧向力的作用，使模具易于遭到破坏，冲裁件质量也较差。

另一种是按制件在材料上的排列形式来分，可分为直排法、斜排样、对排法、混合排、多行排、裁搭边法等形式。排样形式示例见表 3-18。

表 3-18　排样形式分类示例

排样形式	有废料排样	少、无废料排样	适用范围
直排	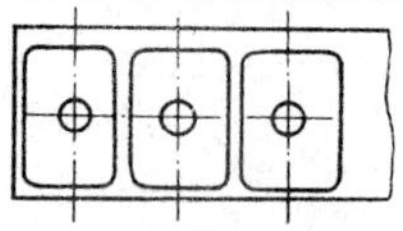	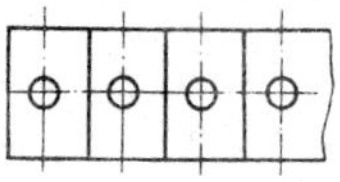	方形、矩形等简单零件
斜排	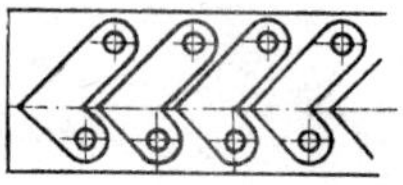	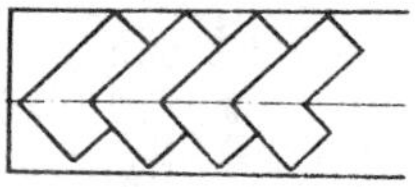	L 形、T 形、S 形、椭圆形等形状的冲件
直对排	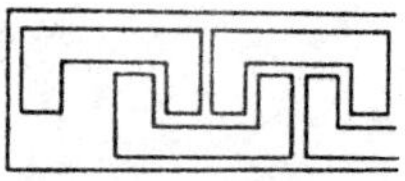	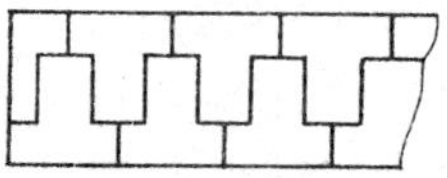	T 形、∩形、山形、梯形、三角形零件
斜对排	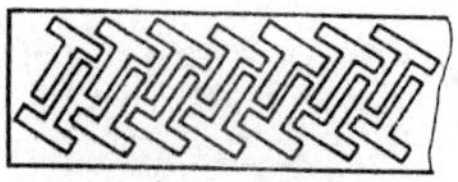	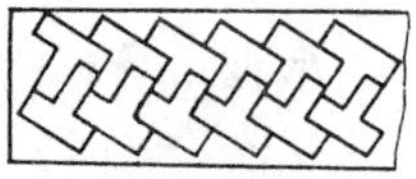	T 形、S 形、梯形等形状的冲件
混合排	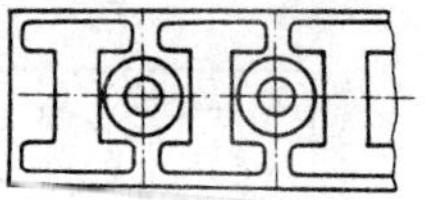	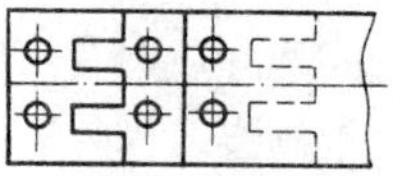	材料和厚度都相同的两种以上冲件
多行排	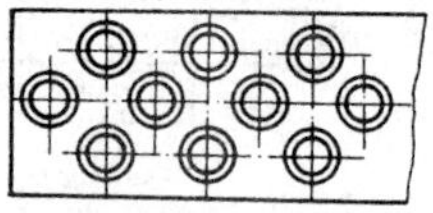	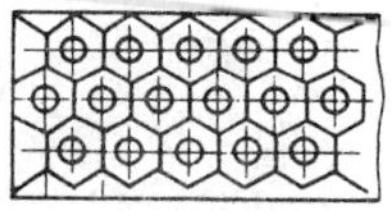	大批量生产的圆形、方形、六角形、矩形等规则形冲件
裁搭边	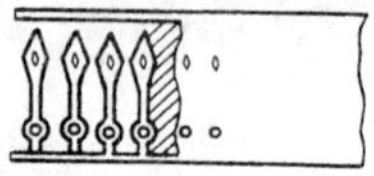	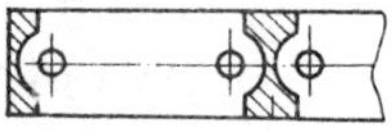	用于细长形零件或以宽度均匀的条料、带料冲制长形制件

3.7.3　搭边与条料宽度

1．搭边值的确定

排样时，冲裁件之间以及冲裁件与条料侧边之间留下的工艺废料叫**搭边**。搭边有两个作用：一是补偿了定位误差和剪板下料误差，确保冲出合格零件；二是可以增加条料刚度，便于条料送进，提高劳动生产率。

搭边值需合理确定。搭边过大，材料利用率低；搭边过小时，搭边的强度和刚度不够，在冲裁中将被拉断，制件产生毛刺，有时甚至单边拉入模具间隙，损坏模具刃口。搭边值目前由经验确定，其大小与以下几种因素有关：

（1）一般来说，硬材料的搭边值可小些，软材料、脆材料的搭边值要大一些；

（2）冲裁件尺寸大或是有尖突的复杂形状时，搭边值取大些；

（3）厚材料的搭边值取大一些；

（4）用手工送料、有侧压装置的搭边值可以小些。

低碳钢材料搭边值的经验值可以查表 3-19，对于其他材料的搭边值，应将表中数值乘以下列系数：

中碳钢	0.9；	高碳钢	0.8；
硬黄铜	1～1.1；	硬　铝	1～1.2；
软黄铜、紫铜	1.2；	铝	1.3～1.4；
非金属（皮革、纸、纤维板）	1.5～2。		

表 3-19　低碳钢材料的最小搭边值

材料厚度 t (mm)	圆形件及 $r>2t$		矩形件边长 $\lambda<50$ mm		矩形件边长 $\lambda<50$ mm 或圆角 $r<2t$	
	a_1	a	a_1	a	a_1	a
<0.25	1.8	2.0	2.2	2.5	2.8	3.0
0.25～0.5	1.2	1.5	1.8	2.0	2.2	2.5
0.5～0.8	1.0	1.2	1.5	1.8	1.8	2.0
0.8～1.2	0.8	1.0	1.2	1.5	1.5	1.8
1.2～1.6	1.0	1.2	1.5	1.8	1.8	2.0
1.6～2.0	1.2	1.5	1.8	2.0	2.0	2.2
2.0～2.5	1.5	1.8	2.0	2.2	2.2	2.5
2.5～3.0	1.8	2.2	2.2	2.5	2.5	2.8

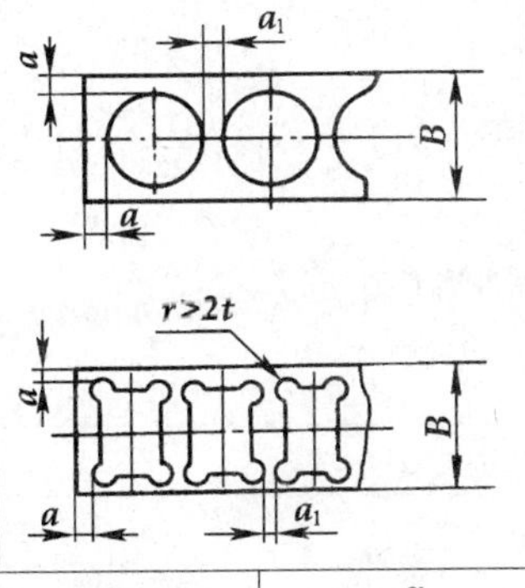

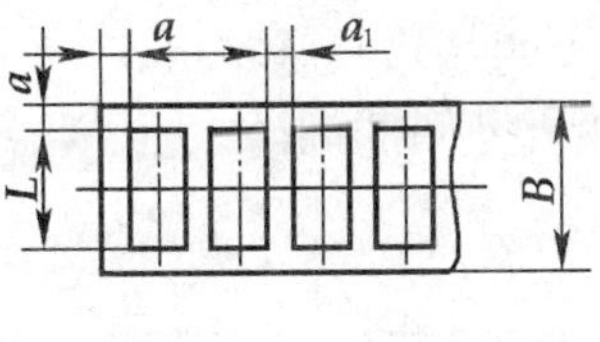

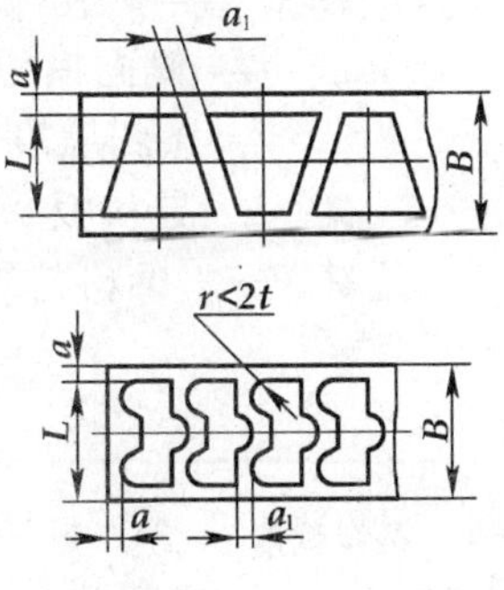

（续表）

材料厚度 t（mm）	圆形件及 $r>2t$		矩形件边长 $\lambda<50$ mm		矩形件边长 $\lambda<50$ mm 或圆角 $r<2t$	
3.0～3.5	2.2	2.5	2.5	2.8	2.8	3.2
3.5～4.0	2.5	2.8	2.5	3.2	3.2	3.5
4.0～5.0	3.0	3.5	3.5	4.0	4.0	4.5
5.0～12	0.6 t	0.7 t	0.7 t	0.8 t	0.8 t	0.9 t

2. 条料宽度的确定

在排样方案和搭边值确定之后，就可以确定条料的宽度和进距。**进距**是冲裁时每次将条料送进模具的距离，具体值与搭边值及排样方案相关。为保证送料顺利，剪板时宽度公差规定上偏差为零，下偏差为负值（－Δ），条料宽度确定可分为以下三种情况：

（1）有侧压装置（图 3-17） 有侧压装置的模具能使条料始终紧靠同一侧导料板送进，只须在条料与另一侧导料板间留有间隙 Z，因此可按下式计算：

条料宽度

$$B=(D_{max}+2a+\Delta)_{-\Delta}^{0} \tag{3-21}$$

导料板之间距离

$$A=B+Z \tag{3-22}$$

式中：B—— 条料宽度的基本尺寸（mm）；

D_{max}—— 条料宽度方向零件轮廓的最大尺寸（mm）；

a—— 侧面搭边（mm），可查表 3-19。

Δ——条料宽度方向的单向（负向）偏差（mm），可查表 3-20。

A ——导料板间距离的基本尺寸（mm）；

Z —— 条料与导料板之间的间隙（mm），可查表 3-21。

表 3-20 剪切条料宽度公差△（mm）

条料宽度 B	材料厚度 t			
	0～1	1～2	2～3	3～5
≤50	0.4	0.5	0.7	0.9
50～100	0.5	0.6	0.8	1.0
100～150	0.6	0.7	0.9	1.1
150～220	0.7	0.8	1.0	1.2
220～300	0.8	0.9	1.1	1.3

表 3-21　条料与导板之间的间隙 Z（mm）

条料厚度 t	无侧压装置			有侧压装置	
	条 料 宽 度				
	≤100	＞100～200	＞200～300	≤100	＞100
≤ 1	0.5	0.5	1	0.5	0.8
＞1～5	0.5	1	1	0.5	0.8

（2）无侧压装置时（图 3-18）无侧压装置的模具，应考虑在送料过程中因条料的摆动而使侧面搭边减少。为了补偿侧面搭边的减少，条料宽度应增加一个条料可能的摆动量，此摆动量即为条料与导料板之间的间隙 Z，因此可按下式计算：

条料宽度

$$B=[D_{\max}+2(a+\Delta)+Z]_{-\Delta}^{0} \tag{3-23}$$

导料板之间距离

$$A=B+Z \tag{3-24}$$

式中符号同前。用上式计算的条料宽度，不论条料靠向哪边，即使条料裁成最小极限尺寸时（$B-\Delta$），仍能保证冲裁时的搭边值 a，裁成最大尺寸时，仍能保证与导板的间隙 Z。

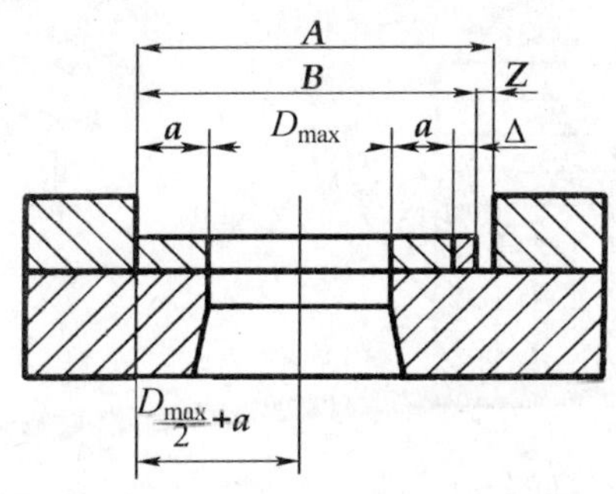

图 3-17　有侧压装置时条料宽度

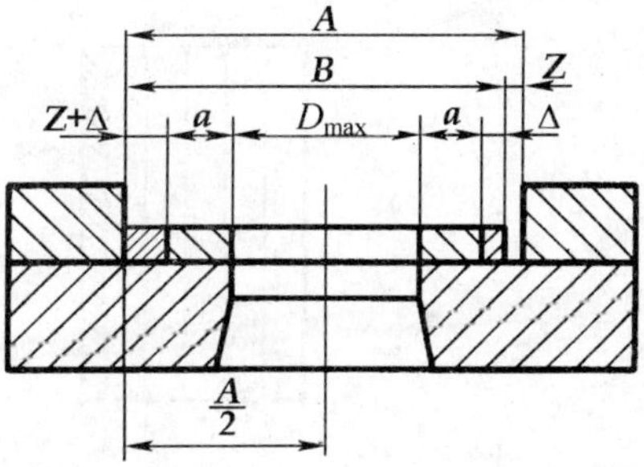

图 3-18　无侧压装置时条料宽度

（3）模具有侧刃（图 3-19）　模具有侧刃定位时条料宽度应增加侧刃切去的部分。

条料宽度

$$B=(D+2a+nb)_{-\Delta}^{0} \tag{3-25}$$

导料板之间距离

$$A=B+Z \tag{3-26}$$

$$A'=(D+2a)+y \tag{3-27}$$

式中：n——侧刃数；

b——侧刃冲切料边的宽度，一般取 b=1.5～2.5 mm，薄料取小值，厚料取大值；

y——侧刃冲切后条料与导料板间隙（mm），一般取 $y = 0.1 \sim 0.2$ mm；

A'——侧刃冲切后导料板间距离的基本尺寸（mm）。

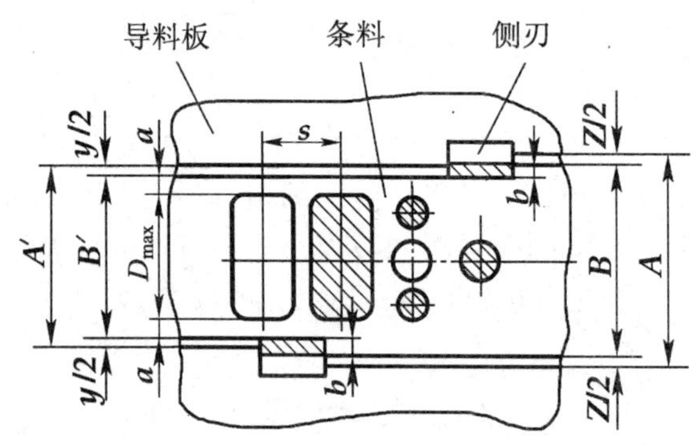

图 3-19　有侧刃冲裁时条料宽度

条料宽度确定后就可以裁板。裁板的方法有纵裁、横裁、联合裁三种（图 3-20）。采用哪种方法不仅要考虑板料利用率，还要考虑零件对坯料纤维方向的要求、工人操作方便等。

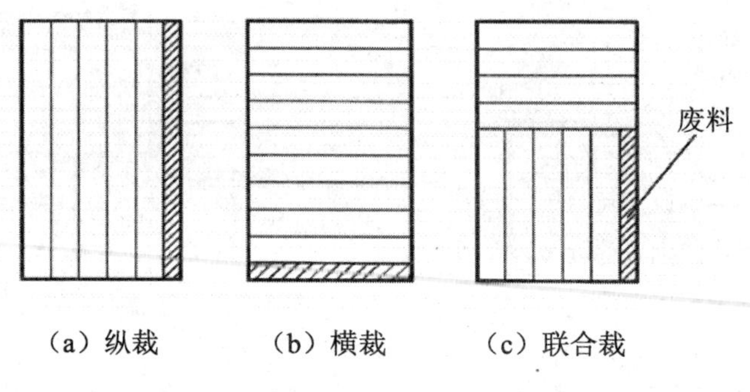

（a）纵裁　（b）横裁　（c）联合裁

图 3-20　裁板方法

3.8　冲裁模典型结构

冲裁模的结构型式很多，下面主要以工序组合方式的不同，分别分析各类冲裁模的典型结构、特点及应用。

3.8.1　单工序冲裁模

（1）无导向单工序冲裁模　图 3-21 是无导向单工序落料模，凸、凹模通过固定板，用螺钉和销钉固定在上、下模座上。该模具用固定挡料销 5 定位，用箍在凸模上的硬橡胶 4 卸料。模具上没有设导向装置，仅依靠压力机滑块导向。该模具结构简单，制造周期短，成本低。但安装凸、凹模时，间隙调整麻烦，且不易均匀；模具寿命低，不够安全，冲裁件精度等级也低。该模具主要适用于精度等级要求低、形状简单、生产批量小的冲裁件。

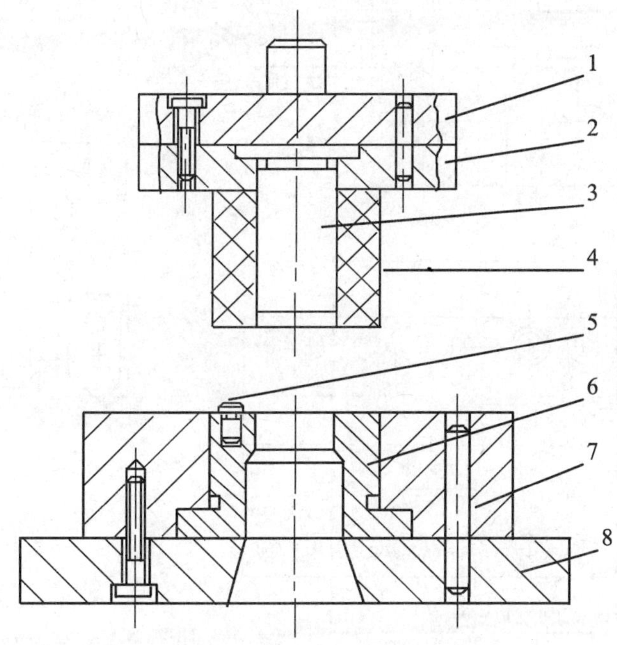

1—上模座　2—凸模固定板　3—凸模　4—橡胶　5—挡料销　6—凹模　7—凹模固定板 8—下模座

图 3-21　无导向落料模

（2）导板导向单工序冲裁模　图 3-22 为导板式单工序落料模。其上、下模的导向是依靠导板 9 与凸模的小间隙配合（一般为 H7/h6）进行的，故称**导板模**。

根据排样的需要，这副冲模的固定挡料销 16 所设置的位置对首次冲裁起不到定位作用，为此采用了始用挡料销 18。在首件冲裁之前，用手将始用挡料销压入以限定条料的位置，在以后各次冲裁中，手放开，开始用挡料销，始用挡料销被弹簧弹出，不再起挡料作用，而靠固定挡料销对条料定位。

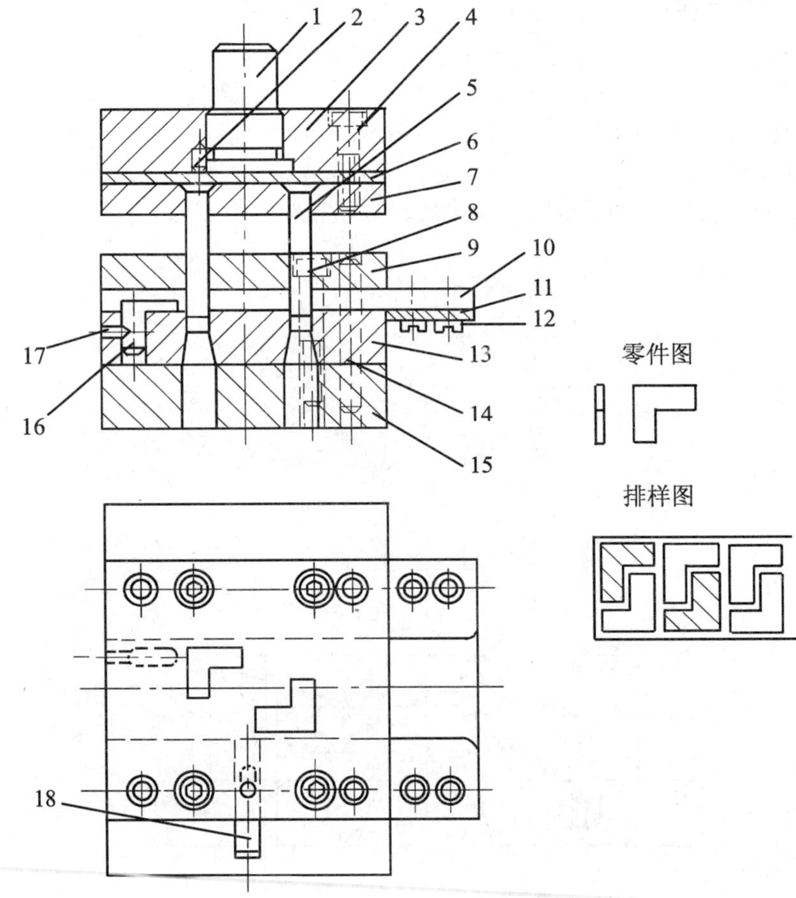

1—模柄 2—止动销 3—上模座 4、8—螺钉 5—凸模 6—垫板 7—凸模固定板 9—导板 10—导料板 11—承料板 12—螺钉 13—凹模 14—销钉 15—下模座 16—固定挡料销 17—止转销 18—始用挡料销

图 3-22 导板式落料模

模具的冲裁过程是：当条料沿导板送到始用挡料销 18 时，凸模由导板 9 导向而进入凹模，完成首次冲裁，冲出一个零件。条料继续送至固定挡料销 16 定位，进行第二次冲裁，此时落下两个零件。如此继续，直至冲完条料。分离后的零件靠凸模从凹模洞口依次推出。

导板模的主要特征是凸、凹模的正确配合是依靠上、下模之间的导板导向。为了保证导向精度和导板的使用寿命，使用过程中，甚至在刃磨时都不允许凸模脱离导板。

导板模比无导向落料模的精度高，寿命长，安装较容易，卸料可靠，操作较安全，一般用于形状比较简单、尺寸不大、料厚大于 0.3 mm 的冲裁件。这种模具的缺点是要采用行程较小且可调节的偏心式压力机才合适。

（3）导柱式单工序冲裁模

① 落料模　图 3-23 为最简单的导柱式落料模。这种冲模的上、下模正确位置利用导柱和导套的导向来保证。凸、凹模在进行冲裁之前，导柱已经进入导套，从而保证了在冲裁过程中凸模 10 和凹模 12 之间间隙的均匀性。

工作时，条料沿导料销送至挡料销 14 定位后进行落料。箍在凸模上的边料靠弹性卸料装置进行卸料，弹性卸料装置由卸料板 11、卸料螺钉 3 和弹簧 2 组成。在凸、凹模进行冲裁工作之前，由于弹簧力的作用，卸料板先压住条料，上模继续下压时进行冲裁分离，此时弹簧被压缩。上模回程时，弹簧恢复，推动卸料板把箍在凸模上的边料卸下。

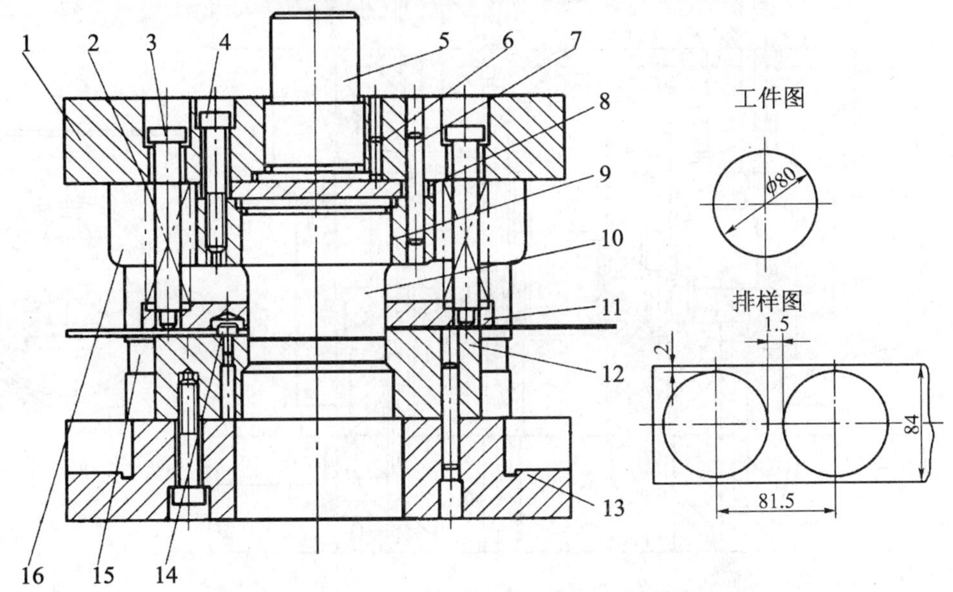

1—上模座 2—弹簧 3—卸料螺钉 4—螺钉 5—模柄 6—止转销 7—销钉 8—垫板 9—凸模固定板 10—凸模 11—卸料板 12—凹模 13—下模座 14—挡料销 15—导柱 16—导套

图 3-23　导柱式落料模

导柱式冲裁模的导向比导板导向可靠，导柱和导套都是圆形的，容易加工。上下模依靠导柱导套导向，凸、凹模间隙容易保证且不易改变。所以导柱式模具有冲裁件精度高、模具寿命长、安装方便等优点，已在冲压生产，特别是批量大、精度要求高的冲压件生产中得到广泛应用。其主要缺点是：模具轮廓尺寸较大，且较重，制造工艺复杂，成本较高。

② 冲孔模　冲孔模的结构设计一般与落料模相似，但冲孔模有其自己的特点，因冲孔的对象是已经落料或其他冲压加工后的半成品，所以冲孔模要解决半成品在模具上如何定位、如何使半成品放进模具，以及如何既方便又安全的取出冲好后的制件的问题；对冲小

孔模具，必须考虑凸模的强度和刚度，以及快速更换凸模的结构；成形零件上侧壁冲孔时，必须考虑凸模水平运动方向的转换机构等。

图 3-24 为导柱式冲孔模。冲件上的所有孔一次全部冲出，是多凸模的单工序冲裁模。

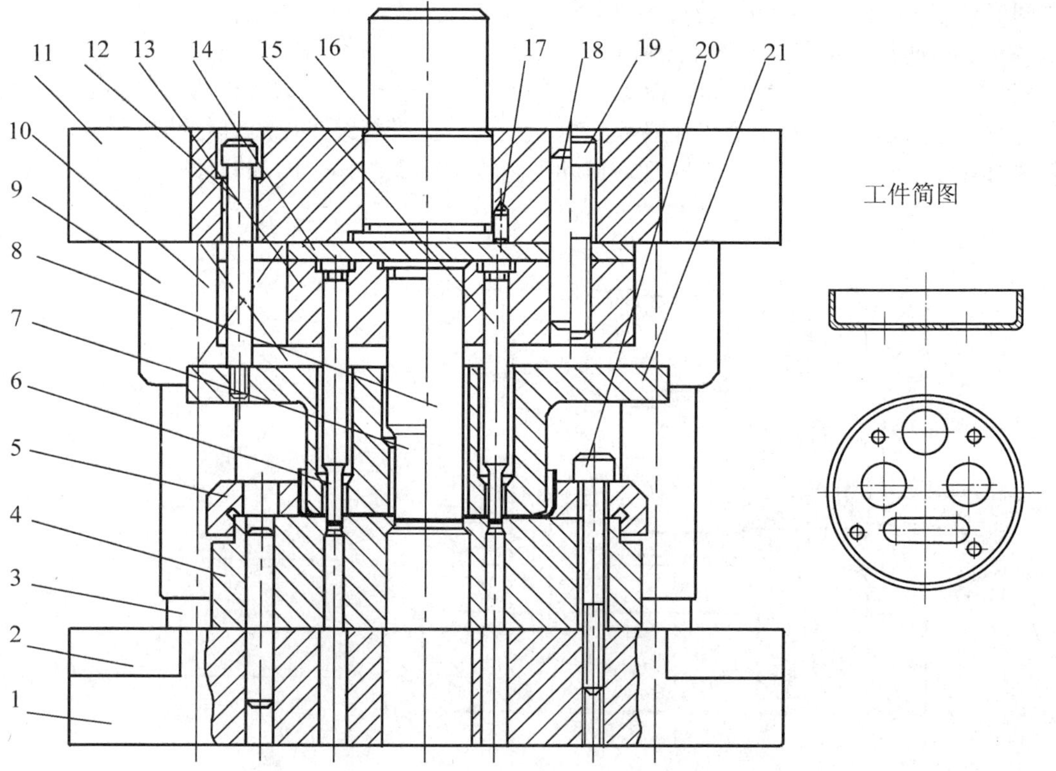

1—下模座 2、18—圆柱销 3—导柱 4—凹模 5—定位圈 6、7、8、15—凸模 9—导套 10—弹簧
11—上模座 12—卸料螺钉 13—凸模固定板 14—垫板 16—模柄 17—止动销
19、20—内六角螺钉 21—卸料板

图 3-24 导柱式冲孔模

由于工序件是经过拉深的空心件，而且孔边与侧壁距离较近，因此采用工序件口部朝上，用定位圈 5 实行外形定位，以保证凹模有足够强度。但增加了凸模长度，设计时必须注意凸模的强度和稳定性问题。如果孔边与侧壁距离大，则可采用工序件口部朝下，利用凹模实行内形定位。该模具采用弹性卸料装置，除卸料作用外，该装置还可保证冲孔零件的平整，提高零件的质量。

图 3-25 为全长导向结构的小孔冲模，凸模在工作行程中，全长都得到护套 9、10 的不间断的导向作用，当凸模伸出护套 9 后进行冲孔。因而凸模的稳定性和强度大大提高。

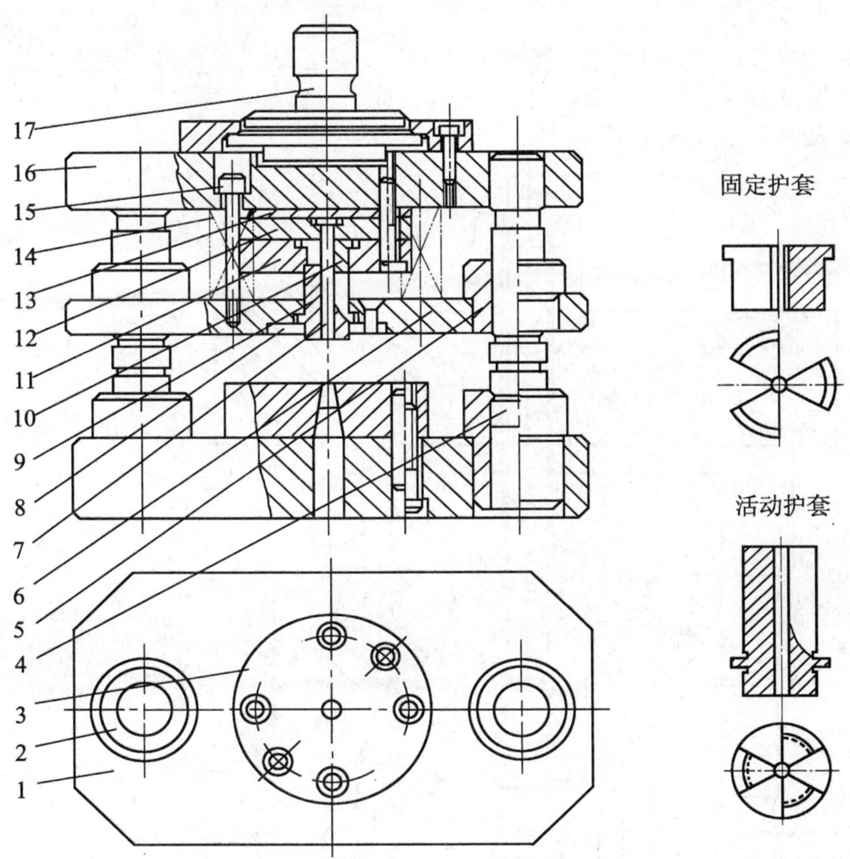

1—下模座 2、5—导套 3—凹模 4—导柱 6—卸料板 7—凸模 8—托板 9—活动护套 10—固定护套 11—固定板 12—凸模固定板 13—垫板 14—弹簧 15—螺钉 16—上模座 17—浮动模柄

图 3-25　全长导向小孔冲模

该模具第二个特点是导向精度高。模具的导柱不但在上、下模座之间进行导向，而且对卸料板也导向。导柱装在上模座上，在工作行程中上模座、导柱、弹性卸料板一同运动，卸料板严格地保持与上、下模座平行装配，卸料板中的凸模护套精确地与凸模滑动配合，当凸模受侧向力时，卸料板通过凸模护套承受侧向力，保护凸模不致发生弯曲。

该模具第三个特点是有利于提高断面质量。与一般模具不同，凸模护套 9 伸出于卸料板，冲压时，由凸模护套进行压料。由于凸模护套与材料的接触面积小，所以对冲孔部位材料产生很大压力，使其产生了立体的压应力状态，改善了材料的塑性条件，有利于塑性变形过程。因此，在冲制的孔径小于材料厚度时，仍能获得断面光洁的孔。

3.8.2 复合冲裁模

复合冲裁模按照工作零件的安装位置不同，分为正装式复合模和倒装式复合模两种。

（1）正装式复合模　图 3-26 为正装式落料冲孔复合模，其特点是，凸凹模 7 在上模，落料凹模 2 和冲孔凸模 5 在下模。

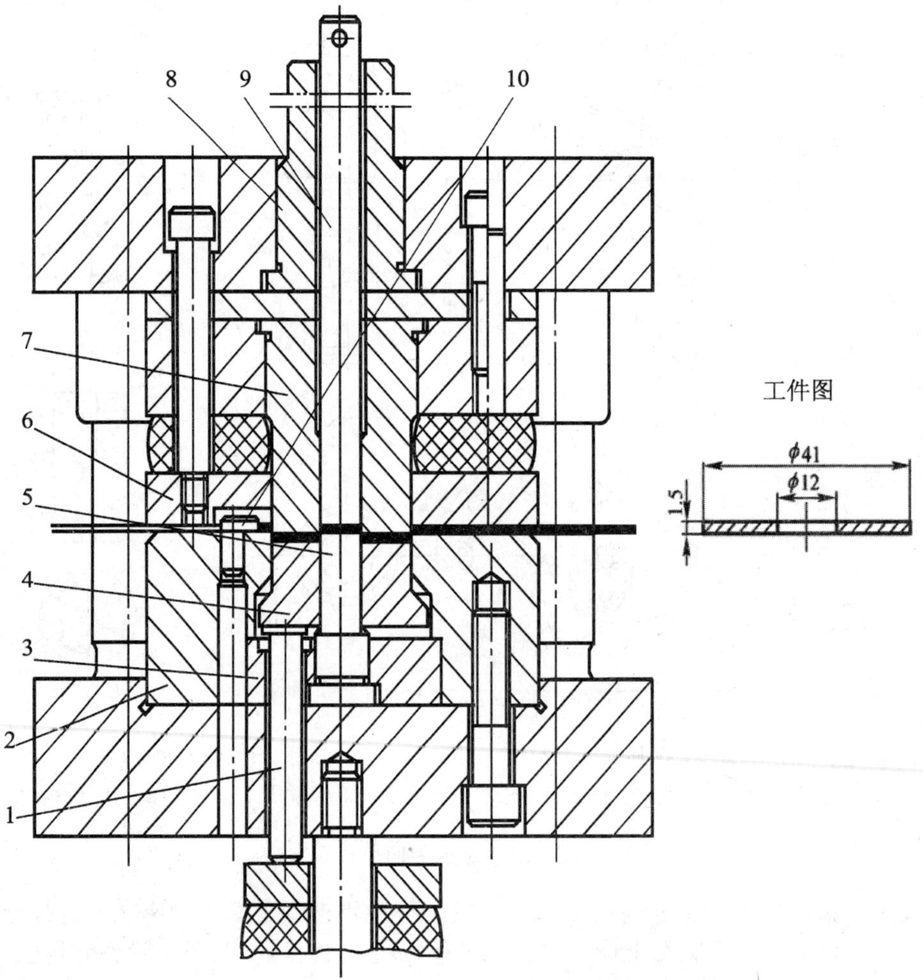

1—顶件杆 2—落料凹模 3—冲孔凸模固定板 4—推件块 5—冲孔凸模 6—卸料板
7—凸凹模 8—模柄 9—推件杆 10—钩头挡料销

图 3-26　正装复合模

工作时，导料销和钩头挡料销 10 对板料进行定位。上模下行，由凸凹模外轮廓和落料凹模 2 进行落料，落下的工件卡在凹模中，同时冲孔凸模 5 与凸凹模 7 内孔进行冲孔，冲孔废料卡在凸凹模孔内。卡在凹模中的冲件由顶件装置 1、4 顶出凹模面，卡在凸凹模孔内的废料由推件杆 9 推出模外。边料由橡胶和卸料板 6 组成的卸料装置卸下。

从上述工作过程可以看出，正装式复合模工作时，板料是在压紧的状态下分离，冲出的冲件平直度较高。模具采用装在下模座底下的弹顶器推动顶杆和顶件块，弹性元件高度不受模具有关空间的限制，顶件力大小容易调节，可获得较大的顶件力。每冲裁一次，冲孔废料被推出一次，凸凹模孔内不积存废料，所受胀力小，不易被破裂。但由于弹顶器和弹压卸料装置的作用，分离后的冲件容易被嵌入边料中影响操作，从而影响了生产率。另外，冲孔废料落在下模工作面上，清除废料麻烦，尤其孔较多时。

（2）倒装式复合模　图 3-27 为倒装式复合模。其特点是，凸凹模 15 装在下模，落料凹模 3 和冲孔凸模 2 装在上模。

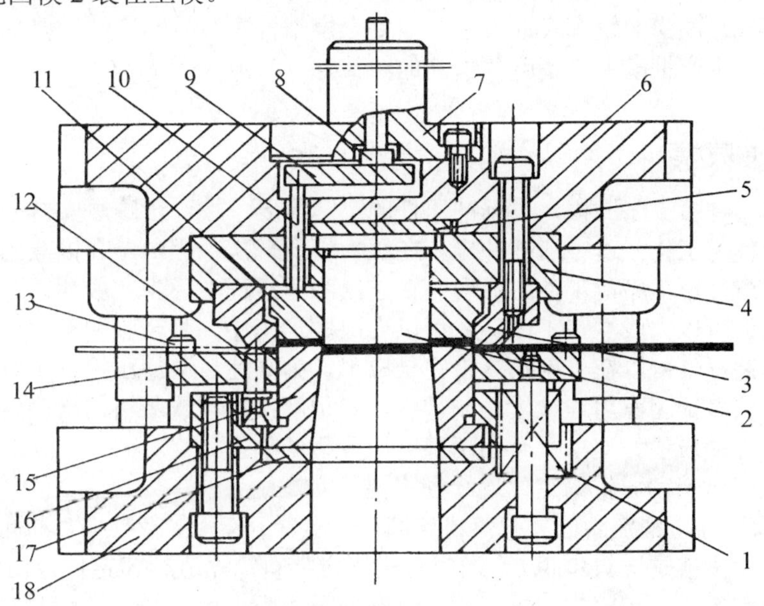

1—弹簧　2—冲孔凸模　3—落料凹模　4—凸模固定板　5、17—垫板　6—上模座　7—模柄　8—打杆　9—推板　10—连接推杆　11—推件块　12—活动挡料销　13—导料销　14—卸料板　15—凸凹模　16—凹模固定板　18—下模座

图 3-27　倒装复合模

工作时，导料销 13 和活动挡料销 12 对板料进行定位，上模下行，挡料销被压下，上端面与板料相平，凸凹模外轮廓和凹模 3 进行落料，同时冲孔凸模 2 与凸凹模内孔完成冲孔。在模具回程中，推件装置 8、9、10、11 把卡在凹模中的工件推下，冲孔废料则由冲孔

凸模从下模孔推出，不需顶件。模具结构简单，操作方便。但由于是直刃壁凹模洞口，凸凹模内会积存废料，胀力较大，当凸凹模壁厚较小时，可能导致凸凹模破裂。

倒装式复合模一般都是采用刚性推件的，板料不是处在被压紧的状态下冲裁，因而平直度不高。这种结构适用于冲裁较硬的或厚度大于 0.3 mm 的板料。如果在上模内设置弹性元件，即采用弹性推件装置，这就可以用于冲制材质较软的或板料厚度小于 0.3 mm，且平直度要求较高的冲裁件。

从以上分析可以看出，正装式较适用于冲制材质较软的、或板料较薄的、平直度要求较高的冲裁件，还可以冲制孔边距离较小的冲裁件。而倒装式不宜冲制孔边距离较小的冲裁件，但倒装复合模直接利用压力机的打杆装置进行推件，卸件可靠，又无顶件装置，结构简单，便于操作，并为机械化出件提供了有利条件，故应用非常广泛。

复合模的特点是生产率高，冲裁件的内孔与外缘的相对位置精度高，板料的定位精度要求比连续模低，冲模的轮廓尺寸较小。但复合模结构复杂，制造精度要求高，成本高。复合模主要用于生产批量大、精度要求高的冲裁件。

3.8.3 连续冲裁模

连续模是一种多工序冲模，根据冲压件的实际需要，按一定顺序安排了多个冲压工序（在连续模中称为工位）进行连续冲压。在压力机的一次行程中，在模具的几个不同位置上同时完成多道冲压工序，工件的成形是在连续冲压过程中逐步完成的。

连续模不但可以完成冲裁工序，还可以完成成形工序，甚至装配工序，许多需要多工序冲压的复杂冲压件可以在一副模具上完全成形，为高速自动冲压提供了有利条件。由于连续模工位数较多，因而用连续模冲制零件，必须解决条料或带料的准确定位问题，才有可能保证冲压件的质量。这里只介绍两种常用典型结构：

（1）固定挡料销和导正销定位连续模

图 3-28 为用导正销定距的冲孔落料连续模。上、下模用导板导向。冲孔凸模 3 与落料凸模 4 之间的距离就是送料步距 e。送料时由固定挡料销 6 进行初定位，由两个装在落料凸模上的导正销 5 进行精定位。导正销与落料凸模的配合为 H7/r6，落料凸模安装导正销的孔是通孔，修磨凸模时装拆方便。导正销锥形头部的形状应有利于插入已冲的孔，直壁的导正部分与孔的配合为 0.04～0.20 mm 双面间隙。在导板下的导料板中间，安装有始用挡料销。条料上冲制首件时，用手推始用挡料销 7，使它从导料板中伸出来抵住条料的前端即可冲第一件上的两个孔。以后各次冲裁时就都由固定挡料销 6 控制送料步距作初步定位。这种定距方式多用于较厚板料、冲件上有孔、精度低于 IT12 级的工件冲裁。它不适用于软料或板厚 $t<0.3$ mm 的冲件（导正时孔可能变形），也不适于孔径小于 1.5 mm 或落料凸模较小的工件（不能安装导正销）。

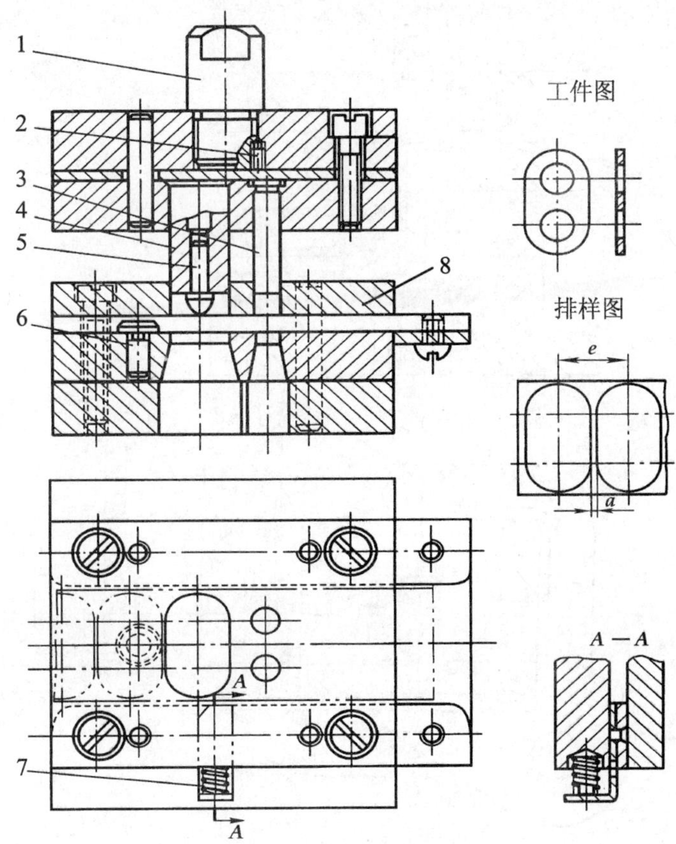

1—模柄 2—止转螺钉 3—冲孔凸模 4—落料凸模
5—导正销 6—固定挡料销 7—始用挡料销 8—导板

图 3-28 导正销定距连续模

（2）侧刃定距连续模

图 3-29 是双侧刃定距的冲孔落料连续模。它以侧刃 7 代替了始用挡料销、挡料销和导正销控制条料送进距离（即步距）。侧刃是特殊功用的凸模，其作用是在压力机每次工作行程中，沿条料边缘切下一块长度等于步距的边料。由于沿送料方向上，在侧刃前后，两导料板间距不同，前宽后窄形成一个凸肩，所以条料上只有切去边料的部分才能通过，通过的距离等于步距。为了减少料尾损耗，尤其工位较多的连续模，可采用两个侧刃前后对角排列。

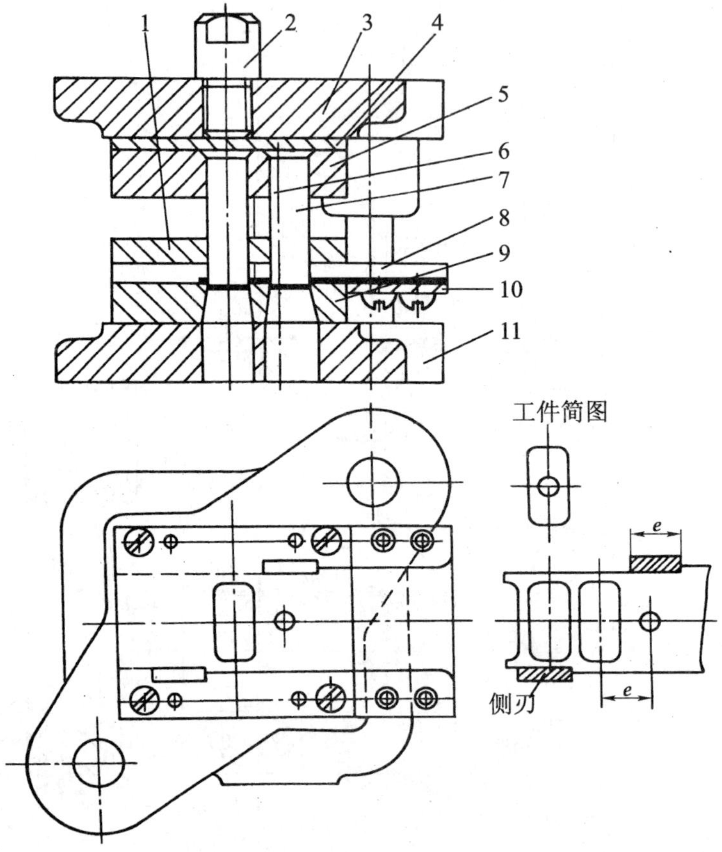

1—刚性卸料板 2—模柄 3 上模座 4—垫板 5—凸模固定板 6—冲孔凸模
7—侧刃 8—导料板 9—凹模 10—承料板 11—下模座

图 3-29 侧刃定距连续模

连续模比单工序模生产率高，减少了模具和设备的数量，工件精度较高，便于操作和实现生产自动化。对于特别复杂或孔边距较小的冲压件，用简单模或复合模冲制有困难时，可用连续模逐步冲出。但连续模轮廓尺寸较大，制造较复杂，成本较高，一般适用于大批量生产的小型冲压件。

冲压生产的模具制造费用比较高，往往占冲压件总成本的 10%～30%甚至高达 40%。因此选用哪种生产方法，必须首先估算生产成本。即使必须采用冲压加工的方式，也要视生产批量决定采用何种模具形式进行生产。生产批量与合理模具形式之间的关系见表 3-22。单工序模、复合模、连续模的比较见表 3-23。

表 3-22　冲压生产批量与合理模具形式

项　　目	批量/（千件/每年）				
	单　件	小　批	中　批	大　批	大　量
大　　件	<1	1～2	2～20	20～300	>300
中　　件	<1	1～5	5～50	50～1000	>1000
小　　件	<1	1～10	10～100	100～5000	>5000
模具形式	简易模 单工序模	单工序模 简易模	连续模、复合模 单工序模	连续模、复合模	连续模、复合模
设备形式	通用压力机	通用压力机	高速压力机 自动和半自动通用压力机	机械化高速压力机、自动机	专用压力机 自动机

表 3-23　单工序模、复合模、连续模特点比较

比 较 项 目	单 工 序 模	复 合 模	连 续 模
工件尺寸精度	较低	一般 IT11 级以下	较高，IT9 级以下
工件形位公差	工件不平整，同轴度、对称度、及位置误差大	工件平整，同轴度、对称度、及位置误差小	不太平整，有时要校平，同轴度、对称度、及位置误差较大
冲压生产率	低，压力机一次行程只能完成一个工序	较高，压力机一次行程只能完成两个以上工序	高，压力机一次行程只能完成多个工序
实现操作机械化、自动化的可能性	较易，尤其适合于多工位压力机上实现自动化	难，工件与废料排出较复杂，只能在单机上实现部分机械化操作	容易，尤其适合单机上实现自动化
对材料要求	对条料宽度要求不严，可用边角料	对条料宽度要求不严，可用边角料	对条料或带料宽度要求严格
生产安全性	安全性较差	安全性较差	比较安全
模具制作的难易程度	较易，结构简单，制造周期短，价格低	对形状复杂件，较连续模制造难度低	对形状简单件，较复合模制造难度低
应用	通用性好，适于中、小、批量生产，和大型件生产	通用性差，适合于形状复杂，尺寸不大，精度要求较高件的大批量生产	通用性差，适合于形状简单，尺寸不大，精度要求不高件的大批量生产

3.9　冲裁模主要零件的设计与标准的选用

各类冲裁模的结构形式和复杂程度不同，但组成模具的零件种类是基本相同的，根据它们在模具中的功用和特点，可以分成两类：工艺零件与结构零件（详见第一章）。为了简化模具设计，缩短生产周期，促使模具工业的发展和技术交流，我国已制定了冲模零件及模架的国家标准或部颁标准。模架产品标准（GB/T 2851.1～8、T2852.1～4）共 12 个，与

标准模架相对应的标准零件（GB/T 2855.1～14、GB/T2856.1～8、GB/T2861.1～16）共 38 个。进行模具设计时，仅设计直接与冲压件有关的部分，其余部分应尽量采用标准零件及其组合。

在标准的选用方面还可采纳 ISO/TC 29/SC 8 公布的通用模具零件标准，使我国的模具技术标准逐渐地与国际接轨。

3.9.1 工作零件

1. 凸模

（1）凸模的结构类型与固定方法

凸模的结构通常分为两大类。一类是镶拼式凸模结构，如图 3-30 所示。另一类为整体式凸模结构。整体式凸模有圆形凸模和非圆形凸模，最为常用的是圆形凸模，主要结构形式如图 3-31 所示。图 3-31（a）为带保护套结构凸模，可防止细长凸模折断，适于冲制孔径与料厚相近的小孔。图 3-31（b）型式凸模适于冲制 $d = 1.1$～30.2 mm 的孔，为了保证刚度与强度，避免应力集中，将凸模做成台阶结构并用圆角过渡。图 3-31（c）适用于冲制直径范围 $d = 3.0$～30.2 mm 的孔。图 3-31（d）适用于冲制较大的孔。

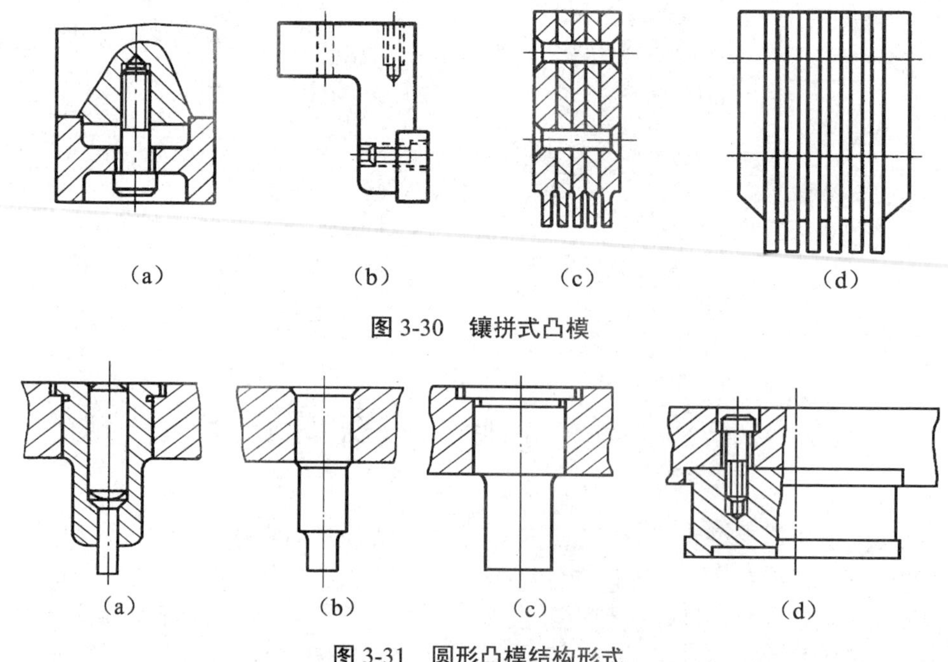

(a) (b) (c) (d)

图 3-30 镶拼式凸模

(a) (b) (c) (d)

图 3-31 圆形凸模结构形式

对于非圆形凸模，与凸模固定板配合的固定部分可做成圆形或矩形，如图 3-32（a）、（b）所示。也可以使固定部分与工作部分尺寸一致（又称直通式凸模），如图 3-32（c）所示，这类凸模一般采用线切割方法进行加工。

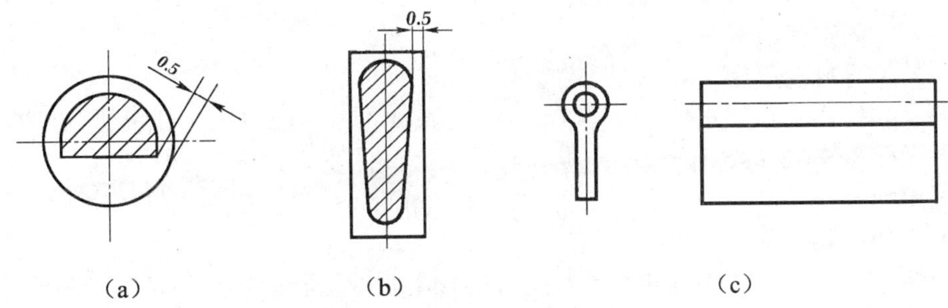

图 3-32　非圆形凸模形式

中、小型凸模多采用台阶固定，将凸模压入固定板内，采用 H7/m6 配合，如图 3-31（b）、（c）。平面尺寸比较大的凸模可以直接用销钉和螺栓固定，如图 3-31（d）所示。对于有的小凸模可以采用图 3-33 所示固定方法。对于大型冲模中冲小孔的易损凸模，可以采用快换式凸模固定方法，以便于修理和更换，如图 3-34 所示。

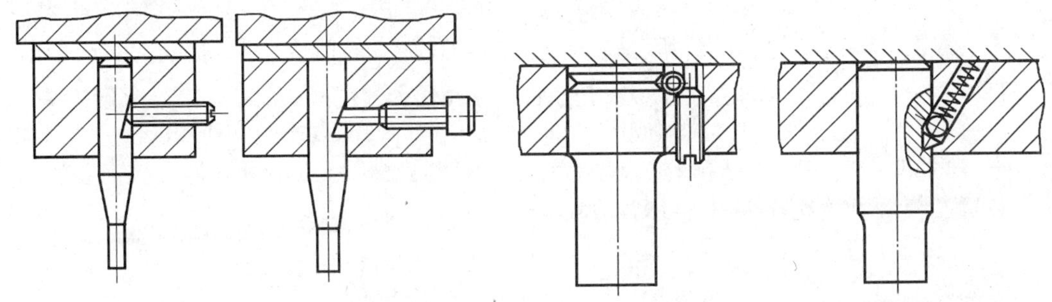

图 3-33　小凸模固定方式　　图 3-34　快换凸模固定方式

（2）凸模的材料与硬度

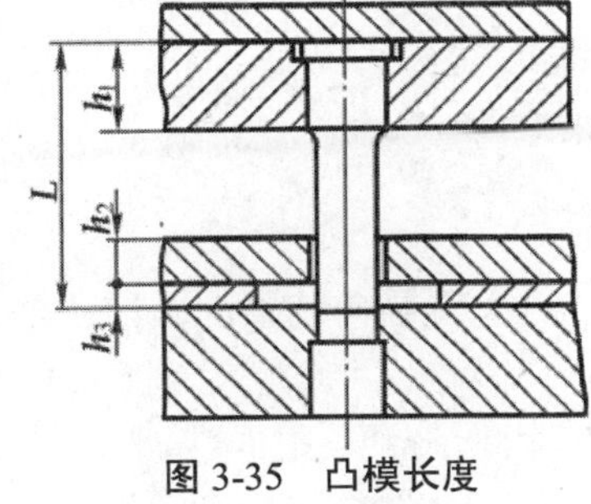

图 3-35　凸模长度

凸模材料要考虑既使刃口有较高的耐磨性，又能使凸模承受冲裁时的冲击力，所以应有高的硬度与适当的韧性。形状简单且模具寿命要求不高的凸模可选用 T8A，T10A 等材料制造；形状复杂且模具有较高寿命要求的凸模应选 Cr12，Cr12MoV，CrWMn 等材料制造；要求高寿命、高耐磨性的凸模，可选用硬质合金材料或高速钢。凸模刃口淬火硬度一般在 HRC58～62，尾部回火至 40～50HRC。

（3）凸模的长度确定

当采用固定卸料板和导料板冲模（图 3-35）时，其凸模长可以按下式计算：

$$L = h_1 + h_2 + h_3 + h \quad (3\text{-}28)$$

式中：h_1——凸模固定板厚度（mm）；

h_2——固定卸料板厚度（mm）；

h_3——导料板厚度（mm）；

h ——增加长度（mm），它包括凸模的修磨量 6～12 mm、凸模进入凹模的深度 0.5～1 mm、凸模固定板与卸料板之间的安全距离（一般取 10～20 mm）等。

对采用弹性卸料装置的模具，应根据模具结构的具体情况确定凸模长度。

（4）凸模的强度与刚度校核

一般情况下，凸模的强度和刚度是足够的，不需要进行校核，但是当凸模的截面尺寸很小而冲裁的板料厚度较大，或结构需要凸模特别细长时，则应进行承压能力和抗纵向弯曲能力的校核。

① 压应力的校核凸模承压能力按下式校核：

$$A_{\min} \geqslant \frac{F}{[\sigma_{压}]} \quad (3\text{-}29)$$

式中：$A_{\min}$—— 凸模最小截面的截面积（mm^2）；

F—— 冲裁力（N）；

$[\sigma_{压}]$ ——凸模材料的许用压应力（MPa），$[\sigma_{压}]$的值取决于材料、热处理和冲模的结构等，如 T8A、T10A、Cr12MoV、GCr15 等工具钢淬火硬度为 58～62HRC 时，取 1000～1600 MPa，当有特殊导向时，可取 2000～3000 MPa。

② 弯曲应力的校核　凸模的抗弯能力，根据模具结构特点，可分为无导向装置和有导向装置凸模两种情况，如图 3-36 所示。

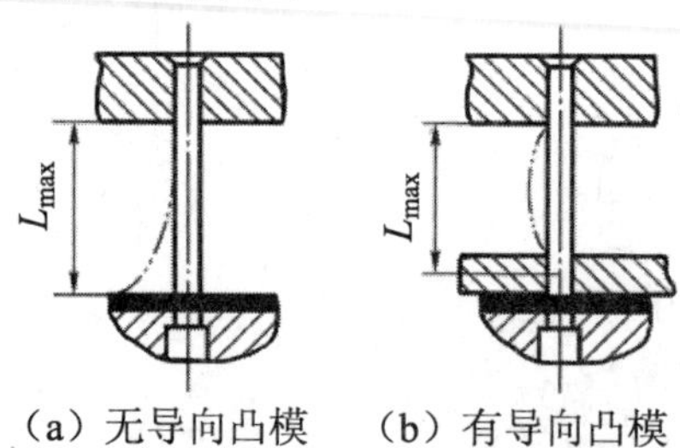

（a）无导向凸模　（b）有导向凸模

图 3-36　细长凸模的弯曲

无导向装置的圆形凸模长度应满足：

$$L_{\max} \leqslant 95\frac{d^2}{\sqrt{F}}\,(\text{mm}) \quad (3\text{-}30)$$

非圆形凸模长度应满足：

$$L_{max} \leqslant 425\sqrt{\frac{I}{F}}\,(\text{mm}) \tag{3-31}$$

带导向装置的圆形凸模长满足：

$$L_{max} \leqslant 270\frac{d^2}{\sqrt{F}}\,(\text{mm}) \tag{3-32}$$

带导向装置的非圆形凸模长满足：

$$L_{max} \leqslant 1200\sqrt{\frac{I}{F}}\,(\text{mm}) \tag{3-33}$$

式中：L_{max}——凸模最大长度（mm）；

d——凸模最小直径（mm）；

F——冲裁力（N）；

I——凸模最小横截面的惯性距（mm^4）。

2. 凹模

（1）凹模的刃口形式

图3-37为几种常见的凹模刃口形式。图3-37（a）为锥形刃口凹模，冲裁件或废料容易通过而不留在凹模内，凹模磨损小。其缺点是刃口强度较低，刃口尺寸在修磨后增大。适用于形状简单、精度要求不高、材料厚度较薄工件的冲裁。

当　$t<2.5$ mm时，$\alpha=15'$；

$t=2.5\sim6$ mm时，$\alpha=30'$；

采用电火花加工凹模时，$\alpha=4'\sim20'$。

图3-37（b）、（c）为柱形刃口筒形或锥形凹模。刃口强度较高，修磨后刃口尺寸不变。但孔口容易积存工件或废料，推件阻力大且刃口磨损大。适用于形状复杂或精度要求较高工件的冲裁。$\alpha=3^\circ\sim5^\circ$。

当　$t<0.5$ mm时，$h=3\sim5$ mm；

$t=0.5\sim5$ mm时，$h=5\sim10$ mm；

$t=5\sim10$ mm时，$h=10\sim15$ mm。

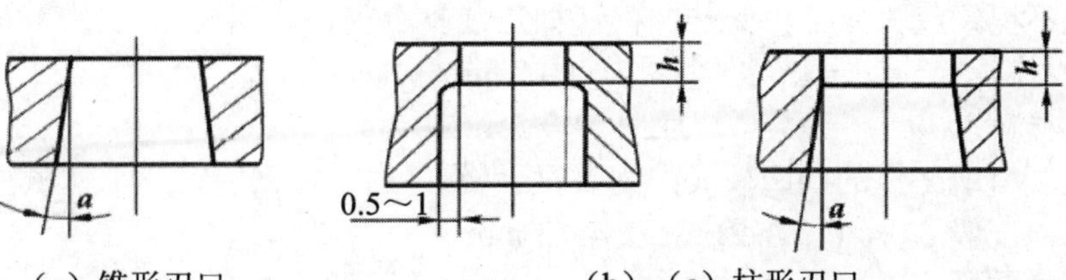

（a）锥形刃口　　（b）、（c）柱形刃口

图3-37　凹模刃口形式

（2）凹模外形尺寸（见图 3-38） 凹模外形尺寸的经验公式为：

凹模厚度

$$H = Kb \quad (H \geqslant 15\ \text{mm}) \tag{3-34}$$

凹模壁厚（即凹模刃口与外边缘的距离）

$$\left.\begin{array}{ll}\text{小凹模} & c = (1.5\sim2)\,H \\ \text{大凹模} & c = (2\sim3)\,H\end{array}\right\}(c \geqslant 30\ \text{mm}) \tag{3-35}$$

式中： b——凹模孔的最大宽度（mm）；

K——系数，见表 3-24；

H——凹模厚度（mm）；

c——凹模壁厚（mm）。

按上式计算的凹模外形尺寸，可以保证凹模有足够的强度和刚度，一般可不再进行强度校核。

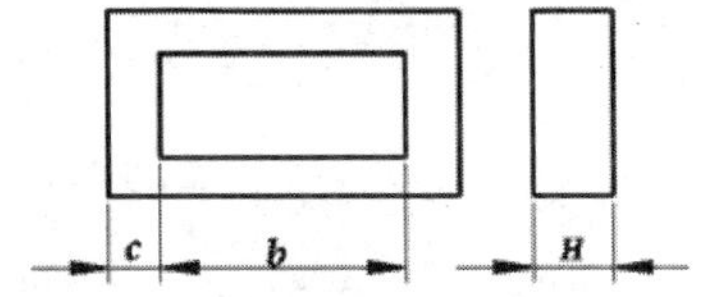

图 3-38 凹模外形尺寸

表 3-24 系数 K 值

孔宽 b (mm)	料厚 t (mm)				
	0.5	1	2	3	>3
≤50	0.3	0.35	0.42	0.50	0.60
>50～100	0.2	0.22	0.28	0.35	0.42
>100～200	0.15	0.18	0.20	0.24	0.30
>200	0.10	0.12	0.15	0.18	0.22

（3）复合模中凸凹模的最小壁厚 凸凹模的内、外缘均为刃口，内、外缘之间的壁厚取决于冲裁件的尺寸。为保证凸凹模的强度，凸凹模应有一定的壁厚。

对内孔不积聚废料或工件的凸凹模（如正装复合模，凸凹模在上模），最小壁厚 c 为：

$$\begin{array}{lll}\text{冲裁硬材料：} & c = 1.5\,t & \text{且 } c \nless 0.7\ \text{mm} \\ \text{冲裁软材料：} & c = t & \text{且 } c \nless 0.5\ \text{mm}\end{array} \tag{3-36}$$

对积聚废料或工件的凸凹模（如倒装复合模），由于受到废料或工件胀力大，c 值要适当再加大些，一般 $c \geqslant (1.5\sim2)\,t$，且 $c \nless 3$ mm。

（4）凹模的固定及主要技术要求

图 3-39 为凹模的几种固定方式。(a)、(b) 为两种圆凹模固定方法，这两种圆形凹模

尺寸都不大，直接装在凹模固定板中，主要用于冲孔。

图 3-39（c）中凹模用螺钉和销钉直接固定在模板上，实际生产中应用较多，适合各种非圆形或尺寸较大的凹模固定。但要注意一点：螺孔（或沉孔）间、螺孔与销孔间及螺孔、销孔与凹模刃壁间的距离不能太近，否则会影响模具寿命。孔距的最小值可参考相关设计手册。图 3-39（d）为快换式冲孔凹模的固定方法。

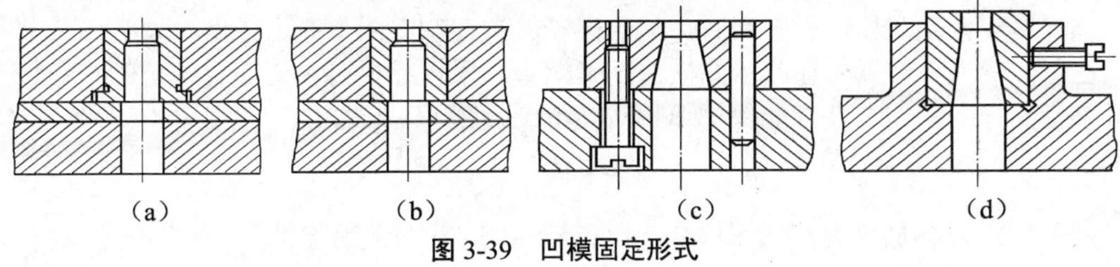

图 3-39　凹模固定形式

3.9.2　卸料、顶件、推件零件

卸料是指当一次冲压完成，上模回程时把冲件或废料从凸模上卸下来，以便下次冲压继续进行。**推件**和**顶件**一般指把冲件或废料从凹模中推出或顶出来。

1. 卸料板

卸料板较常用的有刚性卸料板和弹性卸料板两种型式。刚性卸料板结构如图 3-40 所示。刚性卸料板的卸料力大，卸料可靠。对 $t>0.5$ mm、平直度要求不很高的冲裁件一般使用较多，而对薄料不太适合。

图 3-40（a）是与导料板成一体的整体式卸料板，结构简单，缺点是装配调整不便。图（b）是与导料板分开的分体式卸料板，在冲压模具中应用广泛。图（c）是用于窄长件的冲孔或切口后卸料的悬臂式卸料板，图（d）是用于空心件或弯曲件冲底孔后卸料的拱桥式卸料板。

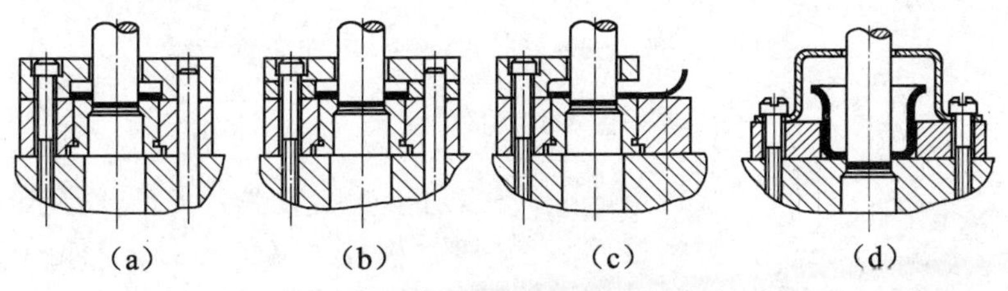

图 3-40　固定卸料板

凸模与刚性卸料板的双边间隙取决于板料厚度，一般在 0.2～0.5 mm 之间，板料薄时取小值，板料厚时取大值。刚性卸料板的厚度一般取 5～20 mm，据卸料力大小而定。

弹性卸料装置的基本零件包括卸料板、弹性组件（弹簧或橡胶）、卸料螺钉等，如图

3-21、3-23、3-26 所示。弹性卸料装置结构复杂，可靠性与安全性不如刚性卸料板。并且由于受弹簧、橡胶等零件的限制，卸料力较小。弹性卸料的优点是既能起到卸料作用又在冲裁时起压料作用，所得冲裁零件质量高，平直度高，因此对质量要求较高的冲裁件或是 t <1.5mm 的薄板冲裁宜采用。弹性卸料板厚度一般取 5～20 mm，其与凸模的单边间隙一般取 0.2～0.5 mm，据卸料力大小而定。

当卸料板兼起凸模导板作用时，与凸模一般按 H7/h6 配合制造，但应使它与凸模间隙小于凸、凹模间隙，以保证凸、凹模的正确配合。采用导板可以确定各工位的相对位置，提高凸模的导向精度，并且能保护细长凸模不至折断。导板厚度一般取(0.8～1) $H_{凹}$。

2. 推件、顶件装置

推件和顶件都是将工件或废料从凹模孔卸出，凹模在上模称推件，凹模在下模称顶件。

（1）推件装置　推件装置也可分为刚性推件与弹性推件，图 3-41（a）、（b）为两种刚性推件装置，当模具回程时，压力机上横梁作用于打杆，将力依次传递到推板和推件块，把模孔中工件或废料推出。刚性推件装置推件力大，工作可靠，所以应用十分广泛，尤其冲裁板

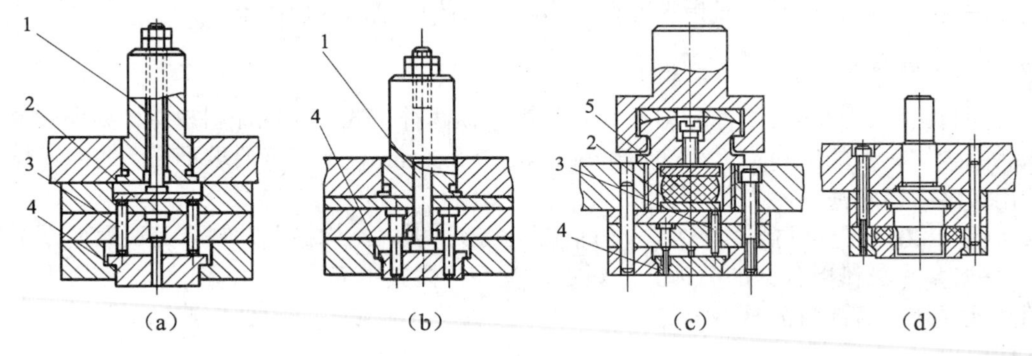

1—打杆 2—推板 3—连接推杆 4—推件块 5—橡胶

图 3-41　推件装置

料较厚的冲裁模。对于板料较薄且平直度要求较高的冲裁件，宜用弹性推件装置，弹性组件一般采用橡胶。如图 3-41（c）、（d）。采用这种结构，冲件的质量较高，但冲件易嵌入边料，给取出冲件带来麻烦。

（2）顶件装置　顶件装置装在下模，一般是弹性的，如图 3-42。其弹性组件是弹簧或橡胶，大型压力机具有气垫作为弹顶器。这种结构的顶件力容易调节，工作可靠。冲裁件平直度较高。

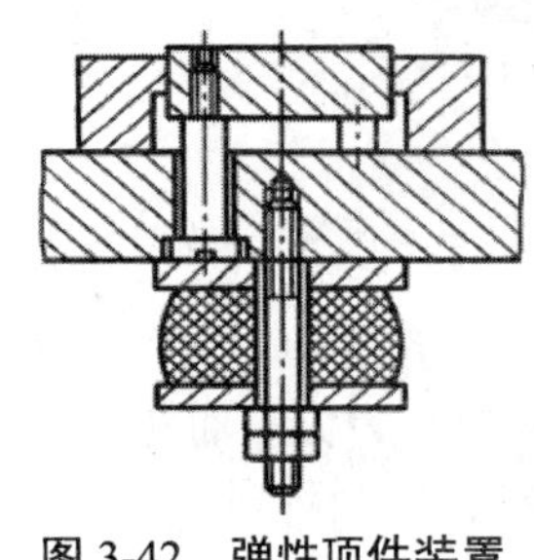

图 3-42　弹性顶件装置

注意在模具设计装配时，应使推件块或顶件块伸出凹模孔口面 0.2～0.5 mm，以提高推件的可靠性。推件块和顶件块与凹模为间隙配合。

3.9.3 弹簧和橡胶选择

弹簧和橡胶是模具中广泛应用的弹性零件，用于卸料、压料、推件和顶件等工作。现介绍圆钢丝螺旋压缩弹簧和橡胶的选用方法。

1. 普通圆柱螺旋压缩弹簧

普通圆柱螺旋压缩弹簧一般是按照标准选用，国标代号为 GB 2089－80。

（1）选择标准弹簧时有以下几方面要求：

① 压力要足够。即：

$$F_{预} \geqslant F_{卸}/n \tag{3-37}$$

式中：$F_{预}$——弹簧的预紧力（N）；

$F_{卸}$——卸料力或推件力、顶件力（N）；

n——弹簧根数。

② 压缩量要足够。即：

$$S_{最大} \geqslant S_{总} = S_{预} + S_{工作} + S_{修磨} \tag{3-38}$$

式中：$S_{最大}$—— 弹簧允许的最大压缩量（mm）；

$S_{总}$—— 弹簧需要的总压缩量（mm）；

$S_{预}$—— 弹簧的预压缩量（mm）；

$S_{工作}$—— 卸料板或推件块等的工作行程（mm），对冲裁可取 $S_{工作}=t+1$；

$S_{修磨}$—— 模具的修磨量或调整量（mm），一般取 4～6 mm。

③ 要符合模具结构空间的要求。因模具闭合高度的大小，限定了所选弹簧在预压状态下的长度，上下模座的尺寸限定了卸料板的面积，也限定了允许弹簧占用的面积，所以选取弹簧的根数、直径和长度，必须符合模具结构空间的要求。

（2）选择弹簧的步骤：

① 根据模具结构初步确定弹簧根数 n，并计算出每根弹簧分担的卸料力（或推件力），即 $F_{卸}/n$。

② 根据 $F_{预}$和模具结构尺寸，查设计手册，从国标中初选出若干个序号的弹簧，这些弹簧均需满足最大工作负荷大于 $F_{预}$的条件。一般可取 $F_{最大} = (1.5\sim2)F_{预}$。

③ 校核弹簧的最大允许压缩量是否满足工作需要的总压缩量 $S_{总}$，即满足式（3-35），如不满足重新选择。

④ 检查弹簧的装配长度（即弹簧预压缩后的长度=弹簧的自由长度减去预压缩量）、根数、直径是否符合模具结构空间尺寸，如不符合要求，需重新选择。

例：冲裁模卸料装置如图 3-23 所示，冲裁件为低碳钢，$t = 0.5$ mm，经计算卸料力为 1300N，请选择合适弹簧。

解：① 初选弹簧根数为 $n = 4$，沿圆周均布；

② 计算每根弹簧预压力 $F_{预} \geqslant F_{卸}/n = 1300 \div 4 = 325$ (N)

估算弹簧的最大工作符荷为：$F_{最大}=1.5F_{预} = 487.5$ N，查设计手册，初选 54 号弹簧，其主要规格为：外径 25 mm，材料直径 4 mm，自由高度 70 mm，最大负荷 530 N，最大压缩量 $S_{最大}$=18.8 mm。

③ 校核弹簧的压缩量，$F_{预} = 325$ N 时弹簧预压缩量为：

$$S_{预} = F_{预} \cdot S_{最大}/ F_{最大} = 325 \cdot 18.8/530 = 11.5 \text{ (mm)}$$

$$S_{总}= S_{预}+S_{工作}+S_{修磨}= 11.5+(0.5+1)+5=18 \text{ (mm)} < S_{最大}=18.8 \text{ (mm)}$$

满足要求。

④ 检查弹簧的装配长度（略）。

2. 橡胶

橡胶允许承受的负荷比弹簧大，且价格低、安装调整方便，是模具中广泛使用的弹性组件。橡胶在受压方向所产生的变形与其所受到的压力不是成正比的线性关系，其特性曲线如图 3-43 所示。由图可知，橡胶的单位压力与橡胶的压缩量和形状及尺寸有关。橡胶所能产生的压力为：

$$F = Ap \text{（N）} \tag{3-39}$$

式中：A——橡胶的横截面积（mm²）；

p——与橡胶压缩量有关的单位压力（MPa），见表 3-25，或由图 3-43 查出。

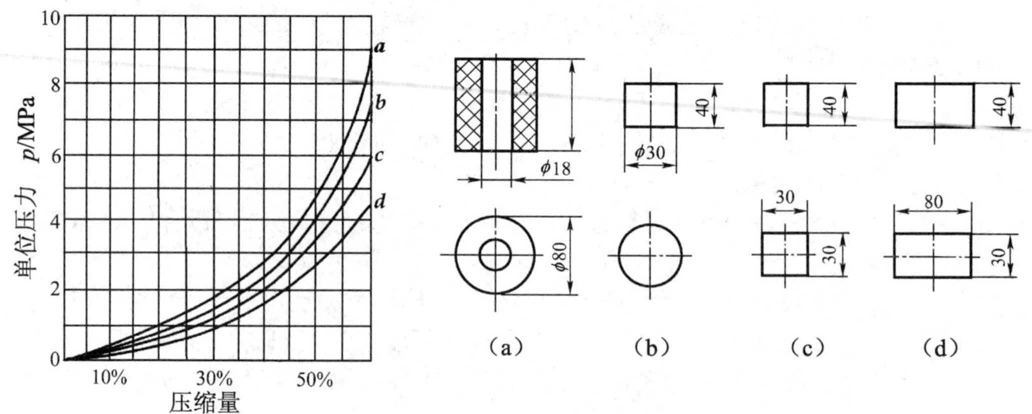

图 3-43 橡胶特性曲线

表 3-25　橡胶压缩量与单位压力

压 缩 量	10%	15%	20%	25%	30%	35%
单位压力（MPa）	0.26	0.5	0.74	1.06	1.52	2.10

选用橡胶时的计算步骤如下：

（1）计算橡胶的自由高度：

$$S_{工作} = t + 1 + S_{修模} \tag{3-40}$$

$$H_{自由} = (3.5\sim4.0)\, S_{工作} \tag{3-41}$$

式中：$S_{工作}$——橡胶工作行程；

t——工件厚度（mm）；

$S_{修模}$——模具的修磨量或调整量（mm），一般取 4～6 mm。

$H_{自由}$——橡胶的自由高度（mm）；

（2）根据 $H_{自由}$计算橡胶的装配高度

$$H_{装配} = (0.85\sim0.9)\, H_{自由} \tag{3-42}$$

（3）计算橡胶的断面面积

$$A = F/p \tag{3-43}$$

（4）根据模具空间的大小校核橡胶的断面面积是否合适，并使橡胶的高径比满足下式：

$$0.5 \leqslant H/D \leqslant 1.5 \tag{3-44}$$

如果高径比超过 1.5，应当将橡胶分成若干段叠加，在其间垫钢垫圈，并使每段橡胶的 H/D 值仍在上述范围内。另外要注意，在橡胶装上模具后，周围要留有足够的空隙位置，以允许橡胶压缩时断面尺寸的胀大。

3.9.4　定位零件

冲模的定位装置用以保证材料的正确送进及在冲模中的正确位置。单个毛坯定位用定位销或定位板。使用条料时，保证条料送进的导向零件有导料板、导料销等。保证条料进距的零件有挡料销、定距侧刃等。在连续模中保证工件孔与外形相对位置使用导正销。

（1）定位板和定位销

定位板或定位销都是单个毛坯的定位装置，以保证工件在前后工序中相对位置精度，或保证工件内孔与外缘的位置精度的要求。

图 3-44（a）、（b） 为以毛坯外边缘定位用的定位板和定位销。图 3-44（a）为矩形毛坯外缘定位用定位板，图 3-44（b）为用定位销对毛坯外缘定位。

图 3-44（c）、（d）、（e）所示为以毛坯内孔定位用的定位板和定位销。图 3-44（c）为 D＜10 mm 用的定位销；图 3-44（d）为 D＝10～30 mm 用的定位销；图 3-44（e）为 D＞30 mm 用的定位板；图 3-44（f）为大型非圆孔用的定位板。

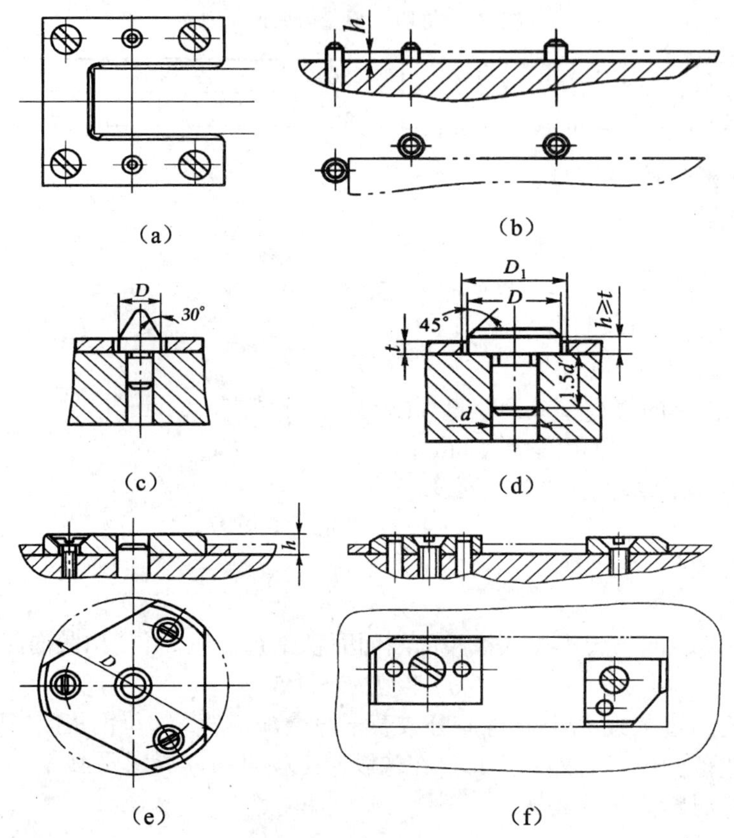

图 3-44 定位板与定位销

定位板或定位销头部高度可按表 3-26 选用。

表 3-26 定位板或定位销销头高度

材料厚度 t（mm）	≤1	1～3	>3～5
定位板或定位销销头高度	$t+2$	$t+1$	t

（2）导料板（导尺）和导料销

采用条料或带料冲裁时，一般选用导料的板或导料销来导正材料的送进方向。其结构形式如图 3-45 所示。为了操作方便，从右向左送料时，与条料相靠的基准导料板（销）装在后侧；从前向后送料时，基准导料板（销）装在左侧。如果是采用导料销，一般用 2～3 个。

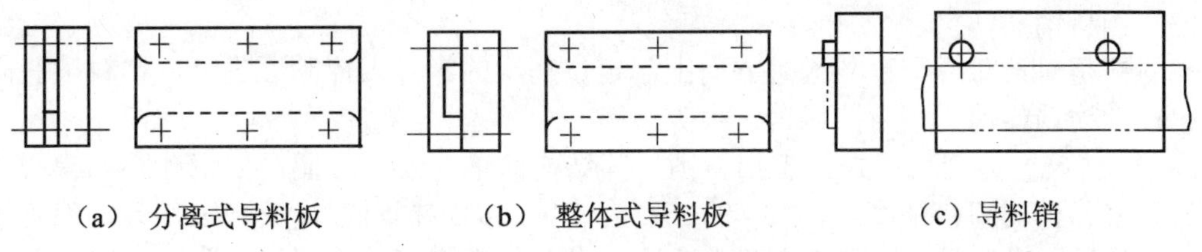

图 3-45　导料板和导料销

图 3-46 所示为国标 GB 2865－81 导料板的结构尺寸。导料板的长度 *L* 应大于凸模的长度。导料板的厚度 *H* 可查表 3-27，表中送进时材料抬起是指采用固定档料销定位时的情况。导料板间的距离可参考 3.7 节设计。

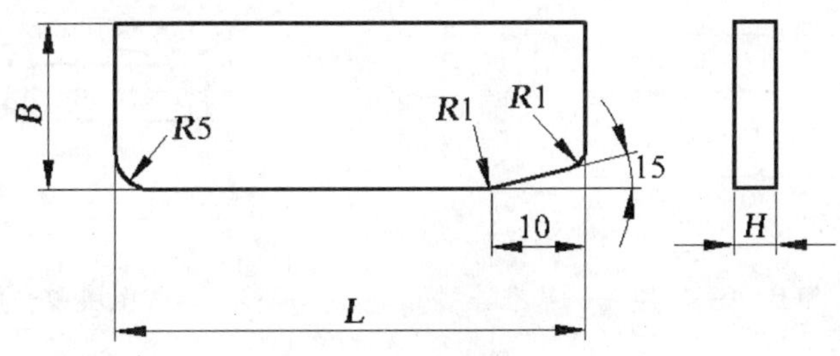

图 3-46　导料板结构尺寸

表 3-27　导料板厚度（mm）

冲件材料厚度 *t*（mm）	导料板长度			
	送进时材料抬起		送进时材料不抬起	
	≤200	＞200	≤200	＞200
≤1	4	6	3	4
＞1～2	6	8	4	6
＞2～3	8	10	6	6
＞3～4	10	12	8	8
＞4～6	12	14	10	10

为保证送料精度，使条料紧靠一侧的导料板送进，可采用侧压装置。图 3-47 的簧片式侧压装置用于料厚小于 1 mm、侧压力要求不大的情况。图 3-48 所示的弹簧压块式侧压装置用于侧压力较大的场合。使用簧片式和弹簧压块式侧压装置时，一般设置 2～3 个侧压装置。当料厚小于 0.3 mm 时不宜用侧压装置。

（3）挡料销

挡料销是对条料或带料在送进方向上起定位作用的零件，控制送进量。挡料销有固定挡料销、活动挡料销、始用挡料销三大类。

图 3-49（a）为圆柱头式固定挡料销，其结构简单，使用方便，但销孔距凹模刃口距离很近，容易消弱刃口强度。图 3-49（b）为钩头式固定挡料销，其固定部分的位置可离凹模刃口较远，有利于提高凹模强度。但由于此种挡料销形状不对称，为防止转动，需另加定向装置。图 3-49（c）为国标圆柱头式、钩式挡料销结构。

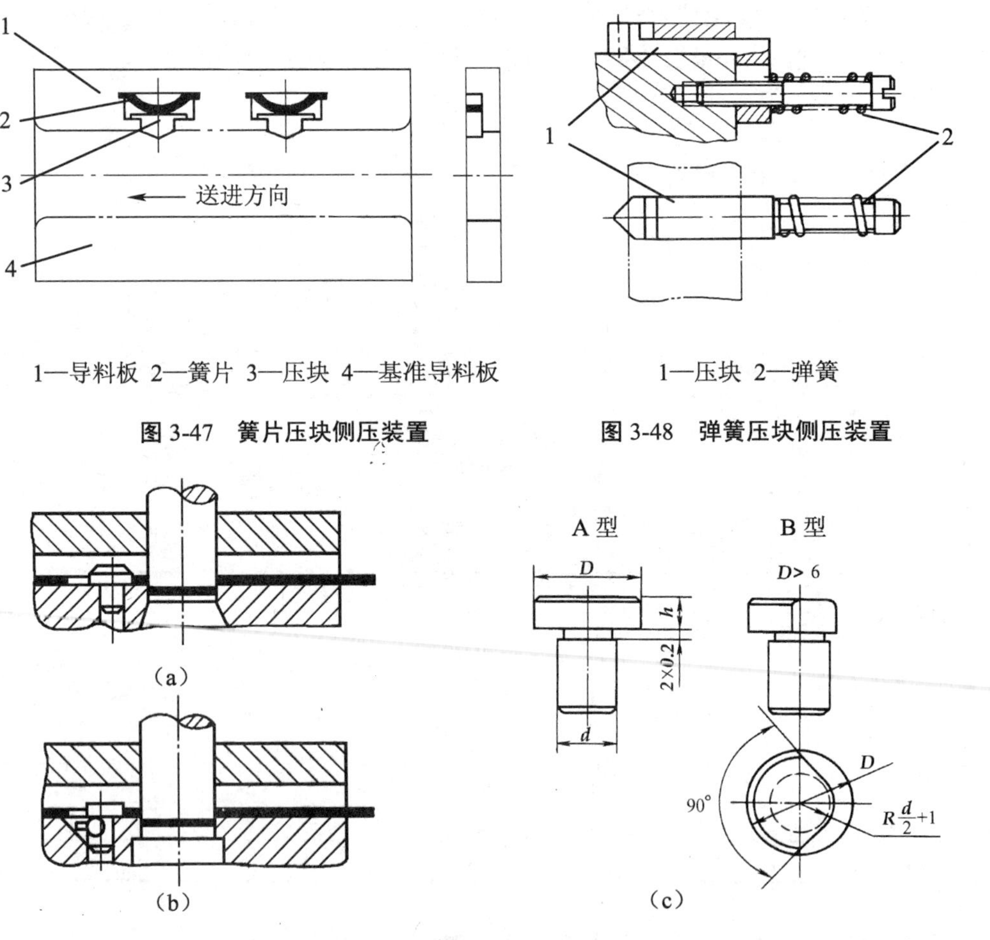

1—导料板 2—簧片 3—压块 4—基准导料板

图 3-47 簧片压块侧压装置

1—压块 2—弹簧

图 3-48 弹簧压块侧压装置

（a）

（b）

（c）

图 3-49 圆柱头式与钩式挡料销

图 3-50 为活动挡料销。当模具闭合后不允许挡料销的顶端高出板料时，宜采用活动挡料销结构。图 3-50（a）为利用压缩弹簧使挡料销上下活动，图 3-50（b）为利用扭转弹簧

使挡料销上下活动，图 3-50（c）为橡胶弹顶式活动挡料销。

图 3-51 为始用挡料销。这种挡料销一般用在连续模中，对条料送进时首次定位，使用时，用手压出挡料销，完成首次定位后，在弹簧的作用下挡料销自动退出，不再起作用。

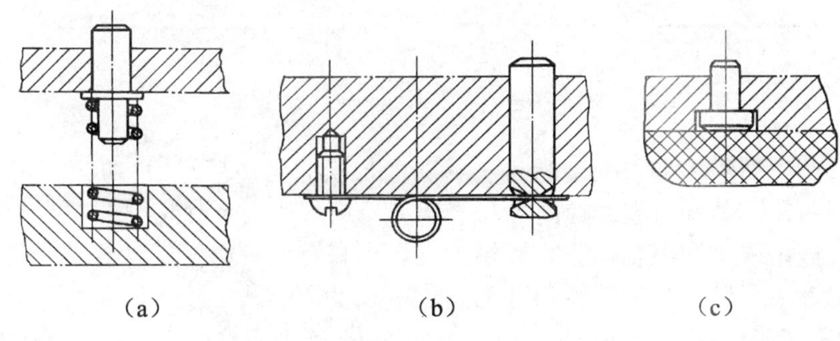

图 3-50　活动挡料销

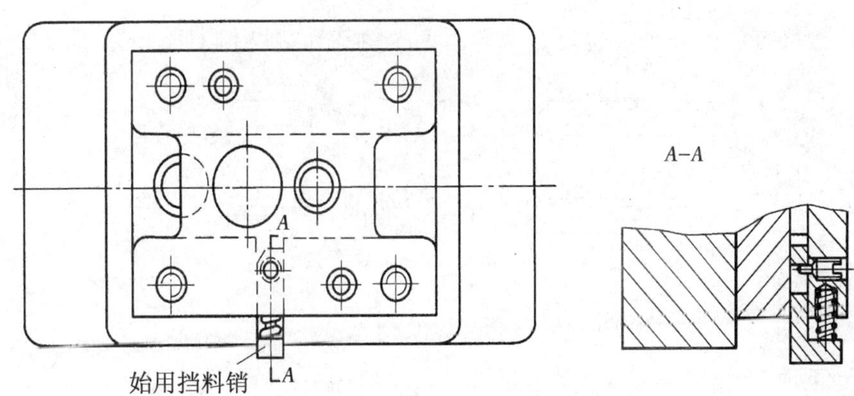

图 3-51　始用挡料销

（4）侧刃

侧刃常用于连续模中控制送料步距。侧刃实质上是裁切边料的凸模，有用的刃口只是其中两侧（图 3-52）。通过这两侧刃口切去条料边缘的部分材料，使形成台阶。条料被切去宽度方向部分边料后，才能够继续向前送进，送进的距离为切去的长度（送料步距）。当条料送到切料后形成的台阶时，侧刃挡块阻止了条料继续送进，只有通过侧刃下一次的冲切，新的送料步距才又形成。

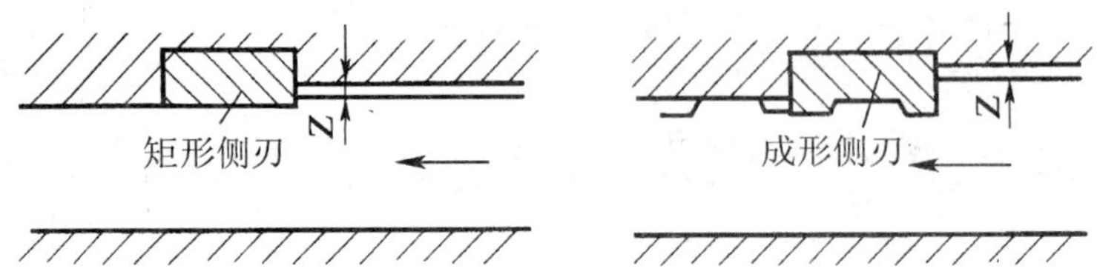

图 3-52 侧刃定位

侧刃标准结构如图 3-53 所示。按侧刃的断面形状分为矩形侧刃与成形侧刃两类。图中 A 型为矩形侧刃，其结构与制造较简单，但当刃口磨损后，会使切出的条料台阶角部出现圆角或毛刺，或出现侧边毛刺，影响条料正常送进和定位。B 型为双角成形侧刃，C 型为单角成形侧刃。成形侧刃产生的圆角、毛刺位于条料侧边凹进处，所以不会影响送料。但 B、C 型结构制造难度增加。冲裁废料也增多。采用 B 型的侧刃时，冲裁受力均匀。

按侧刃的工作端面的形状分为平端面（Ⅰ型）和台阶端面（Ⅱ型）两种。Ⅱ型多用于冲裁 1 mm 以上厚料，冲裁前凸出部分先进入凹模导向，以改善侧刃在单边受力时的工作条件。

侧刃的数量可以是一个，也可是两个。两个侧刃可以两侧对称布置或两侧对角布置。

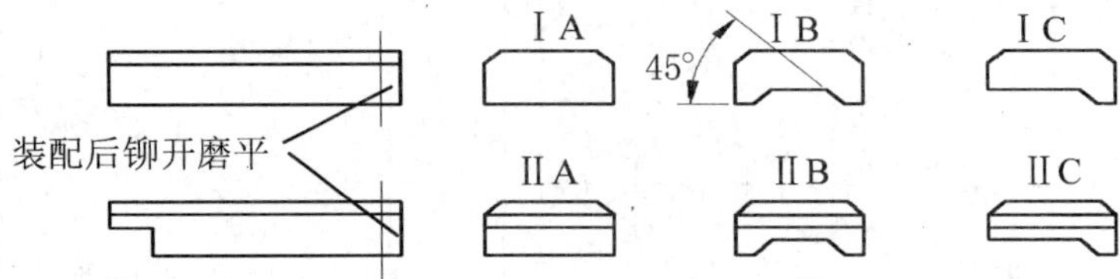

图 3-53 侧刃结构

（5）导正销

导正销多用于连续模中，装在第二工位后的凸模上。当工件内形与外形的位置精度要求较高时，无论挡料销定距，还是侧刃定距，都不可能满足要求。这时，设置导正销可提高定距精度。冲压时它先插入前面工序已冲好的孔中，以保证内孔与外形相对位置的精度，消除由于送料而引起的误差。

对于薄料（$t<0.3$ mm），导正销插入孔内会使孔边弯曲，不能起到正确的定位作用，此外孔的直径太小（$d<1.5$ mm）时导正销易折断，也不宜采用。此时可考虑采用侧刀。

导正销的结构形式主要根据孔的尺寸选择，如图 3-54 所示。导正销的头部由圆锥形（或圆弧形）的导入部分和圆柱形的导正部分组成。导正部分的直径和高度尺寸及公差很重要。

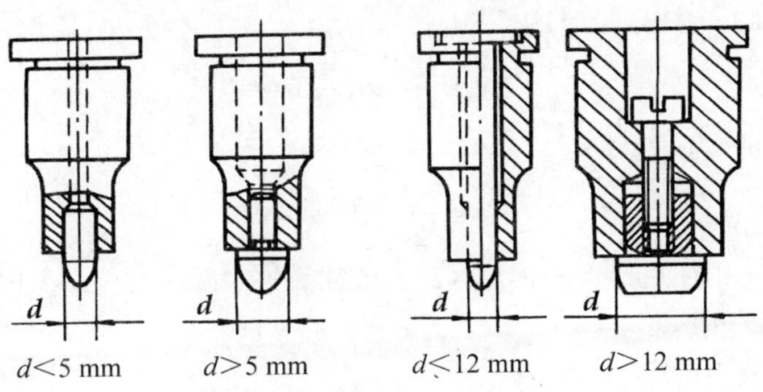

图 3-54　导正销结构形式

导正部分的直径比冲孔凸模的直径要小 0.04～0.20 mm，具体值见表 3-28。导正部分的高度一般取 $h=(0.5\sim1)\,t$ 。

表 3-28　双面导正间隙

料厚 t mm	冲孔凸模直径 d（mm）						
	1.5～6	>6～10	>10～16	>16～24	>24～32	>32～42	>42～60
<1.5	0.04	0.06	0.06	0.08	0.09	0.10	0.12
1.5～3	0.05	0.07	0.08	0.10	0.12	0.14	0.16
3～5	0.06	0.08	0.10	0.12	0.16	0.18	0.20

导正销通常与挡料销配合使用（也可以与侧刃配合使用）。导正销与挡料销的位置关系如图 3-55 所示。

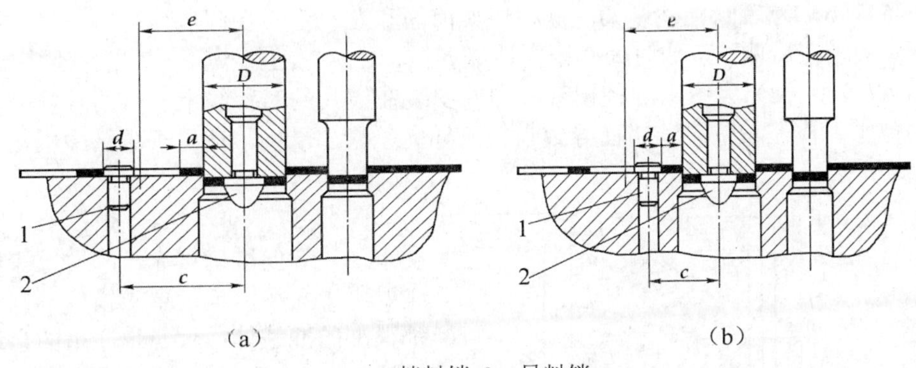

1—挡料销　2—导料销

图 3-55　挡料销与导正销位置关系

按图 3-55（a）方式定位时：

$$e=\frac{D}{2}+a+\frac{d}{2}+\Delta \tag{3-45}$$

按图 3-55（b）方式定位时：

$$e=\frac{3D}{2}+a-\frac{d}{2}-\Delta \tag{3-46}$$

式中：△——导正销往后拉（图 3-55（a））或往前推（图 3-55（b））时条料的活动余量，可取 0.1 mm;

a——搭边值（mm）。

3.9.5 标准模架与导向零件

冲压模具设置导向装置可以提高模具精度，减少压力机对模具精度的不良影响，同时节省调整时间，提高工件精度和模具寿命，因此，批量生产用冲压模具广泛采用导向装置。冲压模具常用导向装置除前面介绍的导板导向结构外，主要是导柱、导套导向装置。导柱、导套导向又分滑动导向和滚动导向两种结构形式。

1. 导柱、导套滑动导向装置

常用导柱、导套滑动导向装置的结构形式如图 3-56 所示，其中（a）型应用最为广泛，标准模架中导柱、导套均采用（a）型结构。按导柱在模架上的固定位置不同，标准导柱模架的基本形式分四种，如图 3-57 所示。

图 3-57（a）为对角导柱模架。导柱安装在模具中心对称的对角线上，且两导柱的直径不同，以避免上下模位置装错。模架导向平稳，横向、纵向均可送料，在连续模中应用较广。

图 3-57（b）为后侧导柱模架。这种模架前面和左、右不受限制，送料和操作比较方便。但导柱安装在后侧，工作时偏心距会造成导柱、导套单边磨损，一般用在小型冲模中。

图 3-57（c）（d）为中间导柱模架。导柱安装在模具的对称线上，且两导柱的直径不同，以避免上下模左右位置装错而导致啃模。导向平稳、准确，适用于单工序模与工位少的连续模。

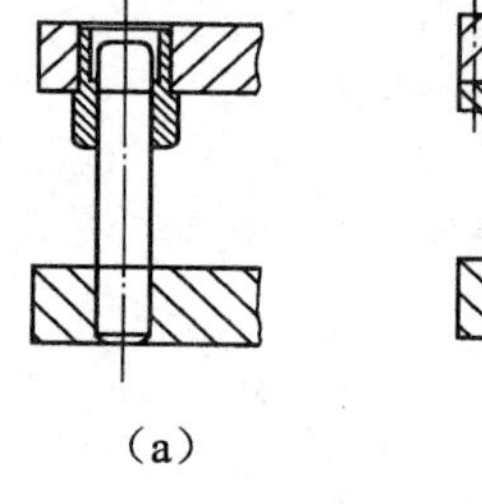
(a)

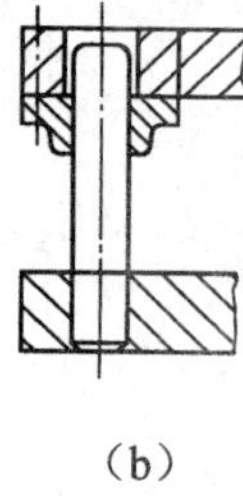
(b)

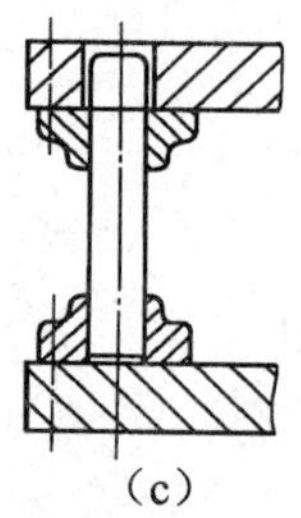
(c)

图 3-56 滑动导向导柱导套结构

图 3-57（e）为四导柱模架，具有滑动平稳、导向准确可靠、刚性好等优点。一般用于大型冲模、要求模具刚性与精度都很高的冲裁模、大量生产用的自动冲压模架、以及同时要求模具寿命很高的多工位自动连续模。

对于冲裁 $t<0.2$ mm 的薄料或硬质合金模具，不宜采用滑动导向模架，宜用滚

动导向。

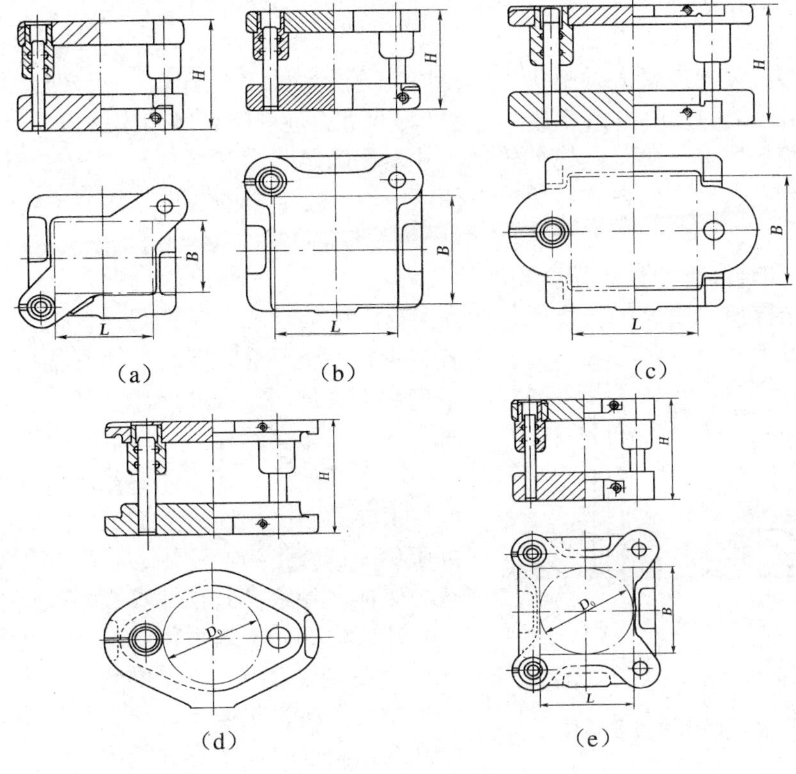

图 3-57　导柱导套模架

2. 导柱、导套滚动导向装置

滚动导向装置又称滚珠导向装置（图 3-58)，是一种无间隙导向，其导向精度高、寿命长，在高速压力机工作的高速冲模、精密冲裁模、硬质合金模和其他精密模具中有广泛应用。滚珠导向结构中，导柱、导套的布置形式与滑动导向装置相同，有对角导柱、中间斜柱、后侧导柱和四导柱布置形式。

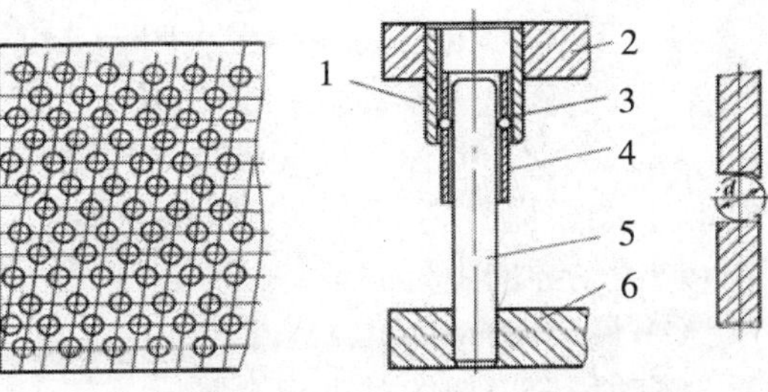

1—导套 2—上模座 3—滚珠
4—滚珠夹持圈 5—导柱 6—下模座

图 3-58　滚珠导向结构和衬套结构

3．标准模架技术参数

（1）滑动导向标准模架的技术参数

① 凹模周界

模架可以安装凹模（或最大外形尺寸的模块）的最大尺寸为**凹模周界**。凹模周界 $L \times B$ 的大小，是选用模架的主要技术参数。确定凹模尺寸，是在计算出凹模的刃口尺寸的基础上，再计算出凹模的壁厚，确定凹模外轮廓尺寸，在确定凹模壁厚时要注意三个问题。第一需考虑凹模上螺孔、销孔的布置；第二应使压力中心与凹模的几何中心基本重合；第三应尽量按国家标准选取凹模的外形尺寸。

② 最小闭合高度和最大闭合高度

最小闭合高度和**最大闭合高度**是指采用标准模架时，在模具闭合状态下（最低工作位置）上模座上平面至下模座下平面所允许高度的最小值和最大值。图 3-59 所示为最小和最大闭合高度时，导柱与导套的相对位置。

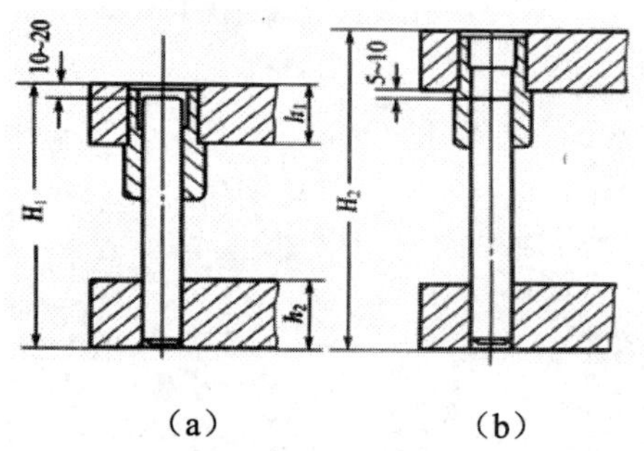

H_1—最小闭合高度 H_2—最大闭合高度

图 3-59 模架闭合高度示意图

冲模模架处于最小闭合高度时（图 3-59（a）），导柱上端面与上模座上平面的距离为 10～20 mm。可避免因调整不当，使压力机滑块下底面与导柱上端面碰撞，导致模具损坏和设备损伤的情况发生。

冲模模架处于最大闭合高度时（图 3-59（b）），导柱上端面与上模座下平面的距离为 5～10 mm。可使模具在闭合状态下，导柱和导套间有足够长的配合面，保证模具的导向精度。

③ 最小装模高度和最大装模高度

模具的闭合状态下，标准模架允许安装模具零件的总高度，即上模座下平面至下模座上平面所允许的最小距离和最大距离，称为**最小装模高度**和**最大装模高度**（参考图 3-59）。

最小装模高度＝最小闭合高度 H_1-(上模座厚度 h_1+下模座厚度 h_2)

最大装模高度＝最大闭合高度 H_2-(上模座厚度 h_1+下模座厚度 h_2)

（2）滚动导向标准模架的技术参数

① 凹模周界

同滑动导向模架。

② 最小闭合高度

滚动导向模架的最小闭合高度，其含意与滑动导向模架相同。

③ 最大行程 S

最大行程 S 是指模架许可使用的最大冲压行程。在最大行程范围内，可有 3 圈以上的滚珠在起导向作用，以保证模具有一定的导向精度。

3.9.6 模柄及支撑、固定零件

1. 模柄

大型模具通常是用螺钉、压板直接将上模座固定在滑块上。中、小型模具一般是通过模柄将上模座固定在压力机滑块上。常用模柄型式有以下几种。

（1）旋入式模柄 如图 3-60（a）所示，通过螺纹与上模座连接。骑缝螺钉用于防止模柄转动。这种模柄装卸方便，但与上模座的垂直度误差较大，主要用于中、小型有导柱的模具上。

（2）压入式模柄 如图 3-60（b）所示，固定段与上模座孔采用 H7/m6 过渡配合，并加骑缝销防止转动。装配后模柄轴线与上模座垂直度比旋入式模柄好，主要用于上模座较厚而又没有开设推板孔的场合。

（3）凸缘模柄 如图 3-60（c）所示，上模座的沉孔与凸缘为 H7/h6 配合，并用 3 个或 4 个内六角螺钉进行固定。由于沉孔底面的表面粗糙度较差，与上模座的平行度也较差，所以装配后模柄的垂直度远不如压入式模柄。这种模柄的优点在于凸缘的厚度一般不到模座厚度的一半，凸缘模柄以下的模座部分仍可加工出形孔，以便容纳推件装置的推板。

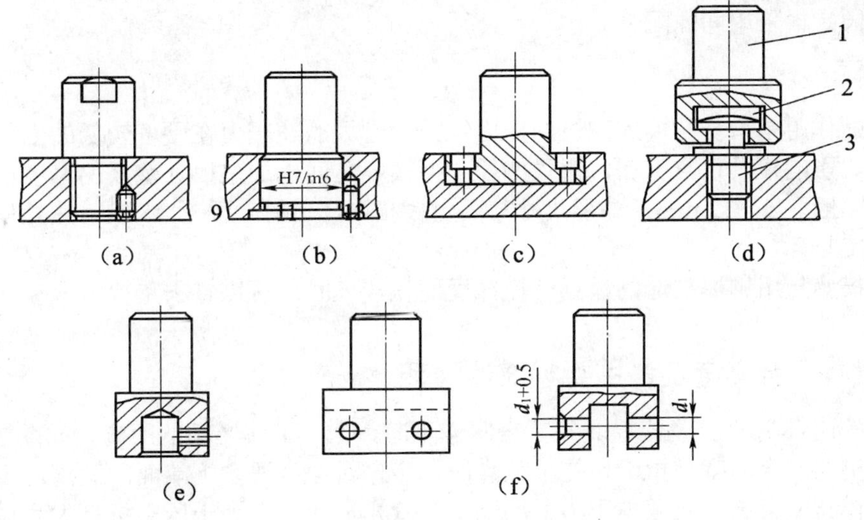

（a）旋入式 （b）压入式 （c）凸缘式 （d）浮动式 （e）通用式 （f）槽形式

1—模柄接头 2—凹球面垫块 3—活动模柄

图 3-60 模柄类型

（4）浮动模柄　如图 3-60（d）所示。模柄接头 1 与活动模柄 3 之间加一个凹球面垫块 2。因此，模柄与上模座不是刚性连接，允许模柄在工作过程中产生少许倾斜。采用浮动模柄，可避免压力机滑块由于导向精度不高对模具导向装置产生不利影响，减少模具导向件的磨损，延长使用寿命。浮动模柄主要用于滚动导向模架，在压力机导向精度不高时，选用一级精度滑动导向模架也可采用。但选用浮动模柄的模具必须使用行程可调压力机，保证在工作过程中导柱与导套不脱离。

（5）通用模柄　如图 3-60（e）所示，将快换凸模插入模柄下方孔内，配合为 H7/h6，再用螺钉从模柄侧面将其固紧，防止卸料时拔出。根据需要可更换不同直径的凸模。

（6）槽形模柄　如图 3-60（f）所示，槽形模柄便于固定非圆凸模，并使凸模结构简单、容易加工。凸模与模柄槽可取 H7/m6 配合，在侧面打入两个横销，防止拔出。槽形模柄主要用于弯曲模，也可以用于冲非圆孔冲孔模、切断模等。

2. 凸模、凹模固定板

凸模、凹模固定板主要用于小型凸模、凹模或凸凹模等工作零件的固定。固定板的外形与凹模轮廓尺寸基本上一致，厚度取（0.6～0.8）$H_{凹}$，材料可选用 Q235 或 45 钢。固定板与凸模、凹模为过渡配合（H7/n6 或 H7/m6），压装后将凸模端面与固定板一起磨平。浮动凸模与固定板采用间隙配合。

3. 垫板

垫板的作用是承受凸模或凹模的压力，防止过大的冲压力在硬度较低的上、下模座上压出凹坑，影响模具正常工作。拼块凹模与下模座之间也加垫板。垫板的厚度根据压力大小选择，一般取 5～12 mm，外形尺寸与固定板相同，材料一般为 45 钢，热处理后硬度为 43～48HRC。

如果模座是用钢板制造的，当凸模截面面积较大时，可以省去垫板。

3.9.7 模具闭合高度及各主要零部件关系

模具的闭合高度 H 是指模具在闭合状态下时，上、下模之间的距离，如图 3-61 所示。

压力机的闭合高度是指滑块在下死点时，工作台面到滑块下端面的距离。为使模具正常工作，模具闭合高度必须与压力机的闭合高度相适应，应介于压力机最大和最小闭合高度之间：

$$H_{最大} - 5 \geqslant H_{模} \geqslant H_{最小} + 10 \tag{3-47}$$

如果模具闭合高度小于压力机的最小闭合高度时，可加一块垫板，则关系式为：

$$H_{最大} - H_{垫板} - 5 \geqslant H_{模} \geqslant H_{最小} - H_{垫板} + 10 \tag{3-48}$$

其中，$H_{最大} - H_{垫板}$和 $H_{最小} - H_{垫板}$分别为模具安装在压力机垫板上时，压力机的最大和最小装模高度。

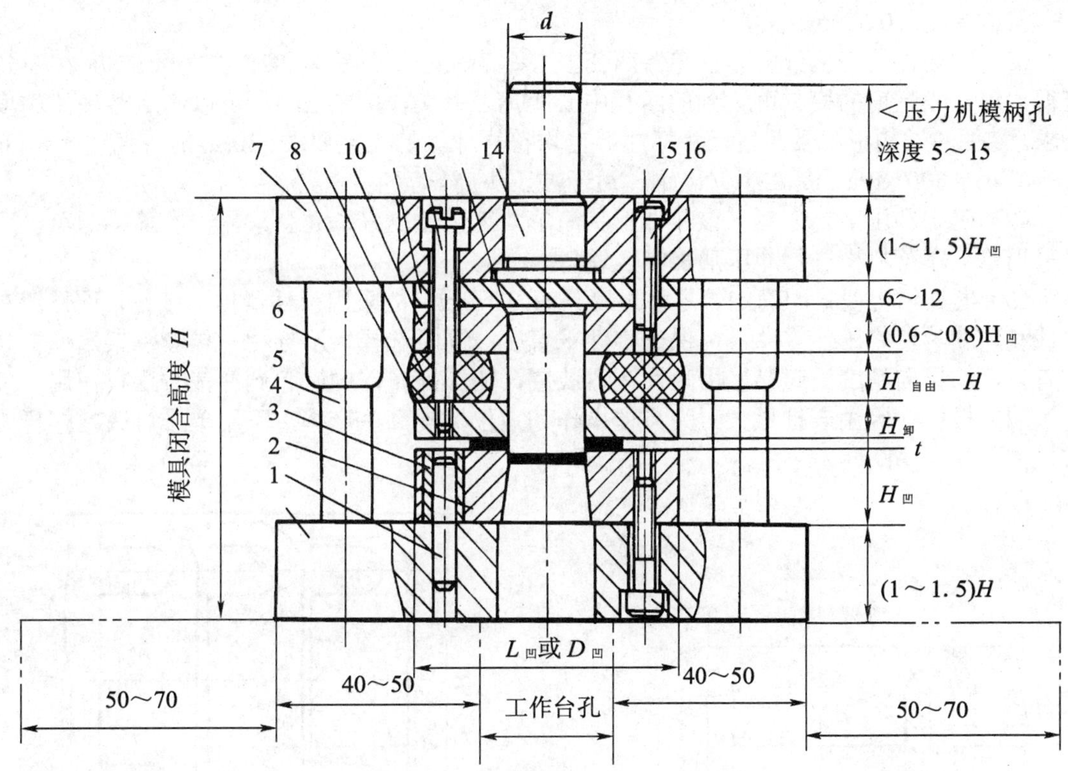

1—下模座 2、15—销钉 3—凹模 4—套 5—导柱 6—导套 7—上模座 8 —卸料板 9—橡胶 10—凸模固定板 11—垫板 12—卸料螺钉 13—凸模 14- 模柄 16—螺钉

图 3-61　模具总体设计尺寸图

冲裁模各主要零部件的尺寸关系如图（3-61）所示。其中 $H_{卸}$一般取 10～20 mm，如果兼作导板时取（0.8～1）$H_{凹}$。

3.10　冲裁模设计实例

例 1：单工序落料模设计

零件简图：如图 3-62 所示

生产批量：大批量

材　　料：30 钢

材料厚度：0.3 mm

（1）冲裁件的工艺分析　该零件两孔中心距的尺寸及公差为 82±0.2 mm，从表 3-11 查得，用一般精度的模具可达到的两孔中心距离公差为±0.15 mm，可以满足零件的精度要求。零件的结构形状及其他尺寸标注等也均符合冲裁的工艺要求。30 钢抗剪强度 τ= 480 MPa，σ_b= 600 MPa，是常用低碳钢，适于冲压生产。

（2）确定冲压工艺方案　该零件形状简单，工艺性良好，并且只需一次落料即可，所以采用单工序落料模进行冲压加工较合适。

（3）模具结构型式的确定　零件厚度只有 0.3 mm，故采用顶件器顶出工件，顶件器在冲裁和顶件时始终压住零件，可保证零件平直度，同时选择标准导柱、导套模架，使模具具有良好的导向精度。卸料采用弹性卸料装置，便于操作，同时起到冲裁时压料作用。

（4）排样　因生产批量大，为方便操作和定位，提高生产率，采用单排有废料排样方式，如图 3-63 所示。

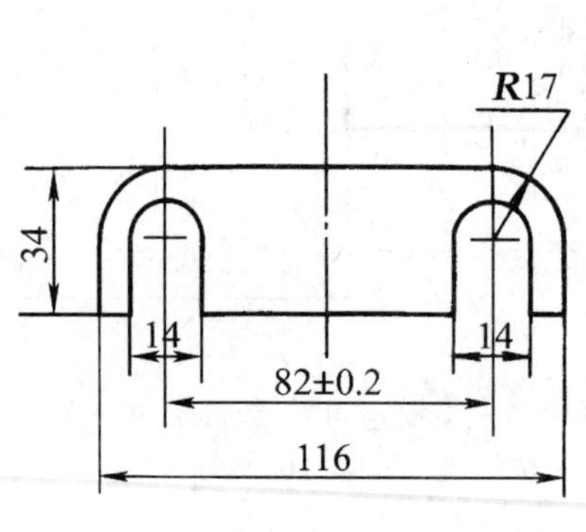

图 3-62　零件图

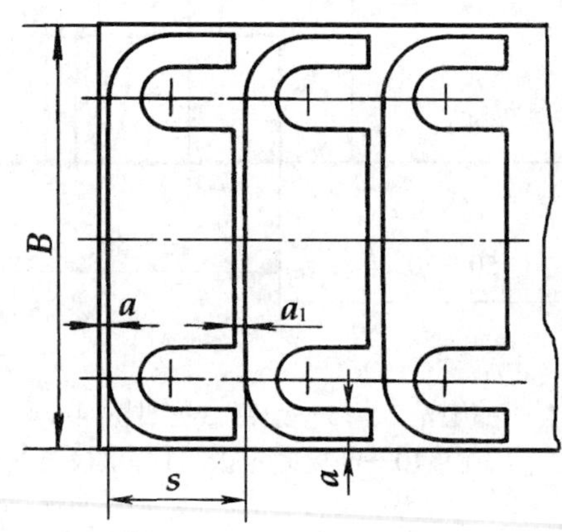

图 3-63　排样图

计算冲裁件的面积 A 为 3190 mm^2，按表 3-19 查得最小搭边值：a_1=1.8 mm，a=2 mm，条料宽度：B=120 mm，送料进距：h=34 mm+1.8 mm=35.8 mm，一个进距的材料利用率：

$$\eta = \frac{nA}{Bh} \times 100\% = \frac{1 \times 3190}{120 \times 35.8} \times 100\% = 74.2\%$$

（5）计算冲压力

冲裁力

$$F = Lt\tau \ (\text{N})$$

其中

$$L = (116-2\times14)+82+6\times17+2\times7\pi+17\pi=369.34 \ (\text{mm})$$

$$t = 0.3\ \text{mm}\ ,\ \tau = 480\ \text{MPa}$$

计算得：

$$F = 369.34 \times 0.3 \times 480 = 53.2 \times 10^3\ (\text{N})$$

卸料力

$$F_{卸} = K_{卸} F$$

查表 3-9 取 $K_{卸} = 0.05$

$$F_{卸} = 0.05 \times 53.2 \times 10^3 = 2.7 \times 10^3\ (\text{N})$$

顶出力

$$F_{顶} = K_{顶} F$$

查表 3-9 得

$$K_{顶} = 0.08$$

$$F_{顶} = 0.08 \times 53.2 \times 10^3 = 4.3 \times 10^3\ (\text{N})$$

总压力

$$F_{总} = F + F_{顶} + F_{卸} = 60.2\ (\text{kN})$$

即所选压力机的公称压力应大于 $1.3 \times F_{总} = 78.3$ (kN)。

（6）确定模具压力中心　按比例画出工件形状，将工件轮廓线分成 l_1、l_2、l_3 … 的基本线段，并选定坐标系 xOy，如图 3-64 所示。因工件对称，其压力中心一定在对称轴 y 上，x_0=0。

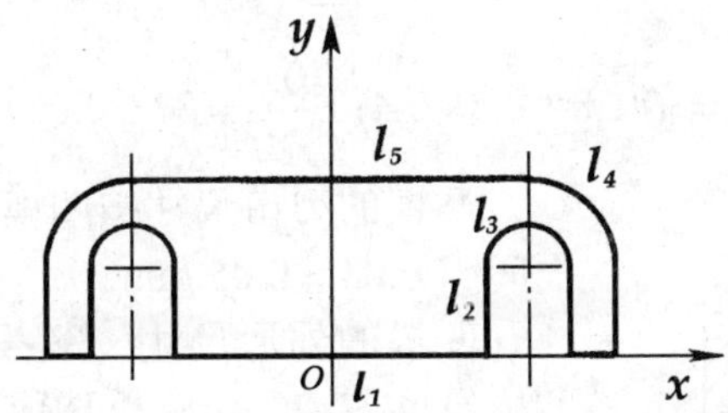

图 3-64　压力中心

l_1= 116－2×14=88 mm;　　y_1=0

l_2= 6×(34－17)=102 mm;　　y_2=0.5×(34－17)=8.5 (mm)

l_3= 2×7×π=44 mm;　　y_3=17+7×sin(π/2)÷π/2 =8.5 (mm)

l_4= 2×17×π÷2=53 mm;　　y_4=17+(17×sin(π/4)÷π/4)　×cos(π/4) =27.69 (mm)

l_5=82 mm;　　y_5 = 34 mm

$$y_0 = \frac{l_1 y_1 + l_2 y_2 + l_3 y_3 + l_4 y_4 + l_5 y_5}{l_1 + l_2 + l_3 + l_4 + l_5} = 16.44$$

（7）计算凸、凹模刃口尺寸

查表 3-4 取初始间隙值 $Z_{min} = 0.03$　$Z_{max} = 0.05$

查表 3-8 得因数 $x = 0.5$

对零件图中未注公差的尺寸，按 IT14 级查设计手册可得其极限偏差为：$116^{0}_{-0.87}$ mm，$14^{+0.43}_{0}$ mm，$34^{0}_{-0.62}$ mm，$17^{0}_{-0.43}$ mm。

零件材料较薄，为了保证凸、凹模之间的间隙值，必须采用凸、凹模配合加工的方法。落料以凹模为基准件，根据凹模刃口磨损后的尺寸变大（A 类）、变小（B 类）、不变（C 类）三种情况，将零件图中各尺寸进行分类：

A 类尺寸：$116^{0}_{-0.87}$ mm，$34^{0}_{-0.62}$ mm，$17^{0}_{-0.43}$ mm

B 类尺寸：$14^{+0.43}_{0}$ mm

C 类尺寸：82±0.2

凹模刃口尺寸计算如下：

$$116_d = (116 - 0.5\times 0.87)_{0}^{+\frac{0.87}{4}} = 115.57^{+0.22}_{0}\ (\text{mm})$$

$$34_d = (34 - 0.5\times 0.62)_{0}^{+\frac{0.62}{4}} = 33.69^{+0.16}_{0}\ (\text{mm})$$

$$17_d = (17 - 0.5\times 0.43)_{0}^{+\frac{0.43}{4}} = 16.79^{+0.11}_{0}\ (\text{mm})$$

$$14_d = (14 + 0.5\times 0.43)^{0}_{-\frac{0.43}{4}} = 14.22^{0}_{-0.11}\ (\text{mm})$$

$$82_d = (81.8 + 0.5\times 0.4) \pm \frac{0.4}{8} = 82 \pm 0.05\ (\text{mm})$$

凸模的刃口尺寸按凹模的实际尺寸配制，并保证双面间隙 0.03～0.05 mm。

凹模的外形尺寸：参考式（3-34）、式（3-35），取凹模厚度 H=20 mm，凹模壁厚 c = 40 mm。凹模的零件简图见图 3-65。

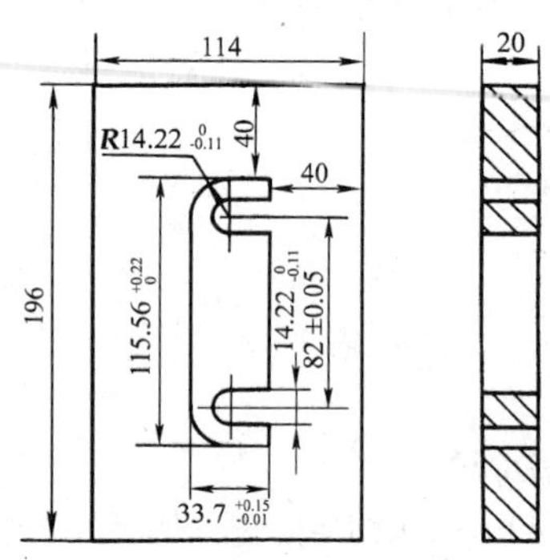

图 3-65　凹模零件图

（8）模具总体设计及主要零部件设计

图 3-66 所示为模具装配图。条料送进时，由两个导料销控制其方向，由固定挡料销 12 控制其进距。弹性卸料装置冲裁前先将条料压住，冲裁后依靠弹簧弹力将废料从凸模上卸下。另外由装在模座之下的顶出装置实现上出件，通过调整螺母 19、压缩橡胶 17，可调整顶出力。

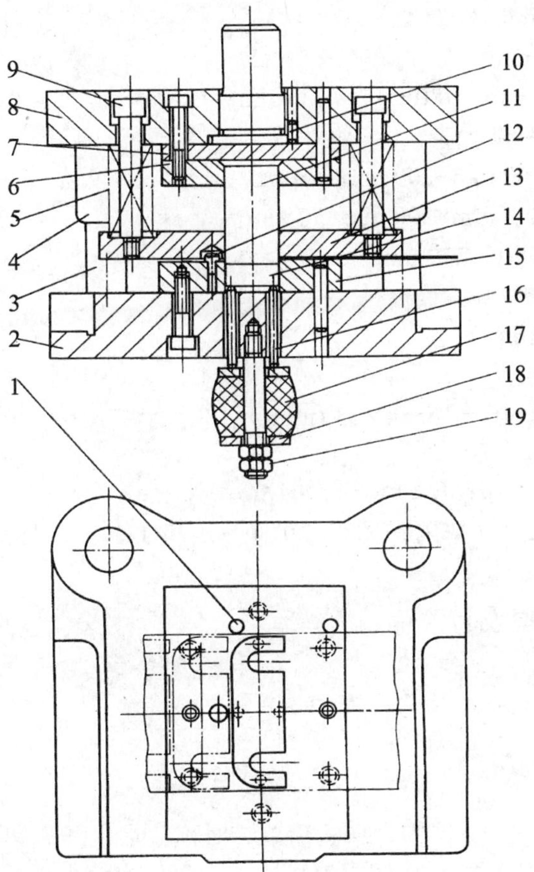

1—导料销 2—下模座 3—导柱 4—导套 5—弹簧 6—凸模固定板 7—垫板
8—上模座 9—卸料螺栓 10—销钉 11—凸模 12—挡料销 13—卸料板
14—顶件块 15—凹模 16—顶杆 17—橡胶 18—托板 19—螺母

图 3-66 正装下顶出落料模

(9) 卸料弹簧的设计计算

① 根据模具结构初定 6 根弹簧，每根弹簧分担的卸料力为：

$$F_{卸}/n=2700\ \mathrm{N}/6=450\ \mathrm{N}$$

② 根据预压力 $F_{预} \geqslant 450\ \mathrm{N}$ 和模具的结构尺寸，由设计手册初选序号 57～61 的标准圆钢丝螺旋弹簧，其最大工作负荷为 720 N。由其负荷－行程曲线知 57～61 号弹簧均满足 $s_{最大} \geqslant s_{总}$，根据模具结构确定使用 59 号弹簧。该弹簧规格为：

外径：$D = 36$ mm

钢丝直径：$d = 5.0$ mm

自由高度：$H_0 = 80$ mm

装配高度：$H_2 = H_0 - s_{预} = 80 - 17 = 63$ (mm)

模架选用后侧导柱标准模架。

上模座：$L \times B \times H$ =200 mm×200 mm×45 mm

下模座：$L \times B \times H$ =200 mm×200 mm×50 mm

模架的闭合高度：170～210 mm

垫板厚度：10 mm

凸模固定板厚度：16 mm

凹模厚度为：20 mm

弹簧露出高度：63－10－16－4= 33 (mm)

卸料板厚度：14 mm

模具的闭合高度：45+10+16+33+14+20+50=188 (mm)

（10）冲压设备的选择　选用开式双柱可倾压力机 J23-16，公称压力为 160 kN。

例 2：落料冲孔复合模设计

零件简图：如图 3-67 所示

生产批量：大批量

材　　料：10 钢

材料厚度：2.2 mm

（1）冲压件的工艺分析　该零件形状简单、对称，是由圆弧和直线组成的。将零件图中所标注的尺寸公差与表 3-10、3-12 中值相比较，可认为该零件的精度要求为经济精度，能够在冲裁加工中得到保证。零件的结构形状均符合冲裁的工艺要求，10 钢是常用冲压钢。因是大批量生产，且孔的位置由精度要求，所以决定采用冲孔落料复合冲裁模进行加工，一次冲压成形。

（2）排样　根据零件的形状特点，采用直对排的排样方案能大大提高材料利用率，如图 3-68 所示。冲压时条料先冲一遍，然后翻转 180° 冲第二遍，这样模具上只需设一对凸模和凹模。

计算冲裁件的面积 A 为 3457 mm^2，按表 3-19 查得最小搭边值：a_1=2 mm，a=2.2 mm，条料宽度：B=120+2.2×2+2+44=170.6（mm），送料进距：h=45 mm+2 mm=47 mm。

一个进距的材料利用率为：$$\eta = \frac{nA}{Bh} \times 100\% = \frac{2 \times 3457}{170.6 \times 47} \times 100\% = 86.2\%$$

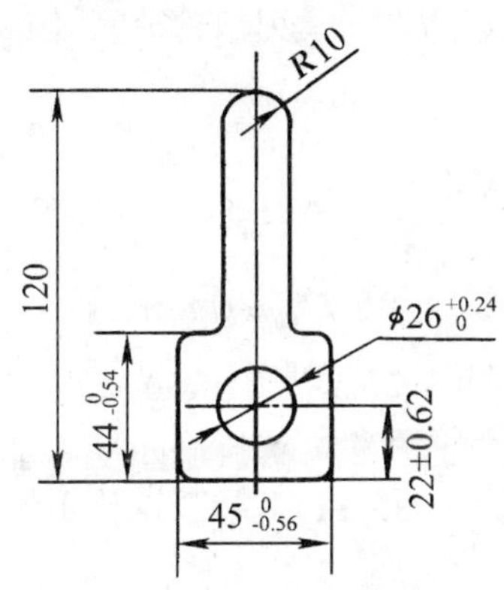

图 3-67 零件简图

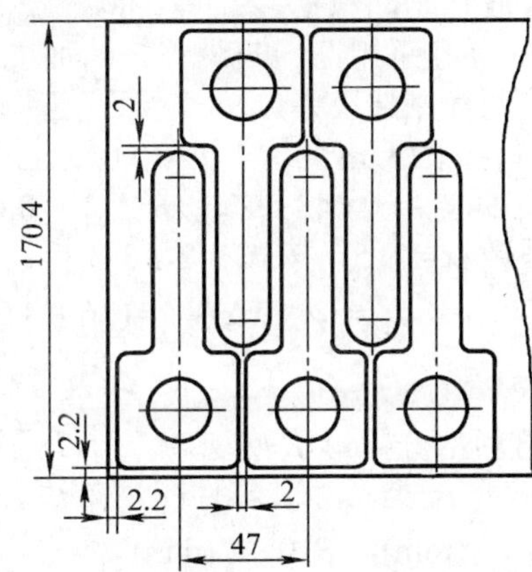

图 3-68 排样图

（3）计算冲压力　模具采用下出料方式和弹性卸料

落料力　　$F_1 = Lt\tau = 321.4\times2.2\times300 = 212\times10^3$ (N)

冲孔力　　$F_2 = Lt\tau = 81.64\times2.2\times300 = 53.9\times10^3$ (N)

卸料力　　$F_{卸} = K_{卸}F_1$

查表 3-9 取 $K_{卸} = 0.03$，得 $F_{卸} = (0.03\times212\times10^3) = 6.36\times10^3$ (N)

冲孔时推件力　　$F_{推} = nK_{推}F_2$

凹模取直壁刃口形式，刃口部分高度 h=5 mm，积聚零件为 $n=h/t$=5 mm/2.2 mm≈2 (个)。

查表 3-9 取 $K_{推} = 0.05$，得 $F_{推} = (2\times0.05\times53.9\times10^3) = 5.39\times10^3$ (N)

总压力　$F_{总} = F_1 + F_2 + F_{推} + F_{卸} = 277.6$ (kN)

压力机的公称压力 $F_{机} > 1.3\times F_{总} = 361$ (kN)。

（4）确定压力中心　按比例画出工件形状，将工件轮廓线分成 l_1、l_2、… 的基本线段，并选定坐标系 xOy，如图 3-69 所示。因工件对称，其压力中心一定在对称轴 y 上，$x_0=0$。

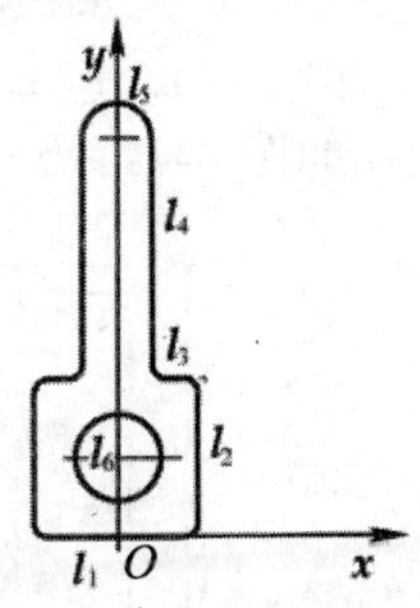

图 3-69 压力中心

$l_1 = 45$ mm；　$y_1=0$

$l_2 = 88$ mm；　$y_2=22$ mm

$l_3 = 25$ mm；　$y_3=44$ mm

$l_4 = 132$ mm；　$y_4=77$ mm

$l_5 =31.4$ mm；　$y_5 = 116.29$ mm

$l_6 =81.64$ mm；　$y_6 = 22$ mm

$$y_0 = \frac{l_1y_1 + l_2y_2 + l_3y_3 + l_4y_4 + l_5y_5 + l_6y_6}{l_1 + l_2 + l_3 + l_4 + l_5 + l_6} = 46.27 \text{ (mm)}$$

（5）计算凸、凹模刃口尺寸

查表 3-4 取初始间隙值 $Z_{min}=0.34$　$Z_{max}=0.39$

对 26 mm 冲孔采用凸、凹模分开的加工方法，其凸、凹模刃口部分尺寸计算如下：查表 3-7 得凸、凹模制造公差：

δ_p=0.02 mm　　　δ_d=0.025 mm

校核：$\delta_p+\delta_d=0.045<Z_{max}-Z_{min}=0.05$　满足条件

查表 3-8 得系数 $x=0.5$，按式 3-2、3-3 得：

$$d_p=(d+x\Delta)_{-\delta_p}^{0}=(26+0.5\times0.24)_{-0.02}^{0}=26.12_{-0.02}^{0}\ (\text{mm})$$

$$d_d=(d_p+Z_{\min})_{0}^{\delta_d}=(26.12+0.39)_{0}^{+0.02}=26.51_{0}^{+0.025}\ (\text{mm})$$

外轮廓落料部分，形状较复杂，所以采用配合加工方法。落料以凹模为基准件，落料刃口尺寸都属于 A 类尺寸。零件图中未注公差的尺寸，按 IT14 级查设计手册可得其极限偏差为：$120_{-0.87}^{0}$ (mm)，$R10_{-0.36}^{0}$ (mm)。

查表 3-8 得系数 x 为：当 d≥0.50 时，x= 0.5；当 d= 0.25～0.49 时，x= 0.75。凹模刃口尺寸计算如下：

$$45_d=(45-0.5\times0.56)_{0}^{+\frac{0.56}{4}}=44.72_{0}^{+0.14}\ (\text{mm})$$

$$44_d=(44-0.5\times0.54)_{0}^{+\frac{0.54}{4}}=43.73_{0}^{+0.14}\ (\text{mm})$$

$$120_d=(120-0.5\times0.87)_{0}^{+\frac{0.87}{4}}=119.57_{0}^{+0.22}\ (\text{mm})$$

$$R10_d=(10-0.75\times0.36)_{0}^{+\frac{0.36}{4}}=9.73_{0}^{+0.09}\ (\text{mm})$$

（6）凸模、凹模、凸凹模的结构设计　冲 26 mm 孔的圆形凸模，由于模具需要在凸模外面装推件块，因此设计成直圆柱的形状，如图 3-70 所示。

因工件生产批量较大，凹模的刃口形式采用直壁刃口，其强度较高。

凹模的外形尺寸：参考式（3-33）、式（3-34）和表 3-24，取凹模厚度 $H=k\times120=0.24\times120$=29 (mm)，凹模壁厚 c=1.5H =43 mm。凹模的零件简图见图 3-71（a）。凸凹模的结构简图如图 3-71（b）所示。

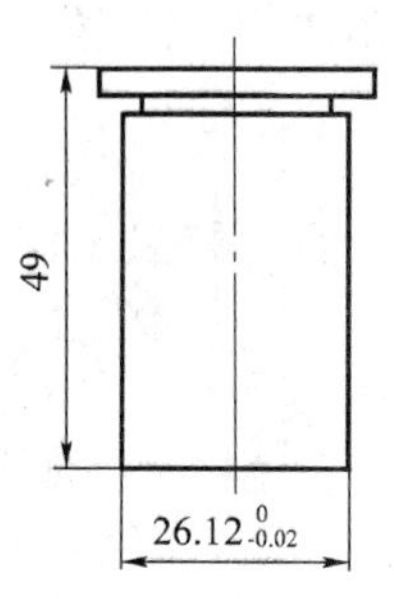

图 3-70　冲孔凸模

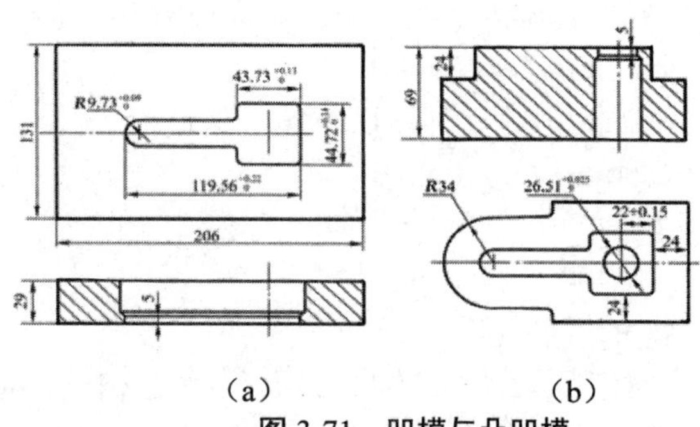

（a）　　　（b）

图 3-71　凹模与凸凹模

校核凸凹模的强度，按式（3-35）得凸凹模的最小壁厚不小于 1.5t，为 3.3 mm，而实际最小壁厚为 9 mm，故符合强度要求。凸凹模的外刃口尺寸按凹模尺寸配制，并保证双面间隙 0.34～0.39。凸凹模上孔中心与边缘距离尺寸 22 mm 的公差，应比零件图所标精度高 3～4 级，即定为 (22±0.15) mm。

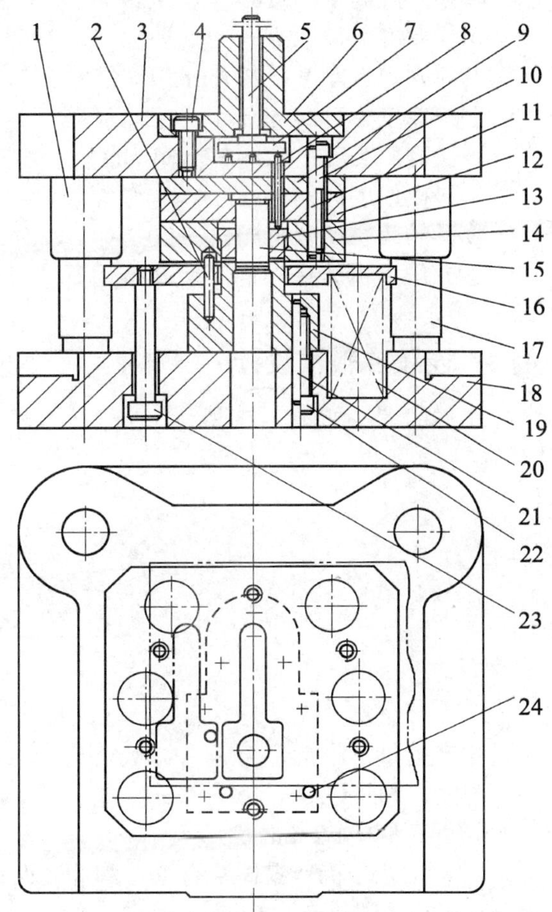

图 3-72　倒装复合冲裁模

1—导套 2—挡料销 3—上模座 4—螺钉 5—推杆 6—模柄 7—推板 8—连接推杆 9—垫板 10—螺栓 11、21—销钉 12—凸模固定板 13—推件块 4—凹模 15—凸模 16—卸料板 17—导柱 18—下模座 19—凸凹模 20—弹簧 22

（7）模具总体设计及主要零部件设计　图 3-72 为模具装配图。两个导料销控制条料送进的导向，固定挡料销 2 控制送料的进距。卸料采用弹性卸料装置。冲制的工件由推杆 5、推板 7、推销 8 和推件块 13 组成的刚性推件装置推出。冲孔的废料可通过凸凹模的内孔从压力机台面孔漏下。

（8）卸料弹簧的设计计算：

① 根据模具结构初定 6 根弹簧，每根弹簧分担的卸料力为：

$F_{卸}/n$=6360 N/6=1060 N

② 弹簧工作行程 $s_{工作}$= t+1，$s_{工作}$=3.2 mm，取模具的修磨量 $s_{修磨}$=5 mm，则弹簧总的压缩量 $s_{总} = s_{预} + s_{工作} + s_{修磨}$，根据预压力 $F_{预} \geqslant$1060 N 和 $s_{最大} \geqslant s_{总}$，的条件，由设计手册选出序号 70～72 的标准圆钢丝螺旋弹簧，均满足要求，其最大工作负荷为 1550 N。70 号弹簧最短，不会使模具增加额外高度，故确定选用 70 号弹簧。其规格为：

外径：　D = 45 mm

钢丝直径：d = 7.0 mm

自由高度：H_0 = 120 mm

装配高度：$H_2 = H_0 - s_{预}$ = 120－23 = 97 (mm)

模架选用后侧导柱标准模架

上模座：$L \times B \times H$ =250×250×50 (mm)

下模座：$L\times B\times H$=250×250×65 (mm)

模架闭合高度：210～255 mm

垫板厚度：12 mm

凸模固定板厚度：20 mm

凹模厚度为：29 mm

弹簧露出高度：97-6-37= 54 mm

卸料板厚度：14 mm

模具的闭合高度：50+12+20+29+2.2+54+14+65=246.2 (mm)

（9）压力机选择　查附录 B 选用开式双柱可倾压力机 J23 - 40，公称压力 400 kN。

例 3：连续冲裁模设计

工件简图：如图 3-73 所示

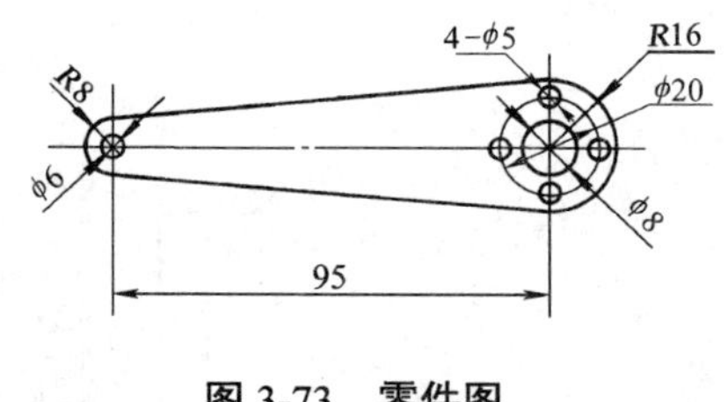

图 3-73　零件图

生产批量：小批量

材　　料：Q235

料　　厚：1.2 mm

（1）工艺分析　零件共有落料和冲孔两道工序，大端 4 个 5 mm 的孔与 R 16 mm 外圆及 8 mm 孔之间只有 3.5 mm 的距离。如果设计成复合模具制造难度较大，并且冲压后成品件留在模具上，清理模具上的工件会影响效率。设计成多套单工序模也不合适。因此决定选用连续模，第一步冲孔，第二步落料，只需两个工位，生产效率高，操作安全、方便，且不会给模具制造带来太大困难。

（2）排样设计　零件的形状具有一头大一头小的特点，因此采用对头单排的排样方法（图 3-74 所示）可大大提高材料的利用率。同例 2 相似，模具设计成隔位冲压，条料完成一遍冲压以后，水平方向旋转 180°，再冲第二遍，凸模和凹模都只需一套，从而降低了模具成本。对连续模手工送料，搭边值可比表 3-19 中值稍大，取 α_1=2.5 mm 和 α=3.5 mm，条料宽度计算得 135 mm。

（3）模具总体结构　模具采用中间导柱模架，导向平稳、准确，适合少工序连续模。

条料送进方向为前后方向。模具采用弹性卸料方式，以橡胶为弹性元件。上模部分共 7 个凸模，如图 3-75 所示。第一工位将 6 个小孔一次冲出，第二工位完成落料。冲孔废料和成品件均由漏料孔漏出。

工件的尺寸在连续模中是较大的，只有 2 个工位，又是小批量生产，因此采用挡料销和导正销联合定位方式控制进距。以落料后的废料孔与挡料销作为粗定距，在落料凸模上安装两个导正销，利用前一工序冲出的 6 mm 和 8 mm 孔作导正销孔进行导正，以此作为条料送进的精确定距。导料板 3 保证条料的送进方向。

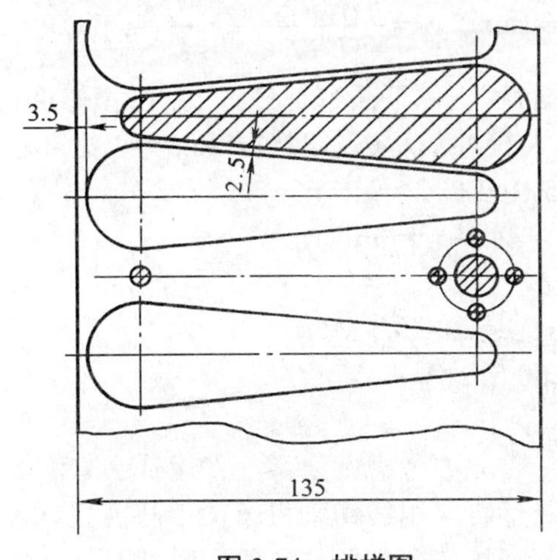

图 3-74　排样图

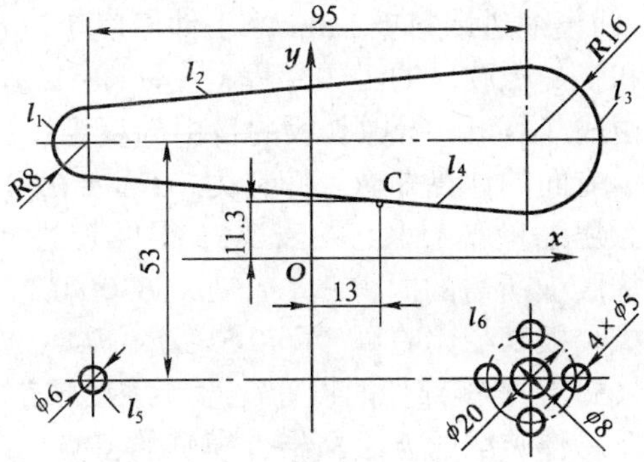

图 3-75　压力中心

（4）主要计算

① 冲压力计算　材料 $\tau = 350$ MPa，冲裁边界长度 L 为 6 个孔的总周长与工件外轮廓线周长之和，经计算得出 L=372.9 mm，则冲裁力为：

$$F = Lt\tau = 372.9 \times 1.2 \times 350 = 156.6 \times 10^3\ (\mathrm{N})$$

卸料力：$F_{卸} = K_{卸} F$

查表 3-9 取 $K_{卸} = 0.04$，得 $F_{卸} = 0.04 \times 156.6 \times 10^3 = 6.3 \times 10^3 (\mathrm{N})$

冲孔时推件力：$F_{推} = nK_{推} F$

凹模取直壁刃口形式，刃口部分高度 h=5 mm，积聚零件为 $n=h/t$=5 mm/1.2 mm≈4 个。

查表 3-9 取 $K_{推} = 0.05$，得 $F_{推} = 4 \times 0.05 \times 156.6 \times 10^3 = 31.3 \times 10^3\ (\mathrm{N})$

总压力：$F_{总} = F + F_{推} + F_{卸} = 193.6\ (\mathrm{kN})$

压力机的公称压力：$F_{机} > 1.3 \times F_{总} = 252\ (\mathrm{kN})$。

② 模具压力中心的计算　计算压力中心时，应首先画出连续模凹模刃口图，如图 3-75 所示。在图中将 xOy 坐标建立在图示的对称中心线上，在图中将冲裁线按几何图形分成 6 组线段，分别计算出每组线段总长度、其几何中心点到 x 轴、y 轴的距离。然后代入式（3-17）

计算。

$l_1 = 25.13$ mm； $x_1 = -52.59$ mm $y_1 = 26.5$ mm

$l_2 = 95.34$ mm； $x_2 = 0$ $y_2 = 38.5$ mm

$l_3 = 95.34$ mm； $x_3 = 0$ $y_3 = 14.5$ mm

$l_4 = 50.26$ mm； $x_4 = 57.86$ mm $y_4 = 26.5$ mm

$l_5 = 18.85$ mm； $x_5 = -47.5$ mm $y_5 = -26.5$ mm

$l_6 = 87.97$ mm； $x_6 = 47.5$ mm $y_6 = -26.5$ mm

$$x_0 = \frac{l_1x_1 + l_2x_2 + \cdots + l_nx_n}{l_1 + l_2 + \cdots + l_n} = 13\ (\text{mm}) \quad y_0 = \frac{l_1y_1 + ly_2 + \cdots + l_ny_n}{l_1 + l_2 + \cdots + l_n} = 11.3(\text{mm})$$

③ 弹性橡胶的计算　本模具中橡胶板的工作行程由以下几个部分组成：凸模修磨量 5 mm；凸模缩进卸料板 1 mm；工件厚度 1.2 mm；凸模冲裁后进入凹模 2 mm。以上 4 项长度之和就是橡胶板的工作行程 $s_{\text{工作}}$，即：$s_{\text{工作}}$ =(5+1+1.2+2)=9.2 (mm)

由式（3-40）得橡胶板的自由高度为：$H_{\text{自由}} = 4.0s_{\text{工作}} = 36.8$ (mm)

由前面的计算知橡胶卸料力：$F_{\text{卸}} = 6.3\times10^3$ N

预压缩量取 15%，由表 3-25 得橡胶的单位压力是 $p = 0.5$ MPa

橡胶板所需的面积：$A = F/p = 6300/0.5 = 12600\ (\text{mm}^2)$

橡胶板高径比验算（即 $0.5\leqslant H_{\text{自由}}/D\leqslant1.5$）此处从略。

（5）主要零部件的设计　设计主要零部件时，首先要考虑主要零部件用什么方法加工制造及总体装配的方法。结合模具的特点，本模具适宜采用线切割机床加工凸模固定板、卸料板、凹模以及外形凸模。这种加工方法可以保证这些零件各个孔的同轴度，使装配工作简化。下面分别介绍各个零部件的设计方法。

① 凸模的设计

落料凸模用线切割法加工成直通凸模，用 2 个 M8 螺钉固定在垫板上，与凸模固定板的配合按 H6/m5。落料凸模的底部钻孔安装导正销，分别借用工件上 6 mm 和 8 mm 两个孔作导正孔。导正销与落料凸模采用 H7/r6 的配合，为防止其脱落，在凸模上打横向孔，用销钉固定导正销，如图 3-76 所示。

$\phi6$ mm 圆形凸模、4 个 $\phi5$ mm 的圆形凸模均采用尾部带台阶的固定方法。尾部台阶直径分别为 $\phi7.5$ mm 和 $\phi6.5$ mm，与固定板接触的中部直径分别为 $\phi7$ mm 和 $\phi6$ mm。因小凸模易损坏，故设计成常拆结构，与固定板的配合取 H6/m5。冲 $\phi8$ mm 孔的凸模设计成台阶状，与固定板接触部分为 10 mm，尾部没有台阶，用 M5 的螺钉固定在垫板上，它与固定板的配合采用 H7/m6。

弹性卸料板应对小凸模具有保护作用，故凸模与卸料板的间隙选择应小一点，实际间隙可选为 0.025 mm，凸模材料选用 Cr12MoV。连续模中卸料板与凸模间隙见表 3-29。

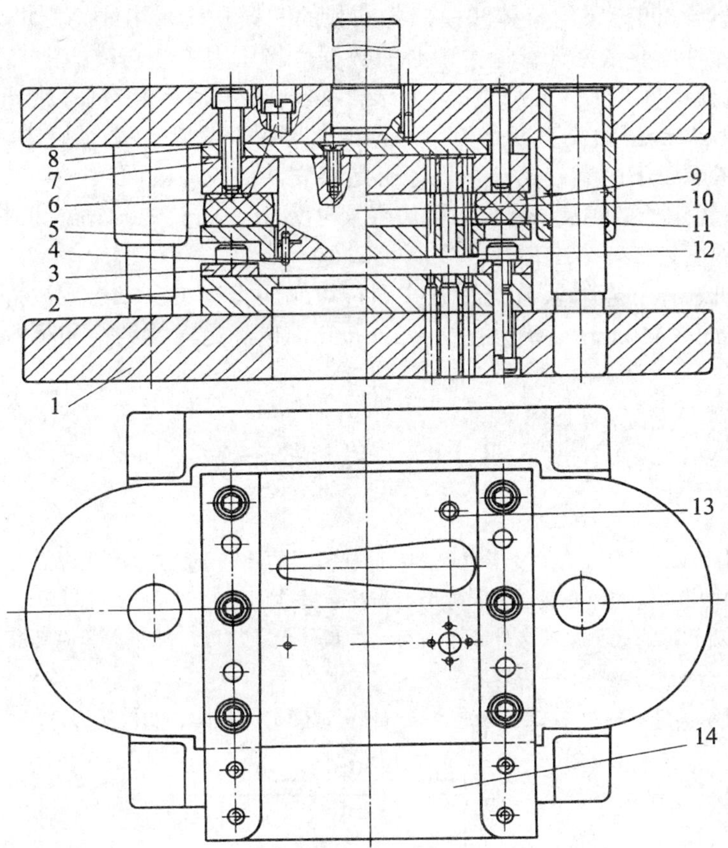

1—下模座　2—凹模　3—导料板　4—导正销螺钉　5—卸料板　6—卸料螺钉　7—凸模固定板　8—垫板　9—橡胶　10—落料凸模　11—大孔凸模　12—小孔凸模　13—活动挡料销　14—承料板

图 3-76　连续冲裁模

表 3-29　凸模与卸料板、导柱与导套间隙

序　号	模具冲裁间隙	凸模与卸料板间隙	辅助小导柱、导套间隙
1	＞0.015～0.025	＞0.005～0.007	约 0.003
2	＞0.025～0.05	＞0.007～0.015	约 0.006
3	＞0.05～0.10	＞0.015～0.025	约 0.01
4	＞0.10～0.15	＞0.025～0.035	约 0.02

② 凹模设计　凹模采用整体凹模，各冲裁的凹模孔均采用线切割机床加工，安排凹模在模架上位置时，要依据计算压力中心的数据，将压力中心与模柄中心重合。刃口外界为 119 mm，凹模厚度为 $H = k \times 119$ ，查表 3-24， k=1.19，得 H ≈23 mm。选择凹模壁厚为 $c = 1.5H$≈45 mm，凹模宽度是刃口外界距离与两个壁厚之和，则凹模宽度为 209 mm。凹模的长度要考虑以下因素：第一，保证有足够安装橡胶板的面积；第二便于导料板发挥作用，保证送料粗定位的精度。选取凹模边界尺寸为 195 mm×209 mm。凹模材料选用 Cr12 制造，热处理硬度为 58～62HRC。

（6）压力机选择　查附录 B 选用开式双柱可倾压力机 J23－40，公称压力 400 kN。工作台尺寸 700 mm×460 mm，垫板孔径 ϕ220 mm，也满足模具结构和尺寸的要求。

3.11 思考题

1．简要说明冲裁时板料分离的变形过程，及冲裁断面的几个带区是如何形成的。
2．实际生产中应如何选择冲裁合理间隙值？需注意哪些问题？
3．试分析冲裁间隙的大小与冲裁件断面质量、冲裁件尺寸精度、冲裁力、模具寿命的关系
4．冲裁件工艺性分析包括那些内容？
5．图 3-77 所示零件材料为 Q235，板厚为 2 mm。试确定冲裁凸、凹模的刃口尺寸，并计算冲裁力。

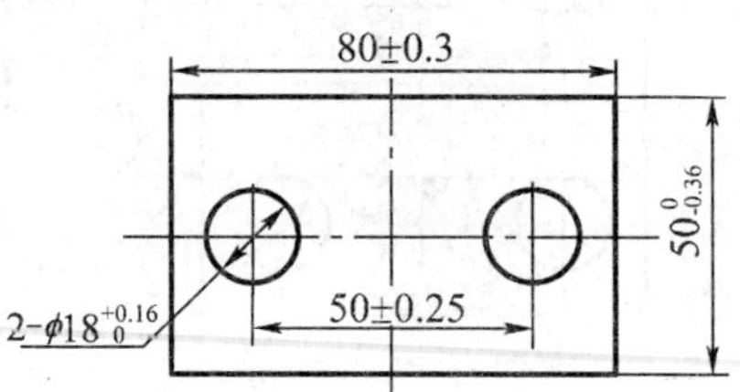

图 3-77　第 5 题图

第4章　弯　　曲

弯曲是将板料、棒料、管材和型材弯曲成一定角度和形状的冲压成形工序。它是冲压基本工序之一，在冲压生产中占有很大比重。弯曲件的形状很多，有 V 形件、U 形件、Z 形件、O 形件以及其他形状的零件。弯曲方法根据所用的设备及模具的不同可分为在压力机上利用模具进行的压弯、折弯机上的折弯、拉弯机上的拉弯、辊弯机上的辊弯以及辊压成形等等（如图 4-1 所示）。

尽管各种弯曲方法不同，但它们的弯曲过程及变形特点都具有共同的规律。本章主要介绍在压力机上进行的压弯。

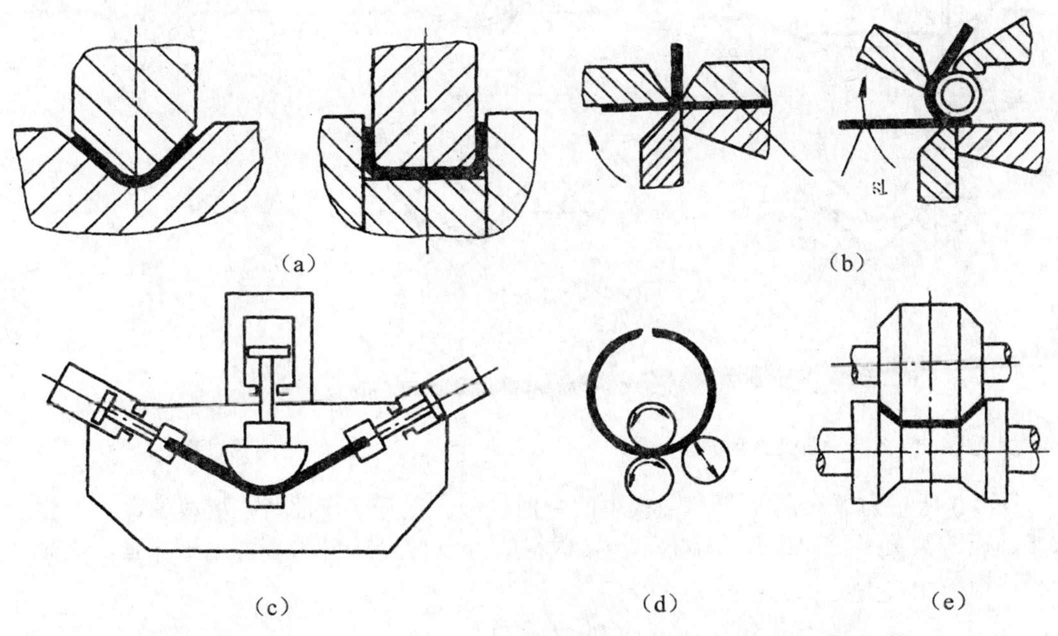

（a）模具压弯　（b）折弯　（c）拉弯　（d）辊弯　（e）辊形

图 4-1　弯曲件的弯曲方法

4.1 弯曲过程分析

4.1.1 弯曲变形过程

板料的V形和U形弯曲是最基本的弯曲变形，其弯曲过程中的受力情况如图4-2所示。在板料的A处，凸模施加弯曲力P（U形）或$2P$（V形），在凹模支撑点B处产生反力P，这样就形成弯曲力矩$M=PL$，该弯曲力矩使板料产生弯曲。在弯曲过程中，随着凸模进入凹模的深度不同，凹模支撑点的位置及弯曲件毛坯的弯曲半径r发生变化，即支撑点距离L和弯曲半径r逐渐减小，而弯曲力P逐渐增大，弯距M也增大。当毛坯的弯曲半径达到一定值时，毛坯开始出现塑性变形，最后将板料弯曲成与凸模形状一致的工件。

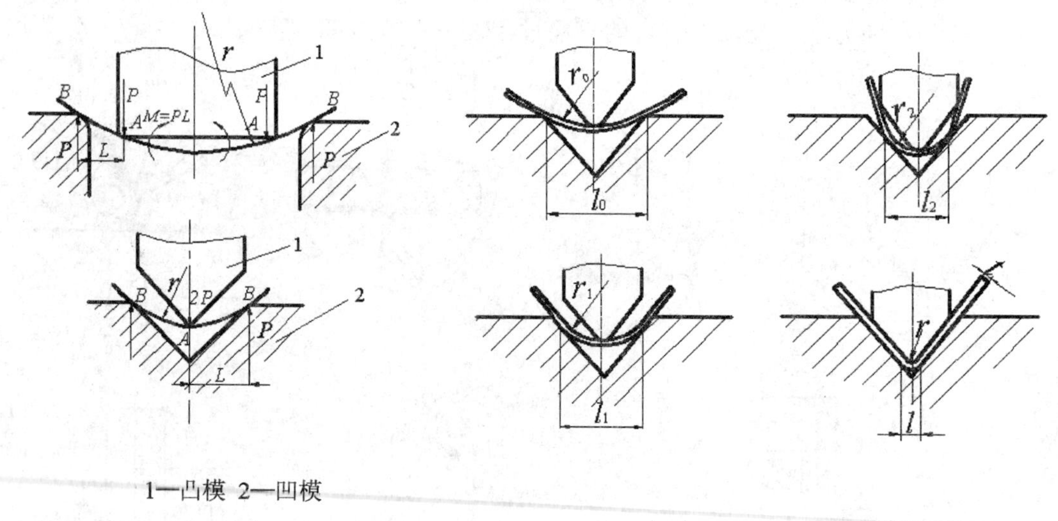

1—凸模 2—凹模

图4-2 板料弯曲受力状况图

图4-3 弯曲过程

图4-3所示为板料在V形弯曲模中的弯曲过程。在开始弯曲时，板料的弯曲内侧半径大于凸模的圆角半径。随着凸模的下压，板料的直边与凹模V形表面逐渐靠紧，弯曲内侧半径逐渐减小，即：

$$r_0 > r_1 > r_2 > r$$

同时弯曲力臂也逐渐减小，即：

$$l_0 > l_1 > l_2 > l$$

当凸模、板料与凹模三者完全压合，板料的内侧弯曲半径及弯曲力臂达到最小时，弯曲过程结束。

由于板料在弯曲变形过程中弯曲内侧半径逐渐减小，因此弯曲变形部分的变形程度逐渐增加；又由于弯曲力臂逐渐减小，弯曲变形过程中板料与凹模之间有相对滑移现象。

凸模、板料与凹模三者完全压合后，如果再增加一定的压力，对弯曲件施压，则称为**校正弯曲**。没有这一过程的弯曲称为**自由弯曲**。

4.1.2 弯曲变形特征

为了研究弯曲变形的特征，可在板料侧面刻出正方形网格，观察弯曲前后网格及断面形态的变化情况，从而分析出板料的受力情况。从图 4-4 可以看出：

（1）弯曲件圆角部分的正方形网格变成了扇形，而远离圆角的两直边处的网格没有变化，靠近圆角处的直边网格有少量变化。由此说明：弯曲变形区主要在圆角部分，靠近圆角的直边仅有少量变形，远离圆角的直边不产生变形。

（2）在弯曲变形区，板料的外层（靠凹模一侧）纵向纤维受拉而变长，内层（靠凸模一侧）纵向纤维受压而缩短。在内层与外层之间存在着纤维既不伸长也不缩短的应变中性层。

（3）变形区内板料横截面的变化情况则根据板料的宽度不同有所不同。如图 4-5 所示。宽板（板宽与板厚之比 $b/t>3$）弯曲时，弯曲前后的横截面几乎不变；窄板（板宽与板厚之比 $b/t\leqslant3$）弯曲时，弯曲后的横截面变成了扇形。

（4）在弯曲变形区，板料变形后有厚度变薄现象。相对弯曲半径 r/t 越小，厚度变薄越严重。

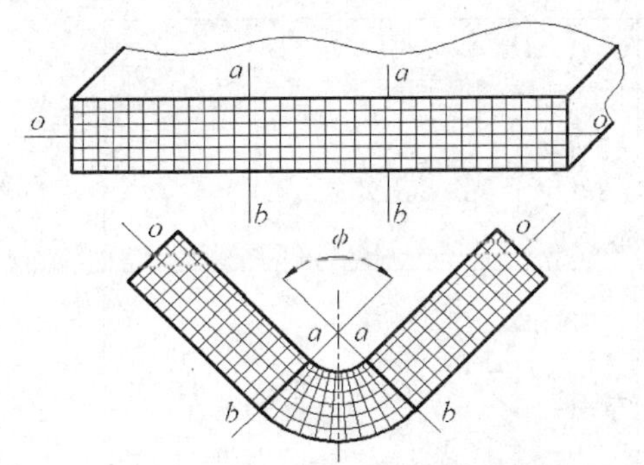

图 4-4 弯曲前后坐标网格的变化

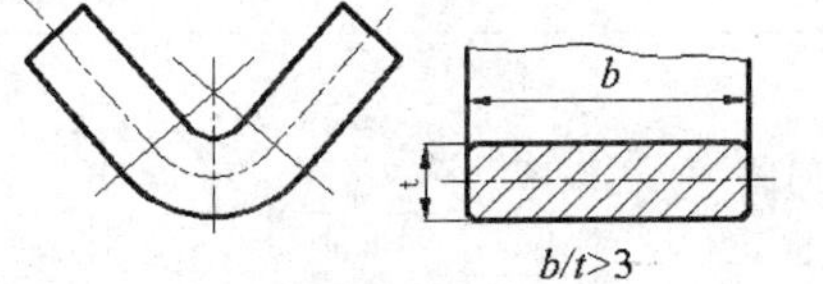

图 4-5 板料弯曲后的断面变化

4.1.3 弯曲变形时的应力应变状态

板料的相对宽度 b/t 不同，弯曲时的应力应变状态也不一样。在自由弯曲状态下，窄板与宽板的应力应变状态如下

1. 窄板弯曲

（1）应变状态：板料在弯曲时，主要表现在内外层纤维的压缩与伸长，切向应变是最大主应变，其外层为拉应变，内层为压应变。

根据金属塑性变形时体积不变规律可知，板料宽度方向应变与厚度方向应变的符号一定与切向应变的符号相反。即：在外层，厚度方向、宽度方向均为压应变；在内层，厚度方向、宽度方向均为拉应变。窄板弯曲由于宽度方向的变形不受限制，故弯曲变形区横断面产生了畸变。

（2）应力状态：切向应力为绝对值最大的主应力，外层为拉应力，内层为压应力。在厚度方向，由于弯曲时纤维之间的相互压缩，导致内外层均为压应力。宽度方向由于材料可以自由变形，不受阻碍，故可以认为内外层的应力均为零。

由此可见，窄板弯曲时是立体应变状态、平面应力状态。

2. 宽板弯曲

（1）应变状态：宽板弯曲时切向与厚度方向的应变状态与窄板相同。宽度方向由于材料流动受限，几乎不产生变形，故内外层在宽度方向的应变均为零。

（2）应力状态：切向与厚度方向的应力状态也与窄板相同。在宽度方向，由于材料不能自由变形，故内层产生压应力，外层产生拉应力。

由此可见，宽板弯曲时是平面应变状态、立体应力状态。上述结论可归纳成图 4-6。

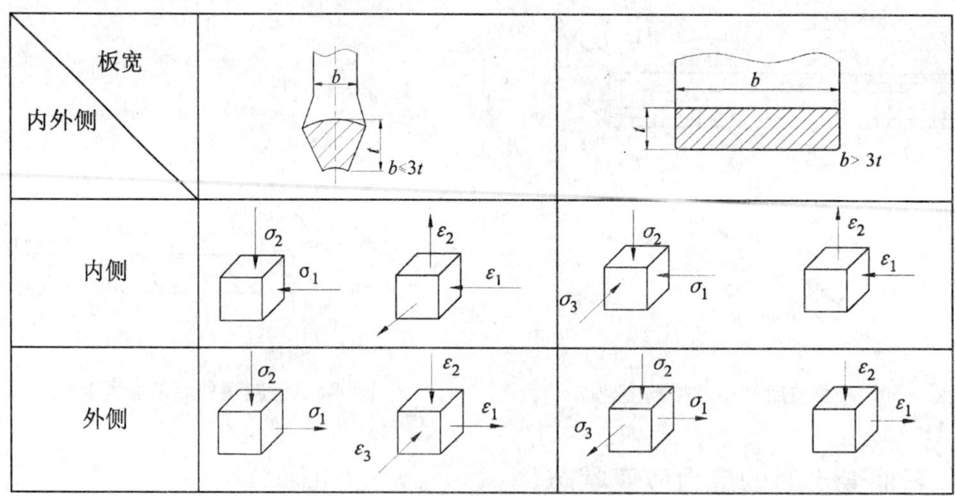

图 4-6　弯曲时的应力应变图

4.2 弯曲件的质量分析

4.2.1 弯裂

在弯曲过程中，弯曲件的外层受到拉应力。弯曲半径愈小，拉应力愈大。当弯曲半径小到一定程度时，弯曲件的外表面将超过材料的最大许可变形程度而出现开裂，形成废品，这种现象称为**弯裂**。通常将不致使材料弯曲时发生开裂的最小弯曲半径的极限值称为材料的**最小弯曲半径**，将最小弯曲半径r_{min}与板料厚度t之比称为**最小相对弯曲半径**（也称**最小弯曲系数**）。不同材料在弯曲时都有最小弯曲半径，一般情况下，不应使零件的圆角半径等于最小弯曲半径，应尽量取得大些。

影响最小相对弯曲半径的因素主要有以下几点：

（1）材料的力学性能

材料的塑性愈好，其外层允许的变形程度就愈大，许可的最小相对弯曲半径也愈小。因此，在生产中常用热处理的方法来提高冷作硬化材料的塑性，以减小其许可的最小相对弯曲半径，从而增大弯曲程度。

（2）板料的轧制方向与弯曲线之间的关系

冲压用的板料多为冷轧金属，且呈纤维状组织，在横向、纵向和厚度方向都存在机械性能的异向性。因此，当弯曲线与纤维方向垂直时，材料具有较大的拉伸强度，外缘纤维不易破裂，可用较小的相对弯曲半径；当弯曲线与纤维方向平行时，则由于拉伸强度较差而外层纤维容易破裂，允许的最小相对弯曲半径值就要大些。

（3）板料的宽度与厚度

宽板弯曲与窄板弯曲时，其应力应变状态不一样。板料愈宽，最小弯曲半径值愈大。弯曲件的相对宽度b/t较小时，对最小相对弯曲半径r_{min}/t的影响较为明显，相对宽度$b/t>10$ 时，其影响变小。

板料厚度较小时，可以获得较大的变形和采用较小的最小相对弯曲半径（图 4-7）。

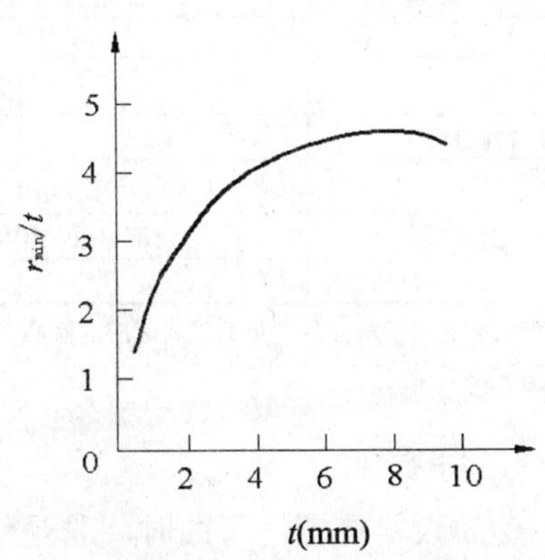

图 4-7 板料厚度对最小相对弯曲半径的影响

（4）弯曲件角度的影响

弯曲件角度较大时,接近弯曲圆角的直边部分也参与变形，从而使弯曲圆角处的变形得到一定程度的减轻。所以弯曲件角度愈大，许可的最小相对弯曲半径可以愈小。

（5）板料的表面质量及剪切断面质量

这两个质量指标差，易造成应力集中和降低塑性变形的稳定性，使材料过早地破坏，在这种清况下，应采取较大的弯曲半径。在实际生产中，常采用清除冲裁毛刺、把有毛刺的表面朝向弯曲凸模、切掉剪切表面的硬化层等措施来降低最小相对弯曲半径。

最小相对弯曲半径的数值一般由试验方法确定，表 4-1 为最小弯曲半径的数值。

表 4-1　最小弯曲半径

材　　料	退火或正火		冷作硬化	
	弯曲线位置			
	垂直于纤维	平行于纤维	垂直于纤维	平行于纤维
08、10	$0.1t$	$0.4t$	$0.4t$	$0.8t$
15、20	$0.1t$	$0.5t$	$0.5t$	$1.0t$
25、30	$0.2t$	$0.6t$	$0.6t$	$1.2t$
35、40	$0.3t$	$0.8t$	$0.8t$	$1.5t$
45、50	$0.5t$	$1.0t$	$1.0t$	$1.7t$
55、60	$0.7t$	$1.3t$	$1.3t$	$2t$
65Mn、T7	$1t$	$2t$	$2t$	$3t$
Gr18Ni9	$1t$	$2t$	$3t$	$4t$
软杜拉铝	$1t$	$1.5t$	$1.5t$	$2.5t$
硬杜拉铝	$2t$	$3t$	$3t$	$4t$
磷铜	—	—	$1t$	$3t$
半硬黄铜	$0.1t$	$0.35t$	$0.5t$	$1.2t$
软黄铜	$0.1t$	$0.35t$	$0.35t$	$0.8t$
纯铜	$0.1t$	$0.35t$	$1t$	$2t$
铝	$0.1t$	$0.35t$	$0.5t$	$1t$
镁合金	加热到 300～400 °C		冷弯	
MB1	$2t$	$3t$	$6t$	$8t$
MB8	$1.5t$	$2t$	$5t$	$6t$
钛合金 BT1	$1.5t$	$2t$	$3t$	$4t$
BT5	$3t$	$4t$	$5t$	$6t$
钼合金 $t\leqslant 2$ mm	加热到 400～500 °C		冷弯	
	$2t$	$3t$	$4t$	$5t$

注：表列数据用于弯曲件圆角圆弧所对应的圆心角大于 90°、断面质量良好的情况。

4.2.2　回弹

金属板料在塑性弯曲时，总是伴随着弹性变形。当弯曲变形结束、载荷去除后，由于弹性恢复，使制件的弯曲角度和弯曲半径发生变化而与模具的形状不一致，这种现象称为回弹。

1. 回弹方式

弯曲件的回弹表现为弯曲半径的回弹和弯曲角度的回弹（如图 4-8 所示）。

弯曲半径的回弹值是指弯曲件回弹前后弯曲半径的变化值，即 $\Delta r = r_0 - r$。

弯曲角的回弹值是指弯曲件回弹前后角度的变化值，即 $\Delta\alpha = \alpha_0 - \alpha$。

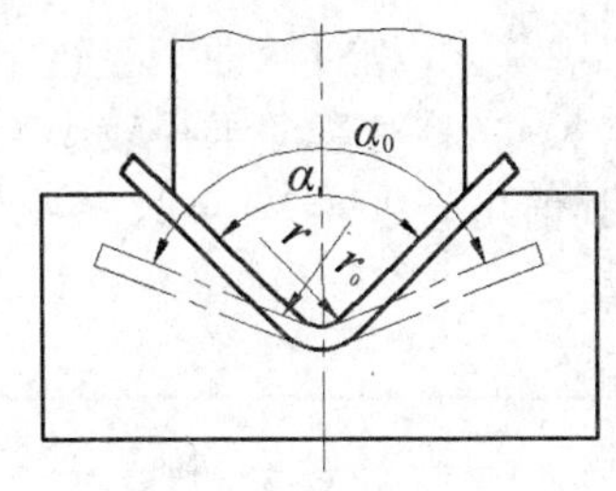

图 4-8　弯曲时的回弹

2. 回弹值的确定

由于影响回弹值的因素很多，因此要在理论上计算回弹值是有困难的。模具设计时，通常按试验总结的数据来选用，经试冲后再对模具工作部分加以修正。

（1）相对弯曲半径较大的工件

当相对弯曲半径较大（$r/t > 10$）时，不仅弯曲件角度回弹大，而且弯曲半径也有较大变化。这时，可按下列公式计算出回弹值，然后在试模中再进行修正。

弯曲板料时：

凸模圆角半径

$$r_{凸} = \frac{1}{\frac{1}{r} + \frac{3\sigma_s}{Et}} \tag{4-1}$$

弯曲凸模角度

$$\alpha_{凸} = \alpha - (180^\circ - \alpha)\left(\frac{r}{r_{凸}} - 1\right) \tag{4-2}$$

式中：$r_{凸}$——凸模的圆角半径（mm）；

r——工件的圆角半径（mm）；

α——弯曲件的角度（°）；

$\alpha_{凸}$——弯曲凸模角度（°）；

t——材料厚度（mm）；

E——材料的弹性模量（MPa）；

σ_s——材料的屈服极限（MPa）。

弯曲圆形截面棒料时：

凸模圆角半径

$$r_{凸} = \frac{1}{\frac{1}{r} + \frac{3.4\sigma_s}{Ed}} \tag{4-3}$$

式中：d——圆杆件直径（mm）。其余符号同前。

（2）相对弯曲半径较小的工件

当相对弯曲半径较小（$r/t<5$）时，弯曲后，弯曲半径变化不大，可只考虑角度的回弹，其值可查表 4-2、4-3、4-4，再在试模中修正。

表 4-2　90°单角自由弯曲时的回弹角

材　料	r/t	材料厚度 t（mm）		
		＜0.8	0.8～2	＞2
软钢板σ_b=350 MPa 软黄铜σ_b≤350 MPa 铝、锌	＜1 1～5 ＞5	4° 5° 6°	2° 3° 4°	0° 1° 2°
中硬钢σ_b=（400～500）MPa 硬黄铜σ_b=（350～400）MPa 硬青铜	＜1 1～5 ＞5	5° 6° 8°	3° 5°	0° 1° 3°
硬钢σ_b≥550 MPa	＜1 1～5 ＞5	7° 9° 12°	4° 5° 7°	2° 3° 6°
30CrMnSiA	＜2 2～5 ＞5	2° 4°30′ 8°	2° 4°30′ 8°	2° 4°30′ 8°
硬铝 LY12	＜2 2～5 ＞5	2° 4° 6°30′	3° 6° 10°	4°30′ 8°30′ 14°
超硬铝 LC4	＜2 2～5 ＞5	2°30′ 4° 7°	5° 8° 12°	8° 11°30′ 19°

表 4-3　单角 90°校正弯曲时的回弹角

材　料	r/t		
	≤1	1～2	2～3
Q215、Q235	1°～1°30′	0°～2°	1°30′～2°30′
纯铜、铝、黄铜	0°～1°30′	0°～3°	2°～4°

表 4-4　U 形件弯曲时的回弹角$\Delta\alpha$

材料的牌号与状态	r/t	凹模与凸模的单边间隙 Z						
		0.8 t	0.9 t	1 t	1.1 t	1.2 t	1.3 t	1.4 t
		回弹角$\Delta\alpha$						
2A12Y	2	- 2°	0°	2°30′	5°	7°30′	10°	12°
	3	- 1°	1°30′	4°	6°30′	9°30′	12°	14°

（续表）

材料的牌号与状态	r/t	凹模与凸模的单边间隙 Z						
		0.8 t	0.9 t	1 t	1.1 t	1.2 t	1.3 t	1.4 t
		回弹角Δα						
2A12Y	4	0	3	5 30′	8 30′	11 30′	14	16 30′
	5	1	4	7	10	12 30′	15	18
	6	2	5	8	11	13 30′	16 30′	19 30′
2A12M	2	- 1 30′	0	1 30′	3	5	7	8 30′
	3	- 1 30′	0 30′	2 30′	4	6	8	9 30′
	4	- 1	1	3	4 30′	6 30′	9	10 30′
	5	- 1	1	3	5	7	9 30′	11
	6	- 1 30′	1 30′	3 30′	6	8	10	12
7A04Y	3	3	7	10	12 30′	14	16	17
	4	4	8	11	13 30′	15	17	18
	5	5	9	12	14	16	18	20
	6	6	10	13	15	17	20	23
	8	8	13 30′	16	19	21	23	26
7A04M	2	- 3	- 2	0	3	5	6 30′	8
	3	- 2	- 1 30′	2	3 30′	6 30′	8	9
	4	- 1 30′	-1	2 30′	4 30′	7	8 30′	10
	5	- 1°	-1	3	5 30′	8	9	11
	6	0	- 0 30′	3 30′	6 30′	8 30′	10	12
20（已退火）	1	- 2 30′	- 1	0 30′	1 30′	3	4	5
	2	- 2	- 0 30′	1	2	3 30′	5	6
	3	- 1 30′	0	1 30′	3	4 30′	6	7 30′
	4	- 1	0 30′	2 30′	4	5 30′	7	9
	5	- 0 30	1 30′	3	5	6 30′	8	10
	6	- 0 30	2	4	6	7 30′	9	11
1Cr18Ni9Ti	1	- 2	- 1	0 30′	0	0 30′	1 30′	2
	2	- 1	- 0 30′	- 0	1	1 30′	2	3
	3	- 0 30′	0	1	2	2 30′	3	4
	4	0	1	2	2 30′	3	4	5
	5	0 30′	1 30	2 30′	3	4	5	6
	6	1 30′	2	3	4	5	6	7

3. 影响回弹的因素

（1）材料的力学性能。材料的屈服点σ_s越高，弹性模量 E 越小，加工硬化越严重，则弯曲的回弹量也越大。若材料的力学性能不稳定，则回弹量也不稳定。

（2）相对弯曲半径。相对弯曲半径 r/t 越小，则变形程度越大，变形区的总切向变形程度增大。塑性变形在总变形中所占的比例增大，而弹性变形所占的比例则相应减小，因而回弹值减小。与此相反，当相对弯曲半径较大时，由于弹性变形在总变形中所占的比例增大，因而回弹值增大。

（3）弯曲件的角度。弯曲件的角度越小，表示弯曲变形区域大，回弹的积累量也越大，故回弹角也越大，但对弯曲半径的回弹影响不大。

（4）弯曲方式及校正力的大小。自由弯曲与校正弯曲比较，由于校正弯曲可以增加圆角处的塑性变形程度，因而有较小的回弹。随着校正力的增加，切向压应力区向毛坯的外表面不断扩展，以致使毛坯的全部或大部分断面均产生切向压应力。这样内、外层材料回弹的方向取得一致，使其回弹量比自由弯曲时大为减少。因此校正力越大，回弹值越小。

（5）模具间隙。弯曲 U 形件时，模具间隙对回弹值有直接影响。间隙大，材料处于松动状态，回弹就大；间隙小，材料被挤紧，回弹就小。

（6）工件形状。U 形件的回弹由于两边互受牵制而小于 V 形件。形状复杂的弯曲件，若一次完成，由于各部分相互受牵制和弯曲件表面与模具表面之间的摩擦影响，可以改变弯曲工件各部分的应力状态，使回弹困难，因而回弹角减小。

4. 减小回弹的措施

由于弯曲件在弯曲过程中总是伴随着弹性变形，因此为提高弯曲件的质量，必须采取一些必要的措施来减小或补偿由于回弹所产生的误差，常见的措施如下：

（1）合理设计产品

在变形区压制加强筋，以增加弯曲件的刚度（图 4-9）。选材时，采用弹性模量大、屈服极限较低、硬化指数小、力学性能稳定的材料进行弯曲，均可减小回弹。

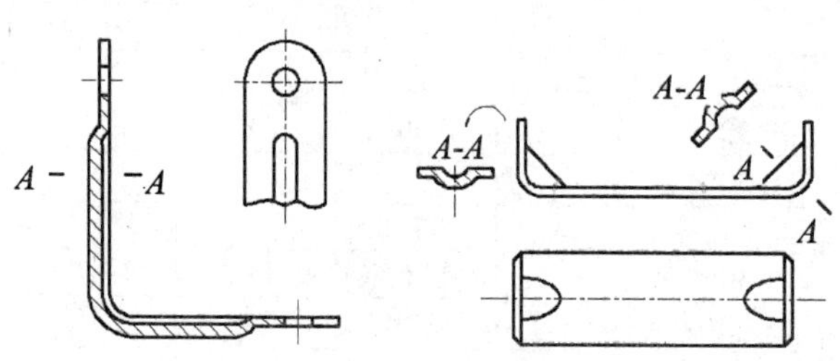

图 4-9 在弯曲变形区压制加强筋

（2）在工艺上采取措施

用校正弯曲代替自由弯曲，对冷作硬化的材料，可先退火，使其屈服极限降低，以减小回弹，弯曲后再进行淬硬。

（3）从模具结构上采取措施

在接近纯弯曲（只受弯距作用）的条件下，可以根据回弹值的计算结果，对弯曲模工作部分的形状与尺寸加以修正。

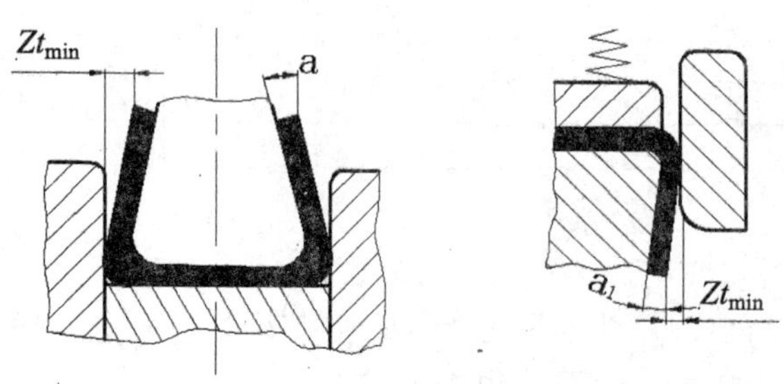

图 4-10 模具上作出斜度

对于一般材料（Q215、Q235、10 钢、20 钢、H62 软黄铜），当其回弹角 $\Delta\alpha < 5°$、材料厚度偏差较小时，可在凸模或凹模上作出斜度，并取凸模、凹模的间隙等于最小料厚来减小回弹（如图 4-10 所示）。

对于软材料，当厚度大于 0.8 mm、弯曲圆角半径又不大时，可将凸模做成图 4-11 所示形状，以便对变形区进行整形来减小回弹。

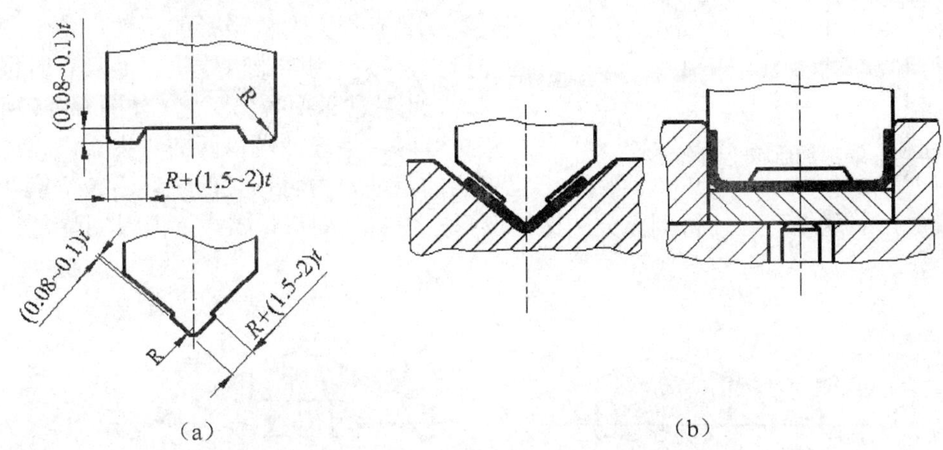

图 4-11　改变凸模形状减小回弹

利用弯曲件不同部位回弹方向相反的特点，使相反方向的回弹变形相互补偿。如 U 形件弯曲，将凸模、顶件板作成弧形面（图 4-12 所示）。弯曲后利用底部产生的回弹来补偿两个圆角处的回弹。

采用橡胶、聚氨脂软凹模代替金属凹模（如图 4-13 所示），用调节凸模压入软凹模深度的方法来控制回弹。

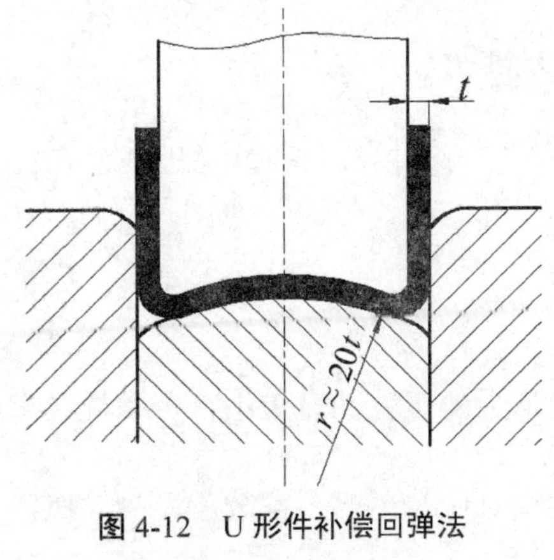

图 4-12　U 形件补偿回弹法

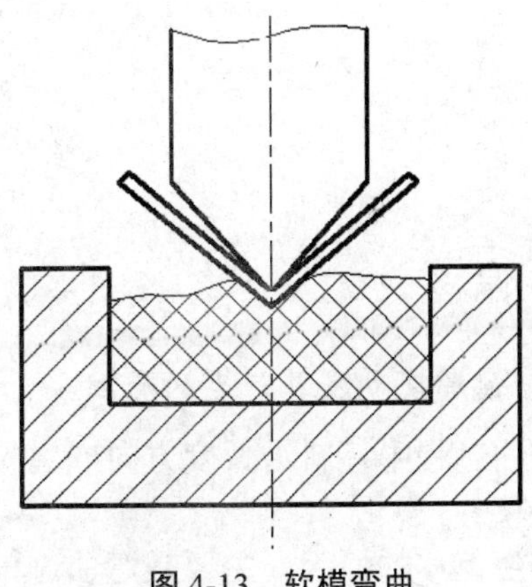

图 4-13　软模弯曲

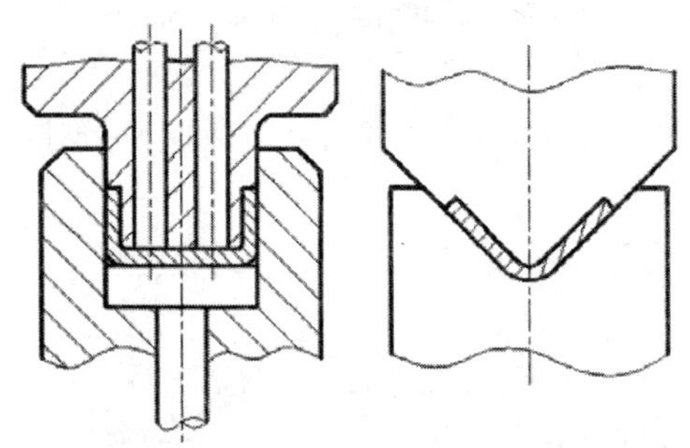

图 4-14　端部加压减小回弹法

在弯曲件的端部加压，可以获得精确的弯边高度，并由于改变了变形区的应力状态，使弯曲变形区从内到外都处于压应力状态，从而减小了回弹（如图 4-14 所示）。

（4）采用拉弯工艺

对于具有很大弯曲半径的工件，由于弯曲后回弹量大，不仅回弹难以修正，而且有时根本无法成形，此时常采用拉弯工艺（如图 4-15 所示）。

拉弯时，毛坯两端以两夹头夹紧，首先预拉已夹紧的毛坯，再将预拉的毛坯沿拉弯模弯曲，使其贴模成形。这样，毛坯得到充分的塑性变形，使弹件变形量减少，所以回弹量大大减少。

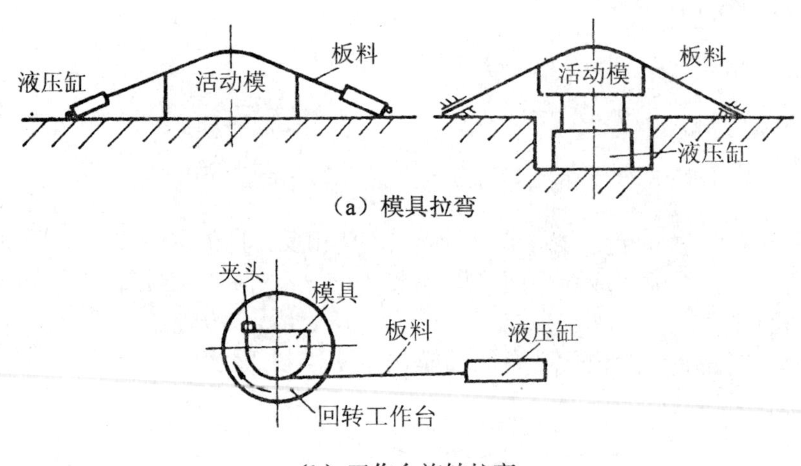

图 4-15　拉弯法减小回弹

4.2.3　偏移

1. 偏移现象及其产生的原因

弯曲过程中坯料沿长度方向产生移动，使成形后的工件两直边不符合图样要求的现象称为**偏移**。

产生偏移的原因，主要是弯曲过程中坯料在模具中滑动时各部分所受的摩擦阻力不同而造成的。造成摩擦阻力不同的原因，主要包括:工件结构不对称、制件毛坯形状不对称、模具结构设计不合理、模具制造过程中凸模和凹模的圆角不对称、间隙不对称等（如图 4-16 所示）。

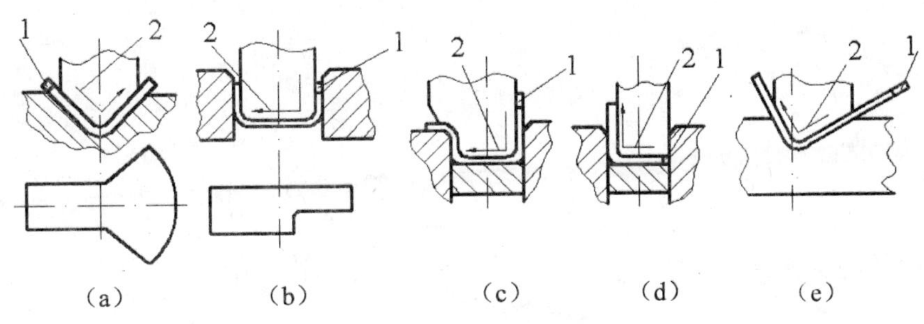

1—偏移量 2—滑移方向

图 4-16　弯曲时的偏移

2. 防止偏移的措施

（1）采用压料装置，使毛坯在压紧的状态下弯曲成型。

（2）模具设计要合理，制造要准确，间隙调整要对称。

（3）可利用工件上的孔或设计工艺孔，用定位销插入孔内进行弯曲，使毛坯无法移动。

（4）不对称的工件组合成对称工件进行弯曲，然后再切开。

4.3　弯曲件展开尺寸计算

弯曲件毛坯展开长度是根据应变中性层弯曲前后长度不变以及变形区在弯曲前后体积不变的原则来计算的。

4.3.1　应变中性层位置的确定

板料弯曲过程中，当弯曲变形程度较小时，应变中性层与毛坯断面的中心层重合，即 ρ_ε=ρ_0。但是当弯曲变形程度较大时，变形区为立体应力应变状态，因此在弯曲过程中，应变中性层由弯曲开始与中心层重合，逐渐向曲率中心移动。同时，由于变形区厚度变薄，以致使应变中性层的曲率半径 $\rho_\varepsilon < r + t/2$。此种情况的应变中性层位置可以根据变形前后体积不变的原则来确定，如图 4-17 所示。

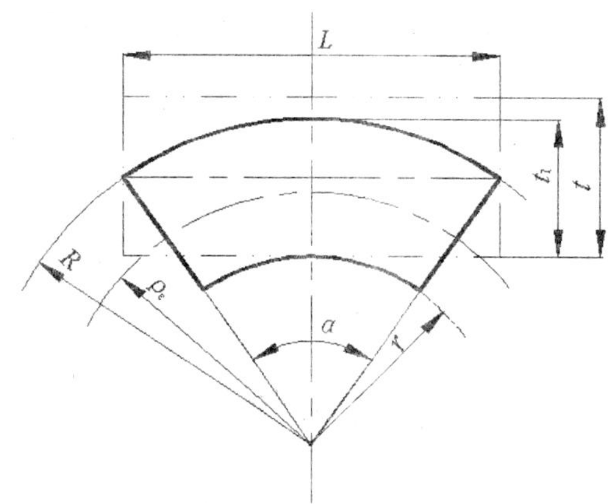

图 4-17　应变中性层位置的确定

弯曲前变形区的体积：

$$V_0=Lbt \tag{4-4}$$

弯曲后变形区的体积：

$$V=\pi(R^2-r^2)\frac{\alpha}{2\pi}b' \tag{4-5}$$

因为$V_0=V$，且应变中性层弯曲前后长度不变，即$L=\alpha\rho_\varepsilon$，可以从式（4-4）和（4-5）得

$$\rho_\varepsilon=\frac{R^2-r^2}{2t}\bullet\frac{b'}{b}$$

将 $R=r+\eta t$ 带入上式，经整理后得

$$\rho_\varepsilon=(\frac{r}{t}+\frac{\eta}{2})\eta\beta t \tag{4-6}$$

式中：L——毛坯弯曲部分原长（mm）；

α——弯曲件圆角的圆弧所对的圆心角（弧度）；

b、b'——分别为毛坯弯曲前后的平均宽度（mm）；

β——展宽系数，$\beta=b'/b$。当 $b/t>3$ 时，$\beta=1$；

η——材料变薄系数，$\eta=t'/t$；

t'——弯曲后变形区的厚度（mm）。

在实际生产中，为了计算方便，一般用经验公式确定中性层的曲率半径：

$$\rho_\varepsilon=r+xt \tag{4-7}$$

式中 x 是与变形度有关的中性层系数，其值见表 4-5。

表 4-5　中性层系数 x 的值

x/t	0.1	0.2	0.3	0.4	0.5	0.6	0.7	0.8	1.0	1.2
t	0.21	0.22	0.23	0.24	0.25	0.26	0.28	0.30	0.32	0.33
x/t	1.3	1.5	2.0	2.5	3.0	4.0	5.0	6.0	7.0	≥8
t	0.34	0.36	0.38	0.39	0.40	0.42	0.44	0.46	0.48	0.50

4.3.2　弯曲件毛坯长度计算

弯曲件毛坯长度的计算，应根据不同情况加以对待。

1. $r>0.5t$ 的弯曲件

这类零件弯曲后变薄不严重且断面畸变较轻，可以按应变中性层长度等于毛坯长度的原则来计算。如图 4-18 所示，坯料总长度应等于弯曲件直线部分长度和弯曲部分应变中性层长度之和，即：

$$L = \sum l_i + \sum \frac{\pi \alpha_i}{180°}(r_i + x_i t) \tag{4-8}$$

式中：L——弯曲件毛坯长度（mm）；

l_i——直线部分各段长度（mm）；

x_i——弯曲各部分中性层系数；

α_i——弯曲件圆角圆弧所对应的圆心角（度）；

r_i——弯曲件各弯曲部分的内圆角半径（mm）。

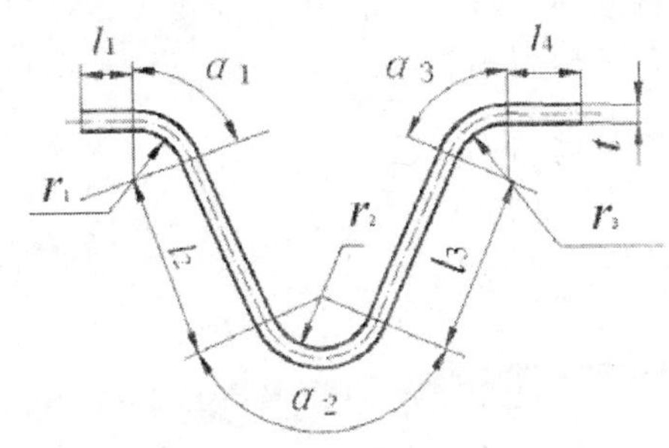

图 4-18　$r>0.5t$ 的弯曲件

2. $r<0.5t$ 的弯曲件

对于 $r<0.5t$ 的弯曲件，由于弯曲变形时不仅制件的圆角变形区产生严重变薄，而且与其相邻的直边部分也产生变薄，故应按变形前后体积不变条件确定坯料长度。通常采用表 4-6 所列经验公式计算。

表 4-6　$r<0.5t$ 的弯曲件毛坯长度计算

序　号	弯曲特征	简　图	公　式
1	弯曲一个角	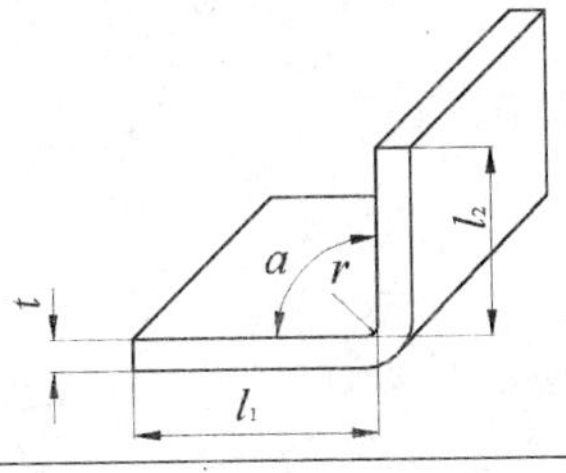	$L= l_1+l_2+0.4t$
2	弯曲一个角	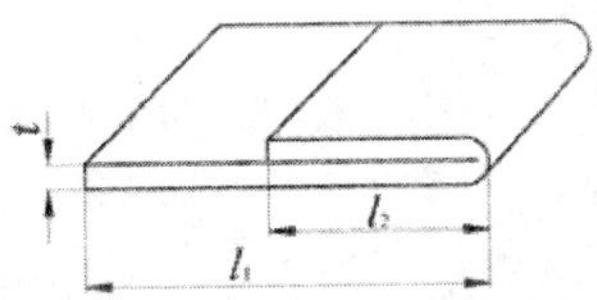	$L= l_1+l_2-0.43t$
3	一次同时弯曲两个角	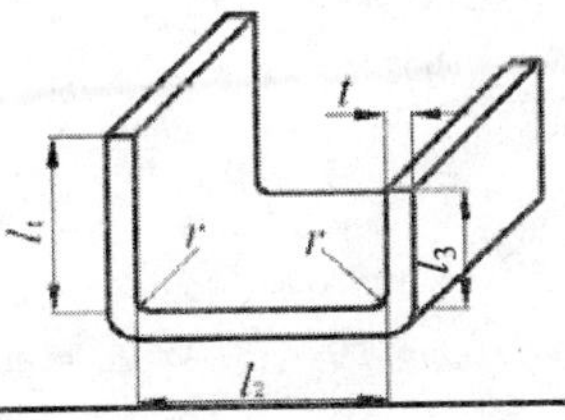	$L=l_1+l_2+l_3+0.6t$

对于形状比较简单、尺寸精度要求不高的弯曲件，可直接采用上面介绍的方法计算坯料长度。而对于形状比较复杂或精度要求高的弯曲件，在利用上述公式初步计算坯料长度后，还需反复试弯不断修正，才能最后确定坯料的形状及尺寸。

4.4 弯曲力、顶件力、压料力

弯曲力是设计模具和选择压力机吨位的重要依据。弯曲力的大小不仅与毛坯尺寸、材料机械性能、凹模支点间的距离、弯曲半径、模具间隙等有关，而且与弯曲方式也有很大关系。因此，要从理论上计算弯曲力是非常困难和复杂的，计算精确度也不高。生产中，通常采用经验公式或经过简化的理论公式来计算。

4.4.1 自由弯曲时的弯曲力

V 形件弯曲（图 4-19（a））

$$F=\frac{0.6kbt^2\sigma_b}{r+t} \tag{4-9}$$

U 形件弯曲（图 4-19（b））

$$F=\frac{0.7kbt^2\sigma_b}{r+t} \tag{4-10}$$

式中：F——自由弯曲时的弯曲力（N）；

b——弯曲件的宽度（mm）；

r——弯曲件的内弯曲半径（mm）；

σ_b——材料的抗拉强度（MPa）；

k——安全系数，一般取 k=1～1.3。

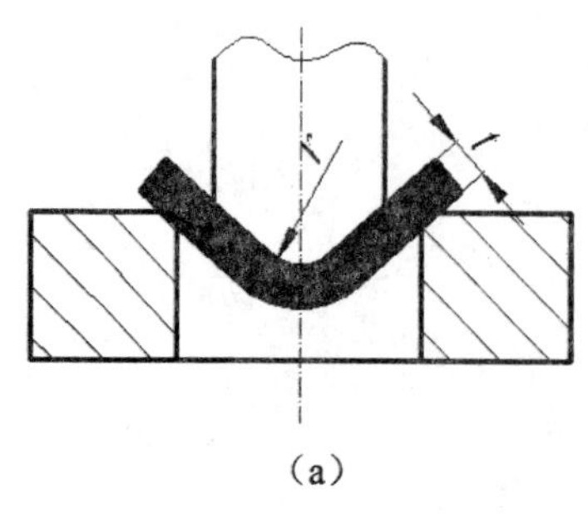

（a）

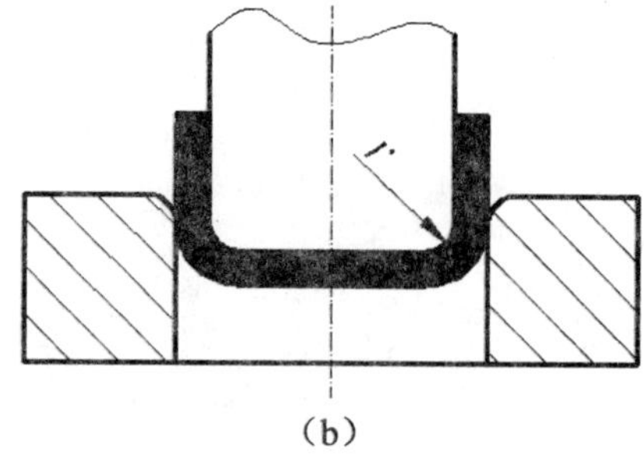

（b）

图 4-19 自由弯曲示意图

4.4.2　校正弯曲时的弯曲力

校正弯曲（图 4-20）时，弯曲力按以下公式计算：

$$F=qA \tag{4-11}$$

式中：F——校正弯曲时的弯曲力（N）；

A——校正部分的投影面积（mm^2）；

q——单位面积上的校正力（MPa），q 值可按表 4-7 选取。

必须注意，在一般机械传动的压力机上，校模深度（即校正力的大小与冲模闭合高度的调整）和制件材料的厚度变化有关。校模深度与制件材料厚度的少量变化对校正力影响很大，因此上表所列数据仅供参考。

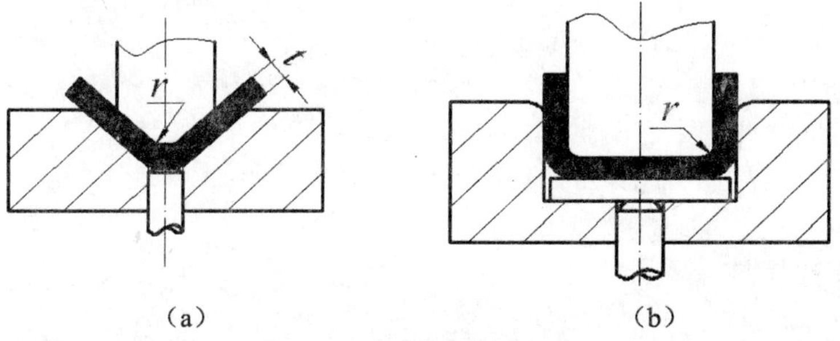

图 4-20　校正弯曲示意图

表 4-7　单位面积上的校正力（MPa）

材　　料	材料厚度（mm）			
	≤1	>1～2	>2～5	>5～10
铝	10～15	15～20	20～30	30～40
黄铜	15～20	20～30	30～40	40～60
10、15、20 钢	20～30	30～40	40～60	60～80
25、30、35 钢	30～40	40～50	50～70	70～100

4.4.3　顶件力和压料力

设有顶件装置或压料装置的弯曲模，其顶件力或压料力可近似取自由弯曲力的 30%～80%，即：

$$F_Q=(0.3\sim0.8)F \tag{4-12}$$

式中：F_Q为顶件力或压料力，F为自由弯曲力。

4.4.4 弯曲时压力机吨位的确定

自由弯曲时，压力机吨位为$F_{机}$为

$$F_{机} \geqslant F_{自}+F_Q \tag{4-13}$$

校正弯曲时，由于校正力是发生在接近下死点位置，校正力与自由弯曲力并非重叠关系，而且校正力的数值比压料力大得多，因此，选择压力机时按校正力选取即可。即：

$$F_{机} \geqslant F_{校} \tag{4-14}$$

4.5 弯曲件的工艺性

弯曲件的工艺性是指弯曲件的形状、尺寸、精度、材料等是否符合弯曲工艺的要求。具有良好工艺性的弯曲件，能简化弯曲工艺过程，提高弯曲件的精度并有利于模具的设计制造。弯曲件的工艺性主要包括弯曲件的精度和弯曲件的结构工艺性两方面。

4.5.1 弯曲件的精度

弯曲件的精度要求应合理。影响弯曲件精度的因素很多，如材料厚度公差、材料性质、回弹、偏移等。对于精度要求较高的弯曲件，必须减小材料厚度公差，消除回弹。但这在某些情况下有一定的困难，因此，弯曲件的尺寸精度一般在IT13级以下。弯曲长度未注公差的极限偏差见表4-8；角度公差最好大于15′；弯曲件未注公差角度的公差值见表4-9。

表4-8 弯曲件未注公差的长度尺寸极限偏差（mm）

长度尺寸		3～6	>6～18	>18～50	>50～120	>120～260	>260～500
材料厚度	≤2	±0.3	±0.4	±0.6	±0.8	±1.0	±1.5
	>2～4	±0.4	±0.6	±0.8	±1.2	±1.5	±2.0
	>4	-	±0.8	±1.0	±1.5	±2.0	±2.5

表4-9 弯曲件未注公差角度的公差值

弯边长 L（mm）	<6	>6～10	>10～18	>18～30	>30～50	>50～80
角度公差Δα	±3°	±2°30′	±2°	±1°30′	±1°15′	±1°
弯边长 L（mm）	>80～120	>120～180	>180～260	>260～360		
角度公差Δα	±50′	±40′	±30′	±25′		

4.5.2　弯曲件的结构工艺性

（1）弯曲件的弯曲半径

弯曲件的弯曲半径不应小于材料的许可最小弯曲半径，否则会产生弯裂。若工件要求的弯曲半径很小或要求清角时，可分两次弯曲。第一次弯成较大的弯曲半径，然后退火，第二次再按工件要求的弯曲半径进行弯曲。此外，也可采用热弯或预先沿弯曲区内侧开制槽口（图 4-21），再进行弯曲。对于弯曲较小的直壁高度时，采用此法较为适宜。有时可采用校形工序。

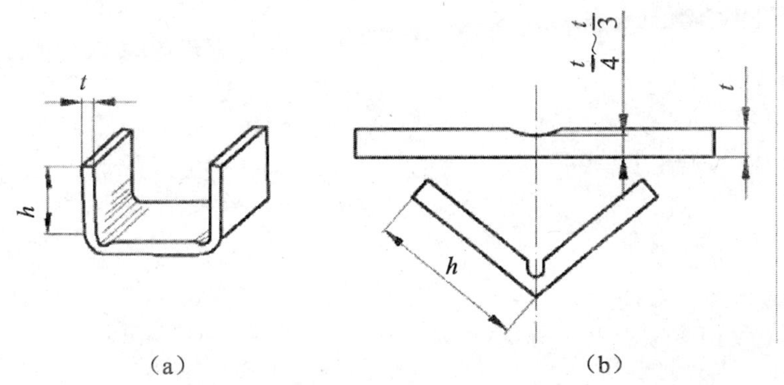

图 4-21　弯曲区内侧开槽弯曲

（2）弯曲件的直边高度

当弯曲 90°角时，为了保证工件的弯曲质量，必须满足弯曲件的直边高度大于 $2t$，若 $h<2t$（图 4-22），则须预先压槽弯曲或加高直边，弯曲后再切掉多余的部分。

当弯曲带有斜角的弯曲件时（图 4-23），侧边的最小高度为：$h = (2\sim4)t > 3$ mm。

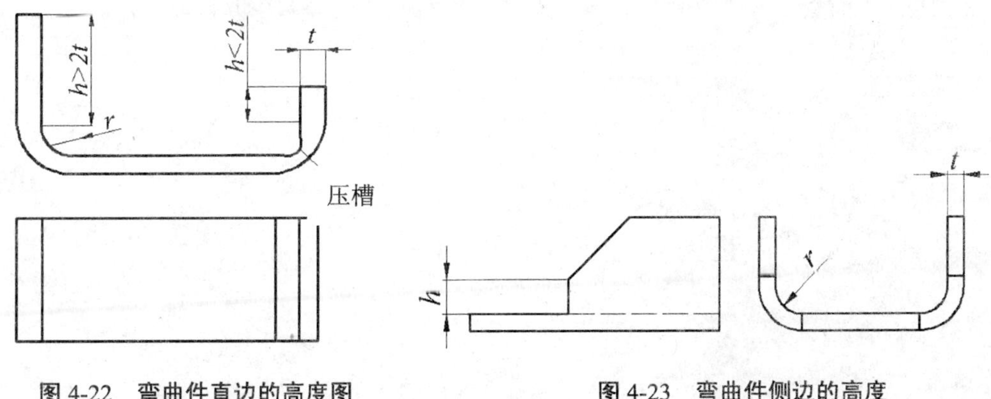

图 4-22　弯曲件直边的高度图

图 4-23　弯曲件侧边的高度

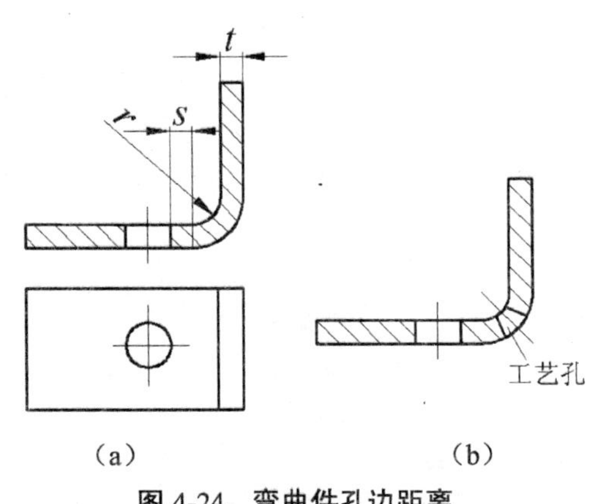

图 4-24 弯曲件孔边距离

（3）弯曲件的孔边距

带孔的板料在弯曲时，如果孔位于弯曲区附近，则弯曲时孔的形状会发生畸变，为了避免这一缺陷的产生，必须使孔位于变形区之外（图 4-24（a））。

孔边到弯曲半径中心的距离为：

$t<2$ mm 时，$s\geqslant t$

$t\geqslant 2$ mm 时，$s\geqslant 2t$

如果孔边至弯曲半径中心的距离过小而不能满足上述条件时，需压弯成形后再进行冲孔。如果工件的结构允许，可在弯曲处预冲工艺孔（图 4-24（b）），以防工作孔在弯曲时变形。

（4）弯曲件的工艺槽或工艺孔

局部弯曲某一段边缘时，为了防止在尺寸突变的尖角处由于应力集中而产生撕裂，可将弯曲线移动一段距离以离开尺寸突变处（图 4-25（a）），或在尺寸突变处预冲出工艺槽（图 4-25（b）、（d））或增添工艺孔（图 4-25（c））。

图 4-25 中，尺寸突变处距弯曲半径中心距离：$s\geqslant r$；

工艺槽的宽度：$b\geqslant t$；

工艺槽的深度：$h=t+r+b/2$；

工艺孔的直径：$d\geqslant t$。

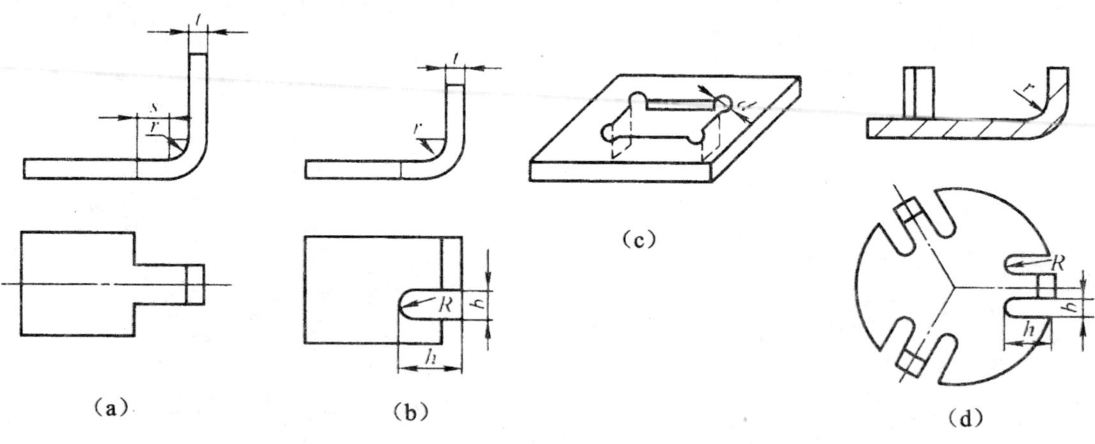

图 4-25 防止尖角处撕裂措施

（5）弯曲件形状与尺寸的对称性

弯曲件的形状与尺寸应尽可能对称、高度也不应相差太大。对于形状对称的弯曲件，圆角半径应成对相等设置，即$r_1=r_2$，$r_3=r_4$，以保证弯曲时坯料受力平衡无滑动（图 4-26（a））对于形状不对称的弯曲件，弯曲时由于受力不均匀，毛坯容易偏移（图 4-26（b）、（c）），尺寸不易保证，故在设计模具时应考虑增设压料板、定位销等定位零件。

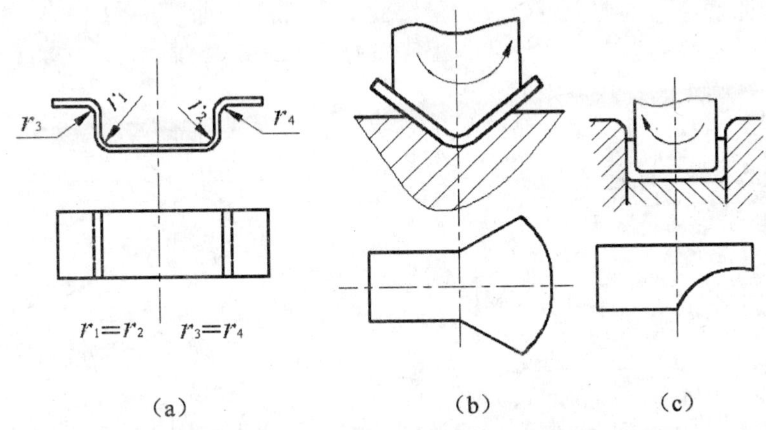

图 4-26　形状对称与不对称的弯曲件

（6）连接带和定位工艺孔

对于在弯曲区附近有缺口的工件，若在毛坯上先将缺口冲出，弯曲时会出现叉口，不能保证工件的质量要求。这时，必须在缺口处留有连接带，弯曲后再将连接带切除（图 4-27）。

弯曲形状较为复杂或需要多次弯曲的工件，为了使毛坯在模具内定位准确，防止偏移，应在弯曲件上添加定位工艺孔（图 4-28）。

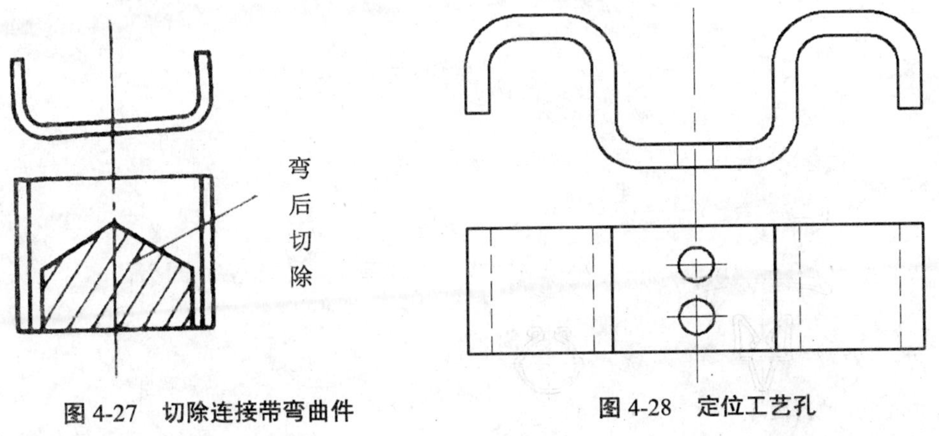

图 4-27　切除连接带弯曲件

图 4-28　定位工艺孔

4.6 弯曲件的工序安排

除形状简单的弯曲件外，许多弯曲件都需要多次弯曲才能成形。因此必须正确确定弯曲工序的先后顺序。弯曲工序的确定，应根据制件形状的复杂程度、尺寸大小、精度高低、材料性质、生产批量等因素综合考虑。如果弯曲工序安排合理，可以减少工序，简化模具设计，提高工件的质量和生产率。反之，工序安排不合理，不仅费工时，而且得不到满意的制件。弯曲工序确定的一般原则如下：

（1）形状简单的弯曲件，如 V 形、U 形、Z 形等件，尽可能一次弯成（图 4-29）。

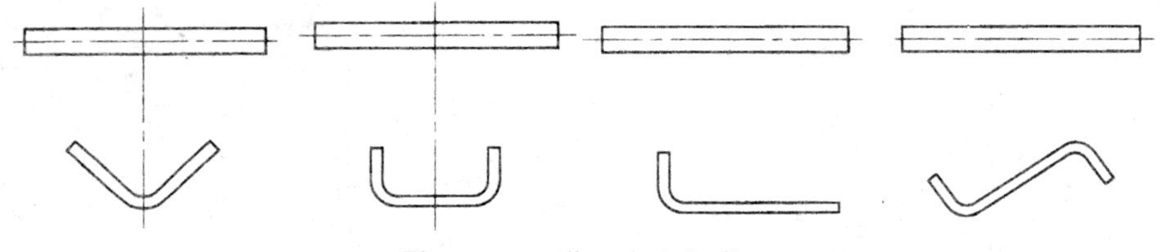

图 4-29　一道工序弯曲成形

（2）形状复杂的弯曲件，一般需要两次或多次压弯成形（图 4-30、图 4-31）。多次弯曲时，一般应先弯外角后弯内角，后次弯曲应不影响前次已成形的部分，前次弯曲必须使后次弯曲有可靠的定位基准。

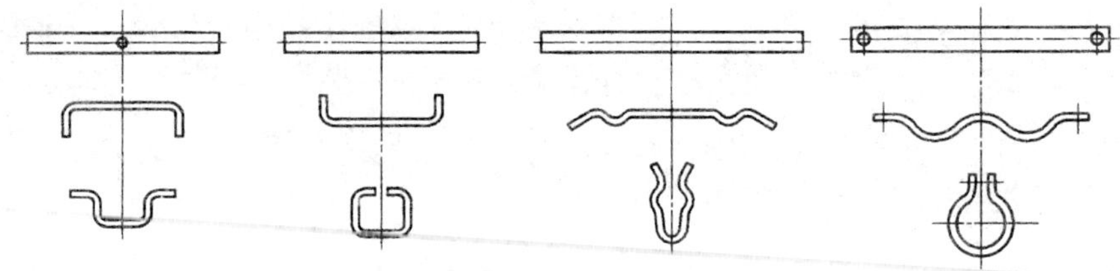

图 4-30　二道工序弯曲成形

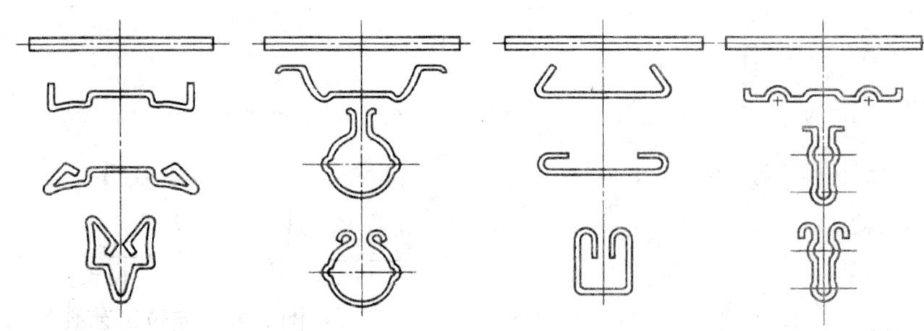

图 4-31　三道工序弯曲成形

（3）批量大、尺寸较小的弯曲件，为了提高生产率，可以采用多工序的冲裁、弯曲、切断等连续工艺成形（图 4-32）。

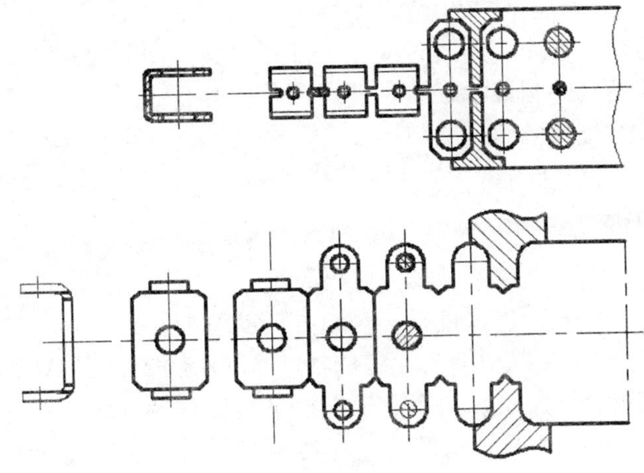

图 4-32　连续工艺成形

（4）单面不对称几何形状的弯曲件，如果单件弯曲毛坯容易产生偏移，可以成对弯曲成形，弯曲后再切开成为两件（图 4-33）。

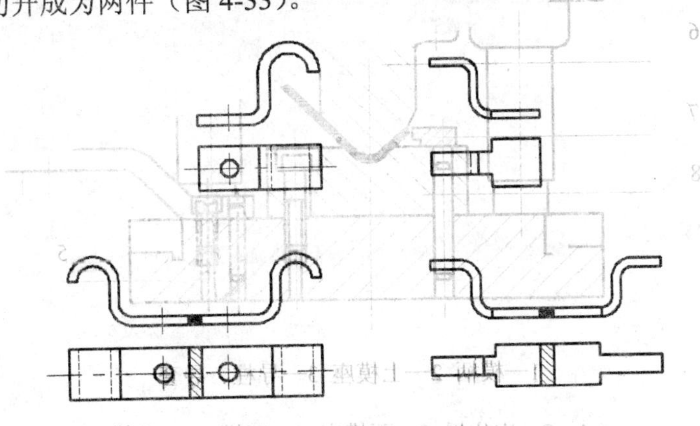

图 4-33　成对弯曲成形

4.7　弯曲模典型结构

弯曲模的结构主要取决于弯曲件的形状及弯曲工序的安排。为了保证弯曲件的精度，在确定弯曲模的结构型式时，必须考虑以下几点：

（1）坯料在模具中的定位要准确、可靠；

（2）坯料在弯曲过程中不能产生滑动偏移；

（3）为了减小回弹，再冲程结束时应使工件在模具中得到校正；

（4）应尽可能使模具的制造、维修和使用简单、方便。

下面介绍几种常见弯曲模的典型结构。

4.7.1 V 形件弯曲模

V 形件形状简单，能一次弯曲成形。V 形件的弯曲方法一般有两种：一种是沿弯曲线的角平分线方向弯曲，另一种是垂直于一直边方向的弯曲。

图 4-34 为 V 形弯曲模的典型结构。定位板 4、7 用于保证坯料在模具中的正确定位，凸模 8 和凹模 6 分别用螺钉和销钉固定在上模座 2 和下模座 5 上。

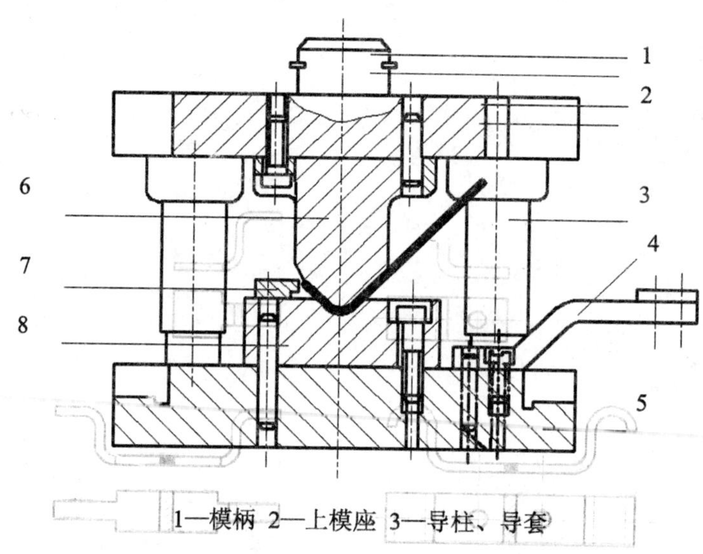

1—模柄 2—上模座 3—导柱、导套

4、7—定位板 5—下模座 6—凹模；8—凸模

图 4-34 V 形弯曲模

如果弯曲件精度要求高，应防止坯料在弯曲过程中产生滑动偏移，模具可采用带压料装置的形式，如图 4-35 所示。图 4-35（a）为在凸模上装有尖端突起的定位尖；图 4-35（b）为顶杆压料；图 4-35（c）为在顶杆前段加装 V 形板。

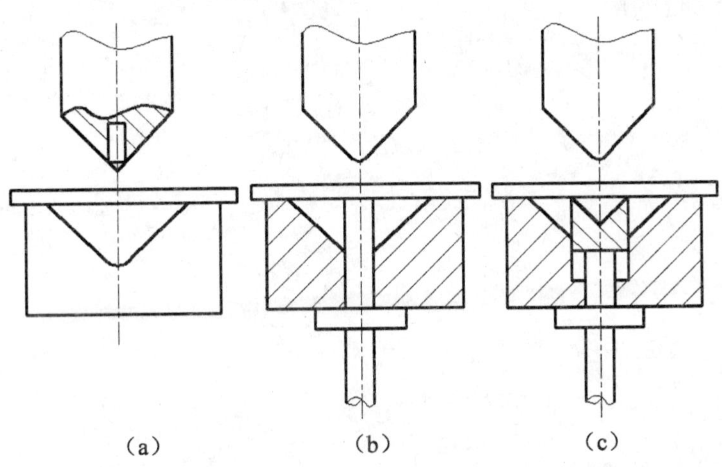

图 4-35　防止坯料偏移的措施

图 4-36 所示的弯曲模，用于弯曲两直边相差较大的单角弯曲件。图 4-36（a）为其基本形式。弯曲件直边长的一边夹紧在凸模 2 与压料板 4 之间，另一边沿凹模 1 圆角滑动而向上弯起。毛坯上的工艺孔套在定位销 3 上，以防因凸模与压料板之间的压料不足而产生坯料偏移现象。这种弯曲由于竖边部分没有得到校正，所以回弹较大。图 4-36（b）是具有校正作用的弯曲模。由于凹模 1 与压料板 4 的工作面有一定的倾斜角，因此，竖直边也能得到一定的校正，弯曲后工件的回弹较小。倾角α 值一般为 5°～10°。

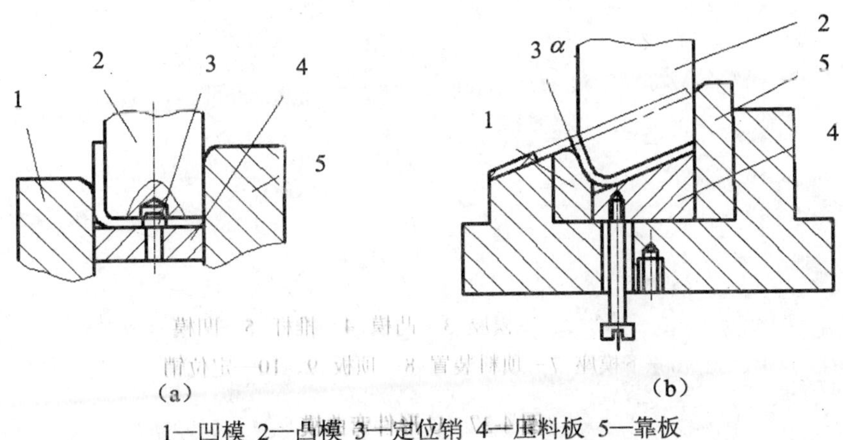

1—凹模　2—凸模　3—定位销　4—压料板　5—靠板

图 4-36　L 形件弯曲模

4.7.2 U 形件弯曲模

图 4-37 为一典型的 U 形件弯曲模。模具设置有顶料装置 7 和顶板 8，并利用工件上已有的两个ϕ 10 mm 孔，设置定位销 9，从而能有效地防止弯曲时坯料的滑动偏移。为确保坯料在模具中的有效定位，根据坯料外形设置 4 个定位销 10。卸料杆 4 将工件从凸模上卸下。

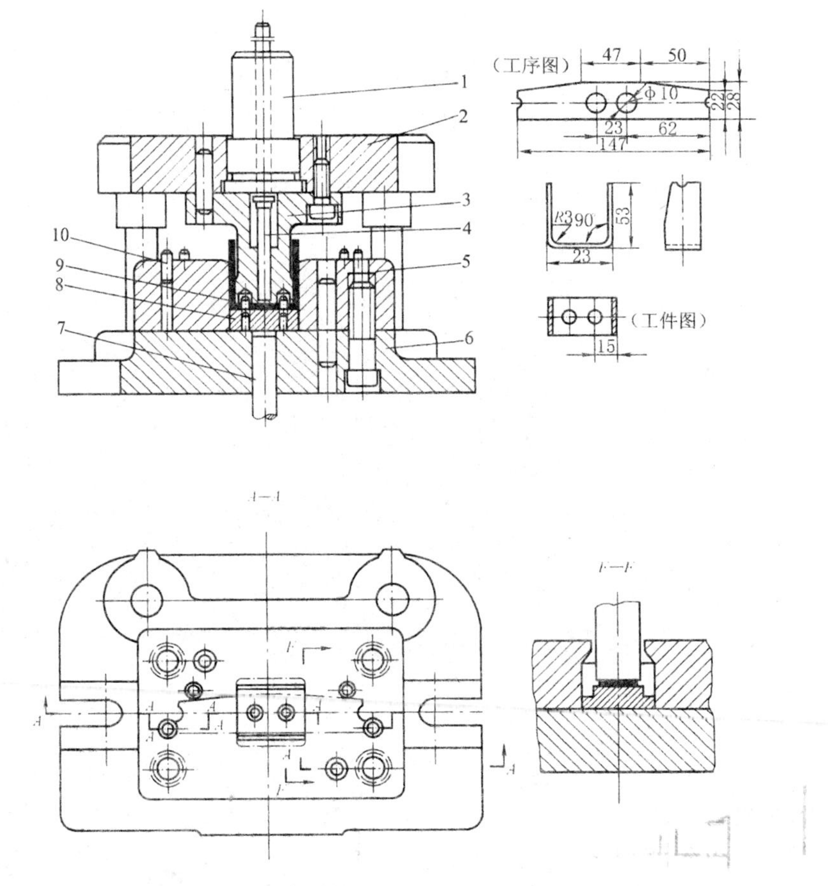

1—模柄 2—上模座 3—凸模 4—推杆 5—凹模
6—下模座 7—顶料装置 8—顶板 9、10—定位销

图 4-37 U 形件弯曲模

当 U 形件的外侧尺寸要求较高或内侧尺寸要求较高时，可将弯曲凸模或凹模制成活动结构（图 4-38），这样可以根据板料的厚度自动调整凸模或凹模的宽度尺寸，在冲程末端

可对侧壁和底部进行校正。图 4-38（a）用于外侧尺寸要求较高的工件，图 4-38（b）用于内侧尺寸要求较高工件。

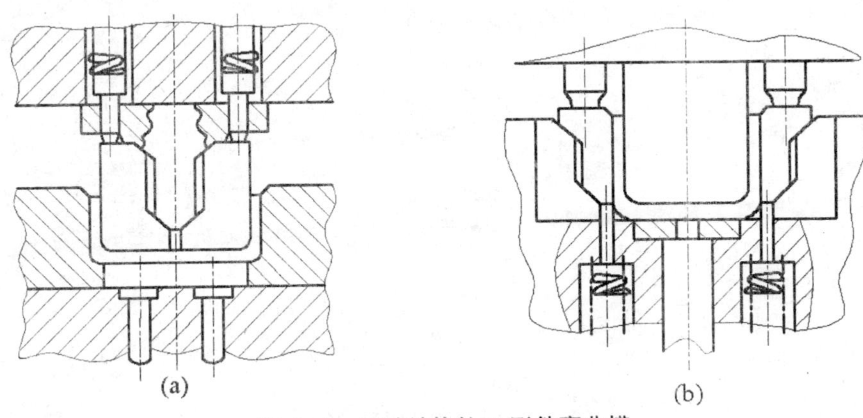

图 4-38　活动结构的 U 形件弯曲模

图 4-39 为弯曲件角度小于 90°的 U 形件闭角弯曲模，两侧的活动凹模镶块可在圆腔内回转，当凸模上升后，弹簧使活动凹模镶块复位。这种结构的模具可以弯曲较厚的材料。

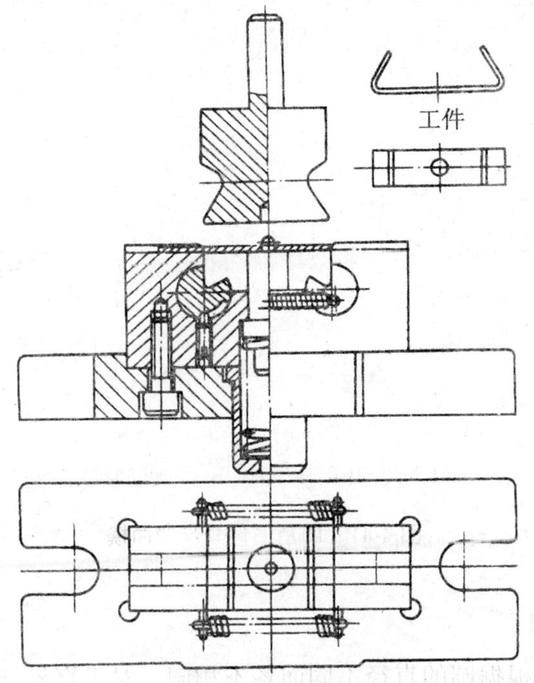

图 4-39　弯曲件角度小于 90°的 U 形件闭角弯曲模

4.7.3 四角形件弯曲模

四角形件可以一次弯曲成形，也可以分两次弯曲成形。如果分两次弯曲成形，则第一次先将坯料弯成U形，然后再将U形毛坯弯成四角形（图4-40）。

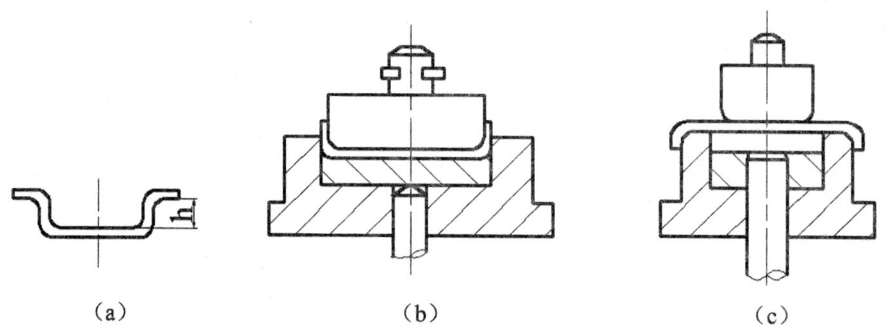

图4-40 两次弯曲四角形件

图4-41为弯曲四角形件的分步弯曲模。上模为凸凹模，下模由固定凹模和活动凸模组成。弯曲时，首先将坯料弯成U形，然后凸凹模继续下行与活动凸模作用，将U形件弯曲成四角形。这种结构需要凹模下腔空间大，以便工件弯曲时侧边的摆动。此外，从图4-40和图4-41可以看出，四角形弯曲对弯曲件的高度有一定的要求，以保证二次弯曲的凹模（图4-40）和一次弯曲成形的凸凹模（图4-41）具有足够的强度。一般应使$h>(12\sim15)t$。

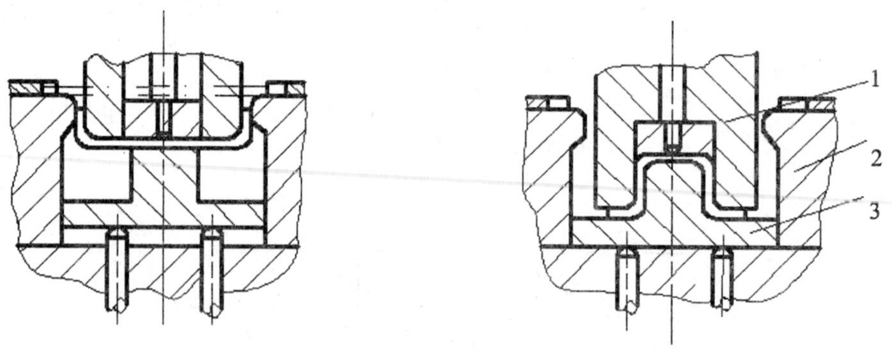

1—凸凹模 2—凹模 3—活动凸模

图4-41 四角形件分步弯曲模

4.7.4 圆形件弯曲模

圆形件的弯曲方法根据圆的直径不同而各不相同。对于直径小于5 mm的薄料小圆，一般是把毛坯先弯成U形，然后再弯成圆形（图4-42）。有时由于工件小，分两次弯曲操作不便，也可采用图 4-43 所示的小圆一次弯曲模，设计该模具时必须使上模四个弹簧的压力大于毛坯预弯成 U 形件时的成形压力。

对于直径大于 20 mm 的大圆，一般是先把毛坯弯成波浪形，然后再弯成圆形(图 4-44)。弯曲完毕后，工件套在凸模 3 上，可从凸模轴向取出工件。

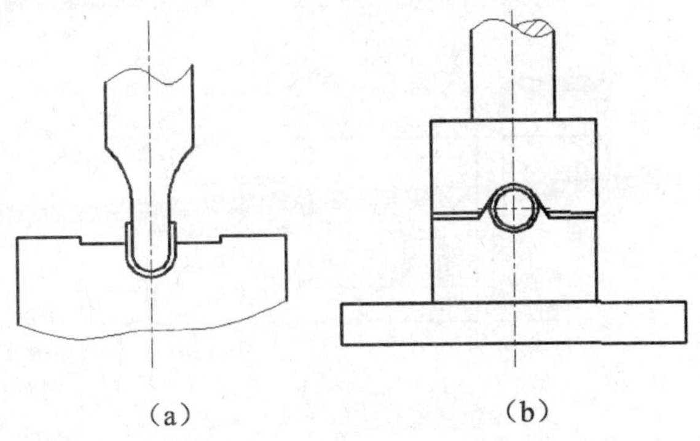

图 4-42　小圆二次弯曲模

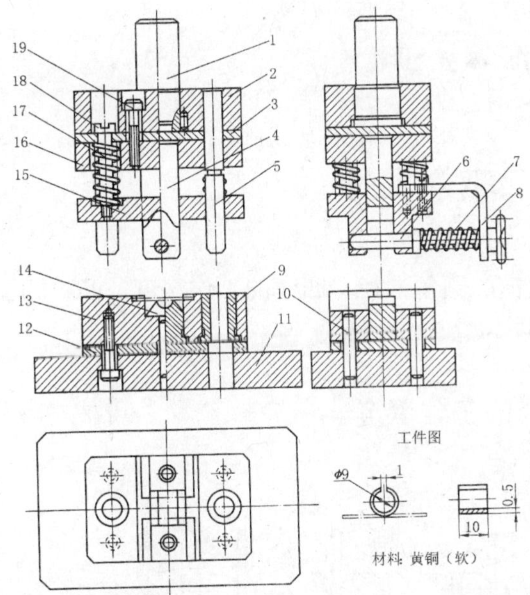

1—模柄 2—上模板 3—垫板 4—凸模 5—导柱
6—芯轴 7—弹簧 8—支架 9—导套 10—圆柱销
11—下模座 12—垫板 13—凹模 14—凹模镶块

图 4-43　小圆一次弯曲模

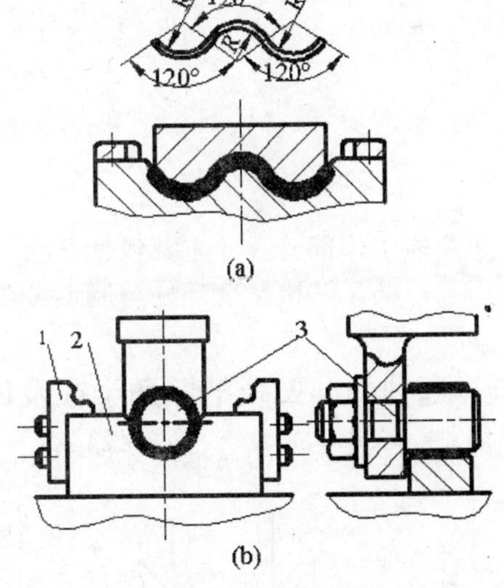

(a) 首次弯曲　(b) 二次弯曲
1—定位板 2—凹模 3—凸模

图 4-44　大圆二次弯曲模

4.7.5 级进弯曲模

此类模具是将冲裁、弯曲、切断等工序依次布置在一副模具上，以实现级进成形。图4-45为冲孔弯曲级进模，在第一个工位上冲出两个孔，在第二个工位上有上模1和下剪刃4将带料剪断，并将其压弯在凸模6上。上模上行后，由顶件销5将工件顶出。

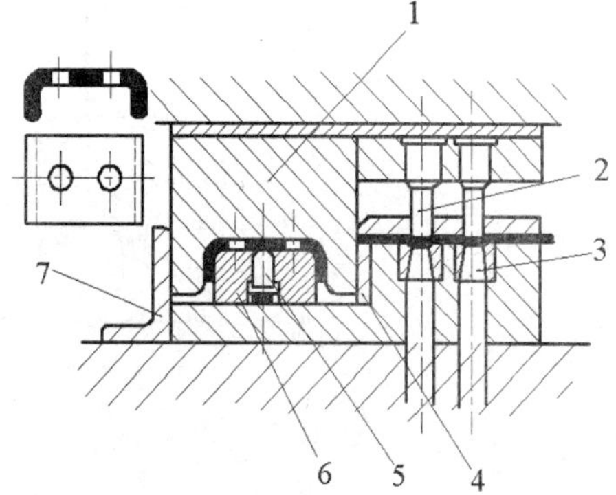

1—上模 2—冲孔凸模 3—冲孔凹模
4—下剪刃 5—顶件销 6—弯曲凸模 7—挡料板

图 4-45 冲孔、弯曲级进模

4.8 弯曲模工作部分尺寸的确定

弯曲模工作部分尺寸主要包括凸模、凹模的圆角半径，凹模的工作深度，凸、凹模之间的间隙，凸、凹模宽度尺寸与制造公差等。

4.8.1 弯曲凸、凹模的圆角半径及凹模的工作深度

弯曲模工作部分的结构尺寸如图4-46所示。

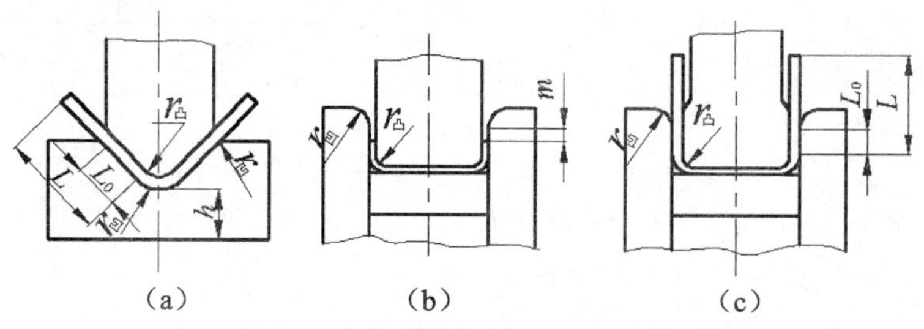

图 4-46 弯曲模工作部分结构尺寸

1. 凸模圆角半径

弯曲件的相对弯曲半径 r/t 较小时，凸模的圆角半径应等于弯曲件内侧的圆角半径，但不能小于材料允许的最小弯曲半径。若 r/t 小于最小相对弯曲半径，弯曲时应取凸模的圆角半径大于最小弯曲半径，然后利用整形工序使工件达到所需的弯曲半径。

弯曲件的相对弯曲半径 r/t 较大时，则必须考虑回弹，修正凸模圆角半径。

2. 凹模圆角半径

凹模圆角半径的大小对弯曲力和工件质量均有影响。凹模的圆角半径过小，弯曲时坯料进入凹模的阻力增大，工件表面容易产生擦伤甚至出现压痕。凹模的圆角半径过大，坯料难以准确定位。为了防止弯曲时毛坯产生偏移，凹模两边的圆角半径应一致。

生产中，凹模的圆角半径可根据板材的厚度 t 来选取:

$t \geqslant 2$ mm时，$r_{\text{凹}}=(3\sim6)t$

$t=2\sim4$ mm时，$r_{\text{凹}}=(2\sim3)t$

$t>4$ mm时，$r_{\text{凹}}=2t$

对于V形件的弯曲凹模，其底部可开退刀槽或取圆角半径$r_{\text{凹}}=(0.6\sim0.8)(r_{\text{凸}}+t)$。

3. 凹模工作部分深度

凹模工作部分深度要适当。若深度过小，则工件两端的自由部分较长，弯曲零件回弹大，不平直。若深度过小，则浪费模具材料，而且压力机需要较大的行程。

弯曲 V 形件时，凹模深度及底部最小厚度可查表 4-10。

表 4-10　弯曲V形件的凹模深度L_0及底部最小厚度h（mm）

弯曲件边长 L	材料厚度 t（mm）					
	<2		2~4		>4	
	h	L_0	h	L_0	h	L_0
>10～25	20	10～15	22	15		30
>25～50	22	15～20	27	25	32	30
>50～75	27	20～25	32	30	37	35
>75～100	32	25～30	37	35	42	40
>100～150	37	30～35	42	40	47	50

弯曲U形件时，若弯边高度不大，或要求两边平直，则凹模深度应大于弯曲件的高度，如图 4-46（b）所示，图中m值见表 4-11。如果弯曲件边长较长，而对平直度要求不高时，可采用图 4-46（c）所示的凹模形式。凹模工作部分深度L_0见表 4-12。

表 4-11 弯曲 U 形件凹模的 m 值（mm）

材料厚度 t	≤1	＞1～2	＞2～3	＞3～4	＞4～5	＞5～6	＞6～7	＞7～8	＞8～10
m	3	4	5	6	8	10	15	20	25

表 4-12 弯曲U形件的凹模深度L_0（mm）

弯曲间边长 L	材料厚度 t（mm）				
	≤1	＞1～2	＞2～4	＞4～6	＞6～10
＜50	15	20	25	30	30
＞50～75	20	25	30	35	40
＞75～100	25	30	35	40	40
＞100～150	30	35	40	50	50
＞150～200	40	45	55	65	65

4.8.2 弯曲凸模和凹模之间的间隙

对于 V 形件，凸模和凹模之间的间隙是靠调节压力机的闭合高度来控制的，不需要在设计和制造模具时考虑。对于 U 形弯曲件，凸模和凹模之间的间隙值对弯曲件的回弹、表面质量和弯曲力均有很大影响。间隙值过小，需要的弯曲力大，而且会使零件的边部壁厚减薄，同时会降低凹模的使用寿命。间隙值过大，弯曲件的回弹增加，工件的精度难以保证。凸模和凹模之间的单边间隙值一般可按下式计算：

$$Z = t_{\max} + ct = t + \Delta + ct \tag{4-15}$$

式中：Z——弯曲凸模和凹模之间的单边间隙（mm）；

t——材料厚度的基本尺寸（mm）；

$t_{\max}$——材料厚度的最大值（mm）；

c——间隙系数，见表 4-13；

Δ——材料厚度的上偏差（mm）。

表 4-13 U 形件弯曲模的间隙系数

弯曲件高度 h	材料厚度 t（mm）								
	b/h≤2				b/h＞2				
h(mm)	＜0.5	0.6～2	2.1～4	4.1～5	＜0.5	0.6～2	2.1～4	4.1～7.5	7.6～12
10	0.05	0.05	0.04		0.10	0.10	0.08		
20	0.05	0.05	0.04	0.03	0.10	0.10	0.08	0.06	0.06
35	0.07	0.05	0.04	0.03	0.15	0.10	0.08	0.06	0.06
50	0.10	0.07	0.05	0.04	0.20	0.15	0.10	0.06	0.06
70	0.10	0.07	0.05	0.05	0.20	0.15	0.10	0.10	0.08
100		0.07	0.05	0.05		0.15	0.10	0.10	0.08
150		0.10	0.07	0.05		0.20	0.15	0.10	0.10
200		0.10	0.07	0.07		0.20	0.15	0.15	0.10

4.8.3　U 形件弯曲模凸、凹模工作部分尺寸的计算

U 形件弯曲模凸、凹模工作部分尺寸的确定与弯曲件的尺寸标注有关。一般原则是：工件标注外形尺寸时（图 4-47（a）、（b）），模具以凹模为基准件，间隙取在凸模上。反之，工件标注内形尺寸时（图 4-47（c）、（d））时，模具以凸模为基准件，间隙取在凹模上。

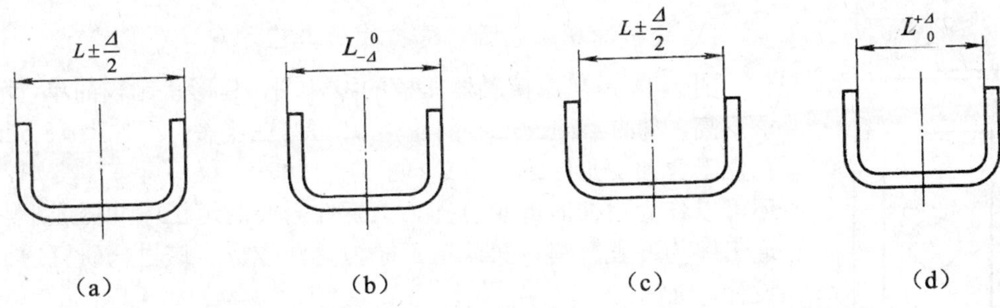

图 4-47　弯曲件尺寸标注形式

（1）标注外形尺寸的弯曲件（图 4-47（a）、（b））

弯曲件为双向对称偏差时，凹模尺寸为：

$$L_{凹}=(L-0.25\Delta)_{0}^{+\delta_{凹}} \tag{4-16}$$

弯曲件为单向偏差时，凹模尺寸为：

$$L_{凹}=(L-0.75\Delta)_{0}^{+\delta_{凹}} \tag{4-17}$$

凸模尺寸为：

$$L_{凸}=(L_{凹}-2Z)_{-\delta_{凸}}^{0} \tag{4-18}$$

（2）标注内形尺寸的弯曲件（图 4-47（c）、（d））

弯曲件为双向对称偏差时，凸模尺寸为：

$$L_{凸}=(L+0.25\Delta)_{-\delta_{凸}}^{0} \tag{4-19}$$

弯曲件为单向偏差时，凸模尺寸为：

$$L_{凸}=(L+0.75\Delta)_{-\delta_{凸}}^{0} \tag{4-20}$$

凹模尺寸为：

$$L_{凹}=(L_{凸}+2Z)_{0}^{+\delta_{凹}} \tag{4-21}$$

式中：L——弯曲件基本尺寸（mm）；

$L_{凸}$——凸模工作部分尺寸（mm）；

$L_{凹}$——凹模工作部分尺寸（mm）；

Δ——弯曲件宽度的尺寸公差（mm）；

$\delta_{凸}$、$\delta_{凹}$——凸、凹模制造偏差，一般按IT7～IT9 级选取。

4.9 弯曲模设计实例

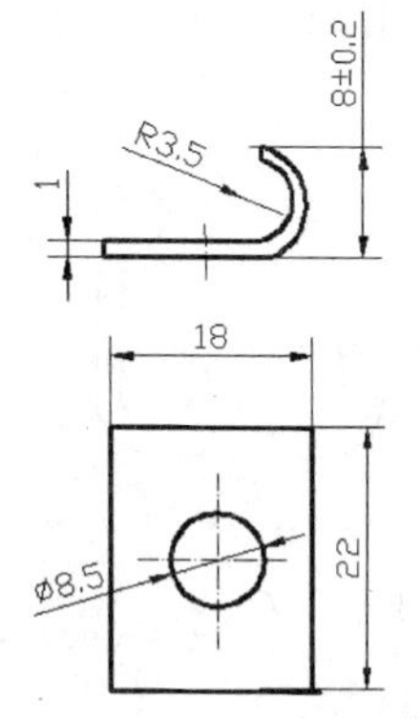

图 4-48 压板工件图

某弯曲件的尺寸如图 4-48 所示，材料为 10 号冷轧钢板，料厚为 1 mm，大批量生产。

1. 分析冲压工艺性，选择冲压工艺方案

图 4-48 是交流接触器压板的零件图，其形状比较简单，精度要求不高，弯曲半径 $R3.5$ 大于最小许可弯曲半径，工件上ϕ 8.5 mm 的孔位于弯曲变形区之外，这样孔在弯曲时不仅不会产生变形，而且还可以作为弯曲时的定位孔。该工件需要两道工序冲压成形，第一道工序为冲孔落料，第二道工序为弯曲成形。这里只研究弯曲模的设计。

常见模具结构方案有如图 4-49 所示的两种形式，图 4-49（a）是最常见的弯曲模，但用于本工序在弯曲成形时定位困难，左右摩擦力不相等，工件在摩擦力的作用下会偏移，使零件的成形尺寸难以保证。图 4-49（b）是滚轴式压弯模，其凹模旋转角度必须小于 90°，而本工件的弯头部接近半圆，也不能采用这种形式。故本工件采用在一副模具上分步成形的方法弯曲成形。

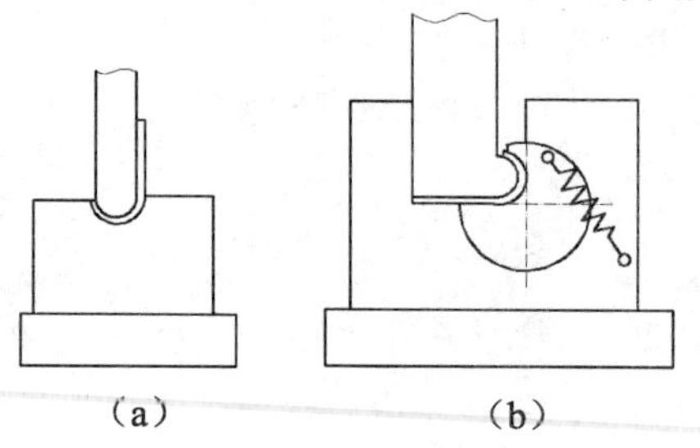
（a） （b）

图 4-49 弯曲方案示意图

2. 选择模具的结构形式

本模具采用的是楔块式弯曲模，模具结构如图 4-50 所示。模具工作过程如下：

将冲孔落料得到的坯料放在顶件块 7 和凹模 6 所形成的平面上，并把坯料上ϕ 8.5 mm 的孔套在定位销上。上模下行时，凸模 4 与顶件块 7 将坯料压紧，坯料在凸模 4 和斜滑块 8 的作用下进行弯曲，并进入凹模。凸模在上弹簧组 2 的作用下到达下止点时，完成圆弧的预弯曲，此时凸模 4 与凸模固定板 3 之间没有相对运动。然后，斜滑块在斜楔的作用下向左运动，凸模与凸模固定板之间也开始有相对运动。当上模继续下行到达下止点时，斜滑块使工件弯曲成形，并产生校正力。上模回程时，斜滑块随着斜楔的上升在弹簧 9 的作用下向右移动复位。

本模具比较简单，不采用模架，上模采用带柄矩形上模座，下模采用模板。上模由上模座、垫板、凸模固定板、凸模、上模弹簧组和斜楔组成。下模由凹模、斜滑块、顶件块等组成。模板下面装有弹顶器，弹顶器通过顶杆将弹顶力传给顶件块。

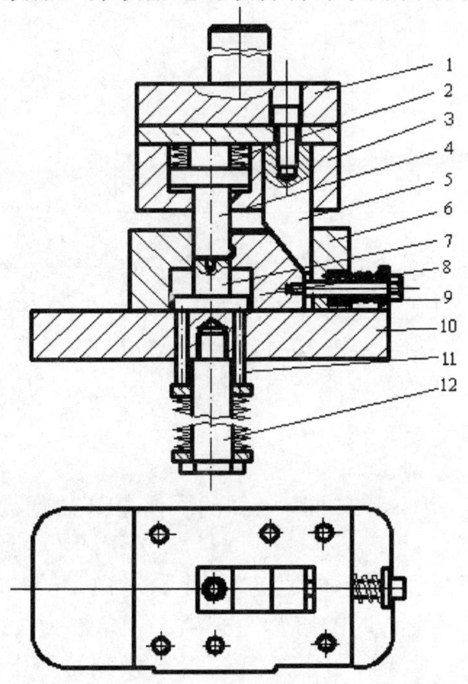

1—带柄矩形上模座　2—上弹簧组　3—凸模固定板
4—凸模　5—斜楔　6—凹模　7—顶件块　8—斜滑块
9—弹簧　10—下模座　11—推杆　12—弹顶器

图 4-50　压板弯曲模装配图

3. 主要工艺计算

（1）毛坯展开长度计算

工件长度由直线部分和圆弧部分组成，由表 4-5 可查出圆弧部分的中性层系数 x=0.41，中性层曲率半径为：

$$\rho = r + xt = 3.5 + 0.41 \times 1 = 3.91\ (\text{mm})$$

通过计算可得圆弧部分所对的圆心角约为 141°，故圆弧部分的长度 L_1为：

$$L_1 = 2\pi\rho\alpha/360° = 2\pi \times 3.91 \times 141°/360° = 9.6\ (\text{mm})$$

直线部分的长度L_2为：

$$L_2=18-4.5=13.5\ (\text{mm})$$

工件展开总长度 L 为：

$$L=L_1+L_2=9.6+13.5=23.1\ (\text{mm})$$

（2）弯曲力计算

弯曲过程分两步，第一步是凸模向下运动的弯曲，第二步是通过斜滑块向左压圆弧的弯曲，并需要施加校正力。

弯曲力可按近似方式计算。

第一步弯曲按自由弯曲计算（σ_b=400 MPa），该力主要作为选择碟形弹簧的依据。

$$F_1=\frac{0.6kbt^2\sigma_b}{r+t}=\frac{0.6\times1.3\times22\times12\times400}{3.5+1}=1525\ \ \text{N}$$

第二步弯曲按校正弯曲计算（单位面积上的校正力查表 4-6 得 q=30 MPa），校正力是通过斜楔（斜楔角取 45°）传递给斜滑块的。

$$F_2=qA=30\times22\times8=5280\ (\text{N})$$

在冲压过程中，压力机还必须克服所有弹簧产生的反力，所以在选择压力机时必须把这些力考虑进去（具体计算略）。

（3）回弹

圆弧部分的 $r/t=3.5<5$，可不考虑曲率半径的回弹，工件的形状通过施加校正力来保证。

（4）弹簧的选择与计算

弹簧主要包括上模弹簧组和下模弹顶器弹簧组。对弹簧的基本要求是：第一，凸模与顶件块将工件夹住，凸模开始下行时的夹紧力必须大于弯曲力（1525 N）；第二，保持大于弯曲力（1525 N）的夹紧力，直到下止点；第三，凸模到达下止点时才开始与凸模固定板有相对运动，斜楔开始推动斜滑块向左运动。

凸模进入凹模的行程，即下模弹顶器的工作行程为 14 mm。凸模在凸模固定板中的行程是由斜楔的运动需要决定的，凸模到达下止点后斜滑块再向左运动 2.3 mm。因为斜楔的角度是 45°，凸模在凸模固定板中的行程也是 2.3 mm。

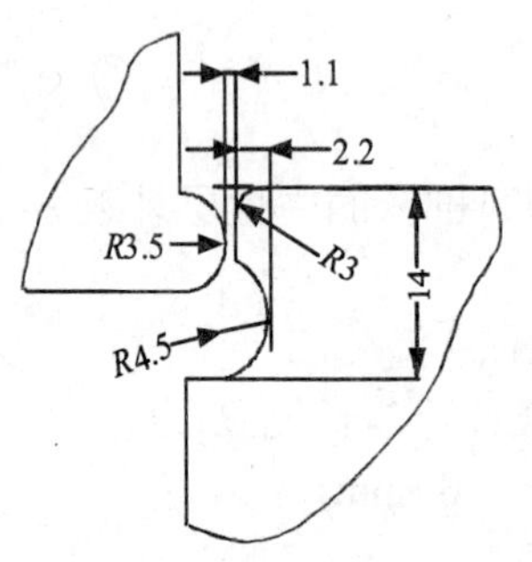

图 4-51　凸模与斜滑块工作部分尺寸图

选择弹簧的种类要根据工作载荷、工作行程和允许的空间来确定。上模弹簧组的预紧力应大于弯曲力（1525 N），其工作行程较小而载荷较大，故选择碟形弹簧。弹顶器弹簧组的预紧力同样要大于弯曲力（1525 N），也选择碟形弹簧，但两者的规格不同。

（5）斜楔的计算

斜滑块在斜楔的作用下向左运动，完成圆弧部分的弯曲成形，而斜滑块在初始位置要配合凸模完成第一次弯曲。凸模与凹模的间隙值取 1.1 mm，凹模圆角半径取 3 mm。其各部分尺寸关系见图 4-51 所示。

由图中可以看出，斜滑块移动行程为 2.3 mm，就可以使斜滑块的 R4.5 mm 的圆形与凸模圆心重合。将此值定位斜滑块的行程。斜滑块的斜楔角取 45°，其受力分析如图 4-52 所示。

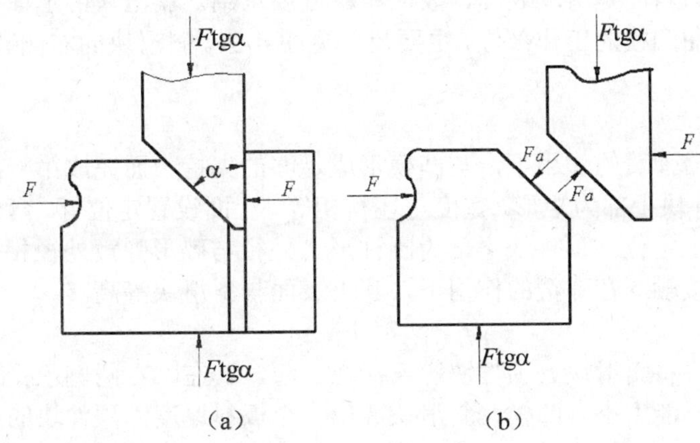

（a）斜滑块与斜楔受力图　（b）斜滑块受力图　（c）斜楔受力图

图 4-52　斜楔机构受力分析

在不计摩擦时斜楔受到三个力的作用，它们是$F\text{tg}\alpha$、F、F_α。需要说明的是，右边的力F大小与斜滑块工作力相等，这个力的反作用力作用在凹模上。在设计凹模需要考虑这个力。

滑块也受三个力的作用，它们是F、F_α、$F\text{tg}\alpha$。其中$F\text{tg}\alpha$的大小与斜楔$F\text{tg}\alpha$相等，其反作用力作用在下模板上。由于$\text{tg}\alpha=1$，故滑块与斜滑块的行程相等。滑块有效行程也是 2.3 mm,当凸模到达下止点时，斜楔尚未接触斜滑块，至凸模与上模垫板相距 2.3 mm时，斜楔接触滑块开始工作。凸模接触垫板时，斜滑块到达工作位置，并且具有校正力。

4. 主要零部件设计

（1）凸模（图 4-53）

凸模上部的圆柱是碟形弹簧的导向杆，到下止点时，凸模的上顶面与垫板接触，对工件施加压力。凸模上部圆柱的高度是弹簧压缩变形后的高度，中间部位截面也是圆柱，直径为 50 mm，下部为工作部位。

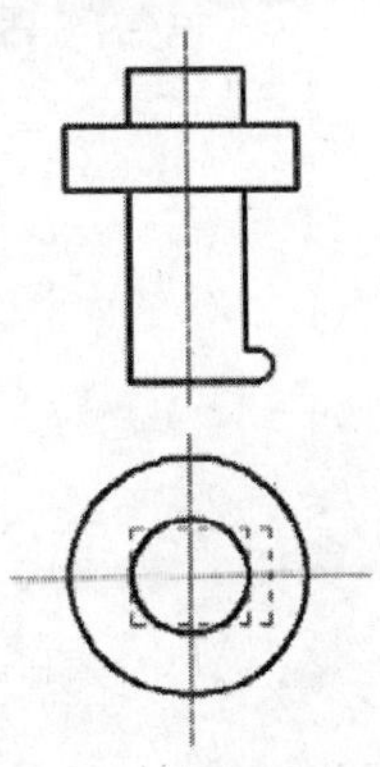

图 4-53　凸模

（2）斜楔

斜楔的横截面为矩形，其宽度与凸模及斜滑块的宽度相等，长度方向取 24 mm，斜楔的斜面同与斜面相对的凹模侧壁是滑动工作面，斜楔与凸模固定板的配合用 H7/k6，并用 M10 mm 的螺栓将斜楔固定在垫板上。斜楔与固定板之间设置调整垫片，用以调整圆弧部位的间隙，控制校正力的大小。

（3）斜滑块

斜滑块的底面与斜面是滑动表面，表面粗糙度要求细。斜滑块的上面是坯料定位面，侧面圆弧部位是弯曲凹模的工作部位，主要尺寸见图 4-51。斜滑块的右侧装有螺栓和弹簧，用于斜滑块的复位。

（4）顶件块

顶件块在弹顶器弹簧的作用下，与凸模形成足够的夹持力而完成第一次弯曲，并对坯料起定位作用。顶件块上部为矩形，宽度与坯料相等，上面设置定位钉，弯曲前坯料的ϕ8.5 mm 孔套在定位钉上定位。顶件块下部为圆柱形，外径与碟形弹簧外径相等，底面通过 4 个顶杆与弹顶器相接触，在弹簧的作用下，其上表面与斜滑块等高。

（5）凹模

本模具中由凹模将斜滑块、顶件块等连接在一起，其左、右两侧承受较大的斜楔作用力，所以外形尺寸不能太小。凹模比斜滑块高出一个板料厚度，顶件块的上表面与凹模形成定位槽。

4.10 思考题

1．为什么说弯曲中的回弹是一个不能忽略的问题？试述减小弯曲回弹的常用工艺措施。

2．说明自由弯曲及校正弯曲的区别，讨论采用校正弯曲的目的及实现校正弯曲的方法。

3．影响最小相对弯曲半径的因素有哪些？

4．计算图 4-54 所示弯曲件的毛坯长度（$B/t = 50$）。

已知：t=5 mm，$l_1 = 50$ mm，$l_2 = 40$ mm，$l_3 = 100$ mm，$l_4 = 40$ mm，$r_1 = 20$ mm，$r_2 = 60$ mm，$r_3 = 10$ mm，$\alpha_1 = \frac{5}{6}\pi$，$\alpha_2 = \frac{\pi}{2}$，$\alpha_3 = \frac{\pi}{3}$

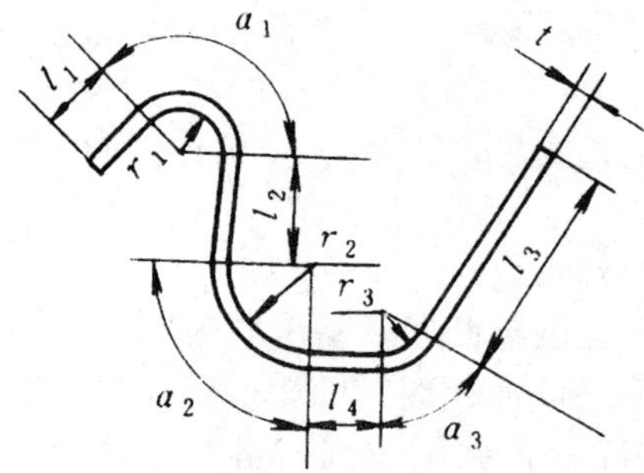

图 4-54　多角弯曲件

第 5 章　拉　　深

拉深俗称拉延，是利用拉深模具将平板毛坯制成开口空心零件，或以开口空心零件为毛坯，通过拉深进一步改变其形状和尺寸的一种冲压加工方法。

用拉深方法可以制成筒形、阶梯形、锥形、球形、盒形和其他不规则形状的薄壁零件。如果和其他冲压成形工艺配合，还可以制造形状极为复杂的零件，如汽车车门等。用拉深方法来制造薄壁空心件，生产效率高，省材料，零件的强度和刚度好，精度较高。拉深可加工范围非常广泛，直径从几毫米的小零件直至 2～3 m 的大型零件，因此拉深在汽车、航空航天、国防、电器和电子等工业部门以及日用品生产中占据相当重要的地位。

5.1　拉深过程分析

5.1.1　拉深变形过程

用拉深制造的零件中，旋转体拉深件最为典型和常见，本节将以圆筒形件的拉深为代表，分析拉深变形过程及拉深时的应力、应变状态。

拉深过程如图 5-1 所示。与冲裁模相比，拉深凸、凹模的工作部分不应有锋利的刃口，而应具有一定的圆角，凸、凹模间的单边间隙稍大于料厚。随着凸模的下行，直径为 D_0 的毛坯板料逐渐被拉进凸、凹模之间的间隙里，形成圆筒件的直壁部分，而处于凸模下面的材料则成为拉深件的底，当板料全部进入凸、凹模间隙时，拉深过程结束，毛坯变为具有一定直径和高度的圆筒形件。圆筒形件的直壁部分是由毛坯的环形部分（外径为 D_0，内径为 d）转变而成的，所以，拉深时毛坯的外部环形部分是**变形区**；而底部通常是不参加变形的，称为**不变形区**；被拉入凸、凹模之间的直壁部分是已完成变形部分，称为**已变形区**。

如果不用模具，我们将图 5-2 所示直径为 D_0 的毛坯去掉其中阴影部分，再将剩余部分沿直径 d 的圆周弯折起并焊接，就可以得到直径为 d，高度为 $(D-d)/2$ 的圆筒形件。但拉深过程中并没有去掉阴影部分，那这些“多余的材料”去哪儿了呢，实际上是材料在拉深变形中发生了流动，转移到工件直壁上，使拉深结束后工件高度要大于环形部分的半径差 $(D-d)/2$。

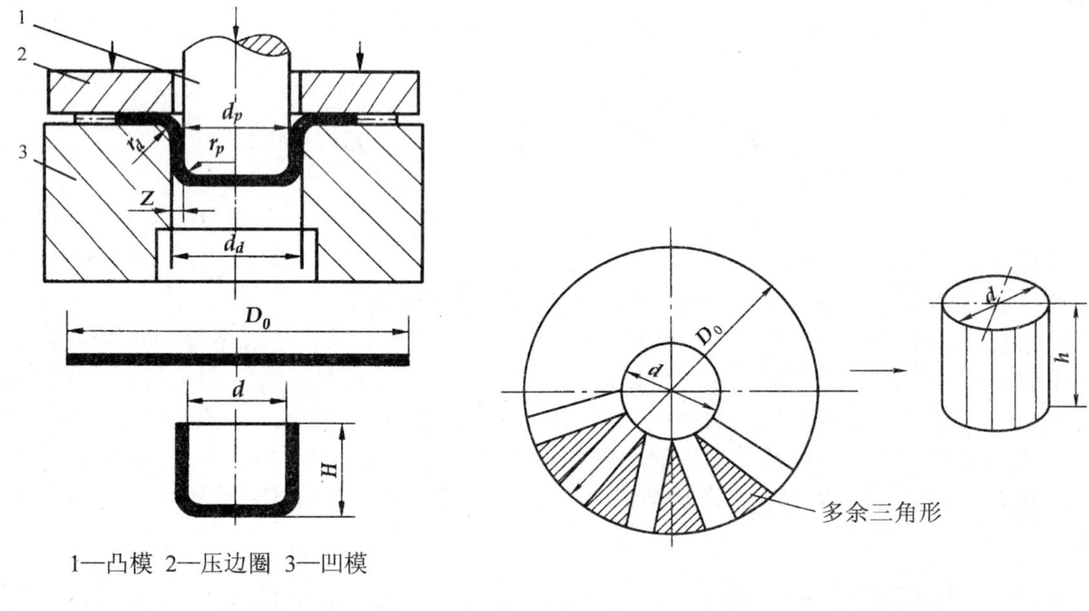

图 5-1 筒形件拉深

图 5-2 筒形件拼装

为进一步了解材料产生了怎样的流动，可以在拉深前毛坯上画一些由等距离的同心圆和等角度的辐射线组成的网格（图 5-3），然后进行拉深，通过比较拉深前后网格的变化来了解材料的流动情况。可以发现，拉深后筒底部的网格变化不明显，而侧壁上的网格变化很大，原来的同心圆拉深后变成了与筒底平行的不等距离的水平圆周线，而且越到口部圆周线的间距越大，原来的辐射线拉深后变成了等距离、且垂直于底部的平行线。

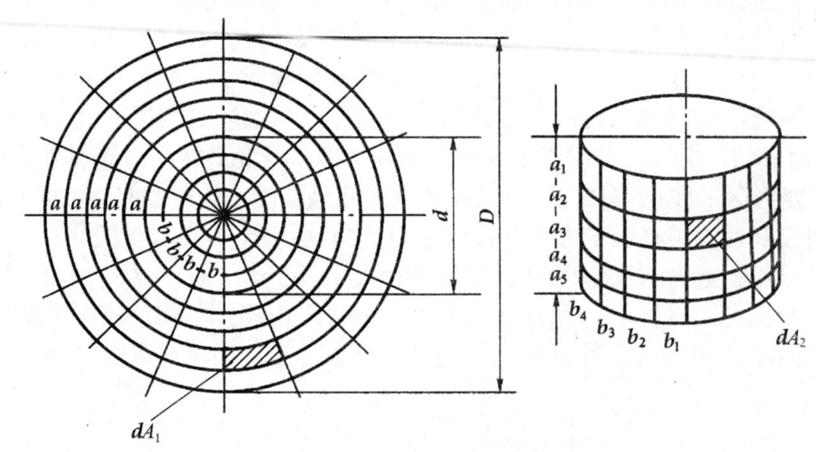

图 5-3 拉深过程中的材料转移

原来的扇形网格，拉深后在工件的侧壁变成了矩形，且拉深前后的面积相等（图 5-3 中$dA_1= dA_2$），说明单元格在拉深中，切向受压缩，径向受拉深，材料发生了向上的转移。越靠近毛坯边缘的单元格拉深后变形越大，说明这部分材料的流动越大，变形越大。

综上所述，拉深变形过程可做以下归纳：处于凸模底部的材料在拉深过程中几乎不发生变化，变形主要集中在 $(D-d)$ 圆环形部分。该处金属在切向压应力和径向拉应力的共同作用下沿切向被压缩，且愈到口部压缩得愈多；沿径向伸长，且愈到口部伸长得愈多。该部分是拉深的主要变形区。

5.1.2　拉深变形中毛坯的应力应变

拉深过程中，毛坯各部分所处的位置不同，它们的变化情况也不同。根据拉深过程中毛坯各部分的应力状况的不同，将其划分为五个部分。

图 5-4 是圆筒形件在拉深过程中的应力与应变状态。图中 σ_1、ε_1——径向应力和应变；σ_2、ε_2——轴向（厚度方向）应力和应变；σ_3、ε_3——切向应力和应变。

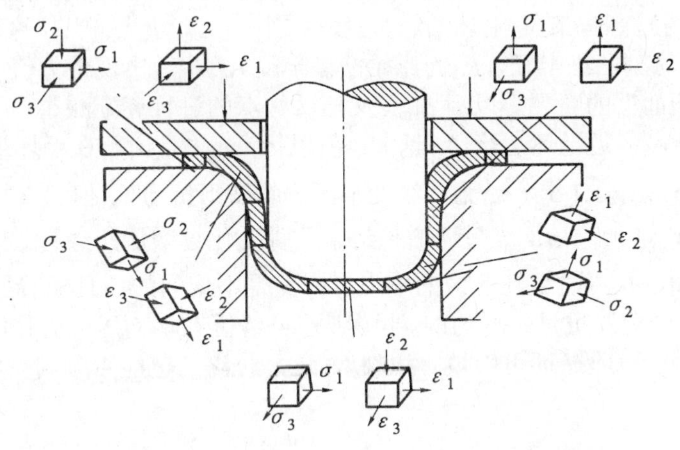

图 5-4　拉深过程中毛坯的应力、应变情况

（1）平面凸缘部分（主要变形区）

在模具作用下，凸缘部分产生了径向拉应力 σ_1，和切向压应力 σ_3，在板料厚度方向，由于模具结构多采用压边装置，则产生压应力 σ_2，该压应力很小，一般小于 4.5 MPa，无压边圈时，σ_2=0。该区域是主要变形区，变形最剧烈。拉深所作的功大部分消耗在该区材料的塑性变形上。

（2）凸缘圆角部分（过渡区）

圆角部分材料除了与凸缘部分一样，受径向拉应力 σ_1，和切向压应力 σ_3，同时，接触凹模圆角的一侧还受到弯曲压力，外侧则受拉深应力，弯曲圆角外侧是 σ_{1max} 出现处，凹模圆角相对半径 r_d/t 愈小，则弯曲变形愈大，当凹模圆角半径小到一定数值时（一般 r_d/t <2 时），就会出现弯曲开裂，故凹模圆角半径应有一个适当值。

（3）筒壁部分（传力区）

筒壁部分可看作是传力区，是将凸模的拉应力传递到凸缘，变形是单向受拉，厚度会有所变薄。

（4）底部圆角部分（过渡区）

这部分材料承受径向拉应力 σ_1，和切向压应力 σ_3，并且在厚度方向受到凸模的压力和弯曲作用，在拉、压应力的综合作用下，使这部分材料变薄最严重，故此处最容易出现拉裂。一般而言，在筒壁与凸模圆角相切的部位变薄最严重，是拉深时的“危险断面”。

（5）圆筒件底部

圆底部材料，始终承受平面拉伸，变形也是双向拉伸变薄。由于拉伸变薄会受到凸模摩擦阻力作用，故实际变薄很小，因此底部在拉深时的变形常忽略不计。

拉深过程中，σ_{1max} 总是出现在位于凹模圆角处的材料，但不同的拉深时刻，它们的值也是不同的。开始拉深时，随着毛坯凸缘半径的减小，σ_{1max} 增大；当拉深进行到 $R_t = (0.8\sim 0.9) R_0$ 时（R_t 为 t 时刻凸缘半径，R_0 为原始凸缘半径），σ_{1max} 出现最大值 $\sigma_{1max(max)}$，此时最容易产生“危险断面”的断裂。以后 σ_{1max} 又随着拉深的进行逐渐减小。

拉深过程中，越靠近毛坯边缘 $|\sigma_3|$ 越大，所以 $|\sigma_3|_{max}$ 总是出现在毛坯最外缘处，其大小只与材料有关，$|\sigma_3|_{max}=1.1\sigma_m$（$\sigma_m$ 为凸缘变形区平均变形抗力）。但随着拉深的进行，材料加工硬化加大，σ_m 增加，$|\sigma_3|_{max}$ 呈递增趋势，这种变化会增加凸缘起皱的危险。

综上分析可知，拉深时毛坯各区的应力、应变是不均匀的，且随着拉深的进行时刻在变化，因而拉深件的壁厚也是不均匀的。拉深时，凸缘区在切向压应力作用下可能产生“起皱”和筒壁传力区上危险断面可能被“拉裂”，这是拉深工艺能否顺利完成的关键所在。

5.2 拉深件的质量

拉深件的质量问题有两类情况：一类是在试模或生产过程中出现的，因模具设计制造或操作管理不当而产生的缺陷，如起皱、开裂等，见表 5-1。对于这类问题，首先应分析其具体原因，然后针对具体缺陷及具体原因，及时采取相应措施与对策，问题一般能获得决。

另一类质量问题是由板料本身的根本特征和拉深变形的特点所致，不能简单地从模具调整或注意操作方面轻而易举地得到解决。如凸耳、回弹和时效开裂等。

表 5-1　拉深过程中的一般缺陷

缺　陷	原　因
凸缘起皱严重	压边力太小、间隙太大，材料太软或错用
中途拉裂、局部开裂	压边力太大、间隙太小，材料太硬或错用
工件一边高一边低	定位不在中心或坯料未放正或拉深模间隙不均匀
直壁不直、形状歪扭	间隙太大、凹模圆角太大及排气不好
壁部拉毛、划伤	模具不光滑、润滑剂不干净等

5.2.1　起皱

所谓**起皱**，是指在拉深过程中毛坯边缘形成沿切向高低不平的皱纹（图 5-5）。若皱纹很小，在通过凸、凹模间隙时会被烙平，但会加剧模具的磨损。当皱纹严重时，不仅不能烙平皱纹，而且会因皱纹在通过凸、凹模间隙时的阻力过大使拉深件断裂，即使皱纹通过了凸、凹模间隙，也会因皱纹不被烙平，轻则影响零件质量，重则导致零件报废。

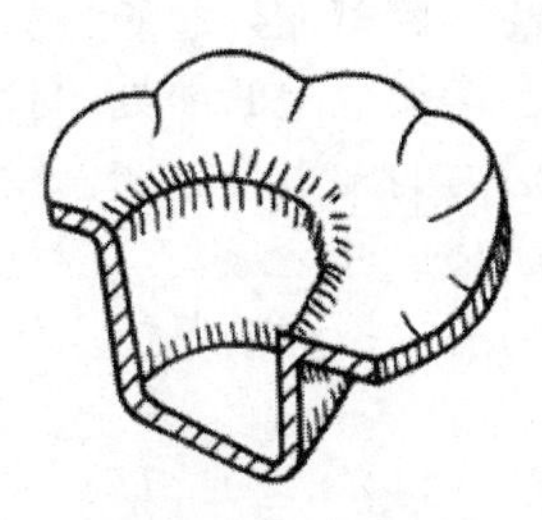
图 5-5　起皱

为什么会起皱？简单的说是由于切向压应力过大而使凸缘部分失稳造成的，类似于压杆两端受压应力时的失稳。实践证明，凸缘部分的起皱决定于下列因素：

（1）凸缘部分材料的相对厚度　凸缘部分的相对料厚表示为 $t/(D-d)$，t 为料厚，D 为毛坯直径，d 为零件直径。类似于压杆粗细程度对压杆失稳的影响，毛坯的相对料厚越大，越不容易起皱。

（2）切向压应力σ_3的大小　如前所述，拉深时变形程度越大，需要转移的剩余材料越多，加工硬化现象越严重，则σ_3越大，就越容易起皱。所以，在满足零件使用要求的前提下，应可能的降低拉深深度，以减小变形程度和切向压应力。

拉深过程中，一方面$\left|\sigma_3\right|_{\max}$在不断增大，另一方面凸缘变形区在不断缩小，材料厚度不断增大，凸缘的相对厚度逐渐增大，这又提高了材料抵抗失稳起皱的能力。两个作用相反的因素在拉深中相互消长，造成起皱只可能在拉深过程中某时刻才发生。实验证明，失稳起皱的规律与$\sigma_{1\max}$的变化规律相似，凸缘失稳起皱最强烈的时刻基本上也就是$\sigma_{1\max\ (\max)}$出现的时刻，即$R_t = (0.8～0.9)\ R_0$时。

（3）材料的力学性能　板料的屈强比σ_s/σ_b小，则屈服极限小，变形区内的切向压应力也相对减小，因此板料不容易起皱。

（4）凹模工作部分的几何形状　与普通的平端面凹模相比，锥形凹模允许用相对厚度较小的毛坯而不致起皱。生产中可用下述公式概略估算拉深件是否会起皱。

平端面凹模拉深时，毛坯首次拉深不起皱的条件是：

$$\frac{t}{D} \geqslant 0.045\left(1-\frac{d}{D}\right)$$

用锥形凹模首次拉深时，材料不起皱的条件是：

$$\frac{t}{D} \geqslant 0.03\left(1-\frac{d}{D}\right)$$

式中 D、d 分别是毛坯直径和零件直径。从式中可看出，锥形凹模比平端面凹模不易起皱。如果不能满足上式要求就要起皱。

在这种情况下，必须采取措施来防止起皱发生。实际生产中最常用的方法是采用压边圈，如图 5-1 所示。加压边圈后，材料被强迫在压边圈和凹模平面间的间隙中流动，稳定性得到增加，起皱也就不容易发生。而压边力的大小对拉深力影响很大。压边力太大，则会增加危险断面处的拉应力，导致破裂或严重变薄，太小则防皱效果不好。在理论上，压边力的大小最好随失稳起皱的规律变化而变化，在起皱最严重的时刻，即$R_t \approx 0.85 R_0$时，压边力亦应最大，但这实际上是很难实现的。在生产中，压边力多按经验值确定，单动压力机上拉深的单位压边力可见表 5-2。

表 5-2 单动压力机上拉深的单位压边力（MPa）

材料名称	单位压边力	材料名称	单位压边力
铝	0.8～1.2	高合金钢、高锰钢、不锈钢	3.0～4.5
紫铜、硬铝（已退火）	1.2～1.8	黄铜	1.5～2.0
软钢 t<0.5 mm t>0.5 mm	2.5～3.0 2.0～2.5	高温合金（软化状态）	2.8～3.5
镀锡钢板	2.5～3.0		

5.2.2 拉裂

拉裂是拉深工作中的主要问题，如图 5-6。如前所述，零件拉裂容易出现在两个地方，一是凹模入口处，主要原因是凹模相对圆角半径过小；另一处是在筒壁与底部转角相切的“危险断面”处。拉深后得到工件的厚度沿底部向口部方向是不同的，在圆筒件侧壁的上部厚度增加最多，约为 30%；而在“危险断面”厚度最小，厚度减少了将近 10%，所以该处拉深时最容易被拉断。它与以下因数有关：

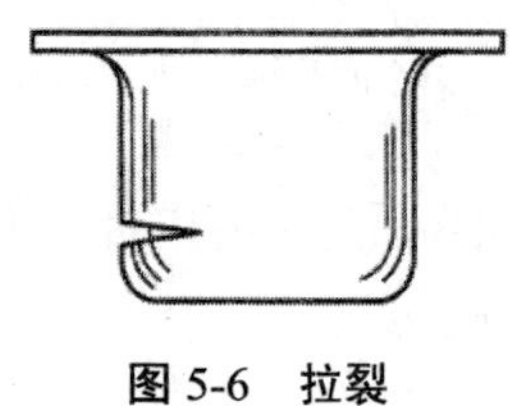

图 5-6 拉裂

（1）拉深变形程度　拉深变形程度越大，筒件侧壁的厚度变化越大，越容易出现拉裂，所以要根据板材的成形性能选取适当的拉深比。

（2）压边力的影响　当压边力增大时凸缘处的摩擦阻力也增

加，从而导致拉深力过大产生拉断。所以只要在保证凸缘不起皱的前提下，施加最小的压边力就可以了。

（3）润滑的影响　在拉深过程中，润滑的作用很大。在圆筒形件拉深时，凹模平面上和凸模上的润滑效果是相反的。凹模平面润滑可以使毛坯凸缘处材料的流动阻力降低。但是，若对凸模圆角部分进行润滑，就会使筒壁和凸模间由摩擦来传递变形力的能力降低，造成凸模圆角处的材料滑动而变薄，容易导致该处被拉裂。

（4）凸、凹模间隙的影响　从减小破裂倾向而言，采用比毛坯厚度小10%的模具间隙比较合理。这是因为：

① 间隙小，使包在凸模头部的材料提前成形。同时，间隙小则摩擦约束力增大，从而减弱了筒壁被拉裂的趋势；

② 在变薄部分，凸模和材料间有较大的摩擦力，可增大材料向拉深方向流动的趋势。但是，如果间隙减小超过10%，将使拉深件更容易破裂。

（5）表面粗糙度的影响　表面粗糙度的影响主要指模具（凹模和压边圈下表面）和毛坯表面。表面粗糙度大，拉深变形阻力大；反之，表面粗糙度低，拉深变形阻力小。所以生产中，对凹模表面及毛坯和凹模接触的表面适当润滑，对防止拉深件破裂有一定的作用。而适当增大凸模表面粗糙度有助于降低拉裂危险，凸模表面是不能润滑的。

（6）拉深速度　拉深速度大，筒壁的承载能力差，拉裂的倾向也越大。

5.2.3　拉深凸耳

在筒形件拉深时，零件口部出现有规律的高低不平现象，就是**拉深凸耳**，如图5-7所示。产生拉深凸耳的原因是板材轧制而使得纤维组织具有方向性。在厚向异性指数低的方向上，壁部较低，厚度较大；在厚向异性指数高的方向上，壁部较高，厚度较薄。凸耳的数目常为4个，也有8个的。

如第2章所述，影响凸耳大小的是凸耳系数Δr（板平面方向性系数），Δr的绝对值越大，凸耳越严重。但是，许多冲压材料的厚向异性指数r值大的同时，Δr也大，而r大，所允许的拉深变形程度大，所以选择材料时要综合考虑r对成形有利与不利两方面的因素。

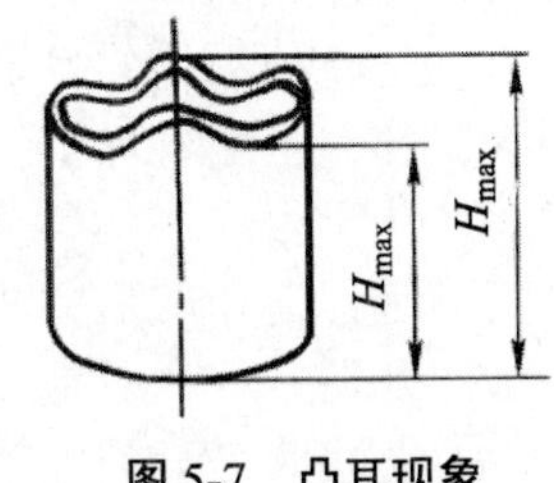

图5-7　凸耳现象

凸耳是拉深工序不可避免的缺陷，所以，要获得口部平齐的筒形件，必须在拉深后进行切边，其切边余量至少为$h_{max}-h_{min}$，见图5-7。

5.2.4 回弹

拉深过程中，回弹现象没有弯曲回弹那么严重。一般的直壁筒形件回弹很小，但对于锥形件、半球形件、汽车覆盖件等零件的拉深成形中，回弹就可能成为一个问题，影响产品零件的精度。

拉深件回弹与材料性能特别是屈强比 σ_s/σ_b 有关系，σ_s/σ_b 越小，拉深时材料越容易流动，拉深后回弹越小。 我国国家标准和冶金工业部标准中关于深冲钢板的力学性能有规定：

拉深最复杂零件的 08AL 钢板的屈强比：　$\sigma_s/\sigma_b \leqslant 0.66$

拉深很复杂零件的 08AL 钢板的屈强比：　$\sigma_s/\sigma_b \leqslant 0.70$

用符合质量要求的深拉深钢板，拉深回弹一般问题不大。但用于拉深一般复杂零件的 08AL 钢板及其他深冲钢板（如 08F 等）的屈强比，还没有相关标准。

5.2.5 时效开裂

所谓**时效开裂**，是指拉深件在拉深加工完成以后，由于经受到撞击或振动，以及存放了一段时间以后，或者在使用了一段时间以后，而出现的一种破裂现象，如图 5-8 所示。时效开裂也是拉深件一个主要的质量问题。带来的麻烦和造成的损失也是不能不考虑的。

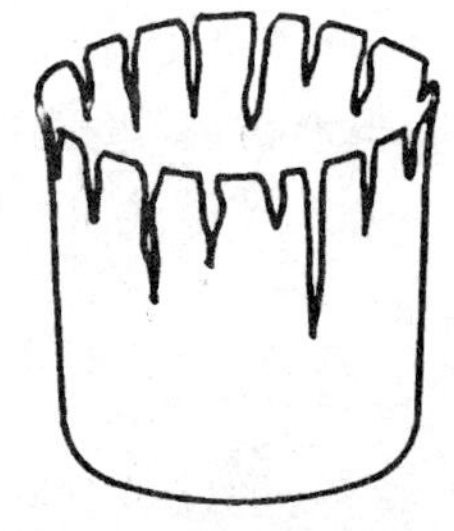

图 5-8　时效开裂

引起拉深件时效开裂的原因主要有两方面：金属组织和残余应力。

在金属组织方面，主要是金属中所含的氢的作用与影响。因此，脱氢处理可以解决某些不锈钢等材料拉深件的时效开裂问题。

残余应力的影响问题，主要是由于拉深变形区内毛坯变形不均匀性造成的。一方面，拉深后的零件，内表面的压缩变形量大，而外表面的压缩变形量小，是一种不均匀性变形。另一方面，拉深件筒壁底部的压缩变形量小，近乎为零，而筒壁口部的压缩变形量很大，即拉深件的筒壁从底部到口部存在很大的变形不均匀性。

由于上述不均匀变形的存在，使板料金属作为一个整体便产生了互相牵制的应力，在变形过程中和变形完成以后，就产生了附加应力和残余应力。因此，筒形件拉深后可能会自行开裂，且一般是从其口端先开裂，进而扩展开来。

解决时效开裂的措施有：

（1）拉深后及时切边；

（2）在拉深过程中及时进行中间退火；

（3）在多次拉深时尽量在其口部留一条宽度较小的法兰边等。

5.3　拉深件的工艺性

拉深件工艺性是指零件拉深加工的难易程度。良好的工艺性应该保证材料消耗少、工序数目少、模具结构简单、产品质量稳定、操作简单等。在设计拉深零件时，考虑到拉深工艺的复杂性，应尽量减少拉深件的高度，使其有可能用一次或两次拉深工序完成，以减少工艺复杂性和模具设计制造的工作量。拉深件工艺性包括公差和结构工艺性两方面内容。

5.3.1　拉深件公差

拉深件的公差主要包括直径方向的尺寸精度和高度方向的尺寸精度。拉深件的公差大小与毛坯厚度、拉深模的结构和拉深方法等有着密切的关系。拉深件直径方向的公差等级一般在 IT11 级以下，对于拉深件的尺寸精度要求较高的，可在拉深以后增加整形工序，经整形后精度可达到 IT6～IT7。

拉深件的表面质量一般不超过原材料的表面质量，多次拉深的零件外壁或凸缘表面上，允许有拉深产生的印痕。

拉深件允许的厚度变化范围是 $0.6t$～$1.2t$。在设计拉深件时，产品图上的尺寸，应明确标注清楚必须保证的是外形尺寸还是内形尺寸，不能同时标注内、外形尺寸。

5.3.2　拉深件的结构工艺性

（1）拉深件的形状应尽可能简单、对称

轴对称旋转体拉深件，尤其是直径不变的旋转体拉深件，在圆周方向的变形是均匀的，其工艺性最好，模具加工也方便。所以，除非在结构上有特殊要求，一般应尽量避免异常复杂及非对称形状的拉深件设计。此外应尽量避免急剧的轮廓变化。曲面空心零件避免尖底形状，尤其高度大时其工艺性更差；对于盒形件，应避免底平面与壁面的连接部分出现尖的转角。

（2）外形较复杂的空心拉深件，必须考虑留有工序间毛坯定位的同一工艺基准。

（3）拉深件各部分尺寸的比例要合适

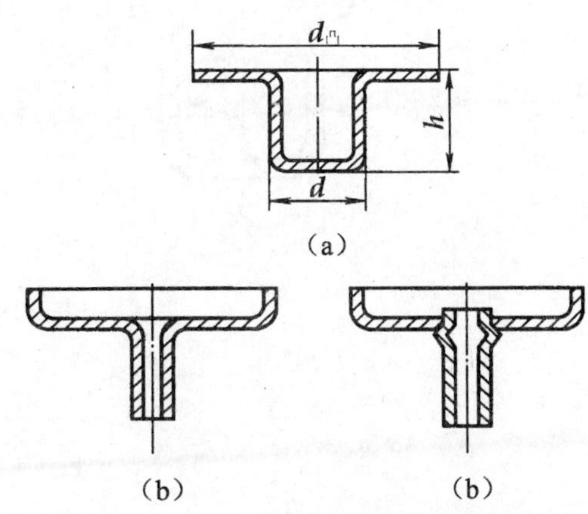

图 5-9　拉深件的形状

宽大凸缘（$d_凸>3d$）和较大深度（$h>2d$）的拉深件，需要多道拉深工序才能完成，而且容易出现废品，应尽可能避免（参见图 5-9（a））。

如图 5-9（b）所示的零件上下部分的尺寸相差太大，给拉深带来了困难。这时可将上下两部分分别成形，然后再连接起来（图 5-9（c））。

（4）拉深件圆角半径

拉深件的圆角半径大，有利于成形和减少拉深次数。拉深件的底部与壁部、凸缘与壁部及矩形件的四壁间圆角半径（见图 5-10）应满足$r_1 \geqslant t$，$r_2 \geqslant 2t$，$r_2 \geqslant r_1$，$r_3 \geqslant 3t$。否则应增加整形工序，每整形一次，圆角半径可减小一半。如果增加整形工序，最小圆角半径为$r_1 \geqslant (0.1 \sim 0.3)t$，$r_2 \geqslant (0.1 \sim 0.3)t$。

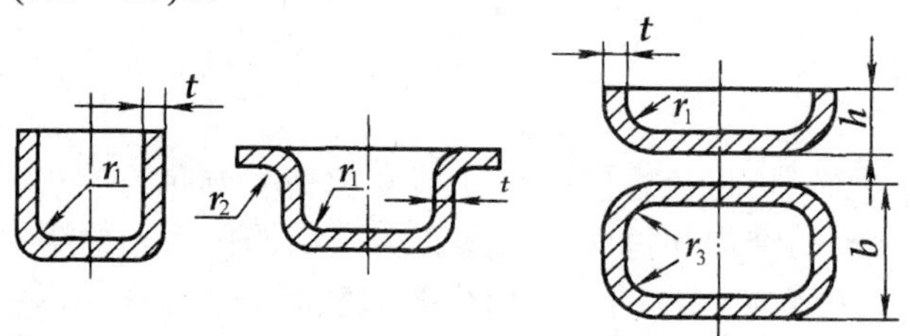

图 5-10 拉深件圆角半径

（5）拉深件上的孔位

拉深件侧壁上的冲孔，必须满足孔与底的距离$B \geqslant r_1+t$，孔与凸缘的距离$B \geqslant r_2+t$，否则该孔只能钻出（图 5-11（a）、（b））。拉深件凸缘上冲孔的最小孔距（图 5-11（c））为：$B \geqslant r_2+0.5t$。拉深件底部冲孔的最小孔距（图 5-11（c））为：$B \geqslant r_1+0.5t$。

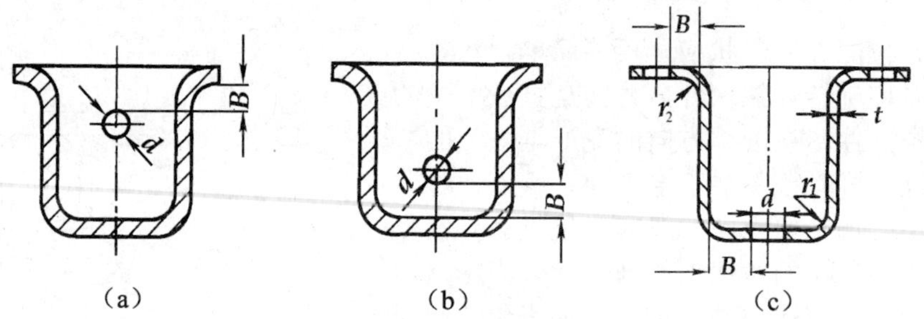

图 5-11 拉深件的孔位

5.4 直壁旋转体件的拉深

5.4.1 毛坯尺寸计算

拉深件毛坯形状的确定和尺寸计算是否正确，不仅直接影响生产过程，而且对冲压件生产有很大的经济意义，因为在冲压零件的总成本中，材料费用一般占到 60%～80%。

1. 拉深件毛坯尺寸计算的原则

拉深件毛坯的尺寸应满足成形后工件的要求，形状必须适应金属流动。毛坯尺寸的计算应遵循以下原则：

（1）面积相等原则　对于不变薄拉深，因材料厚度拉深前后变化不大，可忽略不计。毛坯的尺寸按“拉深前毛坯表面积等于拉深后零件的表面积”的原则来确定。（对于变薄拉深，可按等体积原则来确定）

（2）形状相似原则　拉深毛坯的形状一般与拉深的截面形状相似，即零件的横截面是圆形、椭圆形、方形时，其拉深前毛坯展开形状也基本上是圆形、椭圆形或近似方形。毛坯的周边轮廓必须采用光滑曲线连接，应无急剧的转折和尖角。

另外，还应考虑到由于拉深凸耳的存在，以及拉深材料厚度有公差、模具间隙不均匀、摩擦阻力的不一致、毛坯的定位不准确等原因，拉深后零件的口部一般都不平齐（尤其是多次拉深），需要在拉深后增加切边工序，将不平齐的部分切去。所以在计算毛坯之前，应先在拉深件边缘上增加一段切边余量 δ，其大小根据实际经验确定，可参考表 5-3，表 5-4。

表 5-3　有凸缘件的修边余量（mm）

凸缘直径 d_1 或宽度 B_1	相对凸缘直径 $d_凸/d$ 或 $B_凸/B$			
	＜1.5	1.5～2	2～2.5	2.5～3
≤25	1.8	1.6	1.4	1.2
＞25～50	2.5	2.0	1.8	1.6
＞50～100	3.5	3.0	2.5	2.2
＞100～150	4.3	3.6	3.0	2.5
＞150～200	5.0	4.2	3.5	2.7
＞200～250	5.5	4.6	3.8	2.8
＞250	6.0	5.0	4.0	3.0

表 5-4　无凸缘件的修边余量（mm）

拉深高度 h	拉深件的相对高度 h/d 或 h/B			
	＞0.5～0.8	＞0.8～1.6	＞1.6～2.5	＞2.5～4
≤10	1.0	1.2	1.5	2
＞10～20	1.2	1.6	2	2.5
＞20～50	2	2.5	3.3	4
＞50～100	3	3.8	5	6
＞100～150	4	5	6.5	8
＞150～200	5	6.3	8	10
＞200～250	6	7.5	9	11
＞250	7	8.5	10	12

注：1．B 为正方形的边宽或长方形的短边宽度。

2．对于高拉深件必须规定中间修边工序。

3．对于材料厚度小于 0.5 mm 的薄材料作多次拉深时，应按表值增加 30%。

2. 旋转体拉深零件毛坯尺寸的计算

旋转体拉深零件的毛坯都为圆形，按等面积的原则可以用解析法和重心法来求解。

（1）解析法　一般比较规则形状的拉深工件的毛坯尺寸可用此方法。具体方法是：将工件分解为若干个简单几何体，分别求出各几何体的表面积，对其求和，根据等面积法，求和后的表面积应等于工件的表面积，又因为毛坯是圆形的，即可得毛坯的直径为：

$$D=\sqrt{\frac{4S}{\pi}}=\sqrt{\frac{4}{\pi}\sum f_i} \tag{5-1}$$

式中：S——毛坯面积（mm^2）；

f_i——简单旋转体件各部分面积（mm^2）；

D——毛坯直径（mm）

表 5-5 列出了简单几何体面积的计算公式，如果材料厚度小于 1 mm，按内径或外径计算均可；否则按图示中的板厚中径计算。

表 5-5　简单几何形状表面积计算公式

序号	名称	几何体	面积 A
1	圆	d	$A=\frac{\pi d^2}{4}$
2	圆环	d_1 d	$A=\frac{\pi}{4}(d^2-d_1^2)$
3	圆柱	h d	$A=\pi dh$
4	半球	r	$A=2\pi r^2$

（续表）

序号	名称	几何体	面积 A
5	1/4 球环	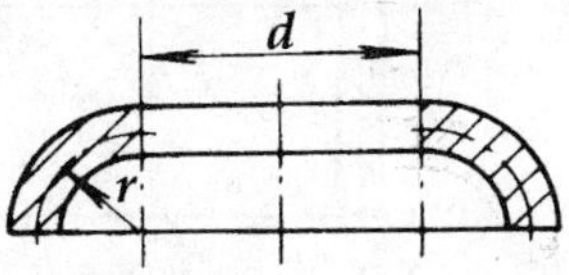	$A=\frac{\pi}{2}r(\pi d+4r)$
6	1/4 凹球环	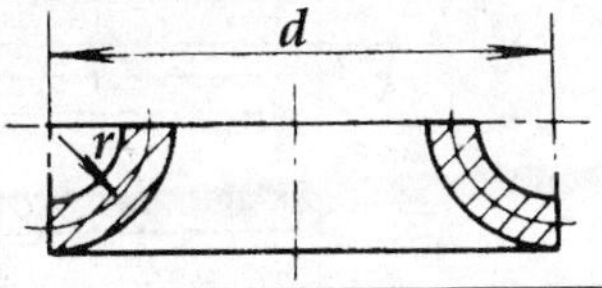	$A=\frac{\pi}{2}r(\pi d-4r)$
7	圆锥	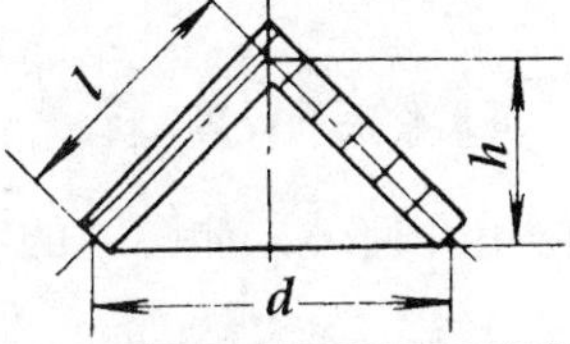	$A=\frac{\pi dl}{2}$ 或 $A=\frac{\pi}{4}d\sqrt{d^2+4h^2}$
8	圆锥台	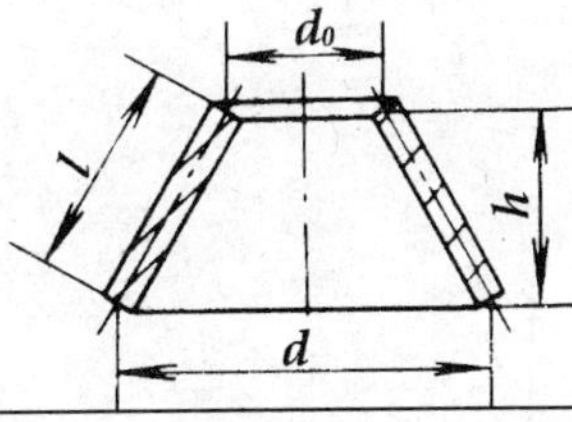	$A=\pi l(\frac{d_0+d}{2})$ 式中 $l=\sqrt{h^2+(\frac{d-d_0}{2})^2}$
9	球缺	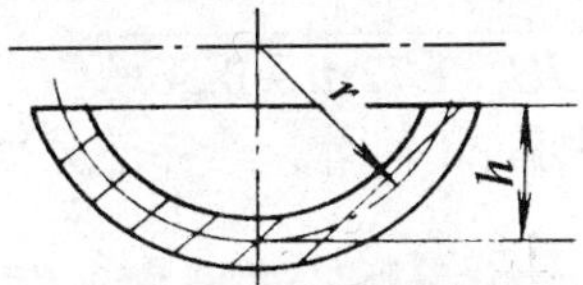	$A=2\pi rh$
10	凸球环	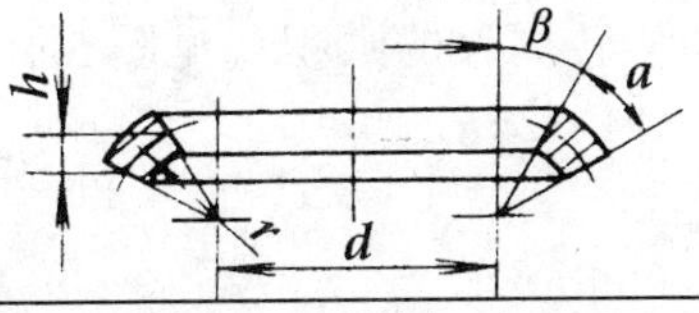	$A=\pi(dl+2rh)$ 式中 $l=\frac{\pi r\alpha}{180^\circ}$ $h=r[\cos\beta-\cos(\alpha+\beta)]$
11	凹球环	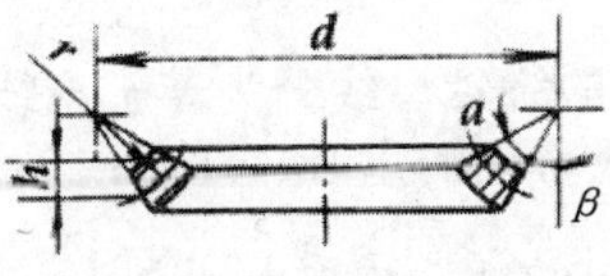	$A=\pi(dl-2rh)$ 式中 $l=\frac{\pi r\alpha}{180^\circ}$ $h=r[\cos\beta-\cos(\alpha+\beta)]$

例：求图 5-12 所示的无凸缘圆筒形件的毛坯直径。

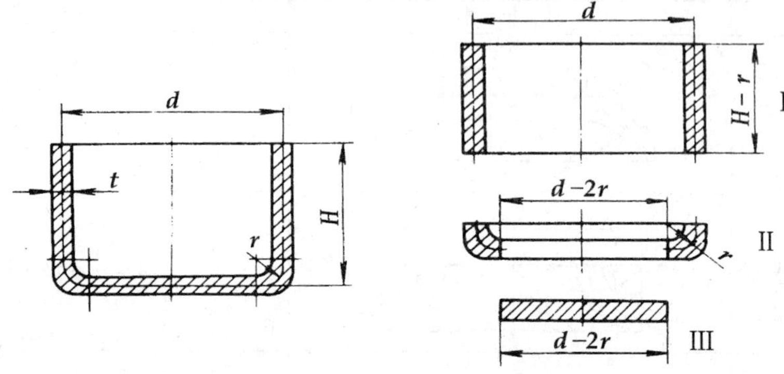

图 5-12　筒形件毛坯计算

解：将图 5-12 所示筒形件分为三个简单几何体，如图中的第 I、II、III部分。据表 5-5 可得：I的表面积为：$A_1 = \pi d(H-r)$

II 的表面积为：$A_2 = \frac{\pi}{2}r\left[\pi(d-2r)+4r\right]$

III的表面积为：$A_3 = \frac{\pi}{4}(d-2r)^2$

据等面积原则，毛坯的面积 $A_{毛坯} = \frac{\pi}{4}D^2 = A_1 + A_2 + A_3$

所以得毛坯直径为：$D = \sqrt{d^2 + 4dH - 1.72rd - 0.56r^2}$

（2）重心法　如果拉深工件是不规则的几何体，其各部分面积用表查不到或过于麻烦，重心法则较适用。

重心法的原理是：任何形状的母线，绕同一平面内的轴线旋转所形成的旋转体，其表面积等于母线长度与母线的重心绕轴线旋转周长的乘积（见图 5-13），其计算为：

$$A = 2\pi RL$$

式中：A——旋转体的表面积（mm^2）；

R——母线重心至旋转轴的距离（mm）；

L——母线长度（mm）。

具体的计算方法是：把形成旋转体的绕轴母线分为若干直线或圆弧段（或近似直线、圆弧段）l_1，l_2，l_3，…，l_n，找出每一段母线的重心（注意：是线段的重心），并求出每段母线重心到轴线的旋转半径r_1，r_2，r_3，…，r_n，然后求和$\sum_{i=1}^{n} l_i r_i$，据等面积原理和重心法原理，计算毛坯面积为：

$$A_{毛坯}=\frac{\pi}{4}D^2=2\pi\sum_{i=1}^{n}l_i r_i \tag{5-2}$$

所以得毛坯直径为：

$$D=\sqrt{8\sum_{i=1}^{n}l_i r_i} \tag{5-3}$$

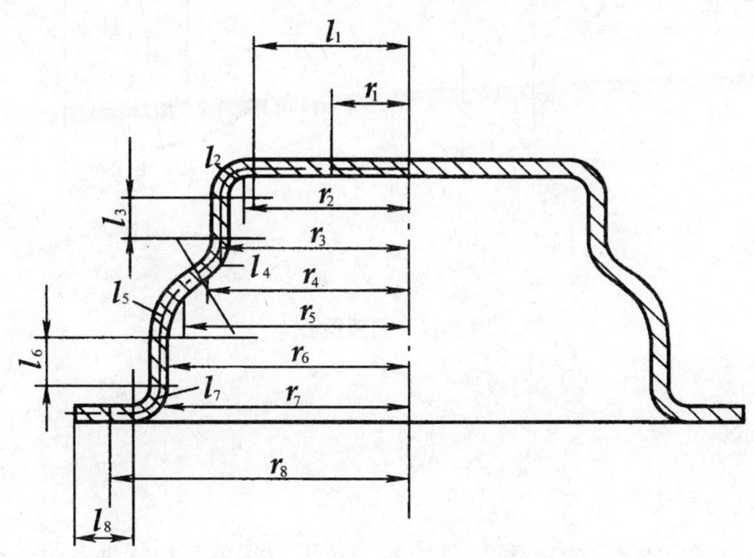

图 5-13　重心法计算毛坯面积

对直线段，重心即在线段中心；对圆弧线段，可分两种情况。

① 圆弧与水平线相交（如图 5-14（a）所示），圆弧重心到 y-y 轴的距离为：

$$s=\frac{\sin\alpha}{\alpha}R \tag{5-4}$$

式中：a—— 圆弧的圆心角（rad）；

R—— 圆弧的半径（mm）。

② 圆弧与垂直线相交。（如图 5-14（b）所示），圆弧重心到 y-y 的距离为：

$$s=\frac{1-\cos\alpha}{\alpha}R \tag{5-5}$$

求得 s 后，圆弧重心到旋转轴的距离 r 也可得出了。对于其他形状圆弧可分解转化为以上两种情况后求解。

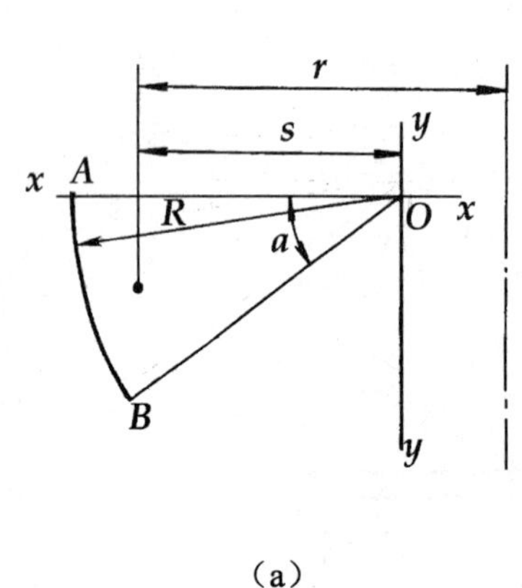

(a)

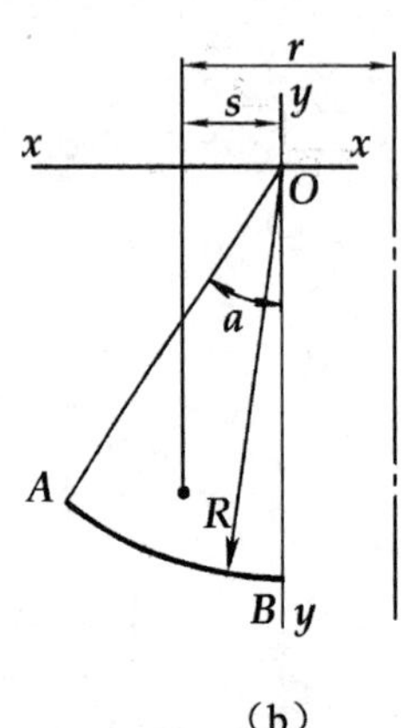

(b)

图 5-14　圆弧重心

5.4.2　拉深系数

1. 拉深系数的定义

拉深系数是拉深变形程度的一种度量参数，是用拉深前后拉深件直径（横断面尺寸）的缩小程度来表达的。

第一次拉深的拉深系数为：　$m_1=\frac{d_1}{D}$

第 n 次拉深的拉深系数为：　$m_n=\frac{d_n}{d_{n-1}}$

式中：d_1——第一次拉深时拉深件直径（mm）；

D——拉深用毛坯直径（mm）；

d_n，d_{n-1}——第n次、第（$n-1$）次拉深时拉深件的直径（mm）。

拉深系数越小，变形量越大，拉深越困难。

由前述可知，拉深过程中主要的质量问题是起皱和拉裂，其中拉裂是首要问题。在每次拉深中，既要充分利用材料的最大变形程度，又要防止应力超过材料许可的拉伸强度极限。那零件究竟需要几次才能拉深成形，一次还是多次，这一问题与极限拉深系数有关。

所谓**极限拉深系数**，是指在一定拉深条件下，坯料不失稳起皱和破裂而拉深出最深筒形件的拉深系数。极限拉深系数表示了拉深前后毛坯直径的最大允许变化量，是进行拉深工艺计算和模具设计的基础，也是研究板材冲压成形性能的一个重要尺度。极限拉深系数愈小，板材的拉深极限变形程度愈大。常用材料的极限拉深系数见表5-6～表5-8。

表5-6　无凸缘筒形件采用压边圈时的拉深系数

各次拉深系数	材料相对厚度（t/D）×100					
	＜2.0～1.5	1.5～1.0	1.0～0.6	0.6～0.3	0.3～0.15	0.15～0.08
m_1	0.48～0.50	0.50～0.53	0.53～0.55	0.55～0.58	0.58～0.60	0.60～0.63
m_2	0.73～0.75	0.75～0.76	0.76～0.78	0.78～0.79	0.79～0.80	0.80～0.82
m_3	0.76～0.78	0.78～0.79	0.79～0.80	0.80～0.81	0.81～0.82	0.82～0.84
m_4	0.78～0.80	0.80～0.81	0.81～0.82	0.82～0.83	0.83～0.85	0.85～0.86
m_5	0.80～0.82	0.82～0.84	0.84～0.85	0.85～0.86	0.86～0.87	0.87～0.88

注：1．表中小值适用于模具有大的圆角半径（$R_凹=8\sim15t$），大值适用于小的圆角半径（$R_凹=4\sim8t$）。

2．若采用中间退火工序时，可取比表中数值小3%～5%。

3．表中小值适用于08、10、15等普通拉深钢及H62。对拉深性能较差的材料，如20、25、Q215、Q235、酸洗钢板、硬铝等等，应取比表中数值大1.5%～2%。对于塑性较好的材料05、08、10、软铝等，应取比表中数值小1.5%～2%。

表5-7　无凸缘筒形件不用压边圈时的拉深系数

材料相对厚度(t/D)×100	m_1	m_2	m_3	m_4	m_5	m_6
0.4	0.85	0.90	—	—	—	—
0.6	0.82	0.90	—	—	—	—
0.8	0.78	0.88	—	—	—	—
1.0	0.75	0.85	0.90	—	—	—
1.5	0.65	0.80	0.84	0.87	0.90	—
2.0	0.60	0.75	0.80	0.84	0.87	0.90
2.5	0.55	0.75	0.80	0.84	0.87	0.90
3.0	0.53	0.75	0.80	0.84	0.87	0.90
＞3.0	0.50	0.70	0.75	0.78	0.82	0.85

注：表中值适用于08、10、15等塑性较好的材料，其余各项目同表5-6。

表5-8　其他金属材料的拉深系数

材 料 名 称	材 料 牌 号	首次拉深系数m_1	以后各次拉深系数m_n
铝、铝合金	L4M、L6M、LF21M	0.52～0.55	0.70～0.75
杜拉铝	LY11M、LY12M	0.56～0.58	0.75～0.80
黄铜	H62	0.52～0.54	0.70～0.72
	H68	0.50～0.52	0.68～0.72
紫铜	T2、T3、T4	0.50～0.55	0.72～0.80
白铁皮	—	0.58～0.65	0.80～0.85
酸洗钢板	—	0.54～0.58	0.75～0.78
镍铬合金	Cr20Ni80Ti	0.54～0.59	0.78～0.84
合金钢	30CrMnSiA	0.62～0.70	0.80～0.84

（续表）

材料名称	材料牌号	首次拉深系数m_1	以后各次拉深系数m_n
不锈钢	Cr13	0.52～0.56	0.75～0.78
	Cr18Ni	0.50～0.52	0.70～0.75
	1Crl8Ni9Ti	0.52～0.55	0.78～0.81

注：1. 当$(t/D)\times 100 \geqslant 0.6$ 或$R_{凹} \geqslant (7\sim 8)t$时，拉深系数取小值。

2. 当$(t/D)\times 100 < 0.6$ 或$R_{凹} < 6t$时，拉深系数应取大值。

2. 拉深系数的影响因数

（1）材料相对厚度$\dfrac{t}{D}\times 100$　$\dfrac{t}{D}\times 100$数值大，则不易起皱，允许较小的拉深系数。

（2）材料塑性　材料塑性好，拉深系数可以取小值。材料塑性可由材料的延伸率或由材料的屈强比σ_s/σ_b来表达。深拉深材料要求$\sigma_s/\sigma_b \leqslant 0.66$。

（3）拉深时是否使用压边圈　用压边圈时，拉深系数可取小值；不用压边圈时，为防止起皱，拉深系数应取大值。

（4）凹模圆角半径　凹模圆角半径大，可以选用较小的拉深系数。但圆角半径数值过大，使拉深材料在压边圈下的面积减小，也易发生起皱。

（5）模具状况　凸、凹模工作表面的表面质量好，间隙正常，凹模和板料润滑良好，有助于拉深，拉深系数可取小值。

（6）拉深次数　第一次拉深时，可取较小的拉深系数，以后逐次增大。如采用中间退火后，可选用较小的拉深系数。

5.4.3 无凸缘筒形件的拉深次数与工序尺寸计算

1. 无凸缘筒形件的拉深次数

零件能否一次拉出，只需比较实际所需的总拉深系数$m_{总}$和第一次允许的极限拉深系数m_1的大小即可。如果$m_{总}>m_1$，说明拉深该零件的实际变形程度比第一次容许的极限变形程度要小，所以零件可以一次拉成。否则需要多次拉深，如图 5-15 所示。计算多次拉深时的拉深次数的方法有多种，生产上经常用推算法进行计算。就是把毛坯直径或中间工序毛坯尺寸依次乘以查出的极限拉深系数m_1，m_2，m_3，…，m_n，得各次半成品的直径。

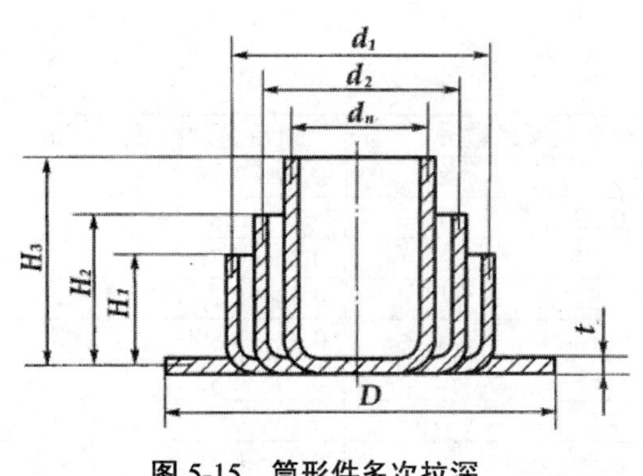

图 5-15　筒形件多次拉深

直到计算出的直径d_n小于或等于工件直径d为止。

例：求图 5-16 所示零件的拉深次数，零件材料为 08 钢，厚度 t=2 mm。

解：查表 5-4 得修边余量为 8 mm，利用例 1 中结论计算可得毛坯直径 D=318 mm。

毛坯的相对厚度为 $t/D\times100 = 2\times100\div318=0.63$

查表 5-7 得各次拉深系数为：

m_1=0.54，m_2=0.77，m_3=0.80，m_4=0.82，

$m_{总} = d/D = 108/318 = 0.34$

$m_{总} < m_1$，所以该零件需多次拉深才能成形。

初选各次半成品直径：

$d_1= m_1D = 0.54\times318 \approx172$ mm

$d_2= m_2\, d_1 = 0.77\times172 \approx133$ mm

$d_3= m_3\, d_2 = 0.80\times133 \approx107$ mm$<$108 mm

所以知该零件至少要拉 3 次才行，为了提高工艺稳定性，避免在极限情况下拉深，生产中常安排 4 次拉深。

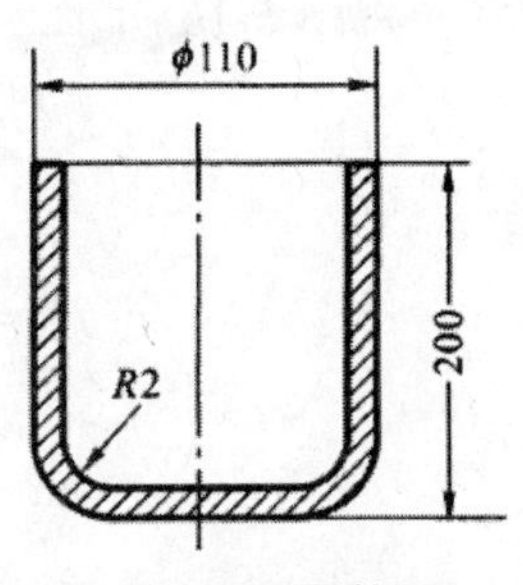

图 5-16　拉深零件图

2. 无凸缘筒形件的工序尺寸的确定

无凸缘筒形件的工序尺寸的确定包括各次拉深半成品的直径d_n、筒底圆角半径r_n，和筒壁高度h_n。

（1）半成品的直径

拉深次数确定后，应对各次拉深系数进行调整，总的原则是使每次实际采用的拉深系数大于每次拉深时的极限拉深系数，而且尽量满足下面关系式：

$$m_1 - m_1' \approx m_2 - m_2' \approx m_3 - m_3' \approx \text{K} \approx m_n - m_n'$$

式中：m_1，m_2，m_3K，m_n 为各次极限拉深系数，m_1'，m_2'，m_3'，K，m_n' 为各次实际使用拉深系数。

按此关系，调整例 2 零件实际各次的拉深系数为：$m_1' = 0.57$，$m_2' = 0.80$，$m_3' = 0.83$，$m_4' = 0.85$。调整好拉深系数后，重计算各次拉深的圆筒直径即得半成品直径，零件的各次半成品尺寸为：

第一次拉深后　　$d_1 = 318\times0.57\approx182$ mm

第二次拉深后　　$d_2= 182\times0.80\approx145$ mm

第三次拉深后　　$d_3= 145\times0.83\approx120$ mm

第四次拉深后　　$d_4 = 108$ mm

$m_4' =108/120=0.90$

（2）半成品高度的确定

计算各次拉深后零件的高度前，应先定出各次半成品底部的圆角半径（详见 5.5 节），现取首次拉深$r_1 = 12$，二次拉深$r_2 = 8$，三次拉深$r_3 = 5$。计算各次半成品的高度可由求毛坯

坯直径的公式推出。即：

$$H_n = 0.25\left(\frac{D^2}{d_n} - d_n\right) + 0.43\frac{r_n}{d_n}\left(d_n + 0.32r_n\right) \tag{5-6}$$

式中：d_n——各次拉深的直径（中线值）（mm）；

r_n——各次拉深半成品底部的圆角半径（中线值）（mm）；

H_n——各次拉深半成品高度（mm）；

D——毛坯直径（mm）。

将图 5-16 所示零件的以上各项具体数值代入上述公式，即求出各次半成品的高度值：

$$H_1 = 0.25\left(\frac{318^2}{182} - 182\right) + 0.43\frac{12}{182}\left(182 + 0.32\times 12\right) = 99\ \text{mm}$$

$$H_2 = 0.25\left(\frac{318^2}{145} - 145\right) + 0.43\frac{8}{145}\left(145 + 0.32\times 8\right) = 141\ \text{mm}$$

$$H_3 = 0.25\left(\frac{318^2}{120} - 120\right) + 0.43\frac{5}{120}\left(120 + 0.32\times 5\right) = 183\ \text{mm}$$

$$H_4 = 199 + 8 = 207\quad \text{mm}$$

5.4.4 有凸缘筒形件的拉深次数与工序尺寸计算

有凸缘筒形件的拉深和无凸缘筒形件的拉深从应力状态和变形特点上是相同的，其区别是有凸缘工件首次拉深时，坯料不是全部进入凹模口部，只是拉深到凸缘外径等于所要求的凸缘直径（包括修边量）时，拉深工作就停止，凸缘只有部分材料转移到筒壁，因此其首次拉深的成形过程及工序尺寸计算与无凸缘的有一定差别。

（1）有凸缘筒形件的拉深次数

有凸缘圆筒形件的极限拉深系数比无凸缘圆筒形件要小，它决定于三个因数：①凸缘的相对直径 $d_{凸}/d$ 。②零件的相对高度 H/d。③底部相对圆角半径 r/d。其中影响最大的是 $d_{凸}/d$ 。$d_{凸}/d$ 和 H/d 值愈大，表示拉深时毛坯变形区宽度愈大，拉深难度愈大，拉深系数愈大。而 r/d 值愈小，拉深难度愈大。表 5-9 为有凸缘圆筒形件第一次拉深时的极限拉深系数。表 5-10 为有凸缘圆筒形件第一次拉深时的最大拉深相对高度。

判断有凸缘筒形件能否一次拉出，只需比较零件总拉深系数 $m_{总}$，和表 5-9 第一次允许的极限拉深系数 m_1 的大小即可。或比较零件总的相对高度与表 5-10 中第一次拉深时的最大相对高度 H_1/d_1。如果满足 $m_{总}>m$ 或 $H/d < H_1/d_1$，则零件可以一次拉成。否则需要多次拉深。凸缘的外缘部分只在首次拉深时参与变形，有凸缘的工件若多次拉深，其以后各次拉深与无凸缘的相同。

表 5-9　有凸缘筒形件（10 钢）第一次拉深时的极限拉深系数m_1

凸缘相对直径	毛坯相对厚度 $t/D\times100$				
$d_凸/d_1$	2～1.5	<1.5～1.0	<1.0～0.6	<0.6～0.3	<0.3～0.1
≤1.1	0.51	0.53	0.55	0.57	0.59
1.3	0.49	0.51	0.53	0.54	0.55
1.5	0.47	0.49	0.50	0.51	0.52
1.8	0.45	0.46	0.47	0.48	0.48
2.0	0.42	0.43	0.44	0.45	0.45
2.2	0.40	0.41	0.42	0.42	0.42
2.5	0.37	0.38	0.38	0.38	0.38
2.8	0.34	0.35	0.35	0.35	0.35
3.0	0.32	0.33	0.33	0.33	0.33

表 5-10　有凸缘筒形件（10 钢）第一次拉深时的最大相对高度H_1/d_1

凸缘相对直径	毛坯相对厚度 $t/D\times100$				
$d_凸/d_1$	2～1.5	<1.5～1.0	<1.0～0.6	<0.6～0.3	<0.3～0.15
≤1.1	0.90～0.75	0.82～0.65	0.70～0.57	0.62～0.50	0.52～0.45
1.3	0.80～0.65	0.72～0.56	0.60～0.50	0.53～0.45	0.47～0.40
1.5	0.70～0.58	0.63～0.50	0.53～0.45	0.48～0.40	0.42～0.35
1.8	0.58～0.48	0.53～0.42	0.44～0.37	0.39～0.34	0.35～0.29
2.0	0.51～0.42	0.46～0.36	0.38～0.32	0.34～0.29	0.30～0.25
2.2	0.45～035	0.40～0.31	0.33～0.27	0.29～0.25	0.26～0.22
2.5	0.35～0.28	0.32～0.25	0.27～0.22	0.23～0.20	0.21～0.17
2.8	0.27～0.22	0.24～0.19	0.21～0.17	0.18～0.15	0.16～0.13
3.0	0.22～0.18	0.20～0.16	0.17～0.14	0.15～0.12	0.13～0.10

注：1．表中数值适用于 10 钢，对于比 10 钢塑性更大的金属取接近于大的数值，对于塑性较小的金属，取接近于小的数值。

2．表中大的数值适用于大的圆角半径，从 $t/D\times100=2\sim1.5$ 时的 $r=(10\sim12)t$ 到 $t/D\times100=0.3\sim0.15$ 时的 $r=(20\sim25)t$。表中小的数值适用于底部及凸缘小的圆角半径 $r=(4\sim8)t$。

（2）有凸缘筒形件的工序尺寸的确定

有凸缘筒形件的工序尺寸的确定仍可以采用推算法。具体的做法是：先假定$d_凸/d$的值，从表 5-9 中查出第一次拉深系数m_1，利用公式$d_1=m_1D$，$d_2=m_2d_1$，$d_3=m_3d_3$，…，$d_n=m_nd_{n-1}$，依次计算各次拉深直径d_i，直至$d_n\leqslant d$（工件的直径）为止，n即为拉深次数。然后修正各次拉深系数，计算各次拉深的直径d_{n-1}，d_{n-2}，…，d_2，d_1。

各次拉深的高度为：

$$H_n=\frac{0.25}{d_n}(D^2-d_凸^2)+0.43(r_{1n}+r_{2n})+\frac{0.14}{d_n}(r_{1n}^2-r_{2n}^2) \tag{5-7}$$

式中：　d_n——各次拉深的直径（中线值）(mm)；

$d_凸$——凸缘直径（mm）；

r_{1n}——各次拉深半成品直壁底部的圆角半径（中线值）(mm)；

r_{2n}——各次拉深半成品凸缘根部圆角半径（中线值）(mm)；

H_n——各次拉深半成品高度（mm）；

D——毛坯直径（mm）。

有凸缘圆筒形以后各次极限拉深系数 m 可按无凸缘筒形件表 5-6、表 5-7 中的最大值来取，或略大些。

（3）有凸缘圆筒形工件工序安排方法

有凸缘圆筒形可以分为两类，窄凸缘件($d_凸/d \leqslant 1.1 \sim 1.4$)和宽凸缘筒形工件($d_凸/d > 1.4$)。

对多次拉深的窄凸缘筒形件，可在前几道拉深时按无凸缘进行拉深，在最后两次拉深时拉出带锥形的凸缘，最后校平，如图 5-17 所示。

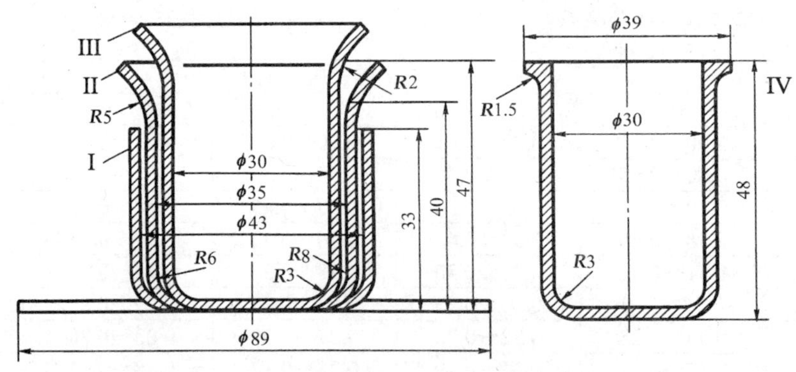

图 5-17　窄凸缘筒形件的多次拉深

多次拉深的宽凸缘筒形工件，可在第一次拉深时就把凸缘拉到尺寸，为了防止以后的拉深把凸缘拉入凹模（会加大筒壁的力而出现拉裂），通常第一次拉深时拉入凹模的坯料比所需的加大 3%～5%（注意此时计算坯料时作相应的放大），而在第二次、第三次多拉入 1%～3%，多拉入的材料会逐次返回到凸缘上，这样凸缘可能会变厚或出现微小的波纹，可最后通过校正工序校正过来，不会影响工件的质量。

宽凸缘工件的拉深方法有两种：

图 5-18（a）所示的方法适用于$d_凸$ <200 mm的中、小型工件的拉深。用这种方法拉深的工件表面易留下痕迹，需要有整形工序。

图 5-18（b）所示的方法适用于$d_凸$ >200 mm的大型工件的拉深。这种方法适用于毛坯的相对厚度较大，在第一次拉深大圆弧曲面时，不会发生起皱的情况。

以上所述两种宽凸缘工件拉深的方法，在圆角半径要求较小，或凸缘有平面度要求时，须加整形工序。

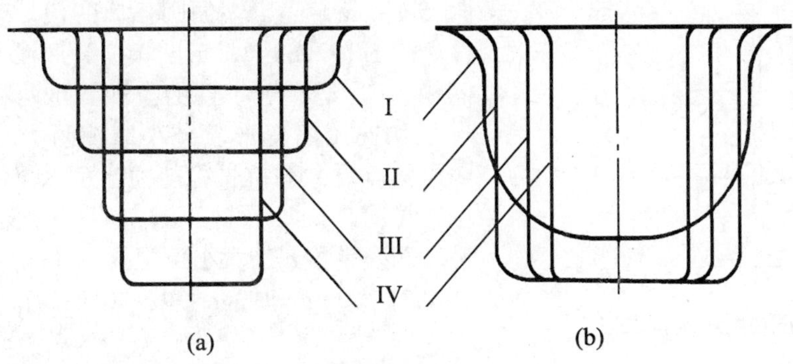

图 5-18　宽凸缘筒形件的多次拉深

5.5　拉深模工作部分设计

5.5.1　拉深凸、凹模结构

拉深凸模与凹模的结构形式取决于工件的形状、尺寸以及拉深方法、拉深次数等工艺要求，合理的凸、凹模结构形式应有利于拉深变形，这样既有利于提高零件质量，又有利于选用较小的极限拉深系数。凸、凹模结构可以分为正拉深、反拉深、带压边圈、不带压边圈、正装式、倒装式几种形式。

1. 常用凸、凹模结构

（1）无压边圈拉深　当毛坯的相对厚度较大，不易起皱，可不用压边圈压边。对于一次拉成的浅拉深件，凹模可采用图 5-19 所示结构。

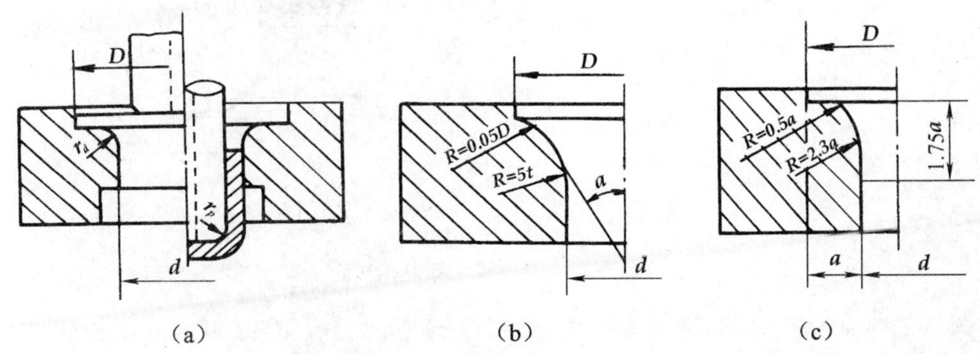

图 5-19　无压边拉深凹模结构

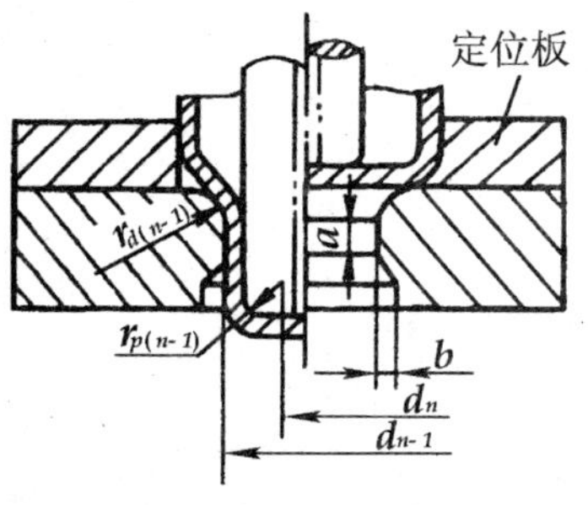

图 5-20 无压边圈再次拉深模

图 5-19（a）为平端面圆弧口凹模，适宜于拉深较大工件。图 5-19（b）（锥形凹模口）和图 5-19（c）（渐开线凹模口），适宜于小件的拉深。这两种结构有助于毛坯产生切向压缩变形，减小摩擦阻力和弯曲变形阻力，因而具有更大的抗失稳能力，可以采用更小的拉深系数进行拉深。

锥形凹模锥角 a 的大小可根据毛坯的厚度 t 确定。一般当 t=0.5～1.0 mm 时，a=30～40°；当 t=1.0～2.0 mm 时，a=40～50°。

图 5-20 为不用压边圈的再次拉深模。定位板用来对拉深前的半成品工件定位。凹模圆角采用圆弧形，多用于较小工件二次以后的拉深。

（2）有压边圈拉深　当毛坯的相对厚度较小，拉深容易起皱时，必须采用带压边圈模具结构，如图 5-21 所示。

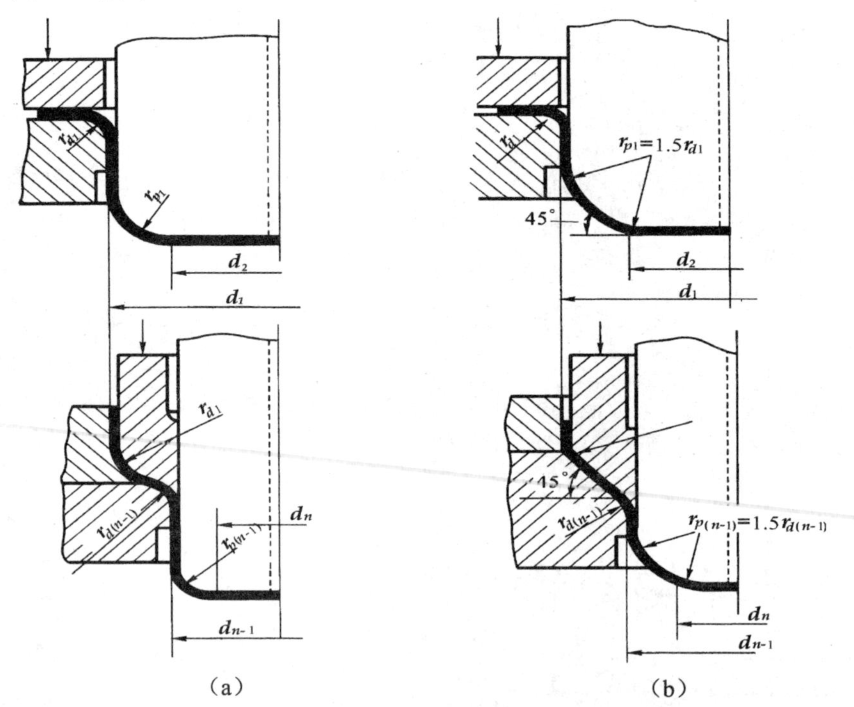

图 5-21 有压边圈拉深模结构

图 5-21（a）中凸、凹模具有圆角结构，用于拉深直径 $d \leqslant 100$ mm 的拉深件。上图用于首次拉深，下图用于再次拉深。图 5-21（b）中凸、凹模具有斜角结构，用于拉深直

径 $d \geqslant 100$ mm 的拉深件。采用这种有斜角的凸模和凹模主要优点是，①改善金属的流动，减少变形抗力，材料不易变薄；②可以减轻毛坯反复弯曲变形的程度，提高零件侧壁的质量；③使半成品工件在下次拉深中容易定位。

不论采用哪种结构，均需注意前后两道工序的冲模在形状和尺寸上的协调，使前道工序得到的半成品形状有利于后道工序的成形，而压边圈的形状和尺寸应与前道工序凸模的相应部分相同。拉深凹模的锥面角度，也要与前道工序凸模的斜角一致。前道工序凸模的锥顶径d_{n-1}应比后续工序凸模的直径 d_n小，以避免毛坯在A部可能产生不必要的反复弯曲，使工件筒壁的质量变差等，如图 5-22 所示。

为了使最后一道拉深后零件的底部平整，如果是圆角结构的冲模，其最后一次拉深凸模圆角半径的圆心应与倒数第二道（$n-1$ 道）拉深凸模圆角半径的圆心位于同一条中心线上（图 5-23（a））。如果是斜角的冲模结构，则倒数第二道工序凸模底部的斜线应与最后一道工序的凸模圆角半径R_n相切（图 5-23（b））。

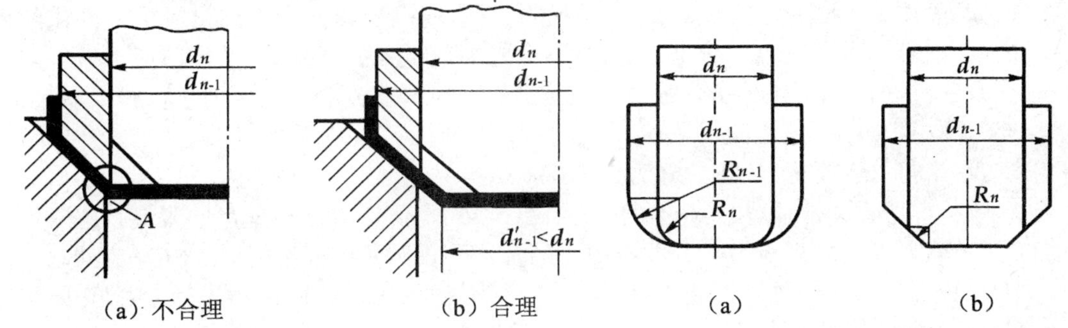

（a）不合理　（b）合理　（a）　（b）

图 5-22　斜角尺寸的确定　　图 5-23　最后拉深中凸模底部尺寸的确定

工件在拉深后，凸模与工件间接近于真空状态，由于外界空气压力的作用，同时加上润滑油的粘性等因素，使得工件很容易吸附在凸模上。为了便于取出加工后的工件，设计凸模时，应开设通气孔，拉深凸模通气孔如图 5-24 所示。对一般中小型件的拉深，可直接在凸模上钻出通气孔，孔的大小根据凸模尺寸大小而定，可参考表 5-11 选取。

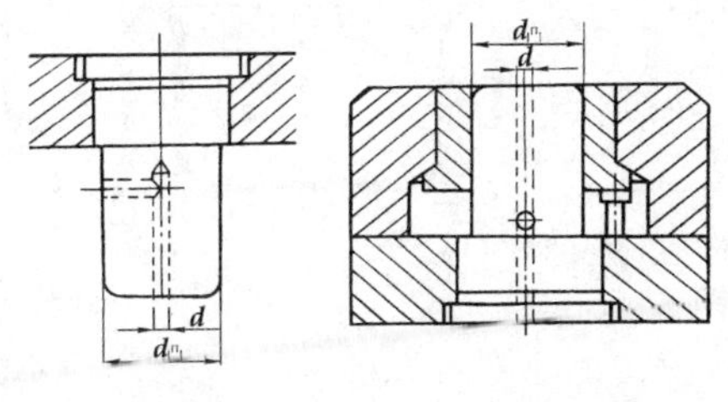

（a）正装结构　（b）倒装结构

图 5-24　拉深凸模通气孔

表 5-11 拉深凸模通气孔尺寸

凸模直径 $d_{凸}$（mm）	～50	＞50～100	＞100～200	＞200
通气孔直径 d（mm）	5	6.5	8	9.5

注：当凸模直径较大时，通气孔按一定的圆周直径均布 4～7 个成一组。

（3）正拉深与反拉深

从第二道拉深工序开始，工件有两种拉深方法可以选择：正拉深与反拉深。

所谓**正拉深**，是指本次拉深方向与上一次拉深方向一致（如图 5-21 中下方两图所示），为一般常用的拉深方法。而反拉深的拉深方向与上一次拉深方向相反，凸模从已拉深件的外底部反向加压，使已拉深的半成品的内表面翻转为外表面，原外表面翻转为内表面。如图 5-25 所示。

反拉深与正拉深相比较有如下特点：

① 反拉深时，毛坯侧壁不像正拉深那样同一方向多次弯曲，引起材料加工硬化的程度比正拉深时低，并可抵消部分上次拉深时形成的残余应力，拉深系数能降低 10%～15%。

② 反拉深时，毛坯与凹模接触面比正拉深大，材料的流动阻力也大，材料不易起皱，因此一般反拉深可不用压边圈。

③ 反拉深时的拉深力比正拉深力大 10%～20%左右。

④ 反拉深时，凹模壁厚为$(d_1-d_2)/2$（如图 5-25 所示），受凹模壁厚的限制，拉深系数不能太大，否则凹模壁厚过薄，强度不足。另外，凹模圆角半径不能大于$(d_1-d_2)/4$。

⑤ 反拉深后圆筒的直径不能太小，最小直径 d 大于$(30～60)t$，圆角半径 r 大于$(2～6)t$。

⑥ 反拉深可以加工某些用普通正拉深法难以加工、甚至是不可能加工的零件。如图 5-26 具有双重侧壁的零件。

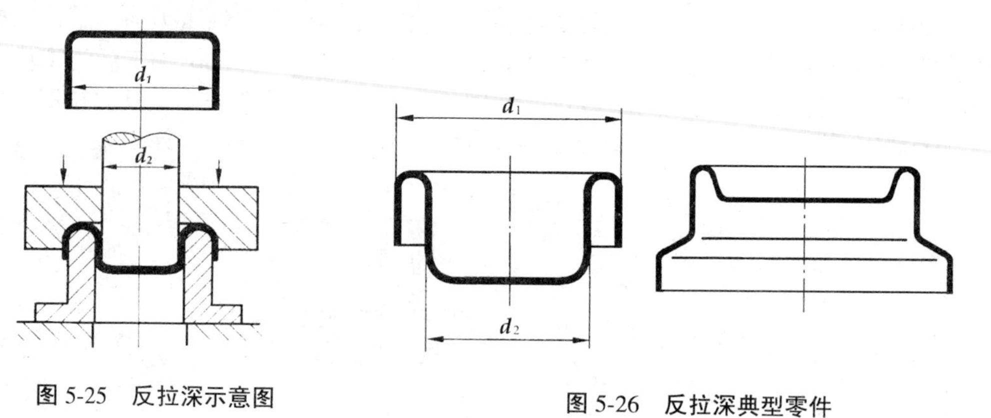

图 5-25 反拉深示意图

图 5-26 反拉深典型零件

（4）正装式、倒装式拉深

根据拉深零件在模具中正置或倒置的不同，有正装式拉深模或倒装式拉深模之分。如图 5-24（b）为倒装式拉深模，本节其余所有的拉深模均为正装式。正、倒装式拉深模仅是结构形式上的不同，正装式的拉深凸模和压边圈装在上模部分，而倒装式的拉深凸模和压边圈装在下模部分，其工作部分形状与尺寸的设计是相同的。这两种结构形式之分，在其他冲压模具（冲裁、翻边、缩口等）中也有类似情况。

2. 拉深模的结构选择

拉深模的结构选择，首先应考虑结构的工艺性。

（1）拉深模结构应尽量简单。在充分保证工件质量的前提下，应以数量少、重量轻、制造和装配方便的零件来组成拉深模。

（2）拉深模上的各零部件，应尽可能利用本单位现有的设备能力来制造。

（3）所设计的拉深模的结构应尽量与现有的冲压设备相适应。

（4）拉深模结构应适合工件的批量。

（5）拉深模结构应使安装调试与维修尽量方便，模架及零部件应尽量选择通用件。

5.5.2 凸、凹模圆角半径

凸、凹模圆角半径的大小对拉深影响很大，尤其是凹模圆角半径$r_{凹}$。若$r_{凹}$过小，则板料被拉入凹模时阻力就大，结果将引起总的拉深力增大，零件容易产生划痕、变薄甚至拉裂，模具寿命也低。若$r_{凹}$过大，则压边圈的下板料受压的面积减小，尤其在拉深后期，会使毛坯外边缘过早地脱离压边圈的作用呈自由状态而起皱。

在不产生起皱的前提下，$r_{凹}$的取值越大越好。

凸模圆角半径$r_{凸}$对拉深工作的影响不像凹模圆角半径那样显著。如果$r_{凸}$过小，则毛坯在角部受到过大的弯曲变形，结果降低了毛坯危险断面的强度，使毛坯在危险断面被拉裂，或引起危险断面的严重变薄，影响零件的质量。如果$r_{凸}$过大，在拉深初始阶段，凸模下毛坯悬空的面积增大，与模具表面接触的面积减小，也容易使这部分毛坯起皱。

在设计模具时，凸、凹模圆角半径一般可按经验值选取。

（1）在不产生起皱的前提下，凹模圆角半径越大越好，经验公式$r_{凹}$的最小值为：

$$r_{凹}=0.8\sqrt{(D-d)t} \tag{5-8}$$

式中：D——毛坯或上道工序的拉深直径（mm）；

d——本道工序的拉深直径（mm）；

t——材料厚度（mm）。

首次拉深的$r_{凹}$也可由表 5-12、表 5-13 查得。

表 5-12 拉深凹模的圆角半径

拉伸件形式	毛坯相对厚度 $t/D\times100$		
	＜2.0～1.0	＜1.0～0.3	＜0.3～0.1
无 凸 缘	(4～6) t	(6～8) t	(8～12) t
有 凸 缘	(8～12) t	(12～15) t	(15～20) t

注：1. 当毛坯较薄时，取较大值，毛坯较厚时，取较小值。

2. 钢料取较大值，有色金属取较小值。

表 5-13 连续拉深凹模的圆角半径

材料厚度 t	0.25	0.50	1.0	1.5
无切口拉深	(6～7) t	(5～6) t	(4～5) t	(3～4) t
有切口拉深	(5～6) t	(4～5) t	(3～4) t	(2.5～3) t

以后各次的拉深模$r_{凹}$按式（5-9）来逐步减小，但不应小于材料厚度的两倍，否则须增加整形工序。

$$r_{凹n} = (0.6\sim0.8)\, r_{凹n-1} \tag{5-9}$$

（2）凸模圆角半径$r_{凸}$

除最后一次拉深，凸模的圆角半径$r_{凸}$应比$r_{凹}$略小，可按式 （5-10）来取。

$$\left.\begin{aligned}&\text{首次拉深：}\quad r_{凸} = (0.6\sim1)\, r_{凹}\\&\text{以后各次拉深：}\quad r_{凸n} = (0.6\sim1)\, r_{凸n-1}\\&\text{或取为各次拉深中直径减小量的一半：}\quad r_{凸n} = \frac{d_{n-1}-d_n-2t}{2}\end{aligned}\right\} \tag{5-10}$$

最后一次拉深时，$r_{凸}$应等于零件的内圆半径，但不得小于材料厚度。如工件的内圆角半径要求小于料厚，则要有整形工序来完成。

5.5.3 凸、凹模间隙

拉深模凸、凹模间隙是指凸、凹模横向尺寸的差值，双边间隙用 Z 来表示（见图 5-27）。

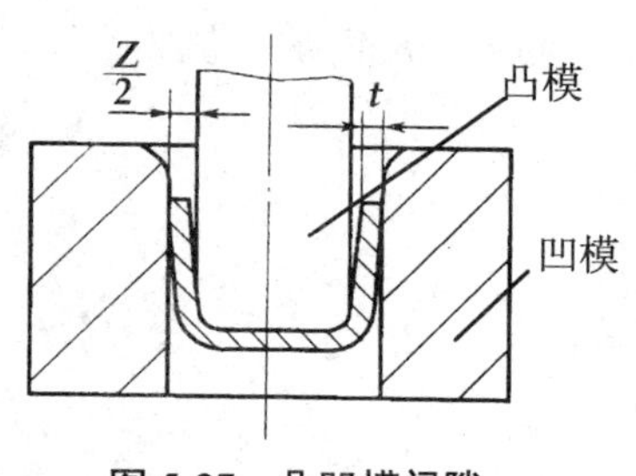

图 5-27 凸凹模间隙

凸、凹模间隙过小，工件质量较好，但拉深力大，工件易拉断，模具磨损严重，寿命低。凸、凹模间隙过大，拉深力小，模具寿命虽提高了，但工件易起皱、变厚，侧壁不直，出现锥度，口部边线不齐，口部的变厚得不到消除。

因此，确定间隙的原则是：既要考虑板料公差的影响，又要考虑毛坯口部增厚的现象，故间隙值一般应比毛坯厚度略大。当零件要求外形尺寸时，间隙取在凸模上，当零件要求内形尺寸时，间隙取在凹模上。

（1）用压边圈时，凸、凹模单边间隙值可参考表 5-14 选取。

表 5-14　有压边圈拉深时凸、凹模单边间隙值 Z/2

总拉深次数	拉深次序	单边间隙 Z/2	总拉深次数	拉深次序	单边间隙 Z/2
1	一次拉深	（1～1.1）t	4	第一、二次拉深	1.2 t
2	第一次拉深	1.1 t		第三次拉深	1.1 t
	第二次拉深	（1～1.05）t		第四次拉深	（1～1.05）t
3	第一次拉深	1.2 t	5	前三次拉深	1.2 t
	第二次拉深	1.1 t		第四次拉深	1.1 t
	第三次拉深	（1～1.05）t		第五次拉深	（1～1.05）t

注：材料厚度 t 取材料允许偏差的中间值。

（2）不用压边圈时应考虑到起皱的可能，间隙取得较大，单边间隙可按式（5-11）取值。

$$\frac{Z}{2}=(1\sim1.1)t_{\max} \tag{5-11}$$

式中：$t_{\max}$ ——材料厚度的最大值。

（3）精度要求高的拉深件，单边间隙可按式（5-12）取值。

$$\frac{Z}{2}=(0.9\sim0.95)t \tag{5-12}$$

式中材料厚度 t 取材料允许偏差的中间值。

5.5.4　凸、凹模工作部分尺寸及公差

（1）对最后一次拉深，凸、凹模尺寸与公差应按工件的要求来确定。

当零件要求外形尺寸精度较高时（图 5-28（a）），应以凹模为设计基准，考虑到凹模磨损后增大，其设计尺寸取小值，并标注单向正公差。计算见式（5-13）和式（5-14）。

凹模尺寸：
$$D_{凹}=(D_{\max}-0.75\Delta)_{0}^{+\delta_d} \tag{5-13}$$

凸模尺寸：
$$D_{凸}=(D_{\max}-0.75\Delta-Z)_{-\delta_p}^{0} \tag{5-14}$$

当零件要求内形尺寸精度较高时（（图 5-29（a）），应以凸模为设计基准，考虑到凸模会越磨越小，其尺寸计算见式（5-15）和式（5-16）。

凸模尺寸：

$$d_{凸}=(d_{\min}+0.4\Delta)_{-\delta_p}^{0} \tag{5-15}$$

凹模尺寸：

$$d_{凹}=(d_{\min}+0.4\Delta+Z)_{0}^{+\delta_d} \tag{5-16}$$

式中：D_{max}、d_{min} —— 零件外形最大尺寸、内形的最小尺寸；

△ —— 零件公差；

δ_p、δ_d—— 凸、凹模的制造公差。一般取IT6～IT8 级；若工件公差为IT14 级以下，则取IT10 级，也可按表 5-15 来取。

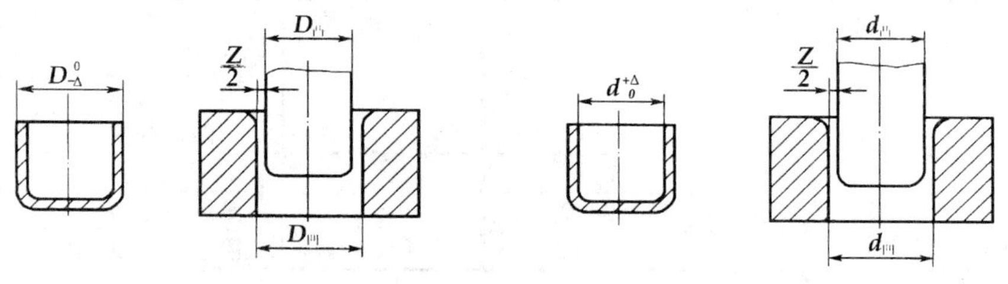

（a）拉深件　（b） 凸模、凹模　　（a）拉深件　（b） 凸模、凹模

图 5-28　零件要求外形尺寸　　**图 5-29　零件要求内形尺寸**

表 5-15　筒形件拉深模凸模、凹模制造公差（mm）

材料厚度	拉深件公称直径							
	≤10		>10～50		>50～200		>200～500	
	δ_d	δ_p	δ_d	δ_p	δ_d	δ_p	δ_d	δ_p
0.25	0.015	0.01	0.02	0.01	0.03	0.015	0.03	0.015
0.35	0.02	0.01	0.03	0.02	0.04	0.02	0.04	0.025
0.50	0.03	0.015	0.04	0.03	0.05	0.03	0.05	0.035
0.80	0.04	0.025	0.06	0.035	0.06	0.04	0.06	0.04
1.00	0.045	0.03	0.07	0.04	0.08	0.05	0.08	-。06
1.20	0.055	0.04	0.08	0.05	0.09	0.06	0.10	0.07
1.50	0.065	0.05	0.09	0.06	0.10	0.07	0.12	0.08
2.00	0.080	0.055	0.11	0.07	0.12	0.08	0.14	0.09
2.50	0.095	0.06	0.13	0.085	0.15	0.10	0.17	0.12
3.00	—	—	0.15	0.10	0.18	0.12	0.20	0.14

注：1．表中数值用于未精压的薄钢板。

2．如用于精压钢板，取表中数值的 25%。

3．用于有色金属，取表中数值的 50%。

（2）当零件需多次拉深时，对中间半成品的尺寸不需要严格要求，模具尺寸等于半成品的尺寸就可，计算方法如下：

凹模尺寸：

$$D_{凹}=(D_{max})_0^{+\delta_d} \tag{5-17}$$

凸模尺寸：

$$D_{凸} = (D_{max} - Z)^{0}_{-\delta_p} \tag{5-18}$$

式中：D_{max}　　零件半成品外形的公称尺寸。

5.6　非直壁旋转体件的拉深

5.6.1　阶梯圆筒形零件的拉深

阶梯圆筒形件（图 5-30）相当于若干个直壁圆筒形件的组合，所以与直壁圆筒形件的拉深基本相似，每一个阶梯的拉深即相当于相应的圆筒形件的拉深。但拉深工艺的设计与直壁圆筒形件有较大的差别。

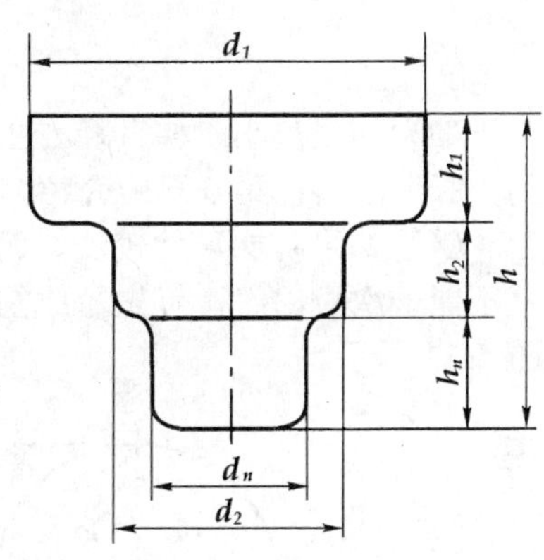

图 5-30　阶梯形零件

1. 拉深次数的确定

判断阶梯形件能否一次拉成，可用式（5-19）来判断：

$$\frac{h_1 + h_2 + h_3 + \cdots + h_n}{d_n} \leqslant \frac{h}{d_n} \tag{5-19}$$

式中：h_1，h_2，h_3，⋯，h_n　　各个阶梯的高度（mm）；

d_n　　最小阶梯直径（mm）；

h/d_n　　直径为 d_n 的圆筒形件第一次拉深时的最大相对高度（mm），可查表 5-10 有凸缘件第一次拉深相对高度。

如果上述条件不能满足，则需多次拉深。

2. 多次拉深时拉深方法的确定

（1）如果两个相邻阶梯的直径之比 d_n / d_{n-1} 大于相应的圆筒形件的极限拉深系数，则先从大阶梯拉起，每次拉深一个阶梯，逐一拉深到最小的阶梯，阶梯数也就是拉深次数，如图 5-31（a）所示。

（2）如果相邻两阶梯直径之比 d_n / d_{n-1} 小于相应的圆筒形件的极限拉深系数，则按带凸缘圆筒形件的拉深进行，先拉小直径 d_n，再拉大直径 d_{n-1}，即由小阶梯拉深到大阶梯，如图 5-31（b）所示，图中 d_2/ d_1 小于相应的圆筒形件的极限拉深系数，所以先拉 d_2，d_n，再用工序 V 拉出 d_1。

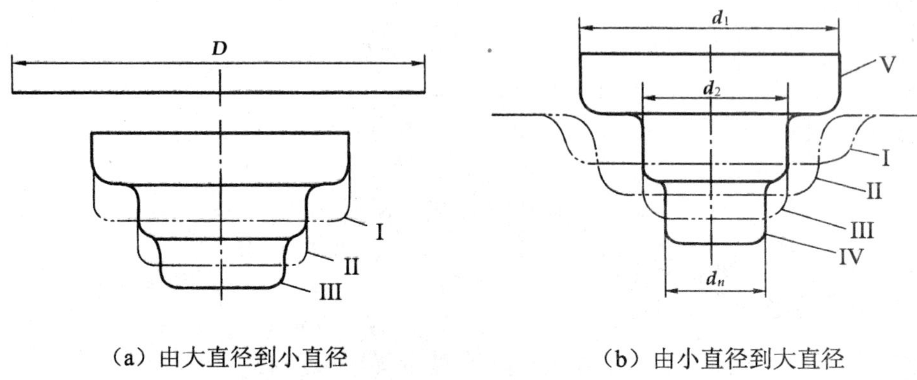

（a）由大直径到小直径　　（b）由小直径到大直径

图 5-31　阶梯筒形件拉深次序

（3）如果最小阶梯直径d_n过小，即d_n / d_{n-1}过小，h_n又不大时，最小阶梯可用胀形法得到。胀形法将在第 6 章中介绍。

（4）如果阶梯形件较浅，而且每个阶梯的高度又不大，但相邻阶梯直径相差较大，而又不能一次拉出时，可先拉成圆形或带有大圆角的筒形，最后通过整形得到所需零件，如图 5-32 所示。

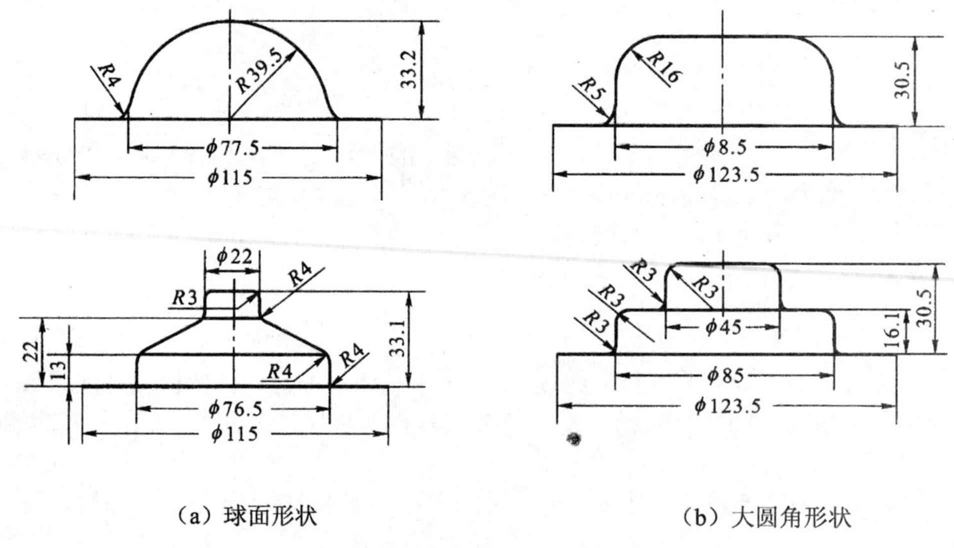

（a）球面形状　　（b）大圆角形状

图 5-32　浅阶梯形件的拉深方法

5.6.2　球面形状的拉深

球形零件有半球形（图 5-33（a））、浅球形（图 5-33（b））、带直壁球形件（图 5-33（c））和带凸缘球形件（图 5-33（d））几类。

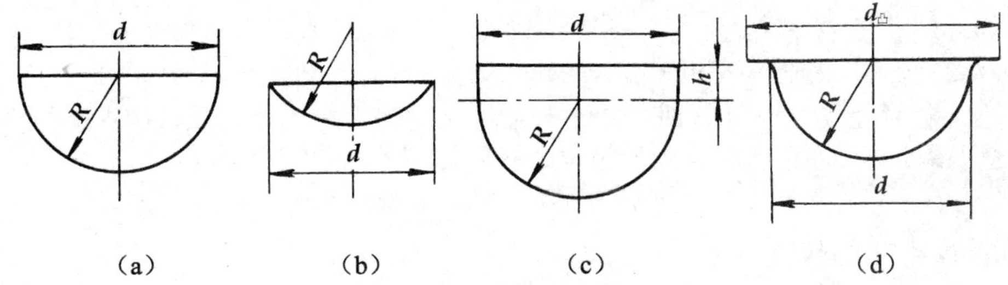

图 5-33　球面零件类型

半球形件的拉深系数 m 为：

$$m=\frac{d}{D}=\frac{d}{\sqrt{2}d}=0.71$$

它是一与零件无关的常数。所以，拉深系数不能反映半球形件拉深难易程度。决定半球形件拉深难易程度及选择拉深方法的主要依据是毛坯的相对厚度 t/D。在实际生产中，可参考以下原则选择合理的拉深方法：

（1）当 $t/D>0.03$ 时，可不用压边装置一次拉深成功。用这种方法拉深，坯料贴模不良，仍可能起小皱，所以必须用球形底的凹模，在拉深工作行程终了时进行校正，如图 5-34（a）所示。

（2）当 $t/D=0.03\sim0.005$ 时，需采用带压料装置的拉深模进行拉深，以防止起皱。

（3）当 $t/D<0.005$ 时，应采用有拉深筋的拉深模或反拉深法进行拉深，如图 5-34（b）、5-34（c）所示。

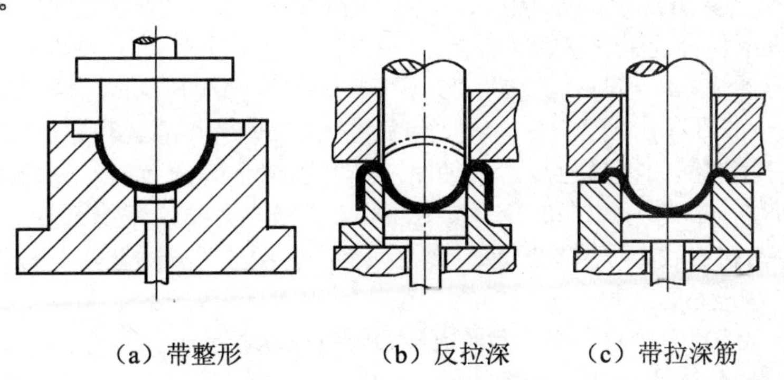

（a）带整形　（b）反拉深　（c）带拉深筋

图 5-34　半球形件的拉深

（4）当球形拉深件带有一定高度的直壁或带有一定宽度的凸缘时，虽然拉深系数有所减小，但对球面的成形却有好处。同理，对于不带凸缘和不带直边的球形拉深件的表面质量和尺寸精度要求较高时，可加大坯料尺寸，形成凸缘，在拉深之后再用切边的方法去除。

（5）对于浅球形零件，拉深工艺可分为两类：

① 当坯料直径 $D \leqslant 9\sqrt{Rt}$ 时，不容易起皱，可以不压料，用球形底的凹模一次成形。但当球面半径较大，毛坯厚度和深度较小时，必须按回弹量修正模具。

② 当坯料直径 $D > 9\sqrt{Rt}$ 时，较易起皱，常用强力压边装置或带拉深筋的模具进行拉深，这时零件的尺寸精度和表面质量都会有所提高，回弹减小。

5.6.3 锥形零件的拉深

锥形零件的拉深（图 5-35）与球面零件有相似的地方：坯料与凸模接触面积小、压力集中、容易引起局部变薄、自由面积大使压边圈作用相对减弱、容易起皱等。而锥形零件还由于零件口部与底部直径差别大，回弹特别严重，所以比拉深球面零件更不易保证质量。

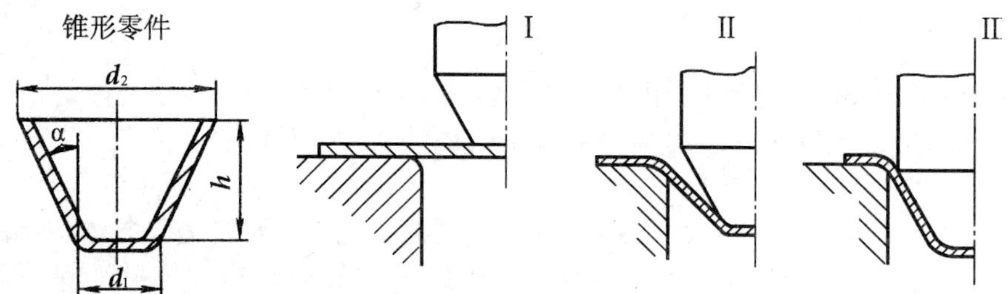

图 5-35 锥形件拉深

锥形零件的拉深方法，主要由锥形零件的相对高度h/d_2、相对锥顶直径d_1/d_2、和毛坯相对厚度t/D这三个参数所决定。h/d_2越大，d_1/d_2、t/D越小、拉深难度越大。根据锥形件的形状特征，可将锥形件分为三种类型。

（1）浅锥形件（$h/d_2 = 0.1$～0.25） 浅锥形件一般可一次拉深成形。若零件相对厚度较小（$t/D < 0.02$=或锥顶角较大（$\alpha > 45°$））时，拉深后回弹严重，可以采用增加工艺凸缘，用压边圈或带有拉深筋的模具拉深，或使用液体和橡皮代替凸（凹）模拉深。

（2）中锥形件（$h/d_2 = 0.3$～0.7） 按毛坯相对厚度的不同，可分为三种情况：

① 当 $t/D > 0.025$ 时，可一次拉深成形，且不需要压边，只需要在行程末用凹模进行校正整形。

② 当 $t/D = 0.015$～0.025 时，可采用压边装置一次拉深成形，但对无凸缘零件应按有凸缘零件拉深，最后修边，切去凸缘。

③ 当 $t/D < 0.015$ 时，因材料较薄，易于起皱，一般应采用压边装置并经过两次或三

次拉深成形。第一次拉深成形带有大圆角圆筒形件或球形件，然后再采用正拉深或反拉深成形。

（3）深锥形件（$h/d_2 > 0.7$）　因变形程度大，容易产生变薄、破裂、起皱等现象，所以须经过多次拉深成形。常用拉深的方法有：

① 阶梯拉深法　这种方法是将坯料逐次拉深成阶梯形，要求阶梯形的过渡毛坯应与锥形成品内侧相切，最后在成形模具中精整成形，如图 5-36（a）所示。

② 锥形表面逐步成形法　这是目前应用较多的方法。这种方法先将毛坯拉成圆筒形，使其表面积等于或大于成品圆锥表面积，而直径等于圆锥大端直径，以后各道工序逐步拉出圆锥面，使其高度逐渐增加，最后形成所需的圆锥形，如图 5-36（b）所示。

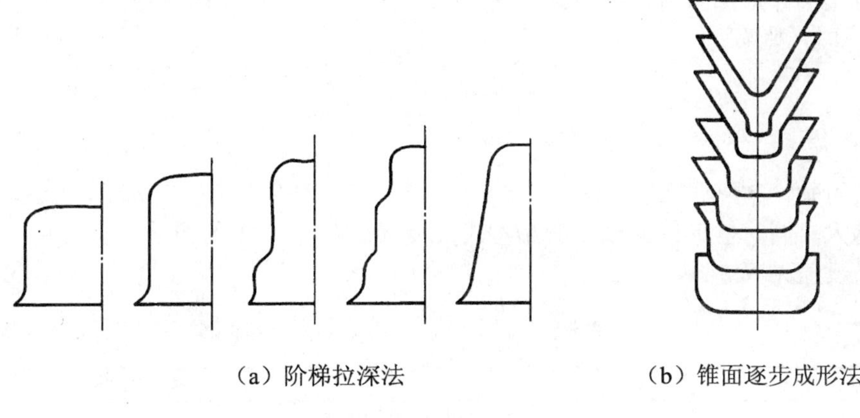

（a）阶梯拉深法　　（b）锥面逐步成形法

图 5-36　深锥形件拉深

5.7　盒形件的拉深

5.7.1　盒形件的拉深变形程度

盒形件属于非旋转体零件，包括方形盒、矩形盒、椭圆形盒等。盒形拉深件的变形是不均匀的，与旋转体零件拉深比较，拉深时毛坯变形区的变形分布要复杂得多。圆角部分变形大，直边部分变形很小，甚至接近弯曲变形。但在拉深过程中，圆角部分和直边部分必然存在着相互影响，影响程度随盒形的形状不同而不同。可以用相对圆角半径 r/B（r 为盒形件的圆角半径，B 为盒形件短边边长）和相对高度 H/B（H 为盒形件的高度）来表示盒形件的形状特征。则拉深时，盒形件圆角与直边部分相互影响体现在：

（1）相对圆角半径 r/B 越小时，直边部分对圆角部分的变形影响就越大，反之，影响就越小，当方形盒 $r/B=0.5$ 时，盒形件就成为筒形件，上述变形差别也不复存在。

（2）当相对高度 H/B（或 H/r）越大时，在同样的 r 下，圆角部分的拉深变形大（即“多余三角形”材料挤出来的多），则直边部分必定会多变形一些，所以圆角部分对直边部分的影响就越大。

这两个因素决定了圆角部分材料向直边部分转移的程度和直边部分高度的增加量。

盒形件首次拉深时圆角部分的受力和变形比直边大，起皱和拉破都容易在圆角部位发生，故盒形件初次拉深时的极限变形量由圆角部分传力的强度确定。

首次拉深时圆角部分的变形程度仍用拉深系数表示：

$$m=d/D$$

式中 d 为与盒形件角部圆角半径相同的筒形件直径，D 为相应筒形件展开毛坯直径。

当$r=r_{底}$时，则有：

$$m=\frac{d}{D}=\frac{2r}{2\sqrt{2rH}}=\frac{1}{\sqrt{2\frac{H}{r}}}$$

由上式可知，盒形件首次拉深的变形程度可用其相对高度 H/r 来表示，H/r 越大，表示变形程度越大。同时盒形件的极限变形程度还受相对料厚 t/D 的影响。盒形件首次拉深的最大相对高度值见表 5-16。

表 5-16　盒形件首次拉深允许的最大 $\frac{H}{r}$（10 钢）

$\frac{r}{B}$	方形盒			矩形盒		
	毛坯相对厚度（t/D）×100					
	0.3～0.6	＞0.6～1	＞1～2	0.3～0.6	＞0.6～1	＞1～2
0.4	2.2	2.5	2.8	2.5	2.8	3.1
0.3	2.8	3.2	3.5	3.2	3.5	3.8
0.2	3.5	3.8	4.2	3.8	4.2	4.6
0.1	4.5	5.0	5.5	4.5	5.0	5.5
0.05	5.0	5.5	6.0	5.0	5.5	6.0

盒形件首次拉深的极限变形程度也可以用相对高度 H/B 来表示，见表 5-17。如果零件的 H/r 或 H/B 小于表中的值，则可一次拉成，否则必须采用多道拉深。

表 5-17　盒形件首次拉深允许的最大 $\frac{H}{B}$（10 钢）

r/B	毛坯相对厚度（t/D）×100			
	0.2～0.5	＞0.5～1.0	＞1.0～1.5	＞1.5～2.0
0.3	0.85～0.9	0.9～1.0	0.95～1.1	1.0～1.2
0.2	0.7～0.8	0.7～0.85	0.82～0.9	0.9～1.0
0.15	0.6～0.7	0.65～0.75	0.7～0.8	0.75～0.9
0.10	0.45～0.6	0.5～0.65	0.55～0.7	0.6～0.8

（续表）

r/B	毛坯相对厚度（t/D）×100			
	0.2～0.5	>0.5～1.0	>1.0～1.5	>1.5～2.0
0.05	0.35～0.5	0.4～0.55	0.45～0.6	0.5～0.7
0.02	0.25～0.35	0.3～0.4	0.35～0.45	0.4～0.5

注：1．对较小尺寸的盒形件（B<100 mm）取上限值，对大尺寸盒形件取较小值。

2．对于塑性好于 10 钢的材料，表中值适当增大 5%～15%，对于塑性差于 10 钢的材料，表中值适当减小 5%～15%。

盒形件多次拉深时，以后各次拉深系数按下式计算：

$$m_i = \frac{r_i}{r_{i-1}} \tag{5-20}$$

式中：r_i，r_{i-1}—— 以后各次拉深工序角部的圆角半径；

m_i—— 以后各次拉深工序圆角处的拉深系数，其极限值可查表 5-18。

表 5-18　盒形件以后各次的极限拉深系数 m（10 钢）

r/B	毛坯相对厚度（t/D）×100			
	0.3～0.6	>0.6～1	>1～1.5	>1.5～2
0.025	0.52	0.50	0.48	0.45
0.05	0.56	0.53	0.50	0.48
0.10	0.60	0.56	0.53	0.50
0.15	0.65	0.60	0.56	0.53
0.20	0.70	0.65	0.60	0.56
0.30	0.72	0.70	0.65	0.60
0.40	0.75	0.73	0.70	0.67

注：同表 5-17 注 2。

5.7.2　盒形件毛坯形状与尺寸确定

盒形件拉深毛坯的设计原则是：在保证毛坯面积与工件面积相等的前提下，应使材料的分配尽可能的满足“获得口部平齐的拉深件”之要求。遵循这一原则设计的毛坯，将有助于降低盒形件拉深时的不均匀变形和减小材料不必要的浪费，也有利于提高盒形件拉深成形极限和保证零件的质量。

按盒形件形状特征和拉深次数，可以将盒形件分为一次拉成的低盒形件，和多次拉成的高盒形件，其毛坯尺寸的计算和拉深方法都有所不同。

1．一次拉成的低盒形件（$H \leqslant 0.3B$，B 为盒形件短边长度）毛坯的计算

因这类零件拉深时仅有微量材料从圆角部分转移到直边部分，因此可认为圆角部分发生拉深变形，直边部分只是弯曲变形。

如图 5-37 所示的盒形工件，只需一次拉深。其毛坯的求法如下：

（1）直边部分按弯曲计算展开，长度为：$l=H+0.57r_1$ （5-21）

式中：H——盒形件的高度（mm），包括修边余量 Δh，Δh 的值见表 5-19；

r_1——盒形件底边圆角的半径（mm）。

（2）如果设想把盒形件四个圆角部分合在一起，共同组成一个圆筒，则其展开半径为：

$$R=\sqrt{r_2^2+2r_2H-0.86r_1r_2-0.14r_1^2} \quad (5\text{-}22)$$

式中：r_2——盒形件圆角半径（mm）；

H——包括修边余量 Δh 的盒形件的高度（mm），Δh 根据表 5-19 确定。

表 5-19 无凸缘盒形件的修边余量 Δh（mm）

工件相对高度 H/r	2.5～6	7～17	18～44	45～100
修边余量	（0.03～0.05）H	（0.04～0.06）H	（0.05～0.08）H	（0.06～0.1）H

注：r 为盒形件角部圆角半径。

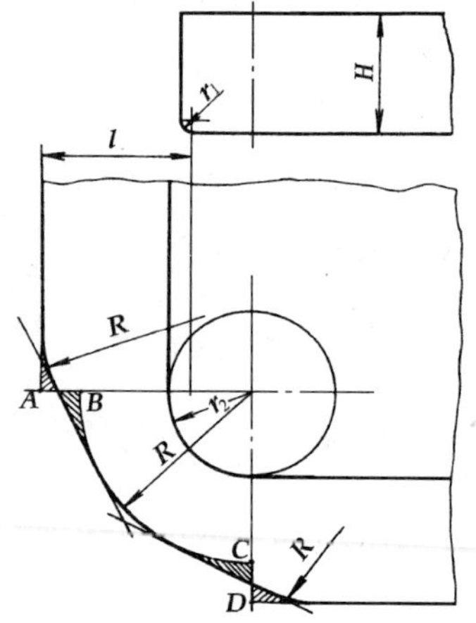

图 5-37 一次拉成的低盒形件毛坯尺寸的计算

（3）按所计算的 l 和 R 值作未修正的毛坯图。

（4）未修正的毛坯图还没有考虑拉深时圆角部分材料向直边的转移，而且，拉深件的毛坯轮廓要求为光滑曲线，不能有急剧转折，所以要对毛坯图进行修正。

分别过 AB 和 CD 的中点向 R 圆弧作切线，并用半径为 R 的圆弧连接切线与直边，就得到最终的毛坯图。可以看出，增加的面积与减少的面积（图 5-37 中阴影部分）基本相等，拉深后可不必修边。如工件质量要求高，有修边要求，展开坯料可简化为矩形切去 4 个角的平板毛坯，从而简化了落料凸、凹模的加工。

2. 多次拉深的高盒形件（$H \geqslant 0.5B$）毛坯的计算

高盒形件拉深时，圆角部分有大量的材料向直边部分流动，直边部分拉深变形也大，毛坯计算必须考虑圆角部分的影响。这类零件的毛坯形状可以为圆形、椭圆形或长圆形，根据盒形件的形状特点而定。

（1）多次拉深的高正方形零件的毛坯（图 5-38）

正方形零件的毛坯是圆形的，可用等面积方法求出毛坯直径 D。

$$D=1.13\sqrt{B^2+4B(H-0.43r_1)-1.72r_2(H+0.5r_2)-4r_1(0.11r_1-0.18r_2)} \tag{5-23}$$

（2）多次拉深的高矩形零件的毛坯（图 5-39）

高矩形拉深零件的毛坯为长圆形或椭圆形。计算时，可将高矩形工件看作宽度为 B（高矩形件的短边边长）的正方形零件从中分开后，中间增加了一个宽度为 B，长度为 $A-B$ 的槽形部分。所以，作未修正毛坯图，两端为两个半圆形，中间为槽形部分展开的矩形毛坯。

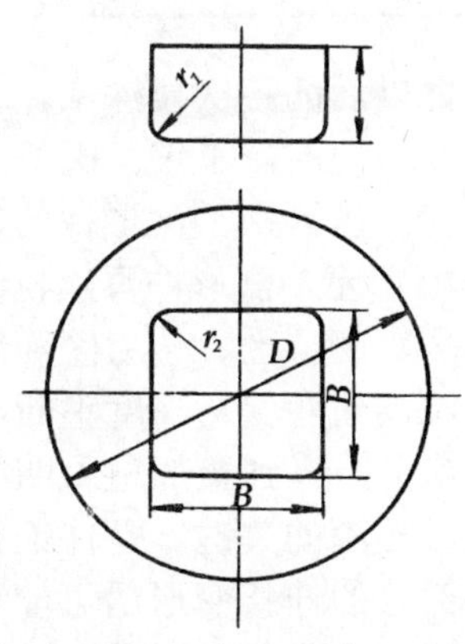

图 5-38　高方形工件毛坯

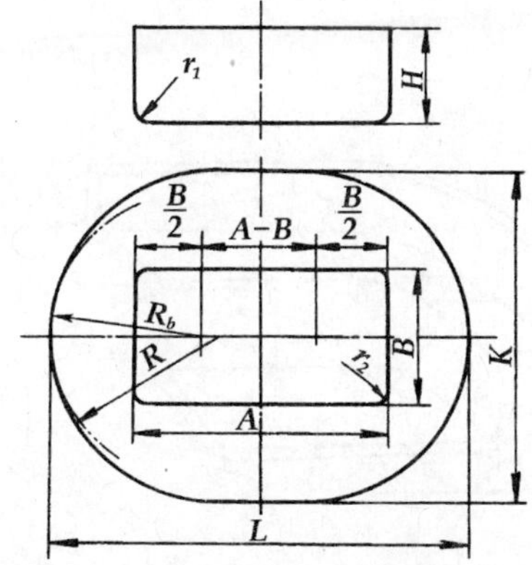

图 5-39　高矩形工件毛坯

半圆形部分毛坯半径R_b为：

$$R_b=\frac{1}{2}D \tag{5-24}$$

式中 D 按式（5-23）计算。

毛坯总长 L 为：

$$L=2R_b+A-B=D+A-B \tag{5-25}$$

毛坯宽度 K 为：

$$K=\frac{D(B-2r_2)+\left[B+2(H-0.43r_1)\right](A-B)}{A-2r_2} \tag{5-26}$$

然后对上述毛坯图进行修正。用$R=K/2$ 的圆弧在毛坯两端作圆弧，使其既与R_b的圆弧相切，又与两长边相切，就得到最终毛坯图。如$K\approx L$，则毛坯做成圆形，半径为$R=0.5K$。

5.7.3　盒形件多次拉深及工序尺寸确定

当盒形件需要多次拉深时，其拉深次数可以根据表 5-20 初步确定。

表 5-20　盒形件多次拉深能达到的最大相对高度 H/B

拉深次数	毛坯相对厚度（t/D）×100			
	0.3～0.5	0.5～0.8	0.8～1.3	1.3～2.0
1	0.50	0.58	0.65	0.75
2	0.70	0.80	1.0	1.2
3	1.20	1.30	1.6	2.0
4	2.0	2.2	2.6	3.5
5	3.0	3.4	4.0	5.0
6	4.0	4.5	5.0	6.0

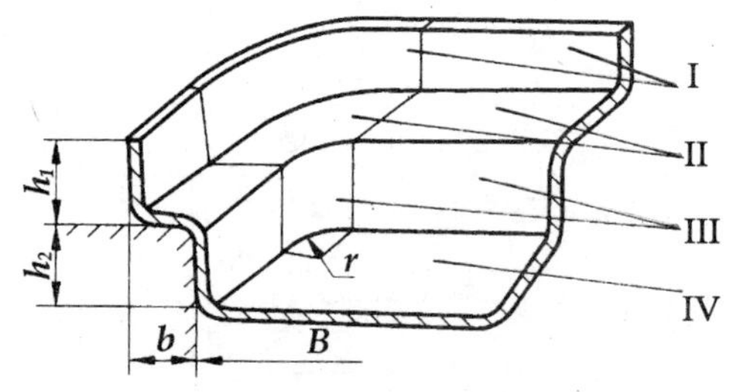

I—待变形区 II—变形区 III—传力区IV—不变形区

图 5-40　盒形件再次拉深时变形分析

在盒形件以后的各次拉深中，变形仍然是复杂且不均匀的，不仅与圆筒形件的多次拉深不同，也区别于盒形件的首次拉深。如图 5-40 所示，盒形件再次拉深可以分为待变形区、变形区、传力区和底部不变形区，拉深的过程是h_2高度不断增大，h_1高度不断减小，直到全部进入凹模成为盒形件侧壁。拉深的关键，是保证拉深时变形区内各部分的伸长变形尽可能均匀，减少材料的局部堆聚和局部应力过大。

盒形件需要多次拉深时，前几次拉深都是采用过渡形状。方盒形件多采用圆形过渡，长盒形件多采用长圆或椭圆形过渡，而在最后一次才拉成所需形状。当前广泛采用通过适当的角部壁间距来确定半成品的形状和尺寸的方法。

1. 方盒形件

方盒形件的毛坯为圆形，中间拉深工序都拉成圆筒形的半成品，最后一道工序拉成零件要求的形状和尺寸。计算时，由倒数第二道工序（即 $n-1$ 道工序）向前推算。

$n-1$ 道工序半成品尺寸为：

$$D_{n-1}=1.41B-0.82r+2\delta \tag{5-27}$$

式中：D_{n-1}——$n-1$ 道拉深工序后，圆筒形半成品的内径（mm）；

B——方盒形件的宽度（按内表面计算）（mm）；

r——方盒形件角部的内圆角半径（mm）；

δ——$n-1$ 道拉深后得到的半成品圆角部分的内表面到盒形件内表面之间的距离（mm），简称为角部壁间距离，如图 5-41 所示。

角部壁间距离 δ，对最后一道拉深工序的变形区变形程度的大小和分布的均匀程度影响很大。角部壁间距离 δ 可按照下式来取。

$$\delta = K r \tag{5-28}$$

式中，$K=0.1\sim0.45$，推荐 $K=0.2\sim0.25$。

其他各道中间工序的计算，因均为圆筒形零件，可以参照圆筒形零件的拉深工艺计算方法，也就是由直径 D 的平板毛坯拉深成直径为 D_{n-1}，高度为 H_{n-1} 的圆筒形零件。

2. 矩形盒形件

矩形盒形件的毛坯为长圆形或椭圆形，中间拉深工序一般都拉成椭圆形的半成品，最后一道工序拉成零件要求的形状和尺寸。和方盒形件的计算一样，由 $n-1$ 道工序向前推算。

（1）$n-1$ 道拉深工序是一个椭圆形半成品，其在长轴和短轴方向上的曲率半径计算见式（5-29），圆弧 $R_{a(n-1)}$, $R_{b(n-1)}$ 的圆心可按图 5-42 确定。

$$\left.\begin{aligned} R_{a(n-1)} &= 0.707A - 0.41r + \delta \\ R_{b(n-1)} &= 0.707B - 0.41r + \delta \end{aligned}\right\} \tag{5-29}$$

式中：$R_{a(n-1)}$, $R_{b(n-1)}$ 分别为$(n-1)$道拉深工序所得椭圆形半成品在长轴和短轴方向上的曲率半径（mm）；

A，B 分别为矩形盒的长度和宽度（mm）；

δ 角部的壁间距离（mm），按式（5-28）计算；

r 矩盒形件角部的内圆角半径（mm）。

（2）椭圆形半成品的长半轴和短半轴计算如下：

$$\left.\begin{aligned} \text{长半轴}_{(n-1)} &= R_{b(n-1)} + (A-B)/2 \\ \text{短半轴}_{(n-1)} &= R_{a(n-1)} - (A-B)/2 \end{aligned}\right\} \tag{5-30}$$

（3）$(n-1)$道椭圆形半成品的高度为：$H_{(n-1)} \approx 0.88H$，H 为矩形盒的高度。

（4）得到$(n-1)$道拉深工序的椭圆形半成品后，可以用前述盒形件首次拉深的计算方法检查是否能用平板毛坯一次拉成该半成品，如果不能，则需要计算$(n-2)$道拉深工序半成品尺寸。$(n-2)$道过度工序的半成品仍然是一椭圆形件，其尺寸应保证下面的关系式：

$$\frac{R_{a(n-1)}}{R_{a(n-1)}+a} = \frac{R_{b(n-1)}}{R_{b(n-1)}+b} = 0.75 \sim 0.85$$

即

$$\left.\begin{aligned} a &= (0.18\sim0.33)\,R_{a(n-1)} \\ b &= (0.18\sim0.33)\,R_{b(n-1)} \end{aligned}\right\} \tag{5-31}$$

式中：a、b 分别为椭圆形半成品之间长轴与短轴上的壁间距离（参考图 5-42）。

由 a、b 可以在图 5-42 长轴与短轴上找到 M 点和 N 点，然后，用作图法选定 $R_{a(n-2)}$ 和 $R_{b(n-2)}$（即图中的 R_a 和 R_b），使所作圆弧通过 M 与 N 两点，且又能圆滑连接，就得到该道工序半成品尺寸图。由图可以看出 R_a 和 R_b 的圆心逐渐靠近盒形件的中心点 O 点。当中间工序的椭圆度小于 1.3 时，该工序的毛坯可为圆筒形，此时圆筒形毛坯的半径可用下式计算：

$$R = \frac{R_b a - R_a b}{R_b - R_a} \tag{5-32}$$

如果还需要下一道过渡工序，可以用相同的方法来计算。

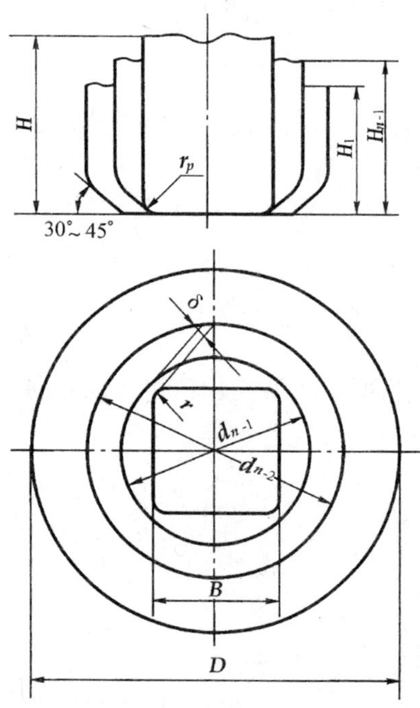

图 5-41　方盒件拉深的半成品形状尺寸

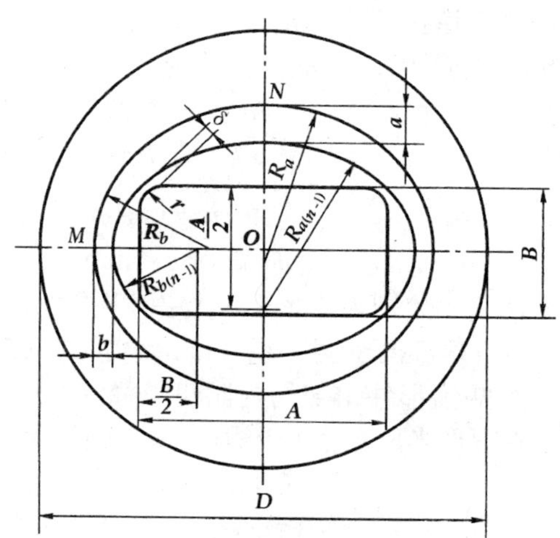

图 5-42　矩形盒件拉深的半成品形状尺寸

假如在试模或调整过程中，发现在圆角部分出现材料堆聚或其他成形质量问题时，可适当地减小或加大圆角部分的壁间距离。

5.7.4　盒形件拉深模工作部分形状和尺寸确定

1. 凸、凹模间隙

方形、矩形零件拉深时，直边部分的单边间隙的取值见式（5-33）和（5-34）。

中间过渡工序的拉深

$$\frac{Z}{2} = (1.1 \sim 1.3)t \tag{5-33}$$

末次拉深

$$\frac{Z}{2}=t \tag{5-34}$$

圆角部分的间隙要比直边部分大 0.1t，这是因为圆角部分在拉深时会增厚。如图 5-43 所示，当零件要求外径尺寸时，增大间隙取在凸模上；当零件要求内径尺寸时，增大间隙取在凹模上。图中点划线为未增大间隙时凸模、凹模轮廓。

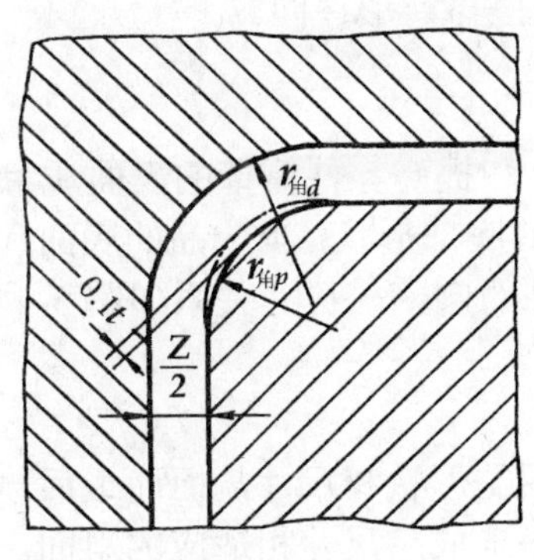

（a）零件要求外径尺寸

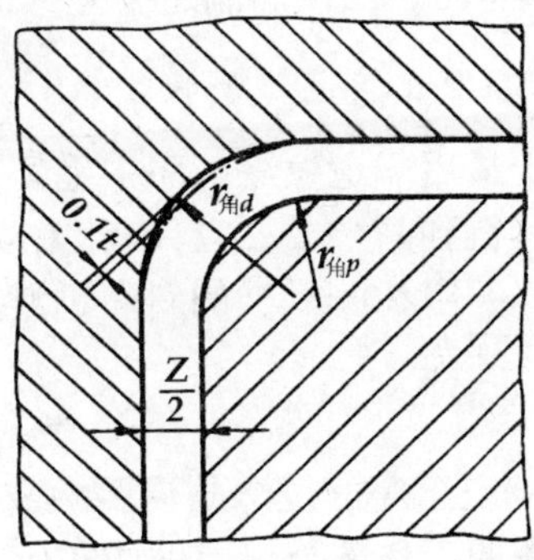

（b）零件要求内径尺寸

图 5-43　矩形零件凸凹模间隙

2. 凸、凹模圆角半径

拉深凹模的圆角半径为：

$$R_{凹}=(4\sim10)t \tag{5-35}$$

一般在冲模设计时，总是先取较小的$R_{凹}$值，然后在冲模试冲时根据实际情况适当的修磨加大。凸模底部圆角半径$r_{凸}$可按照筒形件的计算方法来取。

3. 凸、凹模工作部分尺寸和公差

盒形件拉深凸、凹模工作部分的尺寸和公差计算方法与筒形件相同。但要注意圆角部分间隙比直边大 0.1t（图 5-43），圆角部分尺寸计算如下：

当零件要求外径尺寸时，凹模的角部圆角半径$R_{角d}$为：

$$R_{角d}=(R_{max}-0.75\Delta)_{0}^{+\delta_p} \tag{5-36}$$

凸模的角部圆角半径$R_{角p}$为：

$$R_{角p}=(R_{角d}-0.5Z-0.1t)_{-\delta_p}^{0} \tag{5-37}$$

当零件要求内径尺寸时，凸模的角部圆角半径$r_{角p}$为：

$$r_{角p}=(r_{\min}+0.4\Delta)_{-\delta_p}^{0} \tag{5-38}$$

凹模的角部圆角半径$r_{角d}$为：

$$r_{角d}=(r_{角p}+0.5Z+0.1t)_{0}^{+\delta_p} \tag{5-39}$$

式中：$R_{\max}$、$r_{\min}$——零件角部外径最大尺寸、内径最小尺寸（mm）；

△——零件公差（mm）；

δ_p、δ_d——凸、凹模的制造公差（mm），取值与筒形件同。

4. (*n*-1)道拉深工序凸模形状

为了有利于最后一道拉深工序中毛坯的变形，和提高零件侧壁的表面质量，在(*n*－1)道拉深工序后所得到的半成品应具有图 5-44 所示的底部形状：半成品的底面和盒形件的底平面尺寸相同，并用 30°～45°的斜面过渡到半成品的侧壁。尺寸关系如图 5-44（a）所示。图中斜度开始尺寸为：

$$Y=B\text{-}1.11r_1。$$

这时，(*n*-1)道工序的拉深凸模要做成与此相同的形状和尺寸，而而最后一道拉深工序的凹模和压边圈的工作部分也要做成与(*n*-1)道工序半成品尺寸相适应的斜面。

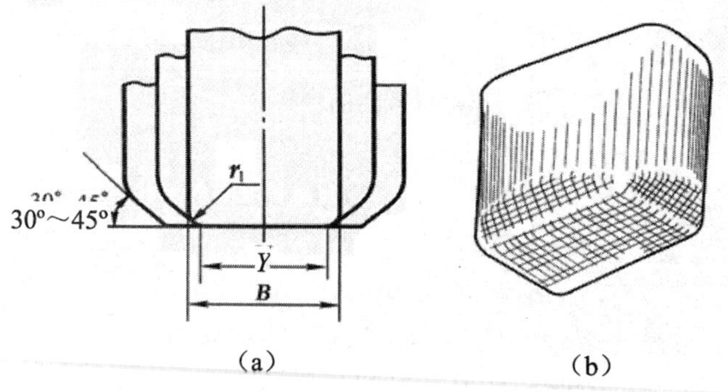

（a） （b）

图 5-44 *n*－1 次拉深半成品形状

5.8 其他拉深方法

5.8.1 变薄拉深

变薄拉深是一种特殊的拉深方法，图 5-45 是变薄拉深示意图，模具的间隙小于板厚（或筒壁厚度），在拉深过程中，工件的直径变化很小，工件的底部厚度不变，而工件的筒壁厚度减小，工件的高度增加。

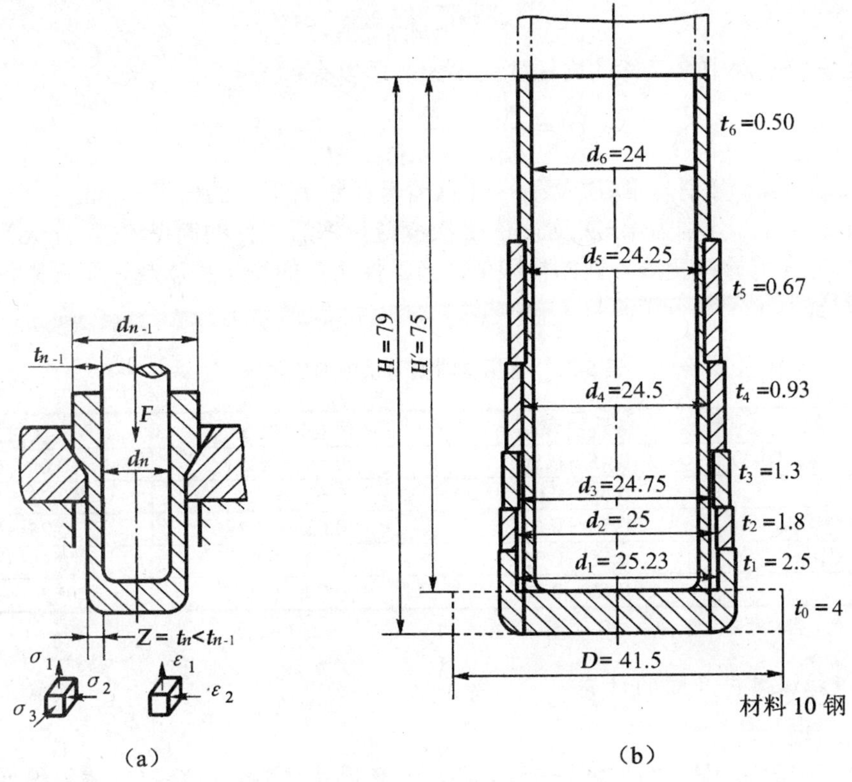

图 5-45　变薄拉深

1. 变薄拉深的特点

（1）由于材料变形是处于均匀的压应力作用下，材料产生强烈冷作硬化，晶粒变细，强度增加。

（2）经变薄拉深后的工件，壁厚均匀，其偏差在±0.01 mm 以内，表面粗糙度 *Ra* 在 0.4 μm 以内。

（3）变薄拉深过程中不会起皱，不需要压边圈。

（4）拉深过程摩擦严重，对润滑及模具材料要求高。

（5）每次变薄拉深后都要对工件回火处理，以消除残余应力。

2. 变薄系数 φ

变薄拉深的变形程度用变薄系数 φ 表示，φ 定义为拉深后与拉深前工件断面积之比，即：

$$\varphi_n = \frac{A_n}{A_{n-1}} \tag{5-40}$$

由于在变薄拉深中，工件的内径变化不大，所以有：

$$\varphi_n = \frac{A_n}{A_{n-1}} = \frac{\pi d_n t_n}{\pi d_{n-1} t_{n-1}} \approx \frac{t_n}{t_{n-1}} \tag{5-41}$$

式中：d_n、d_{n-1}—— 分别为第n次及第$n-1$次变薄拉深后工件的内径（mm）；

t_n、t_{n-1} —— 分别为第n次及第$n-1$次变薄拉深后工件的筒壁厚度（mm）。

表5-21为常用材料变薄系数的极限值，当零件所需的变形程度超过了极限值时，可采用多次变薄拉深。

表5-21　常用材料变薄系数的极限值

材　料	首次拉深φ_1	中间各次拉深φ_m	末次拉深φ_n
铜、黄铜（H68、H80）	0.45～0.55	0.58～0.65	0.65～0.73
铝	0.50～0.60	0.62～0.68	0.72～0.77
低碳钢、拉深钢板	0.53～0.63	0.63～0.72	0.75～0.77
25～35中碳钢	0.70～0.75	0.78～0.82	0.85～0.90
不锈钢	0.65～0.70	0.70～0.75	0.75～0.80

注：厚料取较小值，薄料取较大值。

3. 变薄拉深工序尺寸的计算

（1）毛坯尺寸的计算

变薄拉深一般采用普通拉深件作为毛坯，毛坯尺寸按变薄拉深前后体积相等的原则计算。即：

$$V_0 = aV_1 \tag{5-42}$$

式中：V_0—— 坯料体积（mm^3）；

a—— 考虑修边余量所加的因数，取a=1.1～1.2；

V_1—— 工件体积（mm^3）。

设平板坯料的体积为 $V_0 = \frac{\pi}{4}D_0^2 t_0$，代入式（5-42）得：

$$D_0 = 1.13\sqrt{\frac{aV_1}{t_0}} \tag{5-43}$$

式中：D_0—— 毛坯直径（mm）；

t_0—— 毛坯厚度（mm）（取为工件底部厚度）。

（2）变薄拉深次数n可用下式计算：

$$n = \frac{\lg t_n - \lg t_0}{\lg \varphi_{均}} \tag{5-44}$$

式中：t_0—— 毛坯厚度（mm）；

t_n—— 工件壁厚（mm）；

$\varphi_{均}$—— 平均变薄系数，可查表 5-21。

（3）各工序壁厚、直径、高度的确定

① 各道工序的壁厚：

$$t_1 = t_0\varphi_1，t_2 = t_1\varphi_2，t_3 = t_2\varphi_3，\cdots，t_n = t_{n-1}\varphi_n， \tag{5-45}$$

式中：t_1，t_2，…，t_{n-1}—— 中间工序半成品的壁厚（mm）；

t_n—— 成形工件的壁厚（mm）。

② 各道工序的内径基本上不变，但为了使每道变薄拉深工序的凸模能顺利地进入上道工序所制成的半成品内孔，凸模直径应比上道工序的半成品内径小 1%～3%。因此，各道工序的直径应从后道工序向前推算，即：

$$\begin{gathered} d_{n-1} = (1+c)d_n \\ d_{n-2} = (1+c)d_{n-1} \\ \vdots \\ d_1 = (1+c)d_2 \end{gathered} \tag{5-46}$$

式中：d_n—— 工件内径（mm）；

d_1，d_2，…，d_{n-1}—— 中间工序半成品的内径（mm）；

c—— 系数，$c = 0.01$～0.03，前几道取大值，以后逐次减小。厚壁取大值，薄壁取小值。

③ 各道工序的高度为：

$$h_i = \frac{t_0(D_0^2 - D_i^2)}{2t_i(D_i + d_i)} \tag{5-47}$$

式中：t_0—— 毛坯厚度（mm）；

D_0—— 毛坯直径（mm）；

D_i—— 第i道工序半成品外径（mm）；

t_i—— 第i道工序半成品的壁厚（mm）；

d_i—— 第i道工序半成品内径（mm）；

h_i—— 第i道工序半成品高度（mm）。

4. 拉深力

$$F_i - K\pi d_i(t_{i-1} - t_i)\sigma_b \tag{5-48}$$

式中：F_i—— 第i道工序的拉深力；

d_i—— 第i道工序半成品直径；

K—— 系数，黄铜取 1.6～1.8，钢取 1.8～2.25；

t_{i-1}，t_i—— 第 i-1 道及第 i 道工序半成品的壁厚；

σ_b—— 材料的强度极限（Mpa）

5. 模具的结构

（1）凹模

图 5-46（a）所示为变薄拉深的凹模。凹模锥角 $\alpha=7°\sim10°$，$\alpha_1=2\alpha$。凹模工作表面粗糙度一般取为 $R\alpha=0.05\sim0.2\mu m$。工作带高度 h 可参考表 5-22 选取。h 取值过大，会加大摩擦力，h 过小会使模具寿命缩短。

表 5-22 凹模工作带高度 h

工件内径 d_i	＜10	10～20	20～30	30～50	＞50
工作带高度 h	0.9	1	1.5～2	2.5～3	3～4

（2）凸模

图 5-46（b）所示为变薄拉深的凸模。变薄拉深凸模应有一定的锥度（一般锥度为 500:0.2），便于零件自凸模上卸下。在凸模上必须设有通气孔，通气孔直径一般取为 $d_1=(1/2\sim1/6)\,d$。凸模工作部分表面粗糙度一般取为 $R\alpha=0.05\sim0.4\mu m$，且该工作部分长度应大于工件高度。

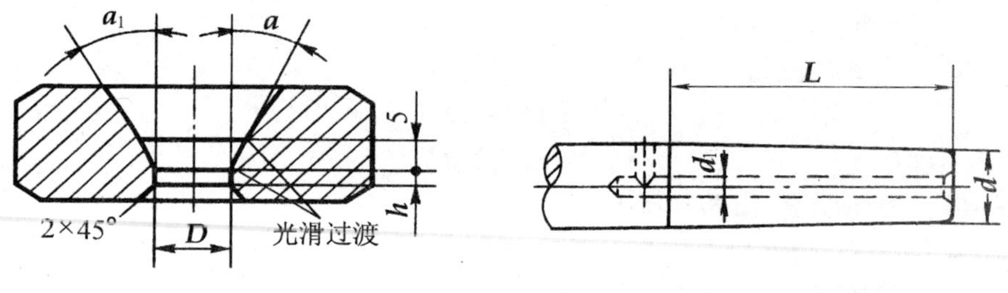

（a） 凹模　　　（b） 凸模

图 5-46 变薄拉深凸模、凹模结构

图 5-47 所示为一种变薄拉深模通用模架，常用在批量不大的生产中。下模采用紧固圈 5 将凹模 12、定位圈 13 紧固在下模座内，凸模也以紧固圈 3 及锥面套 4 紧固在上模座 1 上。松开紧固圈 3、5，可方便的更换凸模、凹模和定位圈，进行其他工序、工件的变薄拉深。为装模和对模方便，可用校模圈 14 对模，对模以后应将校模圈取出，然后再进行拉深。也可以用定位圈代替校模圈。此模具没有导向装置，靠压力机本身的导向精度来保证。

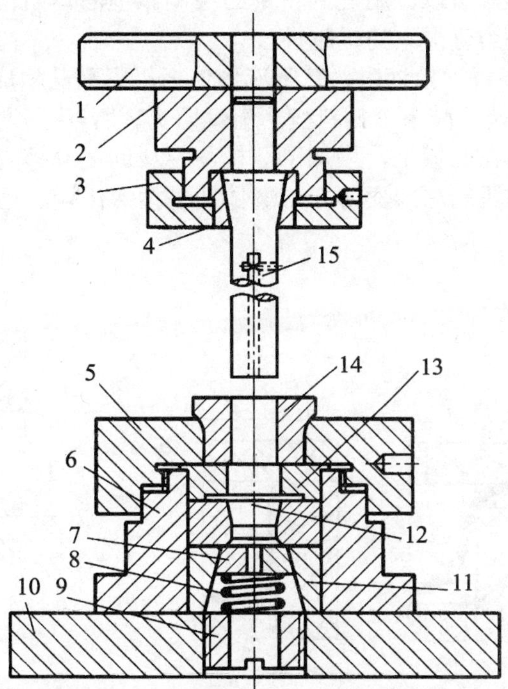

1—上模座 2—凸模固定板 3—紧固圈 4—锥面套 5—紧固圈 6—下模座 7—刮件环
8—弹簧 9—螺塞 10—下模座 11—锥面套 12—凹模 13—定位圈 14—校模圈 15—凸模

图 5-47　变薄拉深的通用模架

5.8.2　软模拉深

软模拉深分为软凸模拉深和软凹模拉深，是用橡胶、液体或气体代替刚性凸模或凹模，直接作用于毛坯上进行拉深。(用软模代替钢模也可完成冲裁、弯曲、成形等多种其他冲压工序。)

软模拉深不会对零件擦伤、压痕，可获得尺寸精度高、表面质量好的零件，同时，大大简化了模具结构，缩短了模具制造周期，降低了成本，但因生产率低，因此仅在小批量生产中应用广泛。

图 5-48 为用液体代替凸模进行拉深的过程。在液压力作用下，平板毛坯中部产生胀形，当压力继续增大，使毛坯凸缘产生拉深变形时，凸缘材料逐渐进入凹模，形成筒壁。用液体凸模拉深时，由于液体与毛坯之间几乎没有摩擦力，零件容易拉偏。另外这种方法容易

在零件底部产生胀形变薄，所以应用受到一定的限制。但液体凸模拉深对锥形件、半球形件和抛物面件等复杂零件具有很大的优越性。

图 5-49 为液体凹模拉深，拉深时，高压液体使板材紧贴凸模成形，并在凹模与毛坯表面之间挤出，产生强制润滑，减小了材料变形流动阻力，所以这种方法也叫**强制润滑拉深**。同时由于液体将毛坯压紧在凸模上，增加了凸模与材料间的摩擦力，提高了筒部传力区的承载能力，从而防止了毛坯的局部变薄。与液体凸模拉深比较，毛坯定位也较容易等。

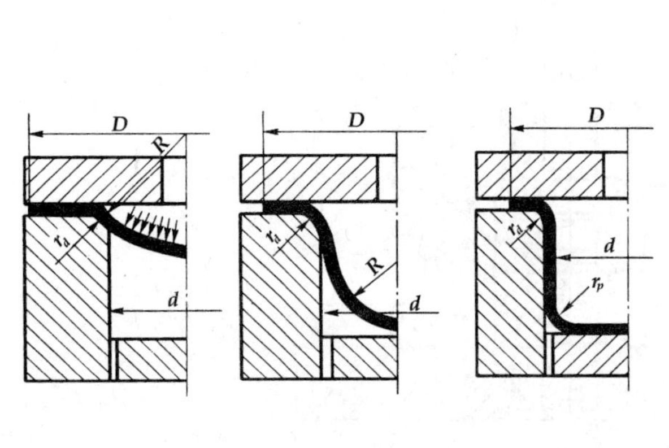

图 5-48 液体凸模拉深

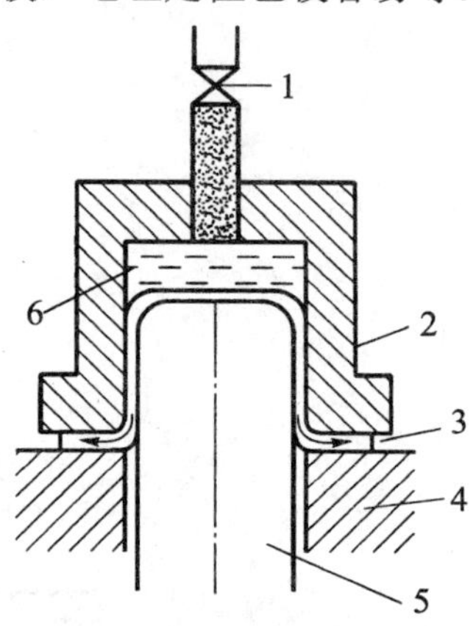

1—溢流阀 2—凹模 3—毛坯

4—模座 5—凸模 6—润滑油

图 5-49 液体凹模拉深

5.8.3 带料连续拉深

带料连续拉深是一种多次拉深方法，在带料上按一定的顺序直接（不裁成单个毛坯）进行拉深，每个工位完成一道工序，零件拉深成形后才从带料上冲裁下来。这种拉深方法生产率很高，但模具结构复杂，只有在大批量生产且零件不大的情况下才采用。或者零件特别小，手工操作很不安全，虽不是大批生产，但是产量也比较大时，也可考虑采用，如电子仪表等产品零件的加工。

带料连续拉深由于不能进行中间退火，所以在考虑采用连续拉深时，首先应审查材料在不进行中间退火的情况下所能允许的最大总拉深变形程度（即允许的极限总拉深系数）是否满足拉深件总拉深系数的要求。各种材料允许的总的极限拉深系数见表 5-23。

表 5-23　带料连续拉深总的极限拉深系数 m

冲压材料	抗拉强度 σ_b/MPa	延伸率 δ%	m		
			不带推件装置		带推件装置
			$t<1.0$	$t>1.0\sim2.0$	
钢 08F、10F	300～400	28～40	0.40	0.32	0.16
黄铜、紫铜	300～400	28～40	0.35	0.28	0.2～2.4
软　铝	80～110	22～25	0.38	0.30	0.18～2.4
不锈钢、镍带	400～550	20～40	0.42	0.36	0.26～0.32
精密合金	500～600	—	0.42	0.36	0.28～0.34

带料连续拉深总拉深系数的计算方法，与带凸缘的筒形件拉深系数的计算方法相同。

总拉深系数　$m_{总}=d/D=m_1 m_2 m_3 \cdots\ m_n$

式中：d——工件直径；

D——毛坯展开直径；

m_1、m_2、…、m_n——各次拉深系数。

带料连续拉深分无切口拉深与有切口拉深两种，如图 5-50 所示。

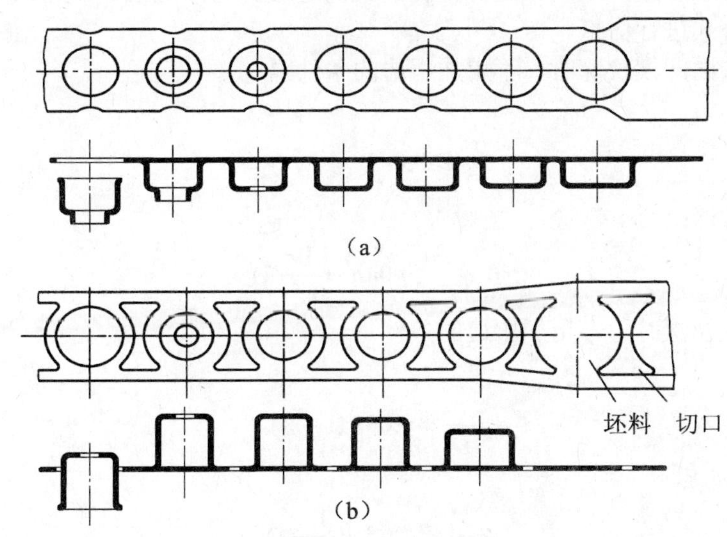

(a) 无切口工艺　(b) 有切口工艺

图 5-50　带料连续拉深

图 5-50 (a) 所示为无切口的连续拉深，由于相邻两个拉深件之间相互影响，因此材料

在纵向流动较困难，变形程度大时就容易拉破。所以每道工序应采用较大的拉深系数，这样，工序数就增多了。但它比有切口的连续拉深节省材料 。这种方法一般用于毛坯相对厚度$t/D\times100>1$，相对凸缘直径$d_{凸}/d=1.1\sim1.5$及相对高度$h/d\leqslant0.3$的拉深件。

图 5-50（b）所示为有切口的连续拉深，在两拉深件的相邻处有切口或切槽，以减小相互间的影响和约束。这种拉深方法与单个毛坯拉深较相似。因此每道工序的拉深系数可以小些，即拉深次数可以少些，但材料消耗较多。可用于拉深较困难的工件，即毛坯相对厚度$t/D\times100<1$，相对凸缘直径$d_{凸}/d>1.3$及相对高度$h/d>0.3\sim0.6$的拉深件。

5.9 拉深力、压边力及压边装置的选择

5.9.1 压边力

1. 采用压边圈的条件

如本章第二节所述，采用压边圈是防止拉深起皱的有效方法。是否需要加压边，生产中一般用经验公式进行估算。

用普通平端面凹模拉深时，不用加压边的条件是：

首次拉深：

$$\frac{t}{D}\geqslant0.045\ (1-m) \tag{5-49}$$

以后各次拉深：

$$\frac{t}{D}\geqslant0.045\ (\frac{1}{m}-1) \tag{5-50}$$

用锥形凹模拉深时，不用加压边的条件是：

首次拉深：

$$\frac{t}{D}\geqslant0.03\ (1-m) \tag{5-51}$$

以后各次拉深：

$$\frac{t}{D}\geqslant0.03\ (\frac{1}{m}-1) \tag{5-52}$$

如不能满足上述公式的要求，则在拉深模设计时应加压边装置。另外，也可利用表 5-24 来判断是否需要压边。

表 5-24　是否采用压边圈的条件

拉 深 方 法	第一次拉深		后续各次拉深	
	$t/D\times100$	m_1	$t/D\times100$	m_n
用压边圈	＜1.5	＜0.6	＜1.0	＜0.8
可用可不用	1.5～2.0	0.6	1.0～1.5	0.8
不用压边圈	＞2.0	＞0.6	＞1.5	＞0.8

2. 压边力的计算

压边力的大小对拉深影响很大，压边力如果太大，将引起拉深力增加，增大工件拉裂的危险；太小则达不到防皱的目的。生产中压边力F_Q的经验计算公式见表 5-25。

表 5-25　压边力计算公式

拉 深 情 况	公　　式
拉深任何形状的工件	$F_Q = Ap$
圆筒形件第一次拉深	$F_Q = \frac{\pi}{4}\left[D^2 - (d_1 + 2r_{凹})^2\right]p$
圆筒形件以后各次拉深	$F_Q = \frac{\pi}{4}(d_{n-1}^2 - d_n^2)p$

注：式中　A——在压边圈下的毛坯投影面积（mm^2）；

p——单位压边力（MPa）。其值见表 5-2、5-26；

D——平板毛坯直径（mm）；

d_1、…、d_n——第 1、…、n次拉深后工件直径（mm）；

$r_{凹}$——拉深凹模圆角半径（mm）。

在实际生产中，实际压边力的大小要根据既不起皱又不被拉裂这个原则，在试模中加以调整。在设计压边装置时应考虑便于调整压边力。

5.9.2　压边装置的选择

1. 压边圈的类型

（1）平面压边圈　平面压边圈是最常用的一种压边结构，可用于首次拉深模的压边，还可用于起伏、成形等的压料。如图 5-51 所示。

（2）局部压边　局部压边可以减少材料与压边圈的接触面积，增大单位压力。适用于宽凸缘拉深件，如图 5-52 所示。

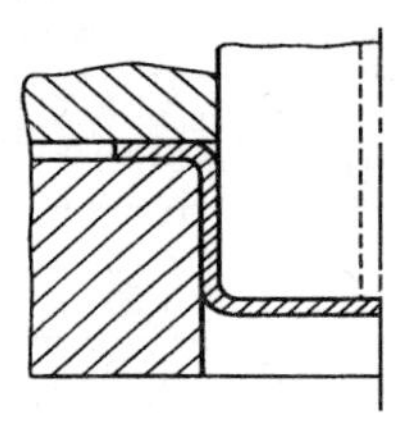

图 5-51 平面压边圈

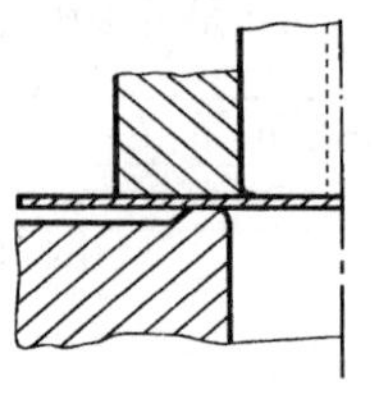

（a）带凸筋压边圈

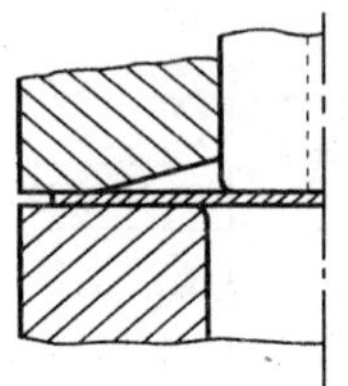

（b）带斜度压边圈

图 5-52 局部压边结构

（3）带限位的压边　为避免因压边过紧而使毛坯拉裂，可采用带限位压边装置。如图 5-53 所示，采用销钉或螺钉使压边圈与凹模保持固定的距离 s，调整距离 s 的大小就可以调整压边力的大小。图 5-53（a）为带限位的平面压边，用于首次拉深。图 5-53（b）、（c）所示结构适用于工件的再次拉深。

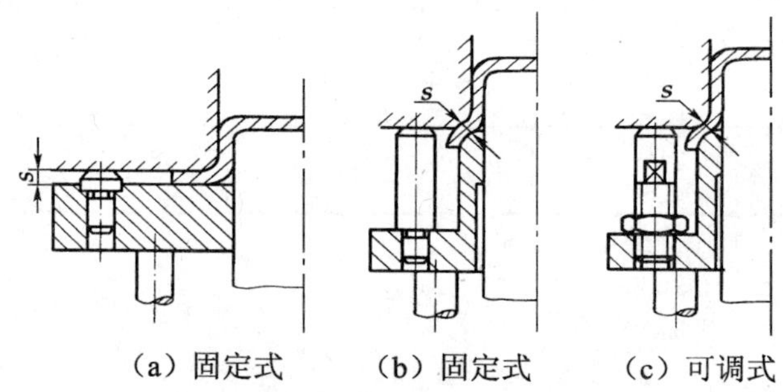

（a）固定式　（b）固定式　（c）可调式

图 5-53 带限位压边装置

（4）带凸筋压边圈　在压边圈上增加局部或整体的凸筋，可以增大压边力，适用于小凸缘、球形件拉深及起伏成形等，如图 5-54 所示。

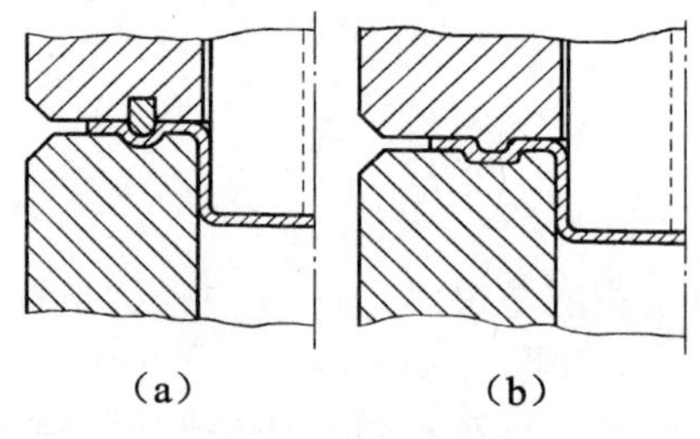

（a）　（b）

图 5-54 带凸筋压边圈

2. 压边圈压力的提供方式

按拉深时压边圈压力的提供方式分弹性压边和刚性压边两种。

（1）弹性压边

弹性压边装置如图 5-55 所示，所用弹性元器件一般为橡皮、弹簧和气垫，另外氮气弹簧技术也逐渐在模具中得到使用。

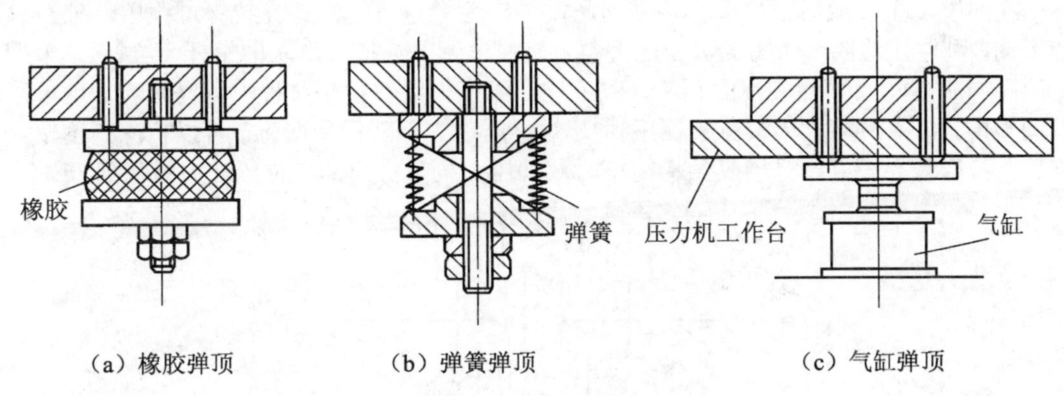

（a）橡胶弹顶　　（b）弹簧弹顶　　（c）气缸弹顶

图 5-55 弹性压边装置

橡皮和弹簧压边装置多用于普通小吨位的单动压力机。由于提供的压边力较小，对厚料、深拉深不宜采用。大吨位的压力机工作台下部带有气垫装置，使用压缩空气，通过调整压缩空气的压力大小来控制压边力。气垫工作平稳，适用于大尺寸、深拉深件的压边。

从行程与压力的关系看，防止拉深材料起皱所需压边力如图 5-56（b）所示，当拉深到 $R_t \approx 0.85 R_0$（R_t为凸缘直径，R_0为毛坯直径）时，要求的压边力最大，以后压力缓慢减小。而橡皮和弹簧压边装置随行程增加压力增大（图 5-56（a）），所以随拉深深度加大，材料所承受的拉深应力加大，容易出现“危险断面”的拉裂或变薄，特别是对强度低的有色金属板材（如铝板、纯铜等）更严重。为避免拉深后期压边力过大带来的危害，可考虑增加限位螺钉或销钉（如图 5-53 所示）。气垫压边装置的压边力不随行程变化，其压边效果较好。

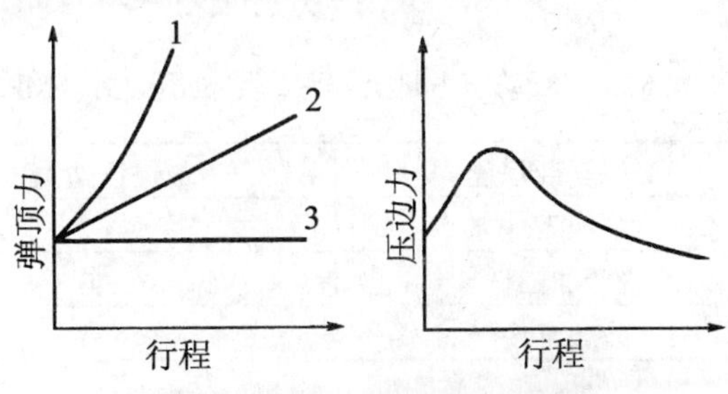

（a）弹顶力曲线　（b）压边力需求

1—橡胶 2—弹簧 3—气垫

图 5-56 弹顶力与压边力需求曲线

（2）刚性压边

刚性压边装置用于双动压力机，凸模装在压力机的内滑块上，压边装置装在外滑块上。其动作原理如图 5-57 所示。曲轴 1 旋转时，首先通过凸轮 2 带动外滑块 3 使压边圈 6 将毛坯压在凹模 7 上，随后由内滑块 4 带动凸模 5 对毛坯进行拉深。在拉深过程中，外滑块保持不动。刚性压边圈压边力的大小的调整，是通过调节连接外滑块的螺杆（丝杠），来调节压边圈与凹模间隙 c 而实现的。考虑到毛坯凸缘变形区在拉深过程中板厚有增加现象，所以调整模具时 c 应略大于板厚 t。用刚性压边，压边力不随行程变化，可以拉深高度较大的工件，拉深效果较好，且模具结构简单。双动压力机上拉深的单位压边力见表 5-26。

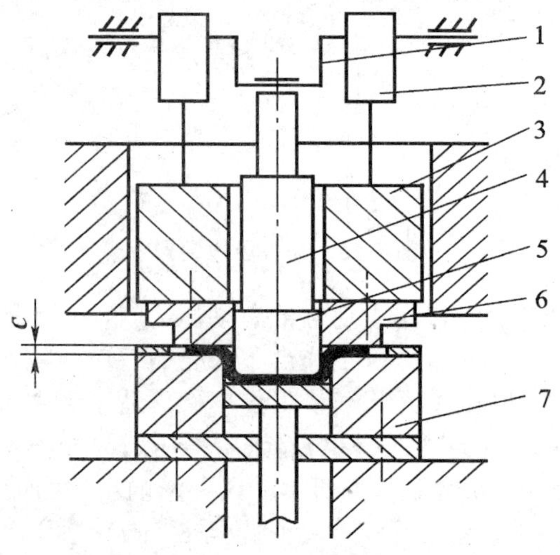

1—曲轴 2—凸轮 3—外滑块 4—内滑块 5—凸模 6—压边圈 7—凹模

图 5-57 双动压力机拉深原理

表 5-26 双动压力机上拉深的单位压边力（MPa）

工作复杂程度	单位压边力 p
难加工件	3.7
普通加工件	3.0
易加工件	2.5

3. 压边圈的尺寸确定

首次拉深时（如图 5-58 所示）：

$$D_{压} = (0.02 \sim 0.20) + d_p \tag{5-53}$$

式中：$D_{压}$—— 压边圈内径（mm）；

d_p—— 拉深凸模外径（mm）。

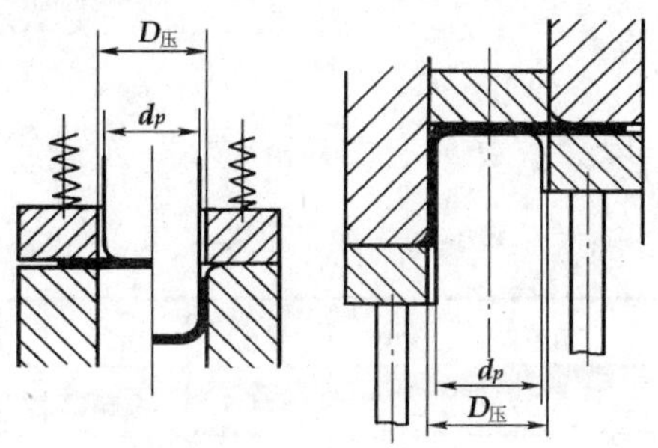

图 5-58　首次拉深压边圈

以后各次拉深时（如图 5-59 所示），压边圈内径$D_{压}$仍按式（5-62）计算，外径$d_{压}$按式（5-63）计算：

$$d_{压} = D - (0.03 \sim 0.08) \qquad (5\text{-}54)$$

式中：$d_{压}$ —— 以后各次拉深压边圈外径（mm）；

D—— 拉深前半成品工件内径（mm）。

压边圈圆角半径$r_{压}$应比上次拉深凸模相应的圆角半径大 0.5～1 mm，以便于将工件套上压料圈。

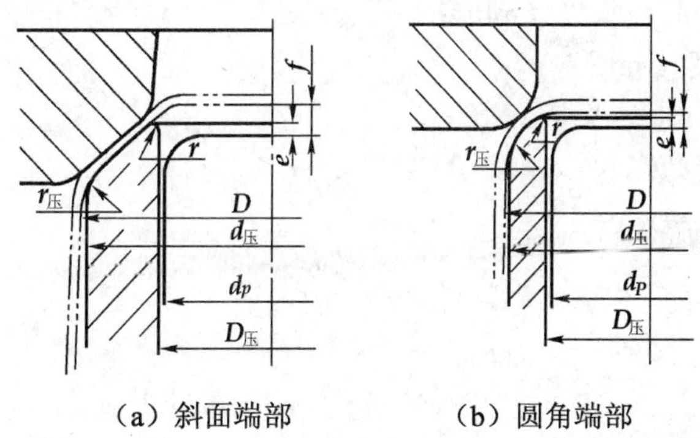

（a）斜面端部　　　　（b）圆角端部

图 5-59　以后各次拉深拉边圈

5.9.3　拉深力与压力机吨位的选择

1. 采用压边圈的圆筒形件的拉深力

$$F = K\pi d\, t\sigma_b \qquad (5\text{-}55)$$

式中：F—— 拉深力（N）；

d—— 拉深凸模直径（mm）；

t—— 材料厚度（mm）；

σ_b—— 材料的强度极限（MPa）；

K—— 修正系数，与拉深系数 m 有关，m 越大，K 越小。K 值见表 5-27。

表 5-27 修正系数 K 值

m_1	0.55	0.57	0.60	0.62	0.65	0.67	0.70	0.72	0.75	0.77	0.80
K_1	1.00	0.93	0.86	0.79	0.72	0.66	0.60	0.55	0.50	0.45	0.40
m_2	0.70	0.72	0.75	0.77	0.80	0.85	0.90	0.95			
K_2	1.00	0.95	0.90	0.85	0.80	0.70	0.60	0.50			

注：表中K_1为首次拉深的修正系数，K_2为以后各次拉深的修正系数。

2. 不采用压边圈的圆筒形件的拉深力

不采用压边圈的圆筒形工件仍可用式（5-64）来计算其拉深力，其中K_1=1.25，K_2=1.3。

3. 横截面为矩形、椭圆形等拉深件的拉深力

$$F = KL\,t\sigma_b \tag{5-56}$$

式中：L—— 横截面周边长度（mm）；

t——材料厚度（mm）；

σ_b—— 材料的强度极限（MPa）；

K—— 修正系数，可取 0.5～0.8。

4. 压力机吨位的选择

压力机吨位可按式（5-66）、式（5-67）选择。

浅拉深时：

$$F_{机} \geqslant (1.25\sim1.4)(F+F_Q) \tag{5-57}$$

深拉深时：

$$F_{机} \geqslant (1.7\sim2)(F+F_Q) \tag{5-58}$$

式中：$F_{机}$—— 压力机的公称压力（N）；

F—— 拉深力（N）；

F_Q—— 压边力（N）。

对双动压力机，内滑块的公称压力仍可用式（5-66）、（5-67）计算，但不包括F_Q。外滑块的公称压力应大于F_Q。

5.10　拉深辅助工序

5.10.1　润滑

拉深时，毛坯与凹模（尤其是毛坯与凹模入口处）之间、毛坯与压边圈之间会产生很大的摩擦力，这是一种有害摩擦，不仅会降低拉深的许用变形程度（增大了拉深件在“危险断面”处的载荷），而且会导致零件表面的擦伤，降低模具寿命，这种情况在拉深不锈钢、高温合金等粘性大的材料时更加严重。润滑的目的就是为减小这种有害摩擦。

润滑的方法是在凹模表面、压边圈与毛坯接触面、及与凹模和压边圈相接触的毛坯表面均匀抹涂一层润滑剂，并保持润滑部位干净（在凸模表面或与凸模接触的毛坯表面不能涂润滑剂）。

润滑剂的选用可参考以下依据：

（1）当拉深应力接近材料的抗拉强度极限时，应采用含大量粉状填料（如白垩、石墨、滑石粉等）的润滑剂，否则拉深中润滑剂易被挤掉。

（2）当拉深应力不大时，可采用不带填料的油质润滑剂。

（3）在变薄拉深时，润滑剂不仅是为了减少摩擦，同时又起冷却模具的作用，因此不能采用干摩擦。

（4）在拉深钢质零件时，常在毛坯表面进行表面处理（如镀铜或磷化处理），使毛坯表面形成一层与模具的隔离层，既能贮存润滑剂，又在拉深过程中具有“自润”性能。

（5）拉深不锈钢、高温合金等粘模严重、强化剧烈的材料时，一般也需要对毛坯表面进行“隔离层”处理（如喷涂氯化乙烯漆），而在拉深时再另涂机油。

5.10.2　热处理

在拉深过程中，材料都会产生加工硬化，使后续变形发生困难。同时，由于拉深变形的不均匀，成形后制件还存在残余应力。为了消除加工硬化，恢复材料的塑性，使后续加工得以进行，或为了消除残余应力，需要在工序间或拉深完成后进行热处理。如冷作硬化现象不严重，且不影响后续工序的进行，可尽量不进行热处理。这样可以降低成本，提高生产率。

不需要中间热处理能完成的拉深次数见表 5-28。

消除加工硬化的热处理方法，一般采用低温退火（退火规范见表 5-29）。低温退火可引起材料的再结晶，从而恢复塑性，消除残余应力，并可保持较好的表面质量。某些材料低温退火效果不好，可采用高温退火，但工件表面质量差些。

不论是中间热处理，还是最后消除应力的热处理，都应及时进行，以免存放时间过长造成零件变形和产生裂纹。特别是对不锈钢、黄铜、耐热钢等必须要尽快热处理才能存放。

表 5-28 不需中间退火的拉深次数

材 料	工 序 次 数
08、10、15 钢	3 ～ 4
铝	4 ～ 5
黄铜（H62、H68）	2 ～ 4
紫铜（T1、T2）	1 ～ 2
不锈钢	1 ～ 2

表 5-29 各种金属的低温退火规范

材 料	加热温度（℃）	保温时间（分）	冷 却
08、10、15 钢	760～780	20～40	在空盒中冷却
Q195、Q215	900～920	20～40	在空盒中冷却
20、25、30、Q235、Q255	700～720	60	炉内冷却
1Cr18Ni9Ti	1150～1170	5～15	空冷或水冷
铝 L、防锈铝 LF2、LF21	300～350	30	250℃后空冷
紫铜（T1、T2）	600～650	30	空气中冷却
黄铜（H62、H68）	650～700	15～30	空气中冷却

5.10.3 酸洗

经热处理的工序件表面有氧化皮及其他污物，为了便于再拉深需进行酸洗，或对成形后的制件表面油污也应清除干净，方可进行喷漆、搪瓷等后续工序。

酸洗前应先用苏打水去油，然后将零件放入加热的稀酸液中浸泡，接着在冷水中冲洗，再在弱碱溶液中将残留的酸中和，最后在热水中洗涤并经烘干即可。

5.11 拉深模典型结构

拉深模按所使用的冲压设备不同，可分为单动压力机用拉深模、双动压力机用拉深模、及三动压力机用拉深模；按拉深的次序，可分首次拉深模和以后各次拉深模；按工序的组合来分，可分为单工序拉深模、复合拉深模和连续拉深模；另外按有无压边装置分，可分为无压边装置拉深模和有压边装置拉深模等。以下介绍几种常见的拉深模典型结构。

5.11.1　无压边装置的首次拉深模

无压边装置的首次拉深模如图 5-60 所示，这种模具结构简单，上模常做成整体的，当凸模直径过小时，可以加上模柄，以增加上模与滑块的接触面积。模具不设专门的卸件装置，靠工件口部拉深后弹性恢复张开，在凸模上行时被凹模的下底面刮下。这种结构一般适用于厚度大于 1.5 mm 及拉深深度较小的零件。

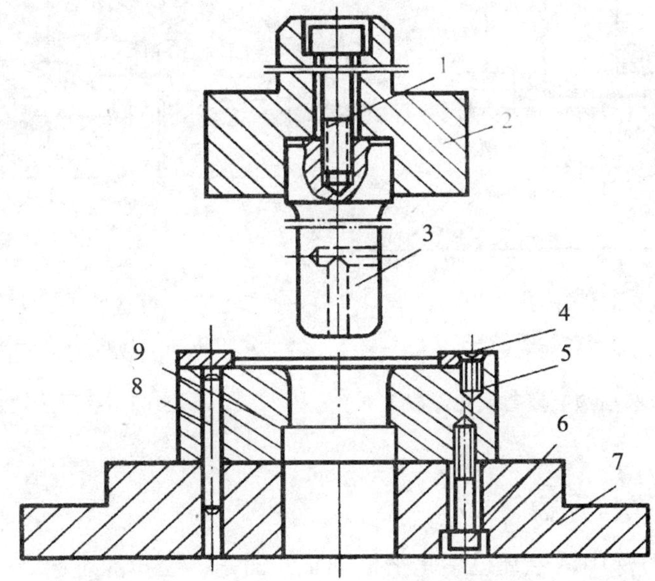

1、5、6—螺钉 2—模柄 3—凸模 4—定位板 7—下模版 8—销钉 9—凹模

图 5-60　无压边装置首次拉深模

5.11.2　有压边装置的首次拉深模

有压边装置的拉深模是最广泛采用的拉深模结构形式，压边装置可以装在上模，也可以装在下模。如图 5-61 所示为弹簧压边圈装在上模的结构，由于弹簧装在上模，因此凸模比较长，适宜于拉深深度不大的零件。另外这种结构由于上模空间位置受到限制，不可能使用很大的弹簧或橡皮，因此上压边装置的压边力较小。而压边装置在下模结构压边力可以较大，所以拉深模具常采用下压边装置，如图 5-62 所示。

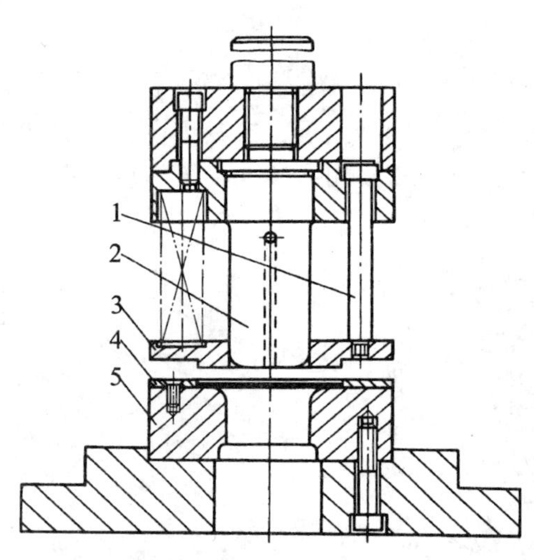

1—压边圈螺钉 2—凸模
3—压边圈 4—定位板 5—凹模

图 5-61 有压边装置首次拉深模 1

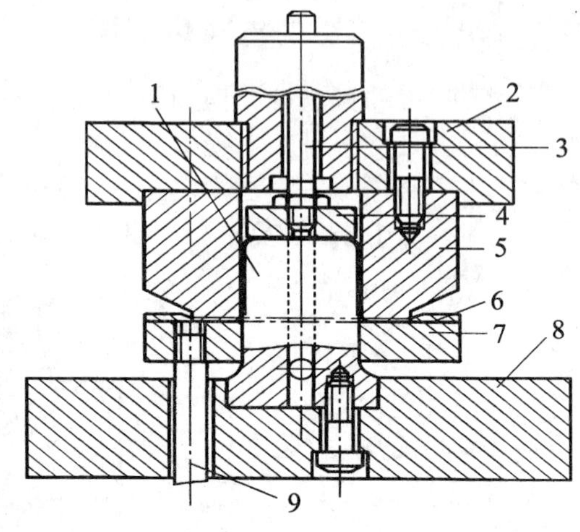

1—凸模 2—上模座 3—打料杆 4—推件块 5—凹模
6—定位板 7—压边圈 8—下模座 9—卸料螺钉

图 5-62 有压边装置首次拉深模 2

5.11.3 以后各次拉深模

在以后各次拉深中，毛坯已不是平板形状，而是已经拉深过的半成品，所以毛坯在模具上应有适当的定位方法。

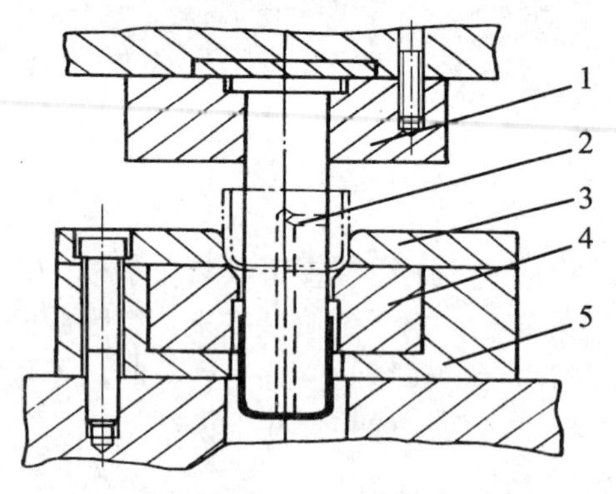

1—凸模固定板 2—凸模 3—定位板
4—凹模 5—凹模固定板

图 5-63 无压边装置后续拉深模

图 5-63 所示为无压边装置的以后各次拉深模，该结构仅用于直径缩小量不大的拉深。

图 5-64 所示为有压边装置的以后各次拉深模，这是一般最常见的结构形式。压边圈与弹性橡胶装在下模，可以提供足够大的压边力。为了防止拉深后期压边力过大可能造成的工件变薄或拉裂，采用限位螺栓 15 调节压边圈与凹模间的距离，该距离开始可调为等于料厚 t 进行试冲。螺母 16 用来紧固限位螺栓 15。拉深前，毛坯套在压边圈 10 上，所以压边圈的形状必须与上一次拉出的半成品相适应。拉深后，压边圈将冲压件从凸模 12 上托出，推件块 7 将冲压件从凹模中推出。

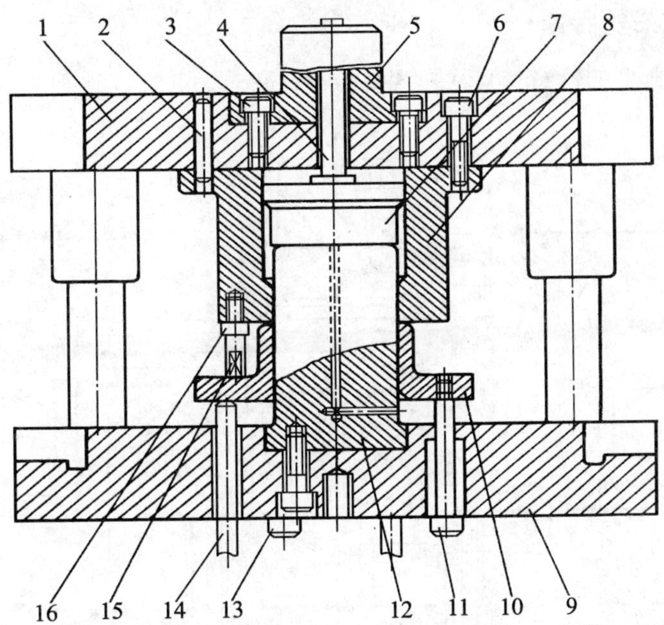

1—上模板 2—销钉 3、6、13—螺钉 4—打杆 5—模柄 7—推件块 8—凹模
9—下模板 10—压边圈 11—卸料螺钉 12—凸模 14—顶杆 15—限位螺栓 16—螺母

图 5-64　有压边装置后续拉深模

图 5-65 所示为反拉深模。反拉深模具有较好的防皱效果，一般不需要压边装置（也有采用压边装置的）。拉深前，将半成品毛坯套在凹模上定位，拉深后的工件由于口部弹性张开，上模回程时被凹模下边缘刮下。

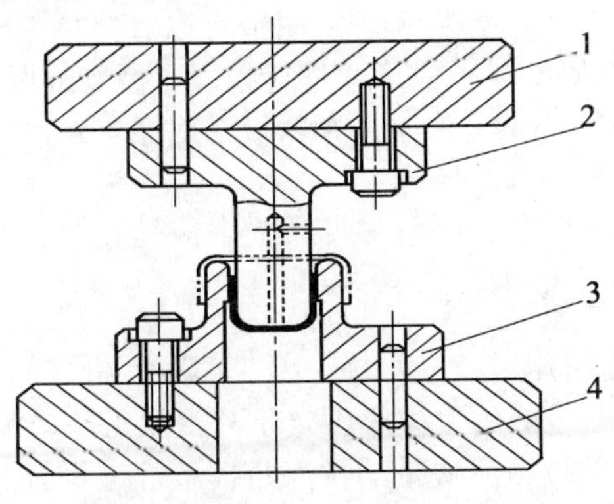

1—上模板 2—凸模 3—凹模 4—下模版

图 5-65　反拉深模

5.11.4 落料拉深复合模

图 5-66 为一典型的落料与首次拉深复合模。

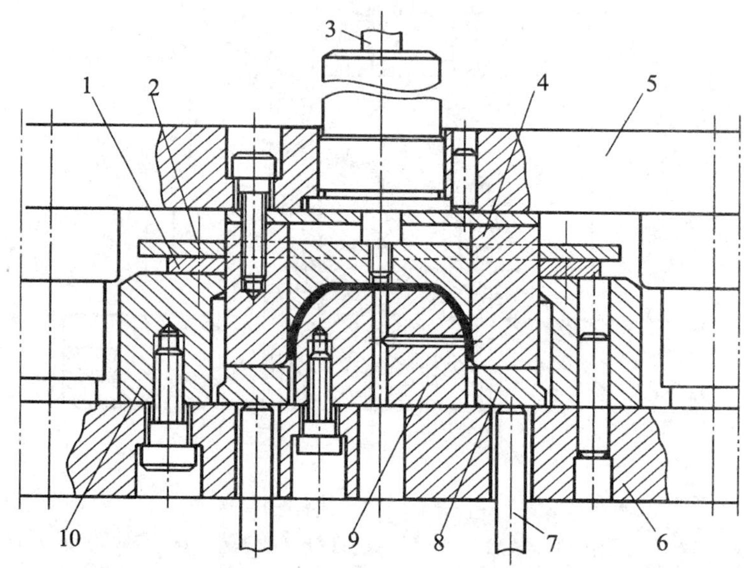

1—导料板 2—卸料板 3—打杆 4—凸凹模 5—上模座 6—下模座 7—顶杆 8—压边圈 9—拉深凸模 10—落料凹模

图 5-66 落料拉深复合模

凸凹模（落料凸模、拉深凹模）装在上模部分，落料凹模装在下模部分，因落料前毛坯为条料，所以设置了导料板与卸料板。从图中可以看出拉深凸模 9 的顶面稍低于落料凹模 10 刃面约一个料厚，以便落料完成后才进行拉深。拉深时由气垫通过顶杆 7 和压边圈 8 进行压边。拉深后压边圈 8 托出工件，由卸料板 2 对条料卸料。推件块同时具有对工件整形作用。

5.11.5 双动压力机用拉深模

如图 5-67 为双动压力机用首次拉深模。因双动压力机有两个滑块，其凸模 1 固定于内滑块 （拉深滑块），装有压边圈的上模座固定于外滑块（压边滑块）。拉深时压边滑块首先带动压边圈压住毛坯，然后拉深滑块带动拉深凸模下行进行拉深。模具结构简单，成本低，但双动压力机投资较高。

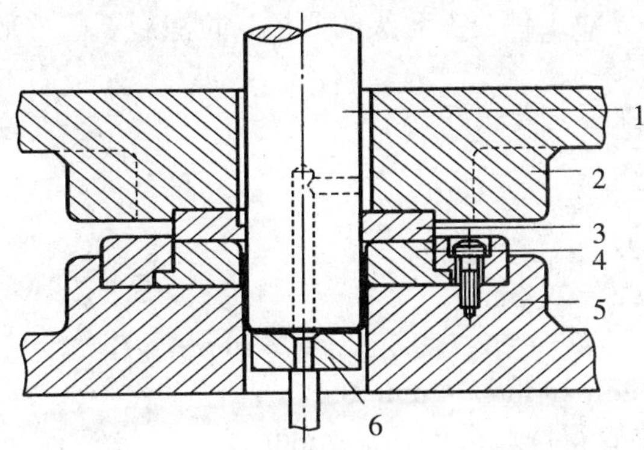

1—凸模 2—上模座 3—压边圈 4—凹模 5—下模座 6—顶件块

图 5-67　双动压力机用首次拉深模

5.12　拉深模设计实例

例 1：无凸缘圆筒形工件的首次拉深模设计

零件图：如图 5-68 所示。

生产量：大批量

材　料：10 钢板

料　厚：1 mm

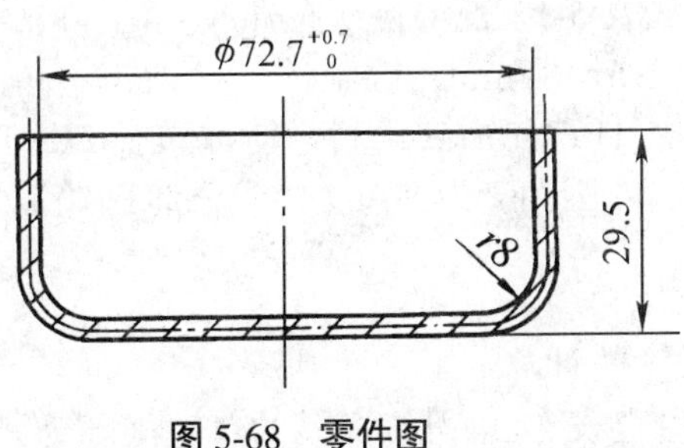

图 5-68　零件图

1. 工艺分析

工件为无凸缘圆筒形工件，要求内形尺寸，没有厚度不变的要求。工件底部圆角半径 $r = 8$ mm，大于料厚，工件的结构形状满足拉深的工艺要求。尺寸 $\phi 72.7^{+0.7}_{0}$，按公差表查得为 IT14 级，满足拉深工序对工件公差等级的要求。拉深后不需整形。

10 钢的拉深性能较好。

总之，该工件的拉深工艺性较好。

2. 确定工艺方案

（1）计算毛坯直径 D

零件高：$h=29.5-t/2=29$ (mm)。

零件直径：$d=72.7+\Delta/2+t=72.7+0.35+1=74$ (mm)。

工件的相对高度：$h/d=29\ \text{mm}/74\ \text{mm}=0.4$。

根据 h/d 从表 5-4 中查得修边余量 $\Delta h=2$ mm。

由式 5-1 和表 5-5 可推出无凸缘圆筒形拉深工件的毛坯尺寸计算公式为：

$$D=\sqrt{d^2+4dH-1.72rd-0.56r^2}$$

将 $d=74$ mm，$H=h+\Delta h=(29+2)=31$ (mm)，$r=(8+0.5)=8.5$ (mm)代入上式，得毛坯的直径为：

$$D=\sqrt{74^2+4\times74\times31-1.72\times8.5\times74-0.56\times8.5^2}=116\ \ (\text{mm})。$$

（2）判断拉深次数

工件总的拉深系数为：$m_{总}=d/D=74\ \text{mm}/116\ \text{mm}=0.64$。

毛坯的相对厚度为：$(t/D)\times100=(1\ \text{mm}/116\ \text{mm})\times100=0.86$。

用式（5-58）判断拉深时是否需要压边。

$0.045(1-m)=0.045\times(1-0.64)=0.0162$，而 $(t/D)=0.0086<0.045(1-m)$，所以需要加压边圈。

由相对厚度可以从表 5-6 中查得首次拉深的极限拉深系数$m_1=0.54$。因$m_{总}>m_1$，工件只需一次拉深。

按$(t/D)\times100=0.86$ 从表 5-12 查得首次拉深$r_{凹}=(6\sim8)t=(6\sim8)$ mm，取$r_{凹}=8$ mm。凸模圆角$r_{凸}=(0.6\sim1)\ r_{凹}=(5\sim8)$ mm，因工件$r=8\ \text{mm}>r_{凹}$，也满足一次成形要求。

（3）确定工艺方案　工件首先需要落料，制成直径 $D=116$ mm 的圆形毛坯进行拉深，拉深成为内径为$\phi72.7_{0}^{+0.7}$、内圆角 r 为 8 mm 的无凸缘圆筒，最后按 $h=29.5$ mm 进行修边。

3. 进行必要的计算

（1）模具工作部分尺寸的计算

① 拉深模的间隙。由查表 5-14 得拉深模的单边间隙为：$Z/2=1.1t=1.1$ mm，则拉深模的双边间隙 $Z=2.2$ mm。

② 拉深模的圆角半径。凹模的圆角半径$r_{凹}$按表 5-12 选取，$r_{凹}=8t=8$ mm。凸模的圆角半径$r_{凸}$等于工件的内圆角半径 8 mm。

③ 凸、凹模工作部分的尺寸和公差。

由于工件要求内形尺寸，应以凸模为设计基准。零件内径最小尺寸$d_{min}=72.7$ mm，零件直径公差Δ=0.7 mm，公差等级为IT14 级，故凸模的公差等级取为IT10 级，查公差表得模具公差 $\delta_p=0.12$ mm。

凸模的尺寸为：$d_{凸}=(d_{min}+0.4\Delta)^{0}_{-\delta_p}=(72.7+0.4\times0.7)^{0}_{-0.12}=72.98^{0}_{-0.12}$

间隙取在凹模上，凹模尺寸的尺寸为：

$$d_{凹}=(d_{min}+0.4\Delta+Z)^{+\delta_d}_{0}=(72.7+0.4\times0.7+2.2)^{+0.12}_{0}=75.18^{+0.12}_{0}$$

④ 确定凸模的通气孔尺寸　由表 5-11 查得，凸模的通气孔直径为 6.5 mm。

（2）计算压边力、拉深力

① 由表 5-2 查得用普通压力机拉深所需单位压力为：$p=2.7$ MPa。

由表 5-25 知首次拉深压边力的计算公式为：$F_Q=\frac{\pi}{4}\left[D^2-(d_1+2r_{凹})^2\right]p$，毛坯直径$D=116$ mm，工件外径$d_1=74$ mm，$r_{凹}=8$ mm，代入上式，得压边力为：

$$F_Q=\frac{\pi}{4}\left[116^2-(74+2\times8)^2\right]\times2.7=11352\ (\text{N})$$

② 拉深力　$F=K\pi d\,t\sigma_b$

按$m=0.64$，查表 5-27，取$K=0.74$。10 钢的强度极限 σ_b=440 MPa。工件直径d=74 mm，代入上式，得：

$$F=0.74\times3.14\times74\times1\times440=75350\ (\text{N})$$

③ 压力机的公称压力为：$F_{机}\geqslant1.4(F+F_Q)$ $=1.4\times(75350+11352)=121382$ (N)

故压力机的公称压力要大于 122 kN。

4．模具的总体设计

模具的总装图如图 5-69 所示。模具采用倒装结构，选择在单动压力机上拉深。压边圈采用平面式的，压边圈上的凹槽对坯料定位，凹槽深度小于 1 mm，以便压料。压边力由橡胶板提供。拉深后的工件由推件装置 1、9 推出凹模，下模则由压边圈将工件托出凸模。

由于此拉深模为非标准形式，需计算模具闭合高度。其中各模板的尺寸按国标选取。模具的闭合高度为：

$$H_{模}=H_{上模版}+H_{垫板}+H_{凹模}+H_{压边圈}+H_{固}+H_{下模版}+H$$

式中 H 为模具闭合时压边圈与固定板之间的距离，取 $H=25$ mm。则模具的闭合高度为：

$$H_{模}=30+(8+14)+30+20+20+40+25=187\ (\text{mm})$$

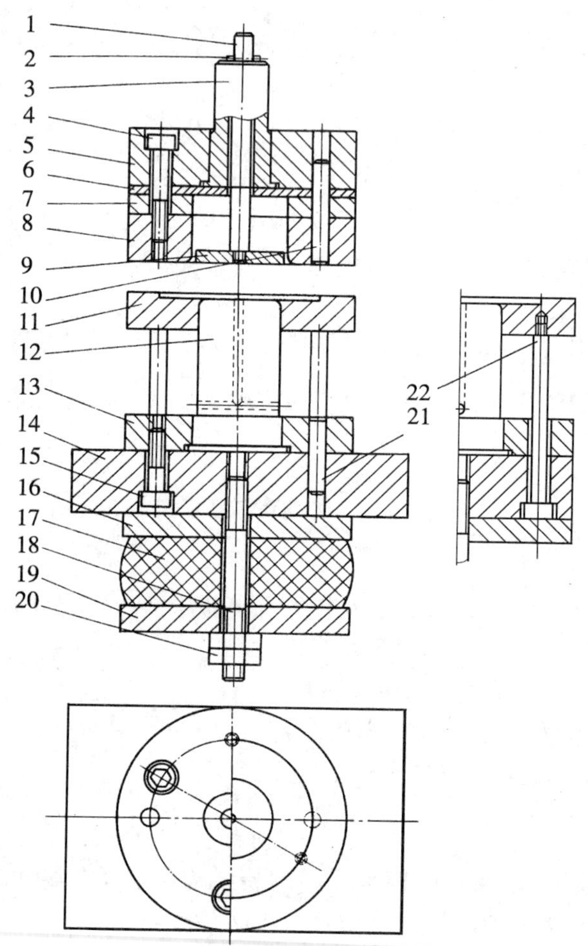

1—打杆 2—挡环 3—模柄 4、15—螺钉 5—上模板 6—垫板 7—中垫板 8—凹模 9—推件块 10、21—销钉 11—压边圈 12—凸模 13—凸模固定板 14—下模版 16、19—托板 17—橡胶板 18—螺柱 20—螺母 22—卸料螺钉

图 5-69 无凸缘圆筒形件的首次拉深模

5. 压力机的选择

压力机的选择不仅要考虑公称压力的大小，还要考虑其工作行程的大小，即要满足零件拉深深度的要求和方便拉深后取出零件。因此，应使工作行程 $s \geqslant 2.5H$，即 $s \geqslant 2.5 \times 31.5$

= 78 mm。查附录 B，选择 JA21-35 压力机。

例 2：无凸缘圆筒形工件的再次拉深模设计

零件图：如图 5-70 所示

生产量：大批量

材　料：10 钢板

料　厚：0.8 mm

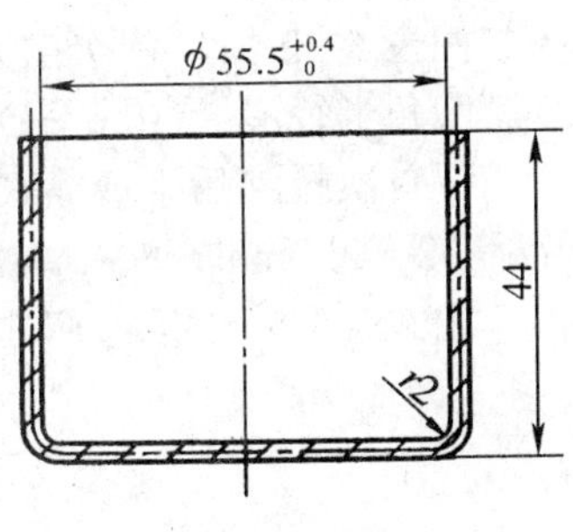

图 5-70　零件图

1. 工艺分析

此零件为无凸缘圆筒形件，要求内形尺寸，没有厚度不变及其他特殊工艺要求。零件的结构形状满足拉深工艺要求，可用拉深工序加工。

工件底部圆角半径 $r = 2$ mm≥t，满足再次拉深对圆角半径的要求。尺寸 $\phi 55.5^{+0.4}_{0}$ 查标准公差表为 IT13 级，满足拉深对工件的公差等级要求。

10 钢是常用冲压用钢，拉深性能好。

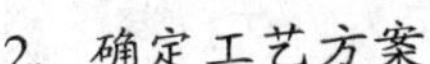

2. 确定工艺方案

（1）计算毛坯尺寸

零件高：$h = (44 - t/2) = (44 - 0.4) = 43.6$ (mm)

零件直径：$d = (55.5 + 0.2 + t) = 56.5$ (mm)

相对高度：h/d =43.6 mm/56.5 mm=0.77。

根据 h/d 从表 5-4 中查得修边余量 Δh =2 mm。

将 $d = 56.5$ mm，$r = (2+0.4) = 2.4$ (mm)，

$H = h + \Delta h = (43.6+2) = 45.6$ (mm)代入无凸缘圆筒形件的毛坯尺寸计算公式：

$$D = \sqrt{d^2 + 4dH - 1.72rd - 0.56r^2}$$

得毛坯直径为：

$$D = 45.6\sqrt{56.5^2 + 4 \times 56.5 \times 31 - 1.72 \times 2.4 \times 56.5 - 0.56 \times 2.4^2} = 115 \text{ (mm)}。$$

（2）判断拉深次数

零件总的拉深系数为：$m_{总} = d/D = 56.5$ mm/115 mm = 0.49。

毛坯的相对厚度为：$(t/D) \times 100 = (0.8$ mm/115 mm$) \times 100 = 0.7$。按毛坯的相对厚度，并假定用压边圈，从表 5-6 中查得极限拉深系数 $m_1 = 0.54$，$m_2 = 0.77$。因 $m_{总} < m_1$，且 $0.54 \times 0.77 = 0.42 < m_{总}$，所以该零件需要两次拉深。

调整拉深系数为 $m_1 = 0.58$，$m_2 = 0.81$，并使 $m_1 - 0.54 \approx m_2 - 0.77$。

第一次拉深半成品的直径为：

$$d_1 = 0.58 \times 115 = 66.7，调整为\ d_1 = 68\ \text{mm}。$$

第二次拉深后的直径为：

$$d_2 = 0.81 \times 68 = 55.8，\quad 调整为工件直径\ d_2 = 56.5\ \text{mm}。$$

实际使用拉深系数为：$m_1 = 68 \div 115 = 0.59$，$m_2 = 56.5 \div 68 = 0.83$。

由表 5-12 知，首次拉深凹模圆角半径$r_{凹1} = (6\sim8)\ t$，实际取为$r_{凹1} = 6$ mm；首次拉深凸模圆角半径$r_{凸1} = (0.6\sim1)\ r_{凹1}$，实际取为$r_{凸1} = 5$ mm。

得首次拉深后半成品底部圆角为：$r_1 = r_{凹1} + t/2 = 5.4$ mm，末次拉深时底部圆角为：$r_2 = r_{工件} + t/2 = 2.4$ mm

由式（5-6）的第一次拉深后半成品的高度为

$$\begin{aligned} H_1 &= 0.25\left(\frac{D^2}{d_1} - d_1\right) + 0.43\frac{r_1}{d_1}\left(d_1 + 0.32r_1\right) \\ &= 0.25 \times \left(\frac{115^2}{68} - 68\right) + 0.43 \times \frac{6.4}{68}\left(68 + 0.32 \times 6.4\right) \\ &= 34.5\ (\text{mm}) \end{aligned}$$

第二次拉深后的高度为工件高度，即 $H_2 = 45.6$ mm。

（3）确定工艺方案　第一步为落料；第二步为首次拉深；第三步为再次拉深；第四步为切边。

3. 进行必要的计算

（1）模具工作部分尺寸的计算

① 拉深模的间隙。零件所需总拉深次数为两次，由表 5-14 查得第二次拉深的凸、凹模单边间隙为： $Z/2 = 1.05t = 0.84$ mm，则拉深模的双边间隙 $Z = 1.68$ mm。

②拉深模的圆角半径。凹模的圆角半径可按式（5-8）$r_{凹} = 0.8\sqrt{(D-d)t}$ 计算。

第二道拉深工序，将 $D = 68$ mm，d=56.5 mm，代入上式，得：

$$r_{凹2} = 0.8\sqrt{(68 - 56.5)0.8} = 2.7\ (\text{mm})$$

取$r_{凹2} = 3$ mm。

凸模的圆角半径$r_{凸}$应等于工件的内圆角半径，即$r_{凸} = 2$ mm。

③ 凸、凹模工作部分的尺寸和公差。

由于工件要求内形尺寸，故以凸模为设计基准。

$$d_{凸} = (d_{\min} + 0.4\Delta)_{-\delta_p}^{0}$$

零件内径最小尺寸$d_{\min} = 55.5$ mm，零件直径公差 Δ =0.4 mm，公差等级为IT13 级，所以凸模的公差等级取为IT8 级，查公差表得模具公差 $\delta_p = 0.046$ mm。

凸模的尺寸为：

$$d_{凸2}=(d_{\min}+0.4\Delta)^{0}_{-\delta_p}=(55.5+0.4\times0.4)^{0}_{-0.046}=55.66^{0}_{-0.046}$$

间隙取在凹模上，凹模尺寸的尺寸为：

$$d_{凹2}=(d_{\min}+0.4\Delta+Z)^{+\delta_d}_{0}=(55.5+0.4\times0.4+1.68)^{+0.046}_{0}=57.34^{+0.046}_{0}$$

④ 确定凸模的通气孔。用表 5-11 查得凸模的通气孔直径为 6.5 mm。

（2）计算压边力、拉深力

① 由表 5-25 知再次拉深压边力的计算公式为：

$$F_Q=\frac{\pi}{4}(d_{n-1}^2-d_n^2)p$$

d_1= 68 mm，d_2= 56.5 mm，由表 5-2 查得用普通压力机拉深所需单位压力为：p = 3 MPa，得第二次拉深模的压边力为：

$$F_Q=\frac{\pi}{4}\times(68^2-56.5^2)\times3=4362\text{ (N)}$$

② 拉深力　$F=K\pi dt\sigma_b$

按 m_2 = 0.83，查表 5-27，取 K = 0.75。10 钢的强度极限 σ_b=440 MPa。零件直径 d=56.5 mm，代入上式，得：

$$F=(0.75\times3.14\times56.5\times0.8\times440)=46670\text{ (N)}$$

③ 压力机的公称压力须满足：

$$F_{机}\geqslant1.4(F+F_Q)=1.4\times(46670+4362)=71445\text{ (N)}$$

故压力机的公称压力要大于 71.5 kN。

4. 模具的总体设计

再次拉深的模具如图 5-71 所示。模具采用倒装结构，选用单动压力机进行拉深。由于是再次拉深，压边圈采用圆筒形，拉深前把半成品毛坯套在压边圈上定位。因再次拉深的压边力一般不大，故利用两根限位柱，可调整压边力等于前面的计算值。拉深后，上模由推件块将零件推出凹模，下模由压边圈将零件托出。

模具的闭合高度为：

$$H_{模}=H_{上模版}+H_{垫板}+H_{凹模}+H_{压边圈}+H_{固}+H_{下模版}+H$$

式中：H 为模具闭合时压边圈与固定板之间的距离，取 H = 25 mm。

则模具的闭合高度为：

$$H_{模}=30+(8+14)+45+20+20+40+25=202\text{ (mm)}$$

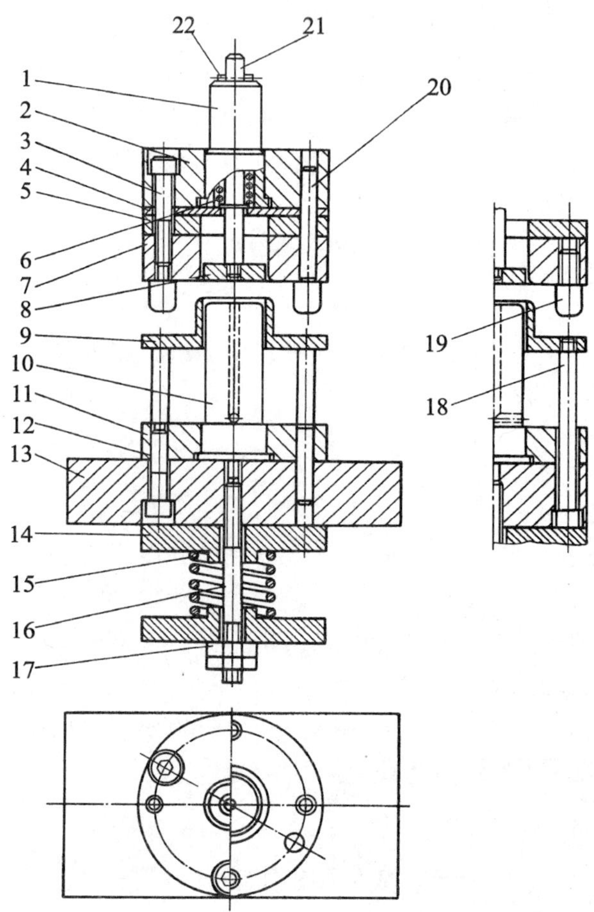

1—模柄 2—上模板 3、12—螺钉 4—垫板 5—中垫板 6、15—弹簧 7—凹模 8—推件块
9—压边圈 10—凸模 11—凸模固定板 13—下模版 14—弹簧压板 16—螺柱
17—螺母 18—卸料螺钉 19—限位柱 20—销钉 21 一打杆 22—挡环

图 5-71 无凸缘圆筒形件的再次拉深模

5. 压力机的选择

压力机的公称压力要大于 71.5 kN，工作行程 $s \geqslant 2.5H$，即 $s \geqslant 2.5 \times 46 = 115$ mm。查附录 B，选择 JA21-35 压力机。

此零件首次拉深模的设计步骤与例 1 相同，读者可参考，此处从略。

5.13　思 考 题

1. 拉深工序中最容易出现的质量问题是什么?如何防止?
2. 拉深件的工艺性主要包括那些方面内容?
3. “一种板材不止一个极限拉深系数”的说法是否正确？为什么？
4. 影响圆筒形件极限拉深系数的因数有哪些?
5. 简述盒形件拉深的变形特点，如果盒形件与圆筒形件截面周长相等，高度相等，哪个成形更容易？为什么？
6. 图 5-72 所示带凸缘圆筒形件材料 08 钢，厚度 1 mm，计算其原始坯料直径D_0，拉深次数，中间半成品尺寸，拉深凸、凹模尺寸。
7. 图 5-73 所示带凸缘圆筒形件材料 10 钢，厚度 1 mm，计算其原始坯料直径D_0，拉深次数，中间半成品尺寸，拉深凸、凹模尺寸。

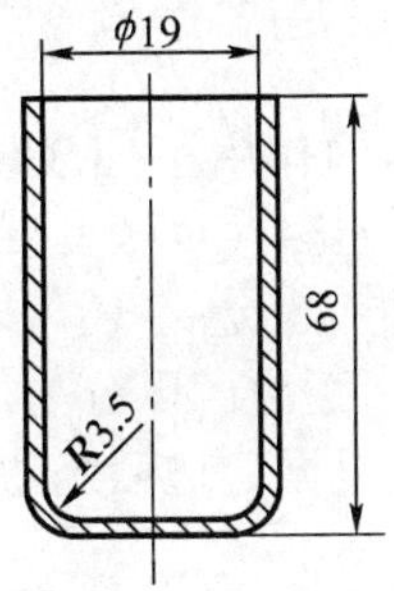

图 5-72　第 6 题图

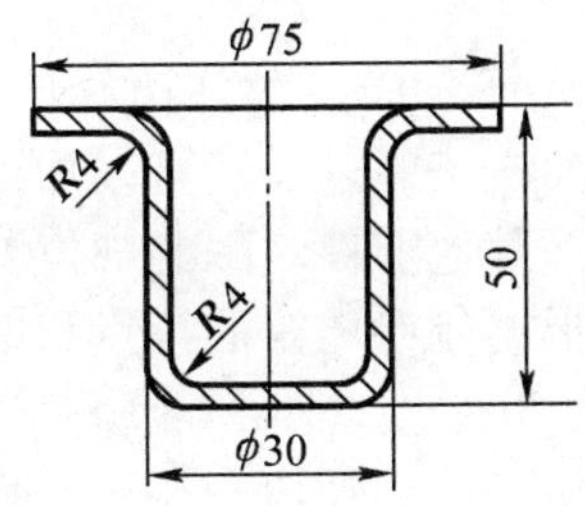

图 5-73　第 7 题图

第 6 章　其他成形工艺

在冲压生产中，除前述的冲裁、弯曲、拉深外，还有一些其他成形方法，如翻边、缩口、校形、胀形、旋压等，它们的共同特点是利用板料的局部变形来改变工件或毛坯的形状。生产中，成型工序可以和其他冲压工序组合在一起，成型一些复杂形状的工件（如汽车覆盖零件），也可以是独立的冲压工序。

6.1　翻　　边

翻边是将毛坯或半成品的外边缘或内孔边缘在模具的作用下翻成竖立直边的冲压方法。翻边是常用冲压工序之一，可以加工出形状较为复杂且有良好刚度的立体零件，可以在冲压件上制取与其他零件装配的部位（如冲压件小螺纹孔翻边），还可以代替某些复杂零件的拉深工序。根据制件边缘的特点和应力状态的不同，翻边可以分为内孔翻边和外缘翻边，外缘翻边又分为外凸的外缘翻边和内凹的外缘翻边。根据翻边后竖边壁厚的变化情况，可分为不变薄翻边（简称翻边）和变薄翻边两种。

6.1.1　内孔翻边

图 6-1 所示为圆孔翻边示意图。

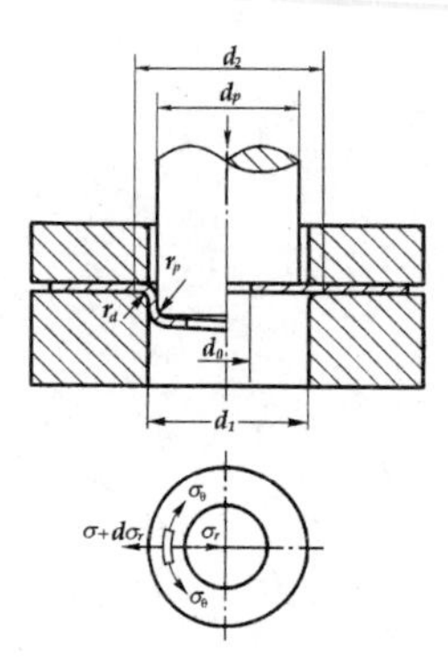

图 6-1　内孔翻边时变形区的应力状态

翻边前毛坯孔径为 d_0，翻边变形区是内径为 d_0、外径为 d_2 的环形部分。翻边过程中，在凸模的作用下，变形区内径不断扩大，并逐渐形成侧边，直至翻边结束，内径等于凸模直径，平面环形部分都变成竖直的侧边。变形区毛坯受切向拉应力 σ_θ 和径向拉应力 σ_r 的作用，其中由毛坯与模具的摩擦产生的径向拉应力 σ_r 值较小，而切向拉应力 σ_θ 是最大主应力。愈接近预孔边缘，σ_θ 愈大，变形也愈大，因此，内孔翻边的失败往往是边缘拉裂，拉裂与否主要取决于拉伸变形程度的大小。

1. 翻边系数

内孔翻边的变形程度用翻边系数 K 表示：

$$K=\frac{d_0}{D} \tag{6-1}$$

式中 d_0 为翻边前孔直径，D 为翻边后的平均孔径。K 越小，翻边的变形程度越大。翻边时孔的边缘不破裂所能达到的最小翻边系数称为**极限翻边系数**。表 6-1 为低碳钢的极限翻边系数，表 6-2 为其他各种材料的极限翻边系数。

表 6-1　低碳钢圆孔极限翻边系数

凸模形状	孔加工方法	材料相对厚度 d_0/t										
		100	50	35	20	15	10	8	6.5	5	3	1
球形凸模	钻后去毛刺	0.70	0.60	0.52	0.45	0.40	0.36	0.33	0.31	0.30	0.25	0.20
	冲孔	0.75	0.65	0.57	0.52	0.48	0.45	0.44	0.43	0.42	0.42	—
圆柱平底凸　模	钻后去毛刺	0.80	0.70	0.60	0.50	0.45	0.42	0.40	0.37	0.35	0.30	0.25
	冲孔	0.85	0.75	0.65	0.60	0.55	0.52	0.50	0.50	0.48	0.47	—

表 6-2　各种材料的翻边系数

退火的材料		翻 边 系 数	
		K	K_{min}
软钢	t = 0.25～2.0 mm	0.72	0.68
	t = 3.0～6.0 mm	0.78	0.75
镀锌钢板（白铁皮）		0.70	0.65
黄铜 H62　t=0.5～6.0 mm		0.68	0.62
铝　t=0.5～5.0 mm		0.70	0.64
硬铝合金		0.89	0.80

影响翻边系数的主要因素有：

（1）材料的塑性　塑性好的材料，极限翻边系数小。

（2）孔的边缘状况　孔的边缘光洁，没有撕裂面，则翻边时不易出现裂纹，极限翻边系数小。一般钻出的孔边缘质量较好，冲出的孔有部分撕裂面，翻孔时容易开裂，极限翻孔系数较大。如果冲孔后对材料进行退火处理，或用整修方法去掉边缘缺陷与毛刺，可以提高翻边时的极限变形程度。此外，将冲孔的方向与翻边的方向相反，使毛刺位于翻孔内侧，也可以减少开裂，降低极限翻边系数。

（3）凸模形状　采用球形、抛物面形、或锥形凸模翻边时，因孔边是逐渐圆滑张开，可以较平底凸模取更小的翻边系数。

（4）材料的相对厚度　翻边前的孔径 d_0 与材料厚度 t 的比值 d_0/t 较小，即材料的相对厚度较大，在开裂前材料的绝对伸长可以较大，因此极限翻边系数可以小些。

2. 内孔翻边的尺寸计算

内孔翻边工艺计算主要有两方面内容：一是根据翻边零件的尺寸，计算毛坯预制孔的尺寸 d_0，二是根据允许的极限翻边系数，校核一次翻边可能达到的翻边高度 H（图 6-2）。

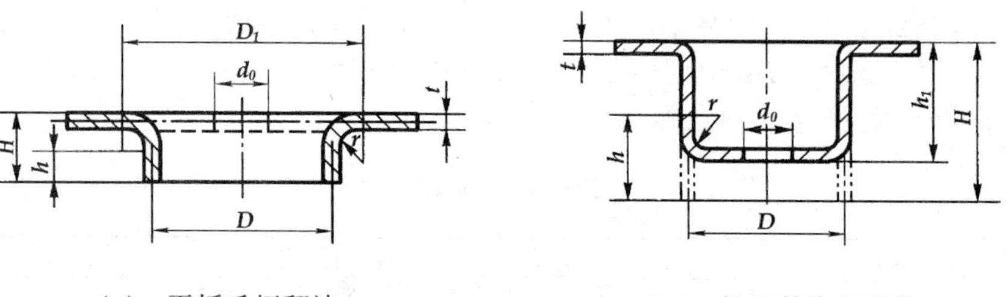

（a） 平板毛坯翻边　　（b） 拉深件底部翻边

图 6-2 内孔翻边尺寸计算

翻边工艺类似于弯曲，可以按照工件中性层长度不变的原则近似计算。对于平板毛坯（图 6-2（a）），已知翻边后的直径 D 和高度 H，则预制孔的直径计算公式如下：

$$d_0 = D_1 - \left[\pi(r + \frac{t}{2}) + 2h\right] = D - 2(H - 0.43r - 0.72t) \quad (6\text{-}2)$$

对直径为 d_0 的内孔，则最大翻边高度为：

$$H_{\max} = \frac{D - d_0}{2} + 0.43r + 0.72t \quad (6\text{-}3)$$

若已知极限翻边系数 $K_{\min}$，内孔翻边的最大高度也可表示为：

$$H_{\max} = \frac{D}{2}(1 - K_{\min}) + 0.43r + 0.72t \quad (6\text{-}4)$$

当工件要求的翻边高度 $H > H_{\max}$ 时，不能一次直接翻边成形，可采用加热翻边、多次翻边，或拉深后冲底孔再翻边的方法（如图 6-2（b）所示）。在拉深件底部冲孔翻边时，应先决定翻边所能达到的最大高度 h，然后求出拉深高度 h_1 和预制孔直径 d_0。由图 6-2（b）可得到：

$$h = \frac{D - d_0}{2} + 0.57(r + \frac{t}{2}) = \frac{D}{2}(1 - k) + 0.57(r + \frac{t}{2}) \quad (6\text{-}5)$$

$$h_1 = H - h + r + t \quad (6\text{-}6)$$

$$d_0 = KD \quad 或 \quad d_0 = D + 1.14(r + \frac{t}{2}) - 2h \quad (6\text{-}7)$$

3. 翻边力、压边力的计算

有预制孔的平底凸模翻边力可按下式计算：

$$F = 1.1\pi(D - d_0)t\sigma_b \tag{6-8}$$

式中：D——翻边后的直径（按中线计）(mm)；

d_0——翻边预冲孔直径（mm）；

t——材料厚度（mm）；

σ_b——材料的强度极限（MPa）。

无预制孔的翻边力比有预制孔的大 1.33～1.75 倍。用球形凸模或锥形凸模翻边时，所需的翻边力比平底凸模翻边力约降低 20%～30%。翻边时的压边力可按拉深压边力计算。

6.1.2　外缘翻边

将毛坯上内凹的外边缘翻成竖边的的冲压方法叫**内曲翻边**，如图 6-3（a）所示。其变形特点近似于圆孔翻边，变形区主要为切向拉伸，边缘容易拉裂。内曲翻边的变形程度用 $E_{内}$表示：

$$E_{内} = \frac{b}{R - b} \tag{6-9}$$

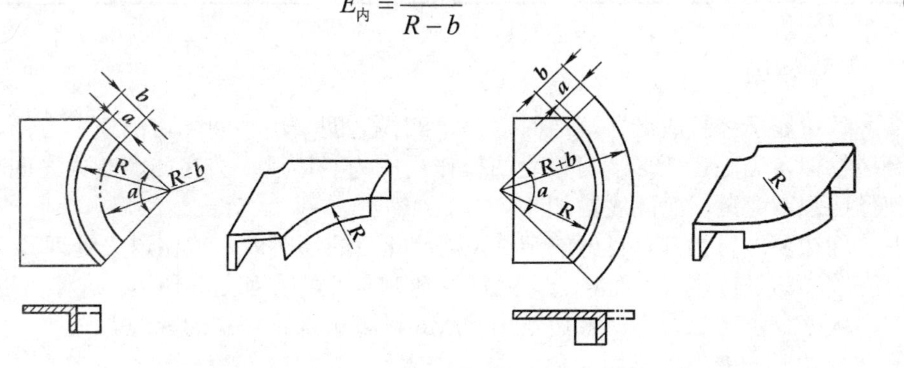

（a）内曲翻边　　（b）外曲翻边

图 6-3　外缘翻边

内曲翻边的成形极限是指翻边后竖边的边缘不发生破裂时能产生的最大变形，$E_{内}$可参考表 6-3。

将毛坯上外凸的边缘翻成竖边的的冲压方法叫**外曲翻边**，如图 6-3（b）所示。外曲翻边的变形情况近似于浅拉深，变形区主要为切向受压，在变形过程中，材料容易起皱。其变形程度用 $E_{外}$表示：

$$E_{外} = \frac{b}{R + b} \tag{6-10}$$

外曲翻边的成形极限主要受压缩起皱的限制，$E_{外}$可参考表 6-3。为了避免翻边时起皱，可采用压边装置。

外缘翻边的毛坯计算，对内曲翻边，可参考圆孔翻边的毛坯计算，对外曲翻边可参考浅拉深的毛坯计算。外缘翻边既可用刚性冲模实现，也可用橡胶软模或其他方法实现。

表 6-3 外缘翻边允许的极限变形程度（/%）

材料名称		内曲翻边		外曲翻边	
		橡胶成形	模具成形	橡胶成形	模具成形
铝合金	1035M	25	30	6	40
	1035Y	5	8	3	12
	3A21M	23	30	6	40
	3A21Y	5	8	3	12
黄　铜	H62 软	30	40	8	45
	H62 半硬	10	14	4	16
	H68 软	35	45	8	55
	H68 半硬	10	14	4	16
钢	10	—	38	—	10
	20	—	22	—	10
	1Cr18Ni9 软	—	15	—	10
	1Cr18Ni9 硬	—	40	—	10

6.1.3 变薄翻边

变薄翻边属于体积成形，翻边时，凸、凹模之间采用小间隙，凸模下方的材料变形与普通翻边相似，当毛坯变形区材料受凸模作用成为竖边后，会在凸、凹模之间受到强力挤压，使竖边强制变薄，而高度增加。

变薄翻边要求材料具有良好的塑性（预冲孔后的坯料最好软化退火处理），当翻边零件要求具有较高的竖边高度，而竖边又允许变薄时，可以采用变薄翻边。这样可以节省材料，提高生产效率。生产中，变薄翻边常用于 M6 以下小螺纹底孔的翻边。

变薄翻边时的变形程度用变薄系数 K 来表示：

$$K = \frac{t_1}{t_0} \tag{6-11}$$

式中 t_1 为变薄翻边后的竖边厚度（mm），t_0 为毛坯厚度（mm）。

一次变薄翻边的变薄系数可达 0.4～0.5，甚至更小。变薄翻边的预制孔尺寸及变薄后的竖边高度应按翻边前后体积不变的原则确定。变薄翻边力比普通翻边力要大的多，且和变薄的程度成正比。

6.1.4 翻边模设计

1. 翻边凸、凹模形状与尺寸

内孔翻边模的结构与一般拉深模相似，图 6-4 所示为圆孔翻边模常见结构形式，所不同的是翻边凸模圆角半径一般较大，甚至做成球形或抛物面形，以利于变形。

图 6-4（a）结构的翻边凸模用于小孔翻边，当竖边直径小于 4 mm 时，可同时冲孔和翻边。图 6-4（b）为带导正销的凸模，用于竖边直径 10 mm 以下的翻边。图 6-4（c）为带有导正销、竖边直径为 10 mm 以上的翻边凸模。图 6-4（d）为没有导正销且零件处于固定位置上的翻边凸模。

翻边凹模圆角半径对翻边成形影响不大，取值一般为零件的圆角半径。

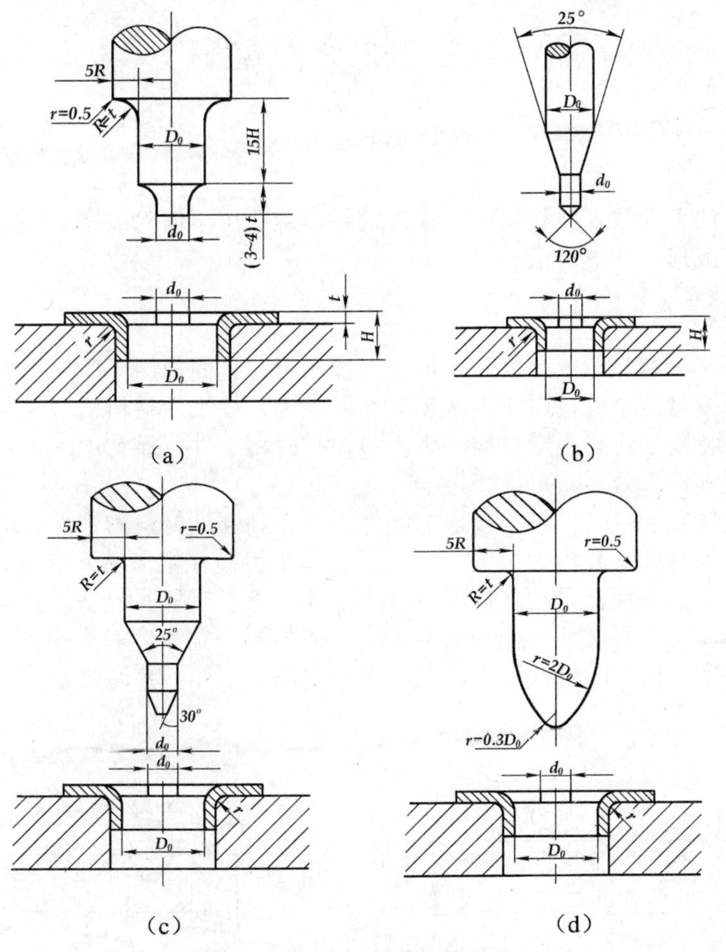

图 6-4　翻边凸、凹模结构形式

2. 翻边凸、凹模间隙

翻边凸、凹模间隙值可按表 6-4 选取。或者取单边间隙 $Z/2=(0.75\sim0.85)\,t$。如果翻边成螺纹底孔或需与轴配合的小孔，则取 $Z/2=0.7\,t$ 左右。

表 6-4 翻边凸、凹模单边间隙 $Z/2$（mm）

材料厚度	0.3	0.5	0.7	0.8	1.0	1.2	1.5	2.0
平毛坯翻边	0.25	0.45	0.6	0.7	0.85	1.0	1.3	1.7
拉深后翻边	—	—	—	0.6	0.75	0.9	1.1	1.5

6.2 校平与整形

6.2.1 校平

把不平整的工件放入模具内压平称为**校平**，主要用于消除或减少制件的平直度误差。校平属于局部成形，变形量很小。

1. 校平模类型

常用的校平模有光面校平模和齿形校平模两种。光面模用于薄料且表面不允许有压痕的工件。光面模对改变材料内应力状态的作用不大，校平后材料仍有较大回弹，零件的校平效果较差，特别是对高强度材料。生产中，有时将工件背靠背地（弯曲方向相反）叠起来校平，能改善校平效果。

对于平直度要求较高、材料较厚的制件，或者高强度材料的零件，通常采用齿形校平模进行校平。齿形模又分为尖齿模（细齿模）和平齿模（粗齿模）两种。尖齿模（图 6-5（a））用于材料较厚且表面允许有齿压痕的工件。齿形在平面上呈正方形或菱形，齿尖磨钝，上下模的齿尖相互叉开，校平时齿尖会压入材料一定深度。平齿模（图 6-5（b））齿顶有一定的宽度，用于薄料以及铝、铜等有色金属，工件不允许有较深的压痕。

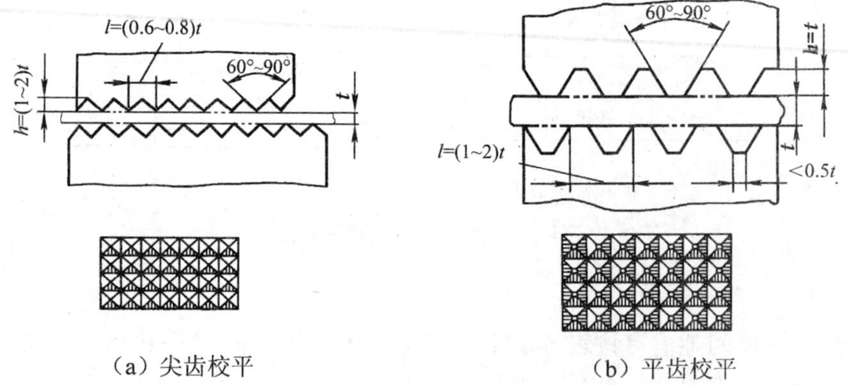

（a）尖齿校平　　（b）平齿校平

图 6-5 齿形校平模

2. 校平力

校平力可由下式计算：

$$F = Ap \tag{6-12}$$

式中：A——校平面积（mm）；

p——单位面积所需校平力（MPa）。

对于软钢和黄铜

在平面模上校平　p＝50～100 MPa；

在细齿模上校平　p＝100～200 MPa；

在粗齿模上校平　p＝200～300 MPa。

6.2.2 整形

整形一般用于弯曲、拉深或其他成形工序之后，零件已基本成形，但可能圆角半径还太大，或是某些形状和尺寸还没有达到零件图的要求，整形是为提高零件形状和尺寸精度。整形模和前道工序所用的模具大体相似，只是对工作部分的精度要求更高，表面粗糙度要求更低，圆角半径和间隙较小。

1. 整形类型

（1）弯曲件整形　图 6-6 为弯曲件的几种整形方法。一般取整形前半成品的长度稍大于成品要求的长度。整形时，工件的上下表面受压力作用，长度方向也受到模具凸肩的纵向加压，毛坯变形区内处于三向压应力状态，从而使回弹减小，所以整形后弯曲件的形状和尺寸精度较高。但是对于带大孔的工件或宽度不等的弯曲件不能用这种方法进行整形。

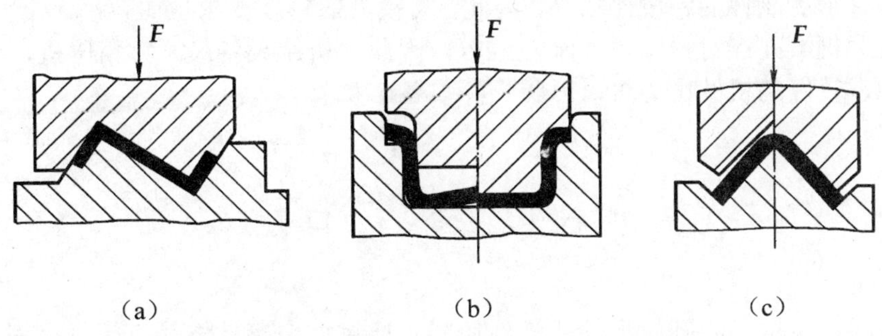

图 6-6　弯曲件整形

（2）拉深件整形　对无凸缘拉深件筒壁整形（图 6-7）时，常用变薄拉深的方法，取较小模具间隙，一般为 0.9～0.95t，而取较大的拉深系数，把最后一道拉深和整形合为一道工序。凸模圆角半径取零件底部圆角半径。

对带凸缘拉深件整形时，整形的部位可能包括凸缘平面、侧壁、零件底部及口部圆角半径。整形时，如果圆角半径变化不大，角部所需材料可以从邻近的筒壁或凸缘得到补充。如果邻近材料不能流动过来（如凸缘直径过大，材料难以流动；或筒壁高度有限，没有足够的多余材料），则只有靠变形区本身材料变薄来实现。但变形部位材料的伸长不得大于2%～5%左右，否则工件可能破裂。

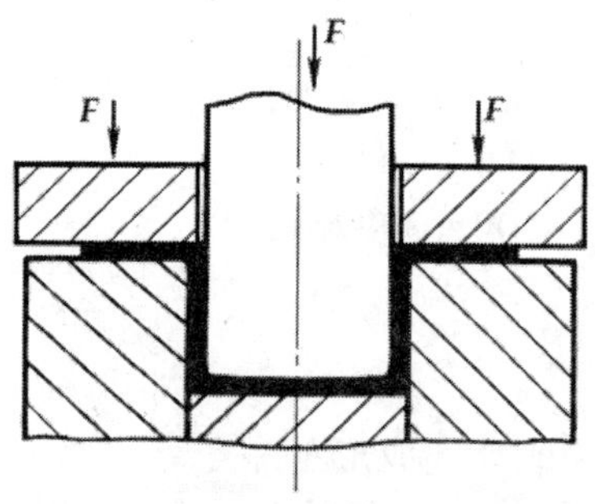

图 6-7　带凸缘拉深件整形

2. 整形力

整形力可由下式计算：

$$F = Ap \tag{6-13}$$

式中：A——整形面积（mm）；

p——单位面积所需整形力（MPa），对敞开件整形：$p = (50\sim100)$ MPa；对底面、侧面减小圆角半径的整形：$p = (150\sim200)$ MPa。

校平和整形后制件的精度比较高，因此，对模具的精度要求也比较高。校平和整形时，都需要在压力机下死点对材料进行刚性卡压，因此，所用设备最好为精压机，或带有过载保护装置的、较好的机械压力机，以防损坏设备。

6.3　缩　口

缩口是将已拉深好的圆筒形件或管件坯料，通过缩口模具将其口部直径缩小的一种成形工序。缩口工序的应用广泛，可用于子弹壳、炮弹壳、钢制气瓶、自行车车架立管、钢管拉拔等的缩口加工。对某些零件，用缩口代替拉深可取得更好的经济效果。

6.3.1　缩口成形的特点与变形程度

1. 缩口成形的特点

图 6-8 为圆筒形件的缩口成形示意图。缩口时，坯料口部材料在凹模的压力下向凹模内滑动，直径减小，同时厚度与高度略有增加。在变形区，可近似的认为材料处于两向压应力状态，其中切向压应力的绝对值最大。因而在缩口工艺中，该部位毛坯易于产生切向失稳起皱。在非变形区（传力区）的筒壁，由于承受全部缩口压力 F，易产生轴向失稳起皱。所以防失稳是缩口工艺的主要问题。缩口的极限变形程度主要受失稳条件的限制。

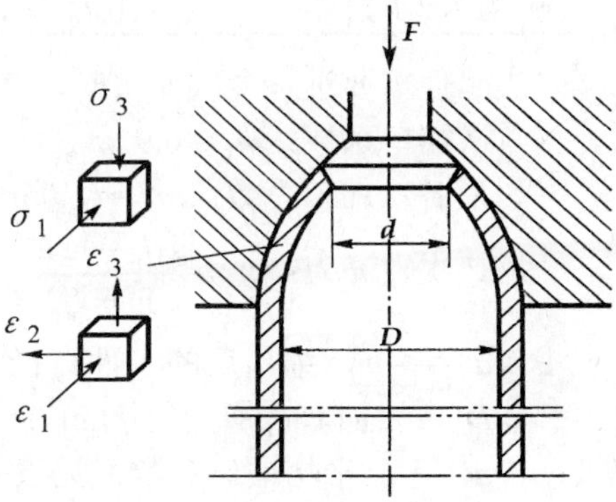

图 6-8　筒形件缩口成形

2. 变形程度

缩口的变形程度用缩口系数 m 表示：

$$m=\frac{d}{D} \tag{6-14}$$

式中：d——缩口后的直径（mm）；

D——缩口前的直径（mm）。

极限缩口系数的大小主要与坯料的机械性能、厚度、模具结构及坯料表面质量有关。坯料塑性好，厚度较大，或者模具有支撑结构，极限缩口系数较小。表 6-5 是不同厚度、不同材料的平均缩口系数。表 6-6 是不同材料、不同支撑方式的允许缩口系数参考值。

表 6-5　材料平均缩口系数

材　料	材料厚度		
	～0.5	＞0.5～1	＞1
黄 铜	0.85	0.8～0.7	0.7～0.65
钢	0.85	0.75	0.7～0.65

表 6-6　不同支撑缩口系数

材　料	支撑方式		
	无支撑	外支撑	内外支撑
软 钢	0.70～0.75	0.55～0.60	0.3～0.35
黄 铜 H62、H68	0.65～0.70	0.50～0.55	0.27～0.32
铝	0.68～0.72	0.53～0.57	0.27～0.32

（续表）

材　　料	支撑方式		
	无支撑	外支撑	内外支撑
硬铝（退火）	0.73～0.80	0.60～0.63	0.35～0.40
硬铝（淬火）	0.75～0.80	0.68～0.72	0.40～0.43

当工件需要进行多次缩口时，其各次缩口系数可按以下方法确定。

首次缩口系数：$m_1 = 0.9\, m_{均}$

以后各次缩口系数：$m_n = (1.05\sim1.10)\, m_{均}$

缩口次数 n 为：$n = \dfrac{\lg d_n - \lg D}{\lg m_{均}}$

式中：d_n——n 次缩口后的工件直径（mm）；

D——缩口前的直径（mm）；

$m_{均}$——平均缩口系数，见表 6-5。

6.3.2　缩口工艺计算

1. 毛坯高度

缩口毛坯的高度根据体积不变的原则计算，对图 6-9 所示三种缩口形式，毛坯高度的计算公式如下：

图 6-9（a）形式

$$H = (1\sim1.05)\left[h_1 + \frac{D^2 - d^2}{8D\sin a}(1+\sqrt{\frac{D}{d}})\right] \tag{6-15}$$

图 6-9（b）形式：

$$H = (1\sim1.05)\left[h_1 + h_2\sqrt{\frac{d}{D}} + \frac{D^2 - d^2}{8D\sin a}(1+\sqrt{\frac{D}{d}})\right] \tag{6-16}$$

图 6-9（c）形式：

$$H = h_1 + \frac{1}{4}(1+\sqrt{\frac{D}{d}})\sqrt{D^2 - d^2} \tag{6-17}$$

缩口凹模的半锥角 α（图 6-9（a）、（b））在缩口成形中起着重要作用。一般使 α＜45°，最好限制在 30° 以内，当模具的半锥角 α 合理时，允许的极限缩口系数 m 可比平均缩口系数小 10%～15%。缩口后，由于回弹，工件尺寸比模具尺寸要大 0.5%～0.8%。

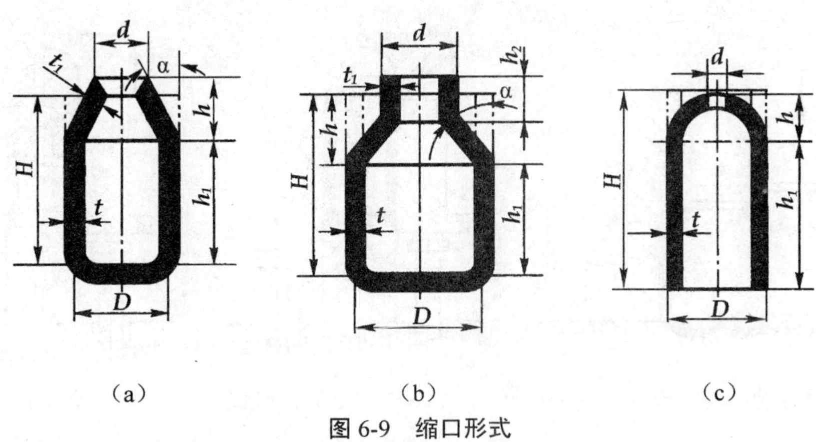

图 6-9　缩口形式

2. 缩口力

在无内支撑进行缩口时，缩口力 F 计算公式如下：

$$F = k\left[1.1\pi D t_0 \sigma_b (1-\frac{d}{D})(1+\mu\cot a\frac{1}{\cos a}\right] \quad (6\text{-}18)$$

式中：t_0——缩口前料厚（mm）；

D——缩口前直径（中径）（mm）；

d——工件缩口部分直径（mm）；

μ——工件与凹模间的摩擦系数；

σ_b——材料抗拉强度极限（MPa）；

a——凹模圆锥半锥角；

k——速度系数，用普通曲柄压力机时，$k=1.15$。

6.3.3　缩口模结构

常见的缩口模结构如图 6-10 所示。6-10（a）是无支撑结构，模具结构简单，但坯料稳定性差，适用于毛坯厚度较大、变形程度较小的缩口工序；6-10（b）是外支撑构，缩口过程中坯料稳定性较好，有利于减小和防止变形区失稳起皱，许可缩口系数可取小些。成形的尺寸精度也较高；6-10（c）为内外支承结构，这种模具结构在三种形式中最为复杂，但稳定性也最好，允许的缩口系数也是三者中最小的，零件成形质量高。

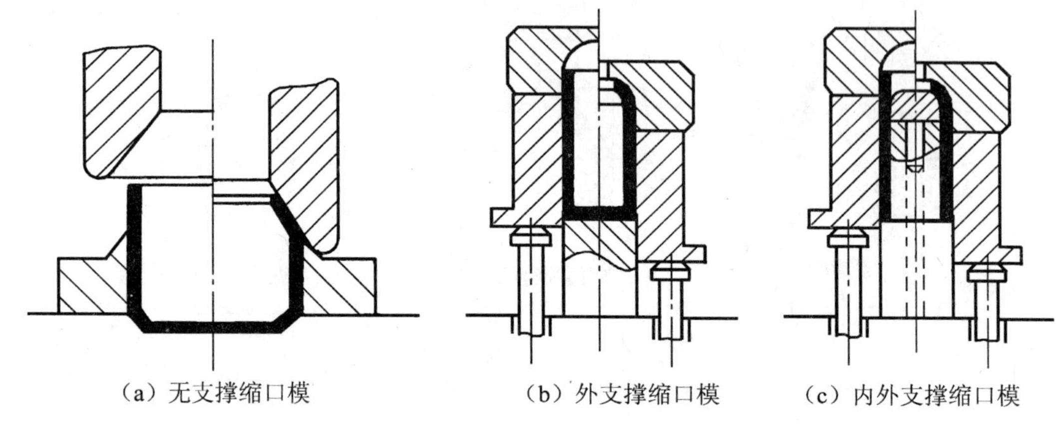

图 6-10 缩口模结构形式

6.4 胀 形

胀形是通过模具利用压力使空心件或管状坯料由内向外扩张的成形方法，以获取零件几何形状。采用这种方法可以成形如球形容器、波纹管、自行车三通接头以及其他一些形状复杂的空心曲面零件。

6.4.1 胀形成形的特点与变形程度

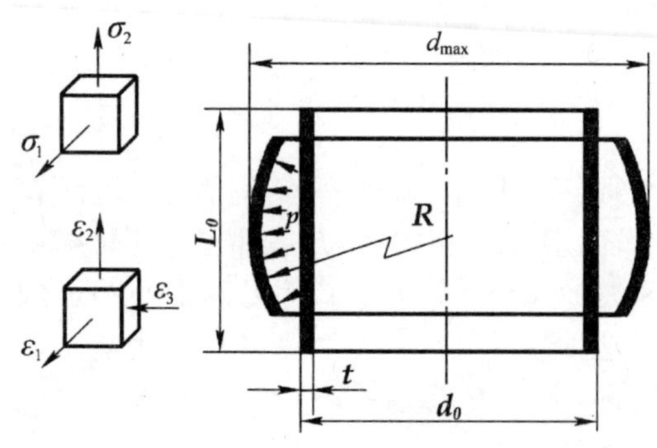

图 6-11 圆筒毛坯胀形

图 6-11 所示为圆筒毛坯胀形示意图。胀形的变形特点主要是材料受切向和母线方向拉伸（厚度方向应力可以忽略），使变形区内材料的厚度减薄而表面积增大。因此在胀形时毛坯处于双向受拉的应力状态，变形区毛坯不会产生失稳起皱，胀形零件表面光滑，质量好。

影响胀形成形极限的主要因素是材料的伸长率和硬化指数。材料的塑性好，伸长率大，则允许的变形程度大，其成形极限大；材料的硬化指数大，则变形后材料硬化能力强，扩展了变形区，使胀形应力分布趋于均匀，使材料局部应变能力提高，因此成形极限大。胀形工艺中的主要问题是防止拉伸过量而胀裂。

胀形的变形程度用胀形系数 K 表示：

$$K = \frac{d_{max}}{d_0}$$

式中：d_{max}——胀形后的最大直径（mm）；

d_0——坯料原来的直径（mm）。

胀形系数 K 越大，坯料的变形程度也越大。胀形变形程度受材料极限伸长率 δ 的限制，K 与伸长率 δ 的关系为：

$$\delta = \frac{d_{max} - d_0}{d_0} = K - 1 \quad \text{或} \quad K = 1 + \delta$$

表 6-7 是一些材料的极限伸长率与极限胀形系数（极限变形程度）。

表 6-7　材料极限胀形系数

材　料	厚 度 （mm）	许用伸长率 δ%	极限胀形系数 K
高塑性铝合金	0.5	25	1.25
纯　铝	1.0	28	1.28
	1.2	32	1.32
	2.0	32	1.32
低碳钢	0.5	20	1.20
	1.0	24	1.24
耐热不锈钢	0.5	26～32	1.26～1.32
	1.0	28～34	1.28～1.34

6.4.2　胀形工艺计算

（1）毛坯尺寸计算

毛坯直径：

$$d_0 = \frac{d_{max}}{K} \tag{6-19}$$

毛坯高度：

$$H_0 = L\left[1 + (0.3 \sim 0.4)\delta\right] + b \tag{6-20}$$

式中：H_0——毛坯高度（mm）；

L——工件母线长度（mm）；

b——切边余量，一般取 10～20 mm；

δ——工件切向最大伸长率，δ=（d_{max}−d_0）/ d_0。

因工件切向伸长引起高度缩小，(0.3～0.4) δ为毛坯高度所需留余量的系数。

（2）胀形力计算

胀形力的计算式为：

$$F = Ap = 1.15A\sigma_s \frac{2t}{d_{\max}} \tag{6-21}$$

式中：A——胀形部分材料表面积（mm^2）；

p——单位胀形力（MPa）；

σ_s——材料屈服强度（MPa）；

t——材料厚度（mm）；

$d_{\max}$——胀形最大直径 （mm）。

6.4.3 胀形模结构

胀形模按所用凸模的不同可分为刚性凸模胀形、橡胶凸模胀形、液体凸模胀形。

刚性凸模胀形也称机械胀形（图 6-12），它是利用锥形芯块将分块凸模向四周胀开，从而使坯料向外扩张，胀出所需曲面形状的。凸模分块数目越多，所得到的工件精度越高，但模具结构复杂，制造成本高、胀形变形不均匀。一般用于零件要求不高、形状简单的零件。

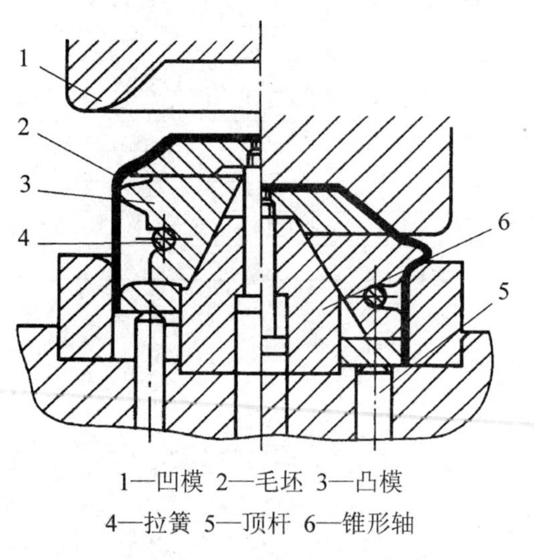

1—凹模 2—毛坯 3—凸模
4—拉簧 5—顶杆 6—锥形轴

图 6-12 刚性分瓣凸模胀形

橡胶凸模胀形（图 6-13）是通过橡胶在压力作用下变形，而使坯料沿凹模变形，胀出所需的形状。橡胶一般采用具有强度高、弹性好和耐油性好的聚氨酯橡胶，近年来也有用价格较低的 PVC 塑料代替橡胶的。橡胶凸模胀形在生产中应用广泛。

液压胀形（图 6-14）工作前先在坯料内灌注液体，当压力机外滑块下行时先把制件的口边用橡胶压住，然后内滑块下行，通过柱塞使液体产生高压，将坯料胀大成形。液体胀形是在无摩擦状态下成形的，因此极少出现不均匀变形，适用于表面质量和精度要求较高的复杂形状零件。

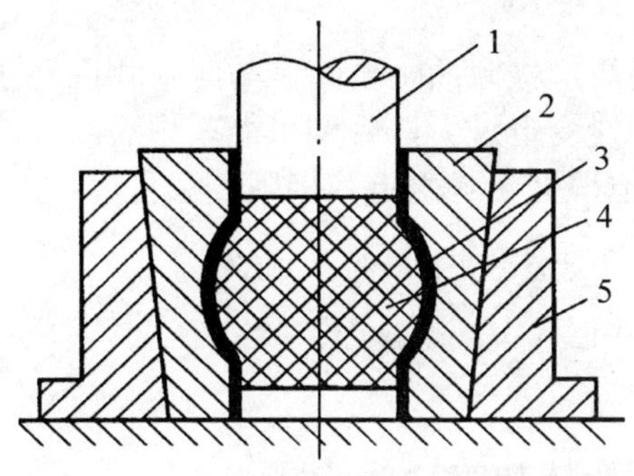

1—凸模 2—凹模
3—毛坯 4—橡胶 5—外套

图 6-13　橡胶凸模胀形

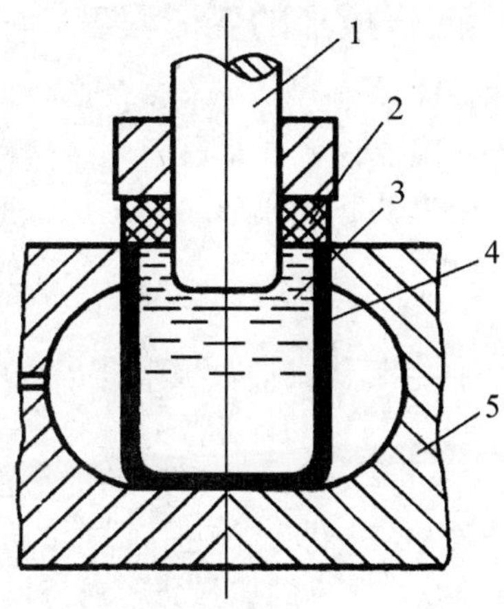

1—柱塞 2—橡胶
3—液体 4—毛坯 5—凹模

图 6-14　橡胶凸模胀形

6.5 起 伏 成 形

起伏成形是依靠材料的局部拉伸，使工件的局部产生凹陷或凸起的成形方法。它实质上是一种局部胀形的冲压工艺。生产中主要用来加工加强筋、压文字、压标记、压花纹、压凸包等，用以增加零件的刚度和强度，或者起装饰和定位作用。如图 6-15 所示。

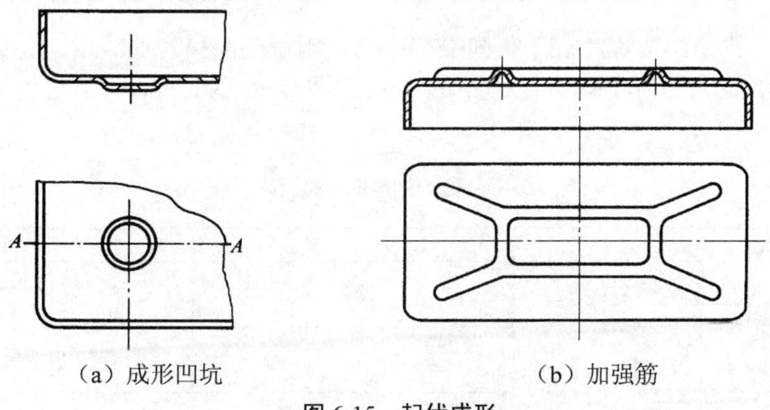

（a）成形凹坑　（b）加强筋

图 6-15　起伏成形

6.5.1 起伏成形的变形程度

起伏成形中，材料主要是承受拉应力，影响成形极限的主要因素与胀形相同，主要是受拉裂的限制，尤其是对于一些塑性差的材料不能变形过大，否则可能产生裂纹。对于一般比较简单的起伏成形（如压加强筋），可近似地根据下式确定其极限变形程度：

$$\varepsilon = \frac{l_1 - l_0}{l_0} < (0.7 \sim 0.8)\delta \tag{6-22}$$

式中：ε——起伏成形时极限变形程度；

δ——材料的伸长率；

l_0，l_1——工件变形前后的截面长度（如图 6-16 所示）。

系数（0.7～0.8）视起伏成形的形状而定，断面弧形筋可取较大值，断面梯形筋要取较小值。表 6-8 为常见的加强筋形式与尺寸。如果加强筋与边框的距离如果小于（3～3.5）t 时，由于成形过程中边缘材料要往内收缩，因此，应预先留出切边余量，成形后增加切边工序。

表 6-8 加强筋形式与尺寸

图 例	R	h	r	B	a
R, t, r, h, B	（3～4）t	（2～3）t	（1～2）t	（7～10）t	—
α, D, t, r, h	—	（1.5～2）t	（0.5～1.5）t	≥3h	15°～30°

压凹坑时，常用凹坑深度表示极限变形程度。用球头凸模对低碳钢、软铝等压凹时，可达到的极限深度 h 约等于球头直径 d 的 1/3。用平头凸模压凹时可能达到的极限深度范围见表 6-9。

表 6-9 平头凸模压凹坑的极限深度

图 例	材 料	极限深度
D, h, d	软钢	≤（0.15～0.20）d
	铝	≤（0.10～0.15）d
	黄铜	≤（0.15～0.22）d

当起伏成形不能一次完成时，可采用两次成形法。先用大直径的弧形或球形凸模，在变形区压出所需的表面积材料；然后再压出所要求的形状和尺寸，如图 6-17 所示。

降低凸模的表面粗糙度值，改善模具表面的润滑条件也能提高成形极限。

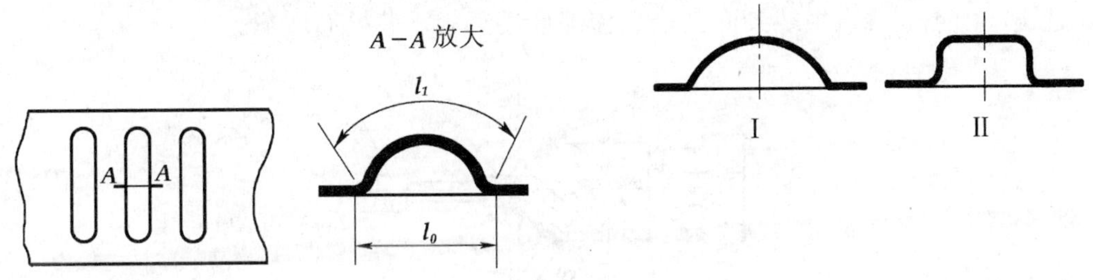

图 6-16　起伏成形前后材料长度　　图 6-17　两次胀形示意图

6.5.2　起伏成形的冲压力计算

（1）压制加强筋时所需的冲压力，按下式估算：

$$F = Lt\sigma_b K \tag{6-23}$$

式中：L——加强筋周长　（mm）；

σ_b——材料的强度极限（MPa）；

t——板料厚度　（mm）；

K——系数，与筋的宽度与深度相关，K =0.7～1，筋窄而深时取大值。

（2）在曲柄压力机上对薄料（t<1.5 mm）或小零件（面积约小于 200 mm^2）进行起伏成形时（加强筋除外），或压筋同时校正时，冲压力按下式估算：

$$F = AKt^2 \tag{6-24}$$

式中：A——成形面积（mm^2）；

K——系数，钢料：K＝200～300 N/mm^4；铜、铝：K＝150～200 N/mm^4。

6.6　旋　　压

旋压俗称赶形，是一种特殊的冷压成形方法，用以制造各种形状的空心旋转体零件。旋压毛坯可以是平板坯料，也可以是冲压后的半成品。旋压成形可以完成类似拉深、胀形、缩口、卷边等成形工艺。旋压在日用品、航天航空及导弹工业中都有广泛应用。

6.6.1 普通旋压

普通旋压工作原理如图 6-18 所示。将毛坯固定于装在旋压机主轴的芯模 1 上，并用顶块 3 压紧。加工时，芯模、毛坯和顶块随旋压机的主轴一起转动，操纵旋轮加压于毛坯，反复赶辗，由点到线，由线到面，最后使毛坯逐渐紧贴芯模而成形。

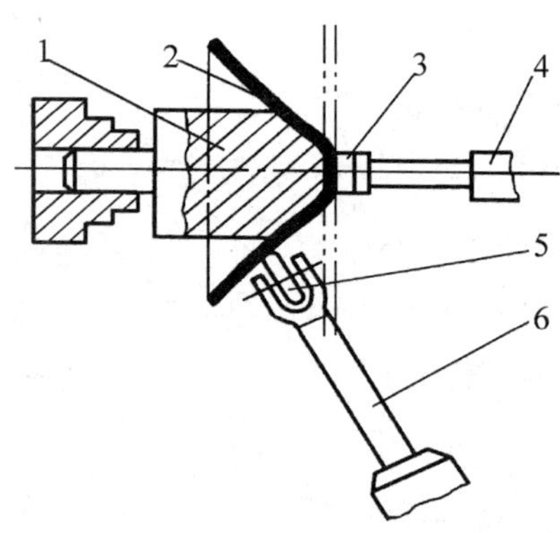

1—芯模 2—毛坯 3—顶块
4—顶架 5—旋轮 6—旋压杠杆

图 6-18 普通旋压成形

在毛坯通过旋压转化成空心旋转体件的过程中，毛坯的受力特点也是切向、厚度方向受压、径向受拉，但其变形过程与普通拉深不同，旋压时旋轮与毛坯之间基本上是点接触。毛坯在旋轮的作用下，在接触点产生局部塑性变形，同时毛坯沿着赶棒加压的方向倒伏，直到最后紧贴芯模。因此，在旋压时，制件有时会起皱或破裂。为使毛坯能均匀地变形，必须选择合适的主轴转速、合理的变形过渡形状和旋轮旋压力的大小。

旋压的变形程度用旋压系数 m 表示：

$$m=\frac{d}{D} \tag{6-25}$$

式中：d——制件直径（若是锥形件指最小直径）(mm)；

D——毛坯直径（mm）。

旋压系数 m 一般在 0.6～0.8 之间，当相对厚度$(t/D)\times100<2.5$ 时，取小值，$(t/D)\times100>2.5$ 时，取大值。圆锥形件的极限旋压系数可取 0.2～0.3。

当零件需要的变形程度比较大时，可在不同芯模上多次旋压，但需进行中间退火。旋压件的毛坯尺寸计算与拉深工艺一样，按工件的表面积等于毛坯的表面积，求出毛坯直径。但由于毛坯在旋压过程中，毛坯厚度方向受压，有变薄现象，因此，实际毛坯直径可比理论计算直径小 5%～7%。

旋压力比模具的冲压力小，可以用功率和吨位都非常小的旋压机加工出大型冲压件，并且所需的工具简单，但是旋压加工的生产率低。

6.6.2　变薄旋压

变薄旋压是通过机械或液压传动而加压于坯料，迫使坯料厚度产生预定的变薄，并按芯模形状逐渐成形，加工成所需要的零件。

经变薄旋压后，材料晶粒致密细化，提高了强度，降低了表面粗糙度，所得零件尺寸精度和表面质量都比较好。变薄旋压一般要求使用功率大、刚度大的旋压机床。

变薄旋压的变形程度用变薄率 ε 表示：

$$\varepsilon = \frac{t_0 - t_1}{t_0} \tag{6-26}$$

式中：t_0——旋压前毛坯厚度（mm）；

t_1——旋压后零件厚度（mm）。

变薄旋压多用于加工薄壁锥形件或薄壁的长管形件。在导弹及喷气发动机的生产中应用较多。

6.7　思 考 题

1．何为翻边、校形、缩口、胀形、旋压？这些成形工序的变形特点和和材料主要损坏形式分别是什么？

2．翻边、缩口、胀形、起伏成形、旋压的变形程度分别如何表示？如果零件的变形超过了材料的极限变形程度，在工艺上分别可以采取哪些措施？

3．零件尺寸如图 6-19 所示，材料为 08 钢，试判断能否一次翻边成形？若不能一次翻成而用先拉深再翻边的方法，计算预制孔尺寸和翻边所能达到的最大高度（预制孔用钻孔、凸模用圆柱形凸模）。

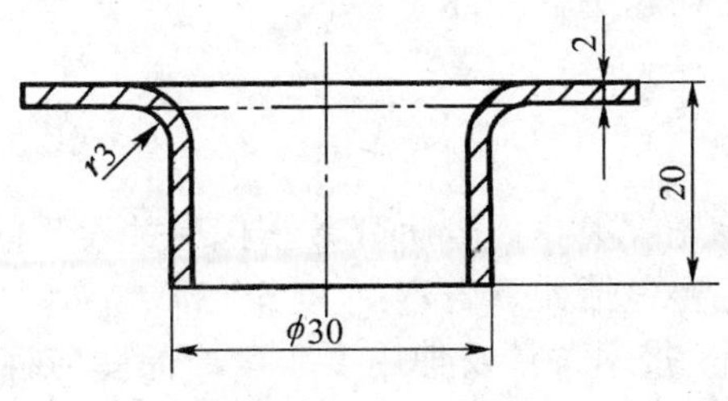

图 6-19　第 3 题图

第 7 章　冲压工艺规程设计

冲压工艺规程是指导冲压件生产的工艺技术文件，它既是生产准备的基础，又是模具设计部门进行设计和生产管理部门用于指挥生产的重要依据。

冲压工艺规程的制订，是一项复杂的综合性技术工作，通常是根据具体冲压件的特点、生产批量、现有设备和生产条件等，拟订出技术上可行、经济上合理的最佳工艺方案，包括冲压工序的安排、模具的结构形式、适用设备、检验要求等。制订冲压工艺规程时，不仅要保证产品的质量，还要综合考虑成本、生产效率以及减轻劳动强度和保证安全生产等各方面因素。

7.1　冲压工艺规程编制的主要内容和步骤

冲压工艺规程制订步骤大致如下：

（1）设计准备工作；

（2）零件的工艺性分析；

（3）确定冲压件生产的工艺方案；

（4）确定模具类型及结构形式；

（5）选择冲压设备；

（6）编写冲压工艺卡及设计计算说明书。

上述步骤中的内容互相联系、互相制约，实际设计中往往需要前后兼顾、互相穿插进行。工艺规程制订所牵涉的许多内容已在前面有关章节中进行了叙述，以下主要就一些需要强调的或进一步说明的问题进行叙述。

7.1.1　设计准备工作

冲压工艺设计前应首先收集、调查研究并掌握有关设计的原始资料，这些是冲压工艺设计的依据。原始资料主要包括如下内容：

（1）冲压件的产品图、技术条件及使用要求　产品图应视图完备，符合国家制图标准。技术条件应明确、合理。当产品仅有样件而无产品图时，应对样件测绘后绘制出产品图。

产品的技术条件及使用要求也是设计的主要依据。

（2）原材料的尺寸规格、冲压性能、供应状况及价格　冲压原材料的选用对工艺设计有着直接影响。例如选用卷料为冲压原材料时，适于采用连续模和自动化送料装置；当用边角余料或结构废料作为冲压原材料时，只能考虑用单工序模或复合模冲压生产，而无法用连续模。再如冲压材料的力学性能和工艺性能，若所用板料具有较小的屈强比、较大的板厚向异性系数，则拉深加工就相当容易，有可能用较少的拉深次数甚至一次便可拉深成功。反之，如采用硬度高、屈强比大、板厚向异性系数小的材料，在工艺设计中可能就需要增加拉深次数或其他辅助工序等。原材料供应状况和价格直接影响到冲压的成本。充分了解冲压原材料的详细情况，将有助于后续的工艺设计工作。

（3）产品的生产批量　在工艺设计前，要了解产品是试制、少量生产、还是批量或大量生产，一般来说，不同的生产批量，其加工方法也不尽相同的。对批量和大量生产的产品，常采用复合模、连续模或高寿命的硬质合金模，以及自动装料、卸料装置等。而对多品种、小批量或试制产品，在满足生产需要、保证产品质量的前提下，应采用低熔点合金模、锌基合金模、聚氨酯橡胶模等简易模具，以缩短制模周期，降低生产成本。

（4）冲压设备条件　工厂现有冲压设备的类型、吨位等情况也对工艺方案的制定有直接影响。不同的冲压设备条件，有其相适应的工艺方案和模具结构。例如，在双动压力机上拉深与在普通单动压力机上拉深的模具结构有很大不同。当对厚板冲裁件采用复合冲裁工艺，如果冲压力超过现有设备吨位时，就需更改原方案，采用单工序冲裁，以降低冲压力，或在模具上采取其他降低冲压力的措施。关于冲压设备的选择，后面还将有专门叙述。

（5）模具制造条件和技术水平　工厂现有的模具制造条件和技术水平主要是指模具加工设备条件，技术检验的条件，模具材料、规格，及模具制造工人的加工、装配技术水平等。一般来说，如果工厂的制模能力较差，就不宜采用复合冲压或连续冲压的工艺方案，以免复合模或连续模的制造达不到设计要求。

（6）其他技术资料　主要包括冲压手册、冲模设计手册、冲模图册、冷冲模国家标准、部颁标准及其企业标准、机械设计手册，材料手册等有关的技术参考资料。这些技术资料对于冲压工艺方案的制订和模具的设计是必不可少的。

7.1.2　零件的工艺性分析

即分析冲压件对冲压工艺的适应性。首先判断该冲压件需要那些冲压工序，包括中间半成品形状尺寸和所需冲压工序，然后按照前面章节所述各工序的冲压工艺性要求，对该产品的结构形状、尺寸、精度要求、表面质量及所用材料的冲压性能和使用性能等进行分析，确定该冲压件加工的难易程度，及是否需要采取特殊工艺措施。

产品的冲压工艺性好，可保证材料消耗少，工序数目少，模具结构简单，产品质量稳定，还能使技术准备工作和生产的组织管理做到经济合理，冲压加工的经济性也好。因此，工艺分析也可以说是对产品的冲压工艺方案进行技术上和经济上的可行性论证。对冲压工艺性不好的零件，可与产品设计人员协商，在保证产品使用要求的前提下，对产品图或原材料作必要的修改。

7.1.3 确定冲压件生产的工艺方案

在零件的工艺性分析后，再根据产品图进行必要的工艺计算（如毛坯展开尺寸、排样方式、中间半成品尺寸、拉深次数、翻边预冲孔尺寸等），分析冲压工序性质及数量、冲压顺序和工序组合方式，结合生产批量和实际生产条件，从各种可能的方案中选出最佳冲压工艺方案。主要内容如下。

1. 工序性质的确定

工序性质是指冲压件所需的工序种类，如裁板、落料、冲孔、弯曲、拉深、翻边等。冲压工序性质的确定，主要取决于冲压件的形状、尺寸和精度要求，同时还应考虑冲压变形规律及某些具体条件的限制。

（1）在一般情况下，可从零件图上直观地确定出工序性质。如平面零件的加工，一般采用落料、冲孔工序。弯曲件冲压加工时，常采用落料、弯曲工序。拉深件冲压加工时，常采用落料、拉深和切边等工序。当零件精度要求较高或圆角半径较小时，还需增加一道整形工序。当零件的平直度要求较高时，还需在最后进行校平。

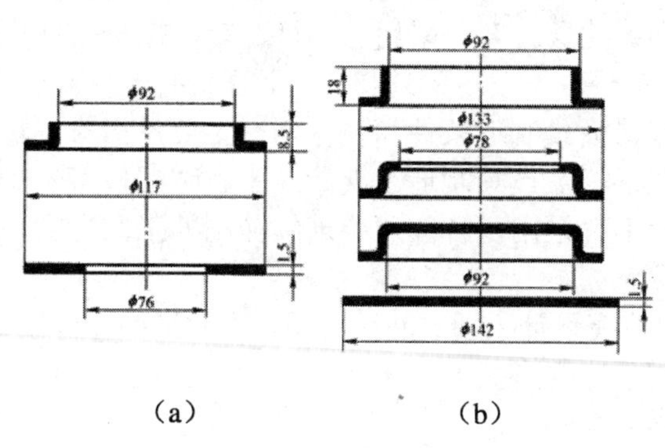

（a）　　（b）

图 7-1 内孔翻边零件

（2）在某些情况下，需对产品图进行必要的计算后，才能确定出工序性质。例如图 7-1 所示（a）、（b）两个零件，材料均为 08 钢，料厚 1.5 mm，几何形状完全相同，仅高度尺寸不一样。对 7-1（a）所示零件，冲压工艺过程为：落料冲孔、翻边，翻边系数 0.82，可一次翻边成形。对 7-1（b）所示零件，翻边高度较大，预冲孔的直径减小，经计算为 61.4 mm，翻边系数 0.65，超过了翻边成形极限。因此工艺方案改为落料、拉深、冲孔、翻边工序，利用拉深工序弥补一部分翻边高度的不足。

（3）在另外一些情况下，为了改善冲压变形条件或方便工序定位，往往需增加某些附加工序。这些附加工序使工序性质的选用及工艺过程的安排也相应发生了变化。

如图 7-2 所示零件，材料为 08 钢，料厚 1 mm。从零件形状特征初步判断，可能需要落料、拉深、冲孔、切边基本工序来完成。计算得落料应为 ϕ81 mm，则其拉深系数为 0.4，已超过了极限拉深系数，不能一次拉深成形，实际生产中采用的工艺方案为：落料并预冲冲 ϕ11 mm 孔、拉深、冲 ϕ23 mm 孔的方案。在拉深时，ϕ11 mm 孔扩大，底部的部分材料转向侧壁，从而使成形高度得到增加，而毛坯直径则可适当减小，因此可一次拉深成形。

这里的预冲孔工序就是一个附加工序，这种预冲孔常称为**变形减轻孔**，它减轻了拉深时坯料外环区的变形量。尤其在成形某些复杂形状零件时，变形减轻孔能使不易成形的部分或不可能成形的部分的变形成为可能。生产中，经常采用这类变形减轻孔或者工艺切口达到改善冲压变形条件、提高成形质量的目的。

再如图 7-2（a）所示的零件，由于几何形状不对称，给冲压成形和工序定位都带来了一定困难。对这类型零件，生产中常采用成对冲压的方法（图 7-2（b）），冲压成形后再增加一道剖切或切断工序，截成两个工件。虽然增加了一道剖切或切断工序，但成对冲压时改善了变形条件，使受力平衡，防止了毛坯偏移，保证了成形质量。

另外，在某些较复杂零件的冲压中，常需增加冲制定位用工艺孔的附加工序。

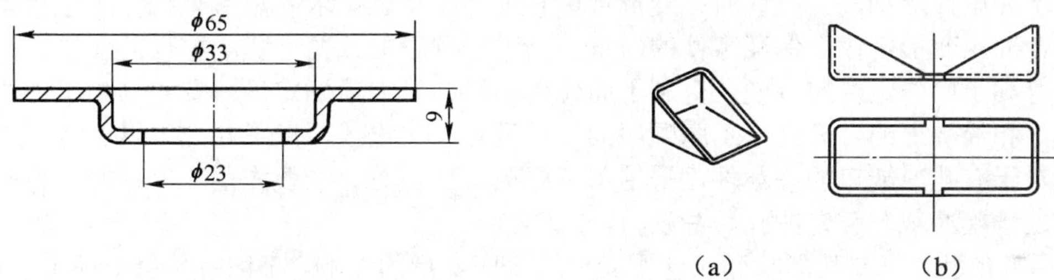

图 7-2　轴承盖

图 7-3　不对称零件的冲压工艺

2. 工序数量的确定

工序数量是指在整个冲压加工过程所需的工序数总和（包括辅助工序）。在保证零件质量的前提下，工序数量应尽可能少些。确定工序数量时可参考以下原则：

（1）有利于提高工艺的稳定性。工艺的稳定性差，冲压加工中的废品率会显著增高，而且对原材料、设备性能、模具精度、操作水平等的要求也相应提高。提高冲压工艺稳定性的主要措施是适当地降低冲压工序中的变形程度，避免在接近极限变形参数的情况下进行冲压加工。这时有可能增加了工序数量。

另外，为提高工艺的稳定性，可以适当增加某些附加工序，例如冲制工艺孔作为定位用；冲制变形减轻孔以转移变形区；在多次拉深工序间增加修边工序、退火工序，以方便拉深工序的顺利进行等，也都是提高工艺稳定性的有效措施。保证工艺稳定性和零件质量对冲压生产尤其是大批量生产是非常重要的，虽然增加了工序数量，也是值得的，总的经济效益得到提高。

（2）要考虑生产批量的大小。当生产批量大时，应尽量合并工序，采用复合冲压或连续冲压，以提高生产效率，减少劳动量，降低生产成本。中小批量生产时，常采用单工序简单模或复合模，有时也采用简易模，以降低模具制造费用。当然，在某些情况下（如零件尺寸较大），如果几套单工序模比一套复合模或连续模的成本还高或相近，则可以考虑采用复合冲压或连续冲压。

（3）当工件精度要求较高时，如断面质量、尺寸精度、平直度、小的弯曲圆角半径或拉深圆角半径等，在冲裁或成形工序后增加校平、整形工序是必须的。

（4）考虑工厂现有的制模条件和冲压设备情况。复合模和连续模的结构较复杂，加工及装配精度的要求也相应高些，如果工厂的制模条件不能满足模具的加工、装配精度要求，则宁可采用单工序简单模或少工序复合模，以保证模具质量和产品质量。

3. 工序顺序的安排

工序顺序是指冲压加工过程中各道工序排列的先后次序。冲压工序先后顺序的安排，主要决定于冲压件形状、工序性质、变形规律和零件的质量要求。总的来说，工序顺序的安排应符合冲压变形规律，保证零件的质量。当工序顺序的改变不影响零件的质量时，则应当根据有利于操作定位的方便及有利于简化模具结构等因素确定。即要兼顾冲压件质量的稳定性，和经济上的合理性。工序顺序的安排没有统一模式，以下几点可供参考。

（1）对于有孔或缺口的冲裁件，采用单工序模具冲裁时，一般先落料，后冲孔、冲缺口；采用连续模冲裁时应先冲孔、冲缺口，后落料。

（2）所有的孔，只要其形状和尺寸不受后续工序变形的影响，都应在平板毛坯上冲出，因为在立体冲压件上冲孔时操作不方便，定位困难，模具结构复杂。先冲了的孔还可作为后续工序的定位孔。

（3）对于靠近零件边缘的孔，应先落料后冲孔，以防落料时的过大作用力使孔变形。当零件需冲制两个直径不同的孔，且其位置又较近时，应先冲大孔后冲小孔，以避免由于冲大孔时变形大而引起小孔变形。同理，冲制精度不同而位置又较近的孔时，应先冲低精度的后冲高精度的。

（4）对于多角弯曲件，一般应先弯外角，后弯内角，并使后一次弯曲不影响前一次已成形部分，及前一次弯曲必须使后一次弯曲有适当的定位基准。

（5）对于带孔的弯曲件，当孔位于变形区或孔与基准面有较高要求时应先弯曲，后冲孔，以保证孔的精度；否则都应先冲孔，后弯曲，以简化模具结构，定位操作也都方便。

（6）对于复杂的旋转体拉深件，一般是先拉深大尺寸的外形部分，后拉深小尺寸的外形部分。对非旋转体的复杂拉深件则顺序相反。

（7）对于有孔或缺口的拉深件，一般先拉深，后冲孔（或缺口），以防拉深时孔或缺口产生变形。对于带底孔的拉深件，一般应先拉深，后冲孔。也可先预冲一较小的孔，拉深后再冲切底孔边缘达到要求。

4. 工序的组合

冲压工序的组合是指将两个或两个以上的工序合并在一道工序内完成。当工序的性质、数量及顺序确定之后，可进一步考虑工序间是否有组合的必要性与可能性。组合的方式主要是复合冲压和连续冲压。组合后的工序顺序可以有所变化。

一般来说，过厚的料不宜进行工序组合，否则会影响模具的寿命，连续模适宜料厚在 0.2～6 mm，复合模适宜料厚在 0.05～3 mm。对大批量的生产，应尽可能地采用复合冲压或连续冲压；而小批量生产时，则应采用单工序简单模冲压。

大尺寸的零件一般用单工序加工，当采用复合冲压时要注意压力机吨位是否满足要求，而采用连续冲压时，要注意连续模的外轮廓尺寸是否超过了压力机的工作台面。对尺寸过小的零件，应尽量采用连续冲压，可使操作及零件定位方便，确保安全生产。

复合模的冲压精度最高，其次是连续模，再次是单工序模。因此，高精度的产品适宜用复合模或连续模生产；形位精度高的产品，适合用复合模加工相关尺寸，避免因多次定位而造成的累积误差。

在分析工序组合的可行性时，应考虑以下几方面问题：

（1）工序组合后，应保证能冲压出形状、尺寸及精度均符合要求的工件。如底部有孔的凸缘筒形件，若将落料、拉深、冲孔组合成为复合冲压工序，则不能保证冲底孔的尺寸。这是因为在拉深变形结束之前必须将孔冲出，而已冲孔的孔径在随后的拉深变形中会扩大。

（2）工序组合后，模具在结构上应能够实现其所需的动作，同时应保证模具有足够的强度。例如当零件上孔间距离或孔与边缘距离过小时，采用复合冲裁会使凸凹模壁厚过小，没有足够的强度。

（3）工序组合后，应不致于给模具制造及维修带来太大困难。

5. 定位基准与定位方式的选择

工件的**定位**，就是使毛坯或中间半成品在模具中占有确定位置。合理地选择定位基准和定位方式，不仅是保证冲压件质量及尺寸精度的基本条件，而且也对稳定冲压工艺过程、方便操作及安全生产有着直接影响。

选择定位基准和定位方式时应遵循以下原则：

（1）基准重合原则

所谓**基准重合原则**，就是尽可能使定位基准与零件设计基准相重合，基准重合时定位误差最小。在选择定位基准时，应尽量把产品图上标注的尺寸基准作为工艺设计和模具设计的依据。如果定位基准与零件的设计基准不重合，就需要按照尺寸链计算理论重新分配公差，把零件设计尺寸换算为工序的工艺尺寸，这必然使零件的加工精度提高了，从而也对模具的设计与制造提出了更高的要求。

例如图 7-4（a）所示的零件上需冲制方形孔，设计基准为I和II两个平面。如果在制定工艺方案时，定位基准分别选择I和III面（图 7-4（b）），这时为保证图中尺寸 180±0.5 mm 达到要求，必须重新换算尺寸并分配公差：把 $600^{0}_{-2.0}$ mm换为 599±0.3mm，180±0.5mm 改为由 419±0.2 mm控制。显然，此时工件的加工精度被迫提高了。

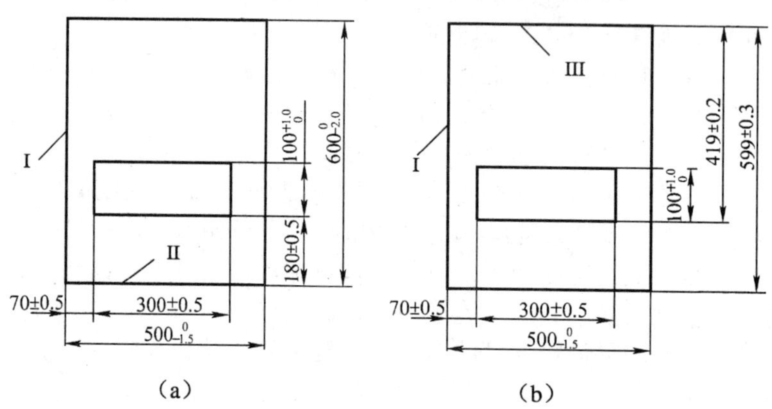

图 7-4　定位基准与设计基准关系

（2）基准同一原则

基准同一原则是指在不同模具上多工序冲压时，应尽可能使各个工序都采用同一个定位基准。这样，既可以消除不同定位基准引起的多次定位误差，提高零件尺寸精度，又使得各个模具上的定位零件相同，简化了模具的设计与制造。

（3）基准可靠原则

只有定位准确可靠才能保证零件质量的稳定性。因此，所选择的基准定位面，其位置、尺寸及形状都必须有较高精度，否则会产生误差。如果冲压件的结构条件不能满足合理的定位要求，则可在工件的适当位置上冲制定位工艺孔、工艺切口等，作为后续工序的定位基准。当然，最好是定位基准与设计基准重合。

另外，多工序的定位基准面，最好是整个后续冲压过程中不参与变形和移动的表面。

（4）操作方便与安全性要求

选择定位方式时，还要注意操作的方便与安全问题。如图 7-5（a）所示的零件，如按图 7-5（b）所示方案先冲出型孔，然后以型孔定位冲三个小孔，则需采用非圆形定位销，工件放入定位销时有一定困难，操作不方便，效率低且不安全。如按图 7-5（c）所示方案先冲大圆孔，然后以此圆孔定位，再冲三个槽和三个小孔，则使操作很方便。

对于非对称的零件要注意定位的方向性，以免操作者将零件反向放置而造成废品。如图 7-6 所示零件，可采用大小不同的孔定位或打工艺标记来定向。

至此，产品的冲压工艺方案基本确定。最后还应指出，冲压工艺设计是一项极富技术性、经验性的工作，一种合理工艺方案的最终确定，通常需花费大量的劳动，尤其对形状复杂、精度要求较高的冲压件，往往要经过多次反复地分析、计算、修改，甚至进行必要的工艺试验后，才能最终确定。

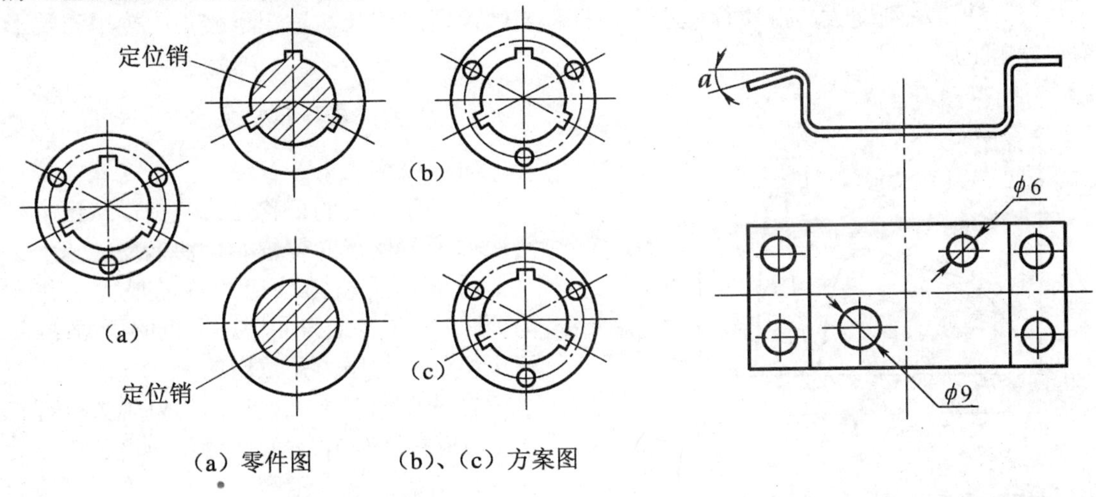

图 7-5　冲裁件定位方式

图 7-6　冲压件定位的方向性

7.1.4　确定模具类型及结构形式

根据已确定的工艺方案，综合考虑冲压件的形状特点、精度要求、生产量、加工条件、工厂设备情况、操作方便与安全的要求等，选定冲模类型及结构形式，并估算模具费用。

7.1.5　选择冲压设备

冲压设备的选择主要是压力机的类型和规格参数两方面的选择。

1. 冲压设备类型的选择

（1）开式曲柄压力机刚度差，降低了模具寿命和冲件的质量。其主要优点是成本低，且有三面敞开空间，操作方便，所以广泛用于中小型零件的冲压生产中。

（2）闭式曲柄压力机刚度好、精度高，只能两个方向操作，适于大中型零件的生产。

（3）双动曲柄压力机有内外两个滑块，适用于较复杂的大中型拉深件的生产，内滑块用于拉深，外滑块用于压边，模具结构也得到简化。

（4）高速压力机或多工位自动压力机适于大批量生产。

（5）液压机的行程是可调的，且全行程压力恒定，不会因板料厚度波动过大而过载。但液压机的速度低、生产效率低，适用于小批量、大型厚板冲压件的生产，或工作行程较大的冲压加工。

（6）摩擦压力机结构简单、造价低、不易发生超负荷损坏，但速度低、效率低，在小批量生产中常用。

（7）精压机刚度大、滑块行程小，在行程末端停留时间长，适用于校正、校平和整形等类冲压工序。

2. 冲压设备规格的选择

（1）公称压力

曲柄压力机的**公称压力**是指：从压力机滑块位于下死点的位置始，曲柄反转 30°，在此位置压力机滑块所允许的最大工作压力。图 7-7 曲线 1 为曲柄压力机的压力曲线。液压机的公称压力是恒定的。

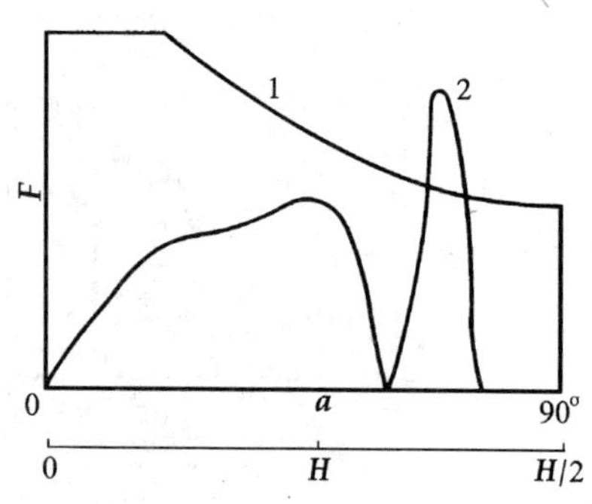

1—曲柄压力机压力曲线　2—落料拉深压力曲线

图 7-7　压力曲线

在冲压加工中，如果压力机施力行程较小（如板料冲裁），一般应使压力机公称压力比冲压所需的最大压力大 30%左右。当压力机施力行程较大时（如拉深过程），选用压力机时不仅要考虑公称压力的大小，还要保证冲压时的压力曲线必须在压力机许用压力曲线内。一般深拉深时，所需最大拉深力应为压力机公称压力的 0.5～0.6 倍；浅拉深时，所需最大拉深力应为压力机公称压力的 0.7～0.8 倍。

另外要注意，采用落料拉深复合冲压时，不能简单地将落料力与拉深力叠加去选择曲柄压力机。因为曲柄压力机的公称压力是滑块在下死点（或接近下死点）时发生的。过早地出现最大冲压力将使压力机超载损坏。图 7-7 曲线 2 为落料拉深压力曲线示意图。

（2）压力机的行程

压力机的行程大小，应该能保证成形零件的取出和毛坯（或半成品）的放入，例如拉深所用压力机的行程，至少应大于成品零件高度的 2.5 倍以上。

（3）工作台面的尺寸

压力机工作台面的尺寸应大于模具的平面尺寸，且留有安装固定的余地，一般每边留 50～70 mm。模具的底面尺寸应超出工作台孔 40～50 mm，否则对模具的受力条件不利。

（4）闭合高度

所选的压力机的闭合高度应与冲模的闭合高度相适应（详见 3.9 节）。如果模具闭合高度实在太小，可以在压力台面上加垫板。

7.1.6　编写冲压工艺卡及设计计算说明书

冲压工艺卡也称冲压工艺过程卡，是以表格的形式综合表述冲压工艺设计的内容。一般冲压工艺卡的内容应包括：工序序号、工序名称、工序内容、工序草图、工艺装备、设备、材料种类与规格、工时定额等。工序内容应简要说明该工序所做的工作，如剪床下料、落料冲孔、弯曲、拉深、整形、切边等。工序草图即该工序的加工简图，其视图应尽量少。

冲压工艺过程卡是指导生产正常进行的重要技术文件，起着生产的组织管理、调度、工序间的协调以及工时定额核算等作用。工艺卡尚未有统一的格式，可根据简单又有利于生产管理的原则制定。

设计计算说明书是编写工艺文件及指导生产的重要依据，主要内容有冲压件的工艺性分析，毛坯的展开尺寸计算，排样方式及经济性分析，工艺过程的确定，半成品过渡形状的尺寸计算，工艺方案的技术和经济分析比较，模具结构形式的合理性分析，模具主要零件结构形式，材料选择，公差配合和技术要求的说明，凸、凹模工作部分尺寸的计算与公差的确定，冲压力的计算，模具主要零件的强度计算，压力中心的确定，弹性元件的选用和核算及冲压设备的选用依据等。

7.2　冲压工艺规程编制实例

例：图 7-8 为汽车车门玻璃升降器外壳，试作冲压工艺设计。

材料：08 钢

板料厚度：1.5 mm

年产量：10 万件

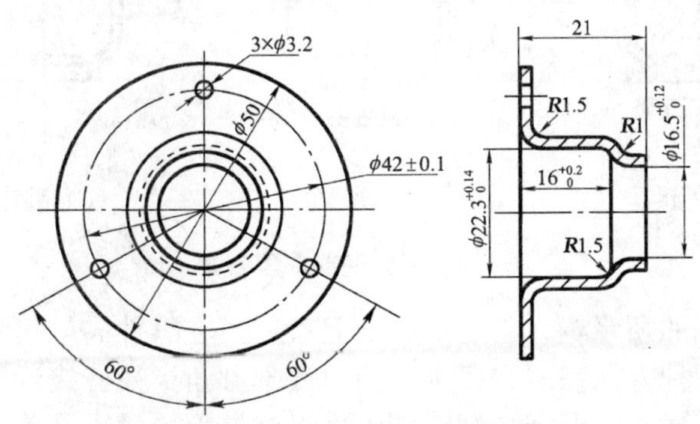

图 7-8　玻璃升降器外壳

7.2.1　冲压件的工艺性分析

该零件为旋转体，其外形最大尺寸为 $\phi 50$ mm，属于小型零件。零件材料为一般冲压用钢，年产量属于中批量，冲压加工经济性良好。

从零件图分析，该冲压件采用 1.5 mm 的钢板冲压而成，可保证足够的刚度与强度。零件所标注的尺寸中，$\phi 22.3_{0}^{+0.14}$、$\phi 16.5_{0}^{+0.12}$、$\phi 16_{0}^{+0.2}$ 为 IT11～IT12 级精度，三个小孔 $\phi 3.2$ 的中心位置精度 $\phi 42 \pm 0.1$ 为 IT10 级精度，零件精度要求较高。

分析零件结构工艺性。此零件是一个带凸缘筒形件，从形状特征判断，其主要加工工序有落料、拉深、翻边、冲孔等。零件落料片为圆形，冲裁工艺性很好。作为拉深成形尺寸，其相对值 $\dfrac{d_{凸}}{d}=\dfrac{50}{23.8}=2.1$、$\dfrac{h}{d}=\dfrac{16}{22.3}=0.72$ 都不大，拉深工艺性较好。但零件圆角半径 $R1.5$ 偏小，所以应在拉深之后安排一道整形工序，并用制造精度较高、间隙较小的模具来进行加工。

3 个小孔直径为 $\phi 3.2$，大于 2 倍料厚，满足冲裁工艺性要求。小孔的中心圆直径 $\phi 42 \pm 0.1$ 的精度要求较高，按冲裁件工艺性分析，应以 $\phi 22.3_{0}^{+0.14}$ 的内径定位，用高精度（IT6～IT7 级）冲模在一道工序中同时冲出。

7.2.2　工艺方案的分析和确定

1. 工艺方案的分析比较

该零件的 $\phi 16.5$ 部分的成形，可以有三种方法：一种是采用阶梯拉深后车去底部；第二种是采用阶梯拉深后冲去底部；第三种是采用拉深后冲底孔，再翻边的方法（图 7-9 所示）。

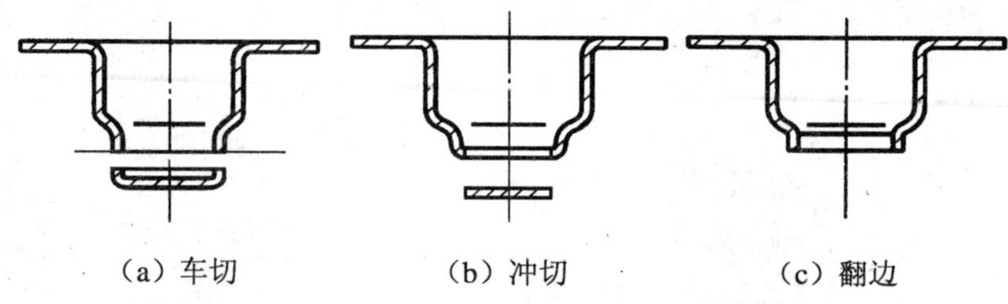

（a）车切　　（b）冲切　　（c）翻边

图 7-9　零件底部成型方案

三种方法中，车底的质量高，但生产率低且费料，在零件高度尺寸、底部要求不高的情况下不易采用。第二种方法在冲去底部之前，底部圆角半径应接近于零，因此需要增加一道整形工序，而且质量不易保证。翻边的方案虽然端部质量不及前两种好，但生产效率高，而且省料。由于外壳高度尺寸 21 mm 的公差要求不高，翻边工艺可以保证零件的要求，

口部 $R1$ 的圆角也可由翻边得到。综合比较，采用拉深后冲底孔—翻边的方案比较合理。

2. 工艺方案的确定

（1）计算毛坯尺寸

在计算毛坯尺寸以前需要先确定翻边前的半成品形状和尺寸，核算翻边的变形程度。翻边的高度尺寸为：$H = (21-16)\ \text{mm} = 5\ \text{mm}$。

根据翻边工艺计算公式，翻边前预冲孔直径为：

$$d_0 = D - 2(H - 0.43r - 0.72t) = 18 - 2(5 - 0.43\times 1 - 0.72\times 1.5) = 11\,\text{mm}$$

翻边系数$K = d_0/D = 11/18 = 0.61$。$d_0/t= 11/1.5=7.33$。查表 6-1 低碳钢圆孔极限翻边系数，当用圆柱平底翻边凸模时$K_{\min} = 0.5<0.61$，所以能由冲底孔后直接翻边获得 5 mm的高度。翻边前的拉深件形状与尺寸如图 7-10 所示。

$$D = \sqrt{d_{凸}^2 + 4dH - 3.44dr} = \sqrt{54^2 + 4\times 23.8\times 16 - 3.44\times 23.8\times 2.25} = 65\ \ (\text{mm})$$

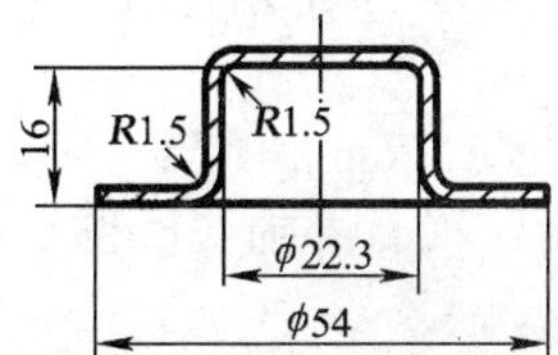

（a）按外形标注的半成品尺寸

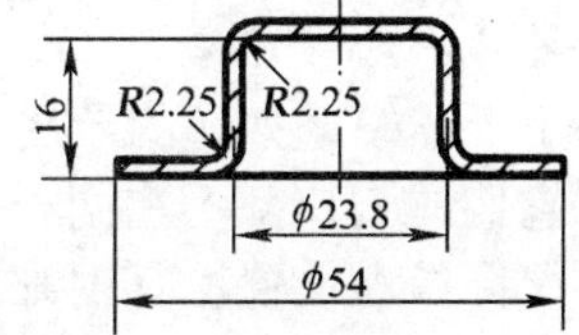

（b）按中性层标注的半成品尺寸

图 7-10　翻边前半成品形状与尺寸

零件相对凸缘直径$d_{凸}/d = 2.1$，查表 5-3 得凸缘单边修边余量$\delta= 1.8$ mm，实际凸缘直径为$d_{凸} = (50+3.6)\approx 54$ mm。毛坯直径D按下式计算：

（2）计算拉深次数 n

$t/D =0.023$，$d_{凸}/D = 54/65=0.83$，由此查冲压设计手册得：极限拉深系数$m_1= 0.44$，$m_2= 0.75$。零件总的拉深系数为$m_{总}= d/D = 23.8/65 = 0.366$。因为$m_1\times m_2 = 0.44\times 0.75 = 0.33$，$0.44> m_{总} >0.33$，所以零件需要两次拉深。

但由于零件所要求的圆角半径为 $R1.5$，该值过小，因此在第二次拉深后，还要增加一道整形工序。实际生产中，可以把一部分拉深成形分配到第三道工序中，即把第三道工序看作拉深兼整形。这样，既不需增加模具数量，又可减少前两次拉深的变形程度，以保证能稳定地生产。三道拉深工序的实际拉深系数调整为：

$$m_1= 0.56,\ m_2= 0.805,\ m_3= 0.812,\ 使\ m_1\times m_2\times m_3 = 0.366$$

从以上分析计算可知，该零件的全部单工序有落料 $\phi 65$ mm、第一次拉深、第二次拉深、第三次拉深（兼整形）、冲底孔 $\phi 11$ mm、翻边 $\phi 16.5$ mm、冲三小孔 $\phi 3.2$ mm、修边

ϕ50 mm 共八道基本工序。

（3）确定工艺方案

根据这些基本工序，可拟出如下五种工艺方案：

方案一：落料与首次拉深复合，其余按基本工序。

方案二：落料与首次拉深复合，冲 ϕ11 mm 底孔与翻边复合，冲三个小孔与切边复合，其余按基本工序。

方案三： 落料与首次拉深复合，冲 ϕ11 mm 底孔与冲三小孔复合，翻边与切边复合，其余按基本工序。

方案四：落料、首次拉深与冲 ϕ11 mm 底孔复合，其余按基本工序。

方案五：采用带料连续拉深或在多工位自动压力机上冲压。

分析比较上述五种工艺方案，可以看出：

方案二中冲 ϕ11 mm 孔与翻边复合，此时模壁厚度较小，壁厚 $c = (16.5-11)\div 2 = 2.75$ mm，由 3.9 节知凸凹模最小壁厚 $c \geqslant 3$ mm，所以方案二的凸凹模壁厚过小，模具容易损坏。冲三个 ϕ3.2 mm 小孔与切边复合，也存在模壁太薄的问题，壁厚 $c = (50-42-3.2)\div 2 = 2.4$ mm，因此不宜采用。

方案三虽然解决了上述模壁太薄的矛盾，但冲 ϕ11 mm 底孔与冲 ϕ3.2 mm 小孔复合及翻边与切边复合时，它们的刃口都不在同一平面上，而且磨损快慢也不一样，这会给修磨带来不便，修磨后要保持相对位置也有困难。

方案四落料、首次拉深与冲 ϕ11 mm 底孔复合，冲孔凹模与拉深凸模做成一体，也给修磨造成困难。特别是冲底孔后再经二次和三次拉深，孔径一旦变化，将会影响到翻边的高度尺寸和翻边口部质量。

方案五采用连续模或多工位自动送料装置，生产效率高。但模具结构复杂，制造周期长，成本高，因此，只有大批量生产中才较适合。

方案一没有上述缺点，但工序复合程度低，生产效率也低，不过单工序模具结构简单，制造费用低，这在中小批生产中是合理的，因此决定采用第一方案。本方案在第三次拉深和翻边工序中，可调整压力机滑块行程，使在冲压行程临近终了时，模具对工件进行刚性镦压而起到整形作用，无需另加整形工序。

7.2.3 主要工艺参数的计算

（1）确定排样、裁板方案

毛坯直径 ϕ65 mm不算太小，考虑到操作方便，排样采用单排。查表 3-19，条料沿边搭边值 $a = 1.2$ mm，件间搭边值 $a_1 = 1.0$ mm。查表 3-20，条料剪切下料公差为 $\Delta = 0.6$ mm，查表 3-21，条料与导板之间的间隙$Z = 0.5$ mm。得条料宽度应为：

$$B = [D_{\max} + 2(a+\Delta) + Z]_{-\Delta}^{0} = [65 + 2(1.2+0.6) + 0.5]_{-0.5}^{0} = 69_{-0.5}^{0} \text{（mm）}$$

进距$h = D + a_1 = 65+1= 66$（mm）

板料规格拟选用　1.5×900×1800 钢板。

如果采用纵裁法，计算可得材料利用率 η=69.5%，如果采用横裁法，计算可得材料利用率 η= 66.5%，所以决定采用纵裁法下料。

（2）三次拉深工序半成品尺寸确定

$d_{凸1}$= 54 mm，d_1= 36.5 mm，R_{d1}= 5.75 mm，r_{p1}= 4.75 mm，H_1= 13.5 mm

$d_{凸2}$= 54 mm，d_2= 29.5 mm，R_{d2}= 3.25 mm，r_{p2}= 3.25 mm，H_2= 13.9 mm

$d_{凸3}$= 54 mm，d_3= 23.8 mm，R_{d3}= 2.25 mm，r_{p3}= 2.25 mm，H_3= 16 mm

式中：$d_凸$　拉深件凸缘直径；

d　拉深件筒部直径

R_d　拉深件口部圆角半径；

r_p　拉深件底部圆角半径；

H　拉深件高度。

然后，根据确定的工艺方案和零件的形状特点、精度要求、设备的主要技术参数、模具制造条件以及安全生产等选定合适的冲模类型及结构形式。模具结构简图见图 7-11。

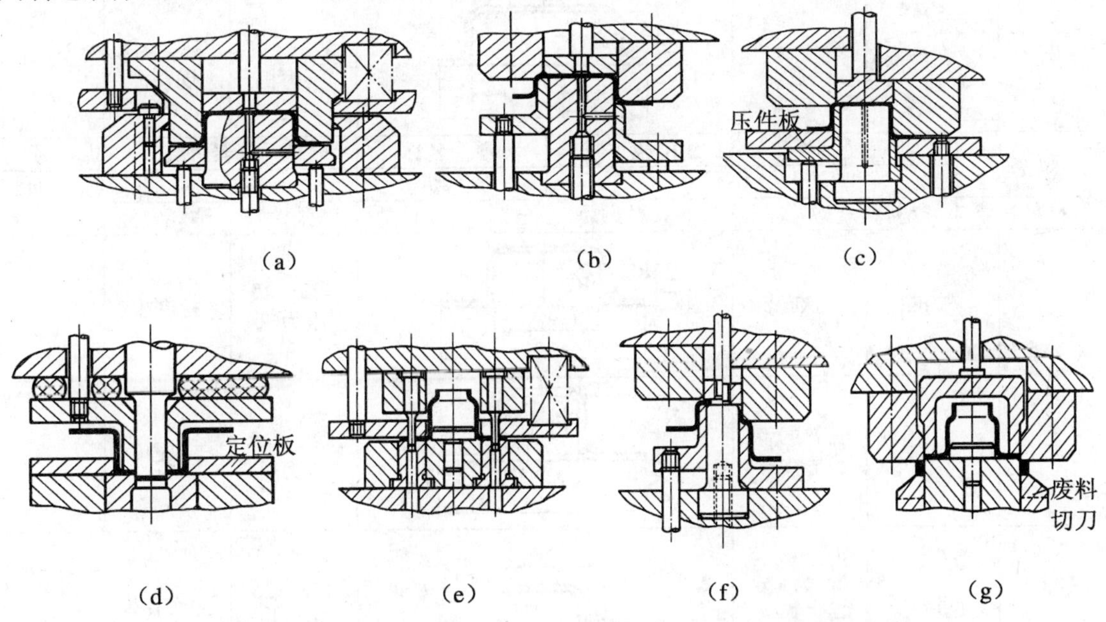

（a）落料拉深模　（b）二次拉深模　（c）三次拉深兼整形模

（d）冲底孔模　（e）翻边模　（f）冲小孔模　（g）切边模

图 7-11　各工序冲压模具结构简图

关于各工序冲压力及设备的选择等，可参考前面的有关章节，此处从略。

7.2.4 编写冲压工艺卡

冲压工艺卡如表 7-1 所示。

表 7-1 冲压工艺卡

冲 压 工 艺 卡							
（厂名）	产品名称	CA10B 型载重汽车		零件名称	玻璃升降器外壳	共 页	
	产品型号			零件型号		第 页	
材料牌号	材料规格 （mm）	条料尺寸（mm）	每条件数	每张件数	消耗定额	年产量	
08 钢	（1.5±0.11）×1800×900	1.5×69×1800	27	351	0.054 kg	10 万件	
工序号	工序名称	工序内容	加工简图	设备	工艺装备	备注	
0	下料	剪床下料 69×1800					
1	落料拉深	落料与首次拉深	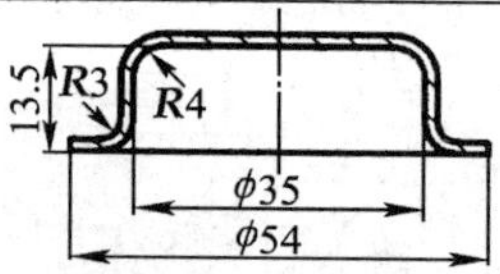 13.5 R3 R4 ϕ35 ϕ54	J23－35 压力机	落料拉深复合模		
（厂名）	产品名称	CA10B 型载重汽车		零件名称	玻璃升降器外壳	共 页	
	产品型号			零件型号		第 页	
材料牌号	材料规格 （mm）	条料尺寸（mm）	每条件数	每张件数	消耗定额	年产量	
2	拉深	二次拉深	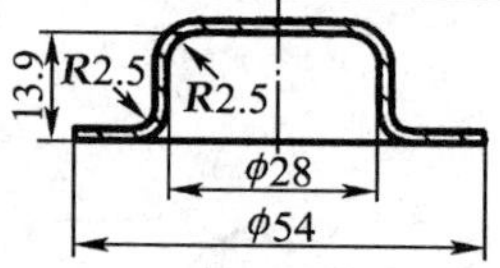 13.9 R2.5 R2.5 ϕ28 ϕ54	J23－25 压力机	拉深模		
3	拉深	三次拉深（带整形）	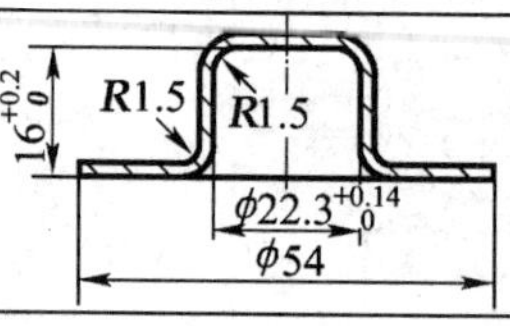 $16^{+0.2}_{0}$ R1.5 R1.5 $\phi22.3^{+0.14}_{0}$ ϕ54	J23－25 压力机	拉深模		
4	冲孔	冲 ϕ11 底孔	ϕ11	J23－25 压力机	冲底孔模		

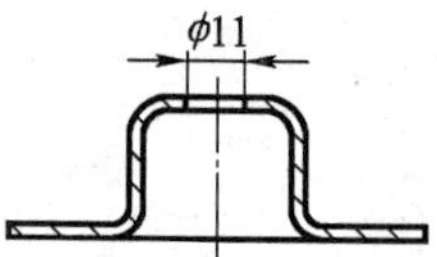

（续表）

冲 压 工 艺 卡						
5	翻边	翻底孔（带整形）	R1　$16.5^{+0.12}_{0}$　R1.5　$16^{+0.2}_{0}$　21	J23－25 压力机	翻边模	
6	冲孔	冲 3 个 ϕ3.2 小孔	3－ϕ3.2　ϕ42±0.1	J23－25 压力机	冲孔模	
7	切边	切凸缘边达	ϕ50	J23－25 压力机	切边模	
8	检验	按产品图检验零件				

原底图总号		日期		更改标记		编制		校对	审核
				文件号		姓名			
底图总号		签字		签字		签字			
				日期		日期			

7.3 思 考 题

1．编制冲压工艺规程的步骤是什么？
2．在进行冲压工艺设计前需作哪些准备工作？
3．确定冲压件生产的工艺方案包括哪些内容？
4．冲压件的工序顺序安排时应遵循哪些原则？
5．选择定位方法时应注意哪些问题？
6．如图 7-12 所示零件，材料为 08 钢，料厚 1.5 mm，年产量 4 万件，零件表面不允许有明划痕，孔不允许变形。试确定该零件的工艺方案。

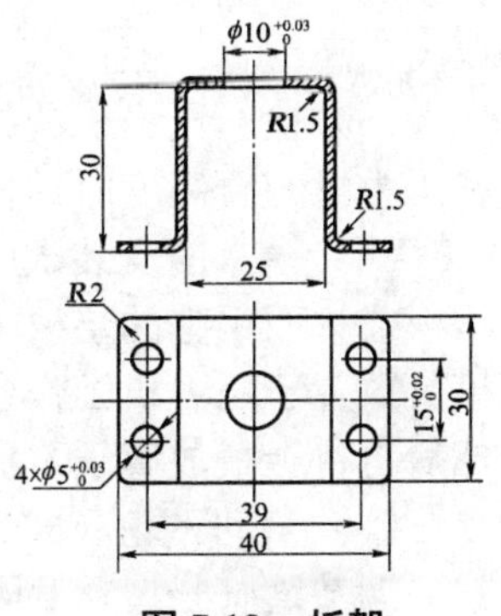

图 7-12　托架

第 8 章　模具的安装与调整

冲压生产的正常进行，除了模具设计要正确合理之外，还必须正确安装、精心调整、合理使用和及时维护保养。这些与模具寿命、操作安全和冲压件质量都有很大关系。

8.1　安装和调整冲压模具的一般步骤

在压力机上安装冲模是一件很重要的工作，冲模安装调整不好，轻则造成冲压件报废，重则将威胁人身和设备的安全。模具的结构不同，设备的类型不同，模具安装和调整的方法也有一定差别，现仅介绍在通用曲柄压力机上安装、调整冲模的方法和程序。

（1）检查图纸、工艺文件、坯料和模具等是否齐全、完好。

（2）合上电源开关，接通电源，检查压力机运转是否正常。检查完毕，断开动力和锁住开关。

（3）将上下模板与压力机工作台面、滑块底面擦拭干净。检查模具及压力机内外有无异物，防止影响正确安装和发生事故。

（4）盘动飞轮（大、中型压床用微动按钮），调节压力机滑块至最低位置（下止点），转动连杆的调节螺母，将压力机封闭高度调至稍大于模具闭合高度，然后盘动飞轮将滑块调至最高位置（上止点）。

（5）检查压力机的打料装置，应将滑块中打料横梁调至最高位置，以免模具安装后调整压力机闭合高度时顶杆折弯。

（6）模具的安装次序是先上模后下模。对有导向装置的模具，可在上、下模间垫一块木板或软而平整的垫板（有弹性卸料装置的模具不需要），使上模稍高于闭合高度，然后将模具放置于压力机工作台上；对无导向装置的模具，则先将木板或垫板放置于工作台面上，然后再将上模放置于木板或垫板上。

（7）盘动飞轮（大、中型压床用微动按钮）到下止点，将模柄对准滑块上的模柄孔，然后调节连杆长度，直至滑块的下平面与上模板平面贴紧为止，最后拧紧紧固螺栓，上模固定完毕。

（8）安装下模时可除去所垫木板（或垫板）。盘动飞轮使滑块缓慢下降，精心调整，使上、下模对准吻合，再使滑块上下运动二三次，确认上、下模无卡住，导向灵活、无阻滞后，拧紧下模的紧固螺栓、螺母，使下模固定在工作台上。

（9）初步调整压力机的闭合高度。如果模具有打料装置，调节滑块中打料横梁到适当高度，使打料杆能正常工作。

（10）模具有顶件要求时，安装、调整弹顶器或气垫。

（11）盘动飞轮，使滑块回到上止点。在上、下模的配合部分（导向件、工作零件之间）加润滑剂，启动压力机，开空车冲几次，再进一步检查模具的安装、调整、紧固是否妥当。

（12）全面检查压力机的运转情况，检查无误后，在生产条件下进行试冲。通过试冲可以发现模具设计、制造和安装的缺陷，找出原因，对模具进行适当的调整和修理后再进行试冲，直到模具能正常工作，冲出合格的零件，模具的安装调整过程结束。

8.2　冲裁模的安装与调整

冲裁模的安装主要应注意两个方面：一是应保证凸模插入凹模中恰当的深度；二是使凸、凹模之间有均匀的间隙。插入恰当的深度可以靠调节压力机连杆长度来实现。保证均匀的间隙可分两种情况：对导柱导向的冲裁模和对无导向的冲裁模。

对导柱导向冲裁模的间隙调整比较简单，只要保证导柱、导套相对滑动顺利就可以了。导柱、导套的配合精密，是可以保证凸模、凹模间隙均匀的。

对无导向冲裁模的调整较繁琐，可以选用以下几种方法。

（1）测量法　这种方法是将凸模插入凹模孔内，用塞尺检查凸、凹模不同部位的配合间隙，根据检查结果调整凸、凹模之间的相对位置，使两者在各部分的间隙均匀一致。测量法只适用于凸、凹模单边配合间隙在 0.02 mm 以上的模具。

（2）垫片法　这种方法是在凸、凹模的间隙内垫入厚度均匀的硬纸片或紫铜箔，以保证凸、凹模配合间隙均匀。硬纸片或紫铜箔的厚度约等于凸、凹模单边间隙。

（3）涂层法　在凸模上涂一层涂料（如磁漆或氨基醇酸绝缘漆等），其厚度等于凸、凹模单边配合间隙，再将凸模插入凹模型孔，可获得均匀的冲裁间隙。涂层法适用于不能用垫片法（小间隙）进行调整的冲模。

（4）镀铜法　镀铜法和涂层法相似，在凸模的工作端镀一层厚度等于凸、凹模单边配合间隙的铜层，再将凸模插入凹模型孔，使凸、凹模获得均匀的配合间隙。镀层厚度用电流及电镀时间来控制，厚度非常均匀。镀层在模具使用过程中可以自行剥落，在装配后不必去除。

（5）透光法　对凸、凹模配合间隙很小的冲裁模，常用光照观察的方法进行调整。即先使凸、凹模吻合，再用手电筒照亮凸、凹模配合处，从另一端观察间隙的大小，并作适当调整。

冲裁模装配完成后，要在生产条件下试模，经试模合格后即可正式生产。以下简单介绍在试模和生产中的常见缺陷、产生原因及调整方法。

1. 冲裁件的形状和尺寸不正确

（1）产生原因：

① 凸模与凹模的刃口形状和尺寸不正确，或刃口被啃坏。

② 送料位置不正确。如前后方向没有送到位，或由于条料宽度过窄而发生左右移动，使工件的外形发生了变化，并且其内孔尺寸也与外形尺寸发生了相对位移。

③ 在剪切模及冲孔模中，由于未安装压料板将条料压平，而使工件受力引起弹性跳起，造成工件的尺寸变化。

（2）调整方法：

① 检查凸模与凹模的工作尺寸，是否符合图纸的要求，是否发生刃口损坏。如凸、凹模的尺寸与图纸不符，可进行修配或更换新的；如刃口损坏，可进行修补，不能修补要更换新的。 重新装模，调整好冲模间隙。

② 在冲压过程中，一定要把条料送到位。在连续模中，条料的宽度须严格控制，因为这对冲裁质量有直接的影响。

③ 安装压料装置。

2. 凸、凹模的刃口相碰

（1）产生原因：

① 上模座、下模座、固定板、凹模、垫板等零件的安装面不平行，或上、下模板表面与压力机的工作台面不平行。

② 长期受冲击振动，模具紧固零件（如销钉、螺钉等）松动，或凸模固定板型孔位置不正确，使凸、凹模错位。

③ 凸模与固定板支撑面垂直度误差大，或凸模固定不牢，因长期受冲击振动而松动。

④ 导柱与导套导向精度低，或磨损严重，导向不准确。对无导向模具，可能由于压力机滑块与导轨间隙大，使得凸、凹模错位，产生啃刃。

⑤ 卸料板的孔位不正确或因受力不均而倾斜，使凸模弯曲。

（2）调整方法：

① 修整有关零件，重装上模或下模。在压力机上安装时，一定要使上下模板与滑块底面、压力机工作台面紧密接触，良好固定。

② 重新安装凸、凹模，必要时修整凸模固定板各孔，使凸、凹模对正。

③ 检查凸模安装的垂直度与固定的牢固程度，修正凸模与固定板支撑面垂直度误差。

④ 更换导柱或导套；若是压力机问题，应更换其他压力机。

⑤ 修整卸料装置，使卸料板孔位正确，受力均匀，工作平稳。

3. 凸模弯曲、折断

凸模弯曲、折断的产生原因除了上述因凸、凹模刃口相碰外，主要是凸模热处理硬度不合适，硬度过低则凸模受力会弯曲，硬度过高则凸模易折断。调整方法是要正确控制热处理淬火硬度，并合理地选择凸模材料。如细小及冲裁较硬材料的凸模，最好选用铬钢来制造，其变形小，淬火硬度高达 60～62HRC。

4. 凹模胀裂

（1）产生原因：

① 凹模孔有倒锥度现象（即凹模孔上大下小，如图 8-1 所示）。

② 凹模内卡住工件（废料）太多。

③ 凹模淬火硬度过高。

④ 凸模进入凹模太深则凹模易胀裂。

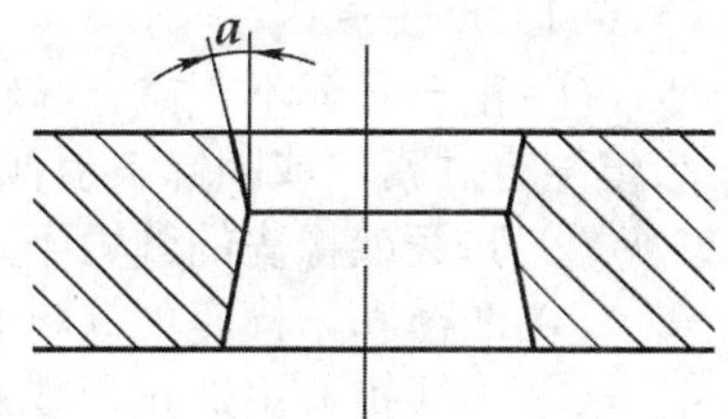

图 8-1　倒椎形凹模口

（2）调整方法：

① 修磨凹模孔，消除倒锥现象。对采用坐标镗等钻、镗加工的洞口容易产生倒锥度，对这种洞口形式，在装配前应研磨出 10′～15′ 的正锥度。

② 修低凹模型孔高度，减少积聚的工件或废料。

③ 正确控制热处理淬火硬度。

④ 在压力机上安装冲模时，仔细调整好凸模进入凹模的深度。

5. 送料不通畅或料被卡死

（1）产生原因：

① 两导料之间的尺寸过小或有斜度，或条料裁的不规范，有斜度。

② 凸模与卸料板之间的间隙过大，冲裁时凸模将条料带起，并卡在凸模与卸料板间隙。

③ 用侧刃定距的冲裁模中，侧刃和导料板的工作面不平行而形成锯齿形侧边，使条料卡死，如图 8-2 所示。

④ 侧刃与侧刃挡块不密合，使得间隙处有未被冲下的搭边料，或形成较大毛刺，卡死条料。

（2）调整方法：

① 若条料不规范，应在裁板时加以纠正。若是导料板的问题，可重装导料板。

② 可以将卸料板扩孔，用低熔点合金或环氧树脂浇铸合适的卸料孔。卸料板与凸模之

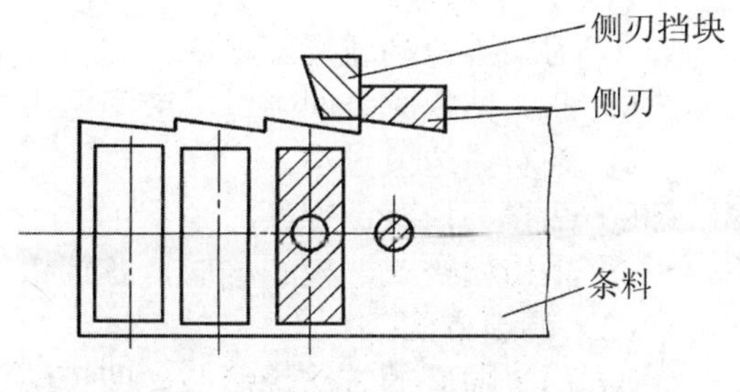

图 8-2　锯齿形条料

间的间隙一般取 0.1～0.5 mm。

③ 检查是侧刃不正还是导料板不正，根据情况调整好侧刃和导料板工作面的平行度（若是侧刃歪斜，可将侧刃凸模、侧刃凹模适当增大）。

④ 仔细检查所冲得的工件是否符合要求，如果工件的形状、尺寸符合要求，说明挡块位置正确，应加大侧刃凸模、侧刃凹模孔来消除侧刃与挡块空隙。如果发现工件的形状尺寸发生了变化，说明挡块的位置不对，应重新更换挡块，消除空隙。

6. 卸料不正常，工件或废料退出困难

（1）产生原因：

① 由于装配不正确，卸料机构不能动作，或顶（推）出件装置活动不畅。如卸料板与凸模配合过紧，或因卸料板倾斜而卡紧。

② 弹簧或橡皮的弹力不足。

③ 凹模和下模座的漏料孔没有对正，造成凹模孔内工件或废料堵塞。

④ 顶（推）出器过短或卸料板行程不够。

⑤ 工件或废料被粘在凸模上掉不下来。

⑥ 凹模孔有倒锥度。

（2）调整方法：

① 修整卸料装置、顶（推）出件装置。

② 更换弹簧或橡皮。

③ 修整漏料孔。

④ 加长顶（推）出器的顶出部分或加深卸料螺钉沉孔的深度。

⑤ 冲裁前润滑油涂抹不当，朝向凸模的一侧润滑油太多极易发生粘带现象，所以应合理使用润滑油。另外冲裁间隙过大也可能发生这种现象，此时可减小间隙，或适当加大凸模进入凹模的深度。

⑥ 修整凹模孔。

7. 冲裁件毛刺过大

（1）产生原因：

① 刃口不锋利或局部损坏；刃口淬火硬度不够。

② 凸、凹模配合间隙过大或间隙不均匀。

③ 条料搭边值过小。

④ 凹模刃口有倒锥度。

⑤ 采用镶拼式凹模结构时，各镶拼块间拼接不紧密，有间隙。

（2）调整方法：

① 用平面磨的方法修磨凸、凹模端面，使刃口重新锋利；制定合理的热处理工艺。

② 根据情况重新调整凸、凹模间隙。

③ 适当增加条料搭边宽度。

④ 修整或更换凹模。

⑤ 在制作镶拼式凹模时，为了使镶块镶嵌紧密，第一，各镶块的工作表面及镶嵌面一定要磨平；第二，镶块模套的内孔四角应钻孔，以免与镶块角部干涉，影响配合。

8. 所得零件孔的位置和落料外形相对偏移

（1）产生原因：

① 挡料销、定位板位置不正确，导致送料不准。

② 落料凸模上导正销尺寸过小，使料定位不准。

③ 导料板和凹模送料中心线不平行使孔偏斜。

④ 连续模中侧刃过大或过小，导致定距不准确。

（2）调整方法：

① 修正挡料销、定位板。

② 更换导正销。

③ 修正导料板。

④ 修磨侧刃或更换侧刃。

9. 冲压件不平整

（1）产生原因：

① 落料凹模倒锥，冲件从凹模孔通过时被压弯。

② 无压料装置。

③ 连续模中，导正销与预冲孔配合过紧，在工件孔的位置压出凹陷。

④ 挡料销的位置靠后，从而在导正时，导正销使条料前移，前移的条料被挡料销挡住，产生弯曲。

（2）调整方法：

① 修磨凹模孔，去除倒锥现象。

② 加压料装置。

③ 修磨小导正销。

④ 修磨小挡料销。

8.3 弯曲模的安装与调整

弯曲模的正确安装最重要的是精确调整上模位置。如果模具闭合时上模位置偏上，则上模不能压实工件；如果上模位置偏下，则模具闭合时，上、下模会剧烈撞击，甚至发生闷车，造成模具或压力机的损坏。另外对U形等弯曲件，还应保证上、下模的间隙均匀。

调整上模在压力机的位置时，可先粗略地调整，然后在下模上垫一块比坯料略厚的垫片，逐步调节连杆长度，然后盘动飞轮（大、中型压床可用微动按钮），直到滑块能正常通过下止点而无阻滞或盘不动的情况为止。若连续盘动飞轮数周没有异常，即可进行试冲。根据试冲结果，继续调节连杆到合适长度，待试冲合格后，再作一次检查，即可正式投产。如果有标准样件或合格零件，那么可将此样件或零件置于模具工作位置上进行安装调整。

至于弯曲模间隙的调整，对有导向的弯曲模，上、下模的相对位置有导柱、导套保证，调整安装比较简单；对无导向的弯曲模，可参考冲裁模间隙的调整方法。

在弯曲成形工艺中，材料回弹对弯曲件的最终形状及尺寸影响很大，而影响回弹的因素较复杂，很难用设计计算加以消除，因此在制造模具时，常按试模时的回弹值修整凸模或凹模形状，以获得合格的零件。为了便于修整，弯曲模的凸模和凹模多在试模合格后才进行热处理。

另外，弯曲属于变形加工，有些复杂弯曲件的毛坯尺寸要经过试验才能最后确定。所以弯曲模的试模、调整工作比一般冲裁模要繁杂得多，除了要找出模具的缺陷以便修正和调整外，还要确定零件的毛坯尺寸。弯曲模在试冲和生产时常出现的缺陷、产生的原因及调整方法如下。

1. 零件的弯曲角度不够

（1）产生原因：

① 弯曲模凸模与凹模的形状不符合图纸的要求，或凸、凹模的弯曲角制造不能克服回弹影响。

② 凸模进入凹模的深度太浅，或未能压实工件。

③ 凸、凹模之间的间隙过大。

④ 校正弯曲的单位校正力过小。

（2）调整方法：

① 修整凸、凹模，并进行反复试验，使弯曲角度达到要求。

② 调整凸模进入凹模的深度。若凹模深度太浅，应增加凹模深度，以增大制件的有效变形区域。

③ 采取措施减小凸、凹的配合间隙。

④ 增大校正力或修整凸（或凹模）模形状，使校正力集中在变形部位。

2. 制件的弯曲位置不符合要求

（1）产生原因：

① 定位板或定位销位置不正确，使坯料偏移。

② 弯曲件两侧受力不平衡使弯曲时坯料移动。
③ 压料力不足导致弯曲时坯料位置不固定。
（2）调整方法：
① 重新移装定位板或定位销，保证其位置正确。
② 分析制件受力不平衡的原因，根据情况采取适当措施。
③ 增大压料力。

3. 制件尺寸过长或不足

（1）产生原因：
① 弯曲时材料被拉长。
② 压料力过大，使材料伸长。
③ 坯料设计计算错误。
（2）调整方法：
① 修整凸、凹模，增大间隙值。
② 采取措施减小压料力。
③ 坯件落料尺寸在弯曲试模后再确定。

4. 制件表面擦伤

（1）产生原因：
① 凹模圆角半径过小，或表面粗糙度过大。
② 润滑不良，坯料粘附在凹模上。
③ 凸、凹模之间的间隙不均匀。
（2）调整方法：
① 增大凹圆角半径，减小表面粗糙度值。
② 合理润滑。
③ 修整凸、凹模，使间隙均匀。

5. 弯曲件外侧拉伤、在近圆角处外侧有印痕并有挤压和局部挤薄等现象

（1）产生原因：
① U 形件弯曲时易发生前两种现象，主要是凸、凹模间隙过小或不均匀所致。
② 在曲线形弯曲件中，多因加工误差所致，上下模各部位间隙不均匀。
（2）调整方法：
① 对于 U 形件等简单弯曲件，可直接测量间隙大小，用游标卡尺或塞尺检查。根据检查情况进行修磨或调整。
② 对于曲线形弯曲件等，难以直接测量，可用粗保险丝检测间隙（图 8-3 所示）。调

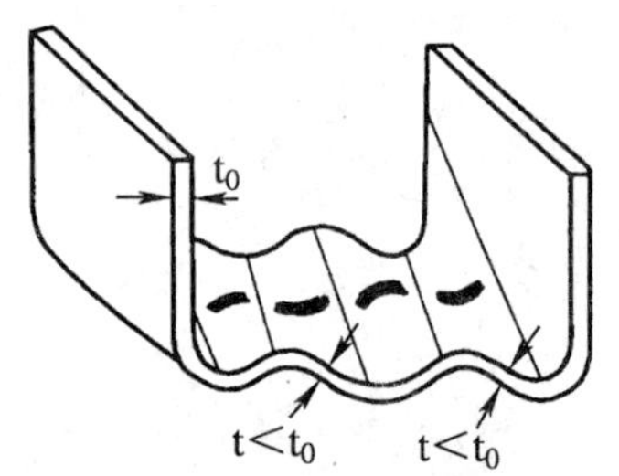

图 8-3 用保险丝检测间隙

试模具不要从压力机上卸下，将数段直径为 4～6 mm的保险丝放置在下模表面需检测的部位（见图中粗线段），直壁部分可挂在模口上。用点动或手扳，将压力机滑块运动一个行程后，逐点测量各段保险丝的实际厚度，即为凸、凹模的实际间隙值。对过小间隙处（见图中$t<t_0$处）可采用成形磨削或钳工锉修的方法修正。

6. 制件弯曲部位产生裂纹

（1）产生原因：

① 坯料塑性太差。

② 弯曲线与板料的轧制纤维方向平行。

③ 剪切断面的毛刺在弯曲方向的外侧，因弯曲时坯料外侧受拉应力，易产生裂纹。

（2）调整方法：

① 将坯料退火后再弯曲，或更改材料。

② 改变落料排样，或改变裁板下料方向，使弯曲线与板料纤维方向垂直。

③ 放置坯料时使毛刺在弯曲方向的内侧。

8.4 拉深模的安装与调整

拉深模在压力机上安装时，通常是将上模紧固在滑块上，下模置于工作台上不紧固。先在凹模内壁均匀放置几个与工件壁厚相等的衬垫，然后盘动压力机飞轮，使上、下模吻合，这样上下模就可自动对中，间隙均匀。接着将闭合高度调整好，最后把下模紧固在工作台上。

闭合高度的调整对拉深同样非常重要，尤其对带凸缘工件及在行程末需刚性镦压校正的工件。闭合高度太大，拉深不足，零件可能高度不够或不能进行校正；闭合高度太小，拉深过量，会使凸缘件的高度太高而凸缘减小，对刚性校正的工件在行程末会造成剧烈撞击，损坏模具或压力机。

此外拉深模还有一个压边圈的调整问题。压边力应均衡，并使拉深开始时材料受到压边力的作用。在压边力调整到使拉深件凸缘部分无明显皱折又无材料破裂的现象时，再逐步加大拉深深度。可根据拉深件要求高度分 2～3 次进行调整，每次调整都应使工件既无皱折又无破裂现象。由于压边装置的不同，其调整的方法也不同，可参考前面有关章节，此处不再重述。

拉深模装配后也要进行试冲，通过试冲发现模具存在的缺陷，找出原因并进行调整。

因为拉深是变形加工，有时即使模具组成零件的制造很精确，装配也正确，但由于材料弹性变形的影响，拉深出的制件不一定合格，需要在试冲后对模具进行修整加工。

试模的另一个目的是最终确定零件拉深前的毛坯尺寸。一般是按原设计的工艺方案制作一个毛坯进行试冲，根据试冲件偏差值确定是否对毛坯进行修改。如果试冲件不能满足零件图要求，应对毛坯的形状和尺寸进行适当修改，再进行试冲，直到试件符合要求，则毛坯形状和尺寸确定。

拉深模的试冲应包括工艺安排的切边、整形、翻边等工序，各道工序的模具应同时、依次的进行试冲和调整，直到零件符合产品图要求。在试冲及生产时常见的缺陷、产生原因及调整方法如下：

1. 制件拉深高度不够

（1）产生原因：

① 毛坯尺寸小。

② 凸模进入凹模深度不够。

（2）调整方法：

① 增大毛坯尺寸。

② 增大凹模深度，调节压力机连杆以减小模具闭合高度。

2. 制件拉深高度太大

（1）产生原因：

① 毛坯尺寸太大。

② 拉深间隙太小，工件壁部材料被拉长。

③ 凸模进入凹模深度太大。

（2）调整方法：

① 减小毛坯尺寸。

② 修整凸模或凹模，加大间隙。

③ 调节压力机连杆，增大模具闭合高度。

3. 制件壁厚和高度不均匀

（1）产生原因：

① 凸模与凹模间隙不均匀。

② 坯料定位不正确。

③ 凸模不垂直。

④ 压边力不均匀。

⑤ 凹模几何形状不正确。

（2）调整方法：

① 修整凸模或凹模，或调整凸、凹模位置，以使间隙均匀。

② 调整定位板或挡料销的形状、位置。

③ 修整凸模或凸模固定板型孔。

④ 调整各部位压边力大小。如调整各顶杆长度、弹簧位置等，达到使压边力均匀的目的。

⑤ 修整凹模。

4. 起皱

（1）产生原因：

① 压边力太小或不均匀。

② 凸、凹模间隙太大，不能烙平细小皱纹。

③ 凹模圆角半径太大。

④ 板料塑性差。

（2）调整方法：

① 增加压边力或调整压边力使其均匀。

② 减小拉深间隙。

③ 减小凹模圆角半径。

④ 更换塑性好的材料。

5. 制件有裂纹

（1）产生原因：

① 压边力太大。

② 压边力太小导致起皱，因皱纹不能通过凸、凹模间隙引起拉裂。

③ 拉深间隙太小。

④ 凹模圆角半径太小，表面粗糙。

⑤ 凸模圆角半径太小。

⑥ 拉深系数太小。

⑦ 板料质量不好。

（2）调整方法：

① 减小压边力。

② 增大压边力。

③ 加大拉深间隙。

④ 加大凹模圆角半径，修磨凹圆角，减小表面粗糙。

⑤ 加大凸模圆角半径。

⑦ 增加拉深工序，或加中间退火工序。

⑧ 更换材料或增加退火工序，并改善润滑条件。

6. 制件表面拉毛

（1）产生原因：

① 凹模圆角表面太粗糙。

② 模具或板料不清洁。

③ 凹模硬度太低，与板料粘附。

④ 润滑油中有杂质。

（2）调整方法：

① 修光凹模圆角。

② 清洁模具及板料。

③ 提高凹模硬度，或进行镀锌及氮化处理。

④ 更换润滑油。

7. 平底拉深件底部内凹

（1）产生原主要是由于工件从凸模上卸下时，工件底部与凸模端面间排气不畅，形成负压所致。铝、纯铜等软金属拉深时，易发生内凹现象。使用双动压力机拉深时，由于压力机滑块动作顺序的不同，易产生内凹现象。

（2）调整方法：

① 检查凸模上的排气孔是否通畅，如有因热处理后的盐或其他污物堵塞，应及时清理并使排气孔与模具外面有空气相通。

② 检查出气孔尺寸是否合理，大尺寸工件的出气孔尺寸应增大，工件底部易憋气处应增设出气孔，软金属材料的出气孔要加大。

8.5 思考题

1. 简述安装和调整冲压模具的一般步骤及主要环节。
2. 了解冲裁模、弯曲模、拉深模安装与试冲时常见问题及处理方法。

附　　录

附录 A　常用冲压材料的性能和规格

附录 A1　黑色金属的力 学的性能

材料名称	牌　　号	材 料 状 态	抗剪强度 τ/MPa	抗拉强度 σ_b/MPa	伸长率 δ_{10}/%	屈服强度 σ_s/MPa
电工用纯铁 C＜0.025	DT1、DT2、DT3	已退火	180	230	26	—
电工硅钢	D11、D12、D21、D31 D32、D41～48 D310～340	已退火	180	230	26	—
		未退火	560	650	—	—
普通碳素钢	Q195	未退火	260～320	320～400	28～33	—
	Q215		270～340	340～420	26～31	220
	Q235		310～380	380～470	21～25	240
	Q255		340～420	420～520	19～23	260
	Q275		400～500	500～620	15～19	280
优质碳素钢	05	已退火	200	230	28	—
	05F		210～300	260～380	32	—
	08F		220～310	280～390	32	180
	08		260～360	330～450	32	200
	10F		220～340	280～420	30	190
	10		260～340	300～440	29	210
	15F		250～370	320～460	28	—
	15		270～380	340～480	26	230
	20F		280～390	340～480	26	230
	20		280～400	360～510	25	250
	25		320～440	400～550	24	280
	30		360～480	450～600	22	300
	35	已退火	400～520	500～650	20	320
	40		420～540	520～670	18	340

（续表）

<table>
<tr><th>材料名称</th><th>牌　　号</th><th>材 料 状 态</th><th>抗剪强度
τ/MPa</th><th>抗拉强度
σ_b/MPa</th><th>伸长率
δ_{10}/%</th><th>屈服强度
σ_s/MPa</th></tr>
<tr><td rowspan="2">优质碳素钢</td><td>45</td><td rowspan="2">已退火</td><td>440～560</td><td>550～700</td><td>16</td><td>360</td></tr>
<tr><td>50</td><td>40～580</td><td>550～730</td><td>14</td><td>380</td></tr>
<tr><td>材料名称</td><td>牌号</td><td>材料状态</td><td>抗剪强度
τ/MPa</td><td>抗拉强度
σ_b/MPa</td><td>伸长率
δ_{10}/%</td><td>屈服强度
σ_s/MPa</td></tr>
<tr><td rowspan="5">优质碳素钢</td><td>55</td><td rowspan="4">已正火</td><td>550</td><td>≥670</td><td>4</td><td>390</td></tr>
<tr><td>60</td><td>550</td><td>≥700</td><td>13</td><td>410</td></tr>
<tr><td>65</td><td>600</td><td>≥730</td><td>12</td><td>420</td></tr>
<tr><td>70</td><td>600</td><td>≥760</td><td>11</td><td>430</td></tr>
<tr><td>65Mn</td><td>已退火</td><td>600</td><td>750</td><td>12</td><td>400</td></tr>
<tr><td rowspan="3">碳素工具钢</td><td>T7～T12、T7A～T12A</td><td>已退火</td><td>600</td><td>750</td><td>10</td><td>—</td></tr>
<tr><td>T13　T13A</td><td>已退火</td><td>720</td><td>900</td><td>10</td><td>—</td></tr>
<tr><td>T8A　T9A</td><td>冷作硬化</td><td>600～950</td><td>750～1200</td><td>—</td><td>—</td></tr>
<tr><td>锰钢</td><td>10Mn2</td><td>已退火</td><td>320～460</td><td>400～580</td><td>22</td><td>230</td></tr>
<tr><td rowspan="2">合金结构钢</td><td>25CrMnSiA
25CrMnSi</td><td rowspan="2">已低温退火</td><td>400～560</td><td>500～700</td><td>18</td><td>—</td></tr>
<tr><td>30CrMnSiA
30CrMnSi</td><td>440～600</td><td>550～750</td><td>16</td><td>—</td></tr>
<tr><td rowspan="2">弹簧钢</td><td rowspan="2">60Si2Mn
60Si2MnA
60Si2MnWA</td><td>已低温退火</td><td>720</td><td>900</td><td>10</td><td>—</td></tr>
<tr><td>冷作硬化</td><td>640～960</td><td>800～1200</td><td>10</td><td>—</td></tr>
<tr><td rowspan="7">不锈钢</td><td>1Cr13</td><td rowspan="4">已退火</td><td>320～380</td><td>400～470</td><td>21</td><td>—</td></tr>
<tr><td>2 Cr13</td><td>320～400</td><td>400～500</td><td>20</td><td>—</td></tr>
<tr><td>3 Cr13</td><td>400～480</td><td>500～600</td><td>18</td><td>480</td></tr>
<tr><td>4 Cr13</td><td>400～480</td><td>500～600</td><td>15</td><td>500</td></tr>
<tr><td rowspan="2">1 Cr18Ni9
2 Cr18Ni9</td><td>经热处理</td><td>460～520</td><td>580～640</td><td>35</td><td>200</td></tr>
<tr><td>冷碾压的
冷作硬化</td><td>800～880</td><td>1000～1100</td><td>38</td><td>220</td></tr>
<tr><td>1Cr18Ni9Ti</td><td>经热处理退软</td><td>430～550</td><td>540～700</td><td>40</td><td>200</td></tr>
</table>

附录 A2　有色金属的力学的性能

<table>
<tr><th>材料名称</th><th>牌　　号</th><th>材 料 状 态</th><th>抗剪强度
τ/MPa</th><th>抗拉强度
σ_b/MPa</th><th>伸长率
δ_{10}/%</th><th>屈服强度
σ_s/MPa</th></tr>
<tr><td rowspan="2">铝</td><td rowspan="2">L2、L3、L5</td><td>已退火</td><td>80</td><td>75～110</td><td>25</td><td>50～80</td></tr>
<tr><td>冷作硬化</td><td>100</td><td>120～150</td><td>4</td><td>—</td></tr>
<tr><td>铝锰合金</td><td>LF21</td><td>已退火</td><td>70～100</td><td>110～145</td><td>19</td><td>50</td></tr>
</table>

（续表）

材料名称	牌　号	材料状态	抗剪强度 τ/MPa	抗拉强度 σ_b/MPa	伸长率 δ_{10}/%	屈服强度 σ_s/MPa
铝锰合金	LF21	半冷作硬化	100～140	155～200	13	130
铝镁合金 铝铜镁合金	LF2	已退火	130～160	180～230	—	100
		半冷作硬化	160～200	230～280	—	210
高强度铝铜镁合金	LC4	已退火	170	250	—	—
		淬硬并经人工时效	350	500	—	460
材料名称	牌号	材料状态	抗剪强度 τ/MPa	抗拉强度 σ_b/MPa	伸长率 δ_{10}/%	屈服强度 σ_s/MPa
镁锰合金	MB1	已退火	120～240	170～190	3～5	98
	MB8	已退火	170～190	220～230	12～14	140
		冷作硬化	190～200	240～250	8～10	160
硬铝	LY12	已退火	105～150	150～215	12	—
		淬硬并经自然时效	280～310	400～440	15	368
		淬硬后冷作硬化	280～320	400～460	10	340
纯铜	T1、T2、T3	软的	160	200	30	7
		硬的	240	300	3	—
黄铜	H62	软的	260	300	35	—
		半硬的	300	380	20	200
		硬的	420	420	10	—
	H68	软的	240	300	40	100
		半硬的	280	350	25	—
		硬的	400	400	15	250
铅黄铜	HPb59-1	软的	300	350	25	145
		硬的	400	450	5	420
锰黄铜	HMn58-2	软的	340	390	25	170
		半硬的	400	450	15	—
		硬的	520	600	5	—
锡磷青铜 锡锌青铜	QSn6.5～2.5 QSn4-3	软的	260	300	38	140
		硬的	480	550	3～5	—
		特硬的	500	650	1～2	546
铝青铜	QA17	已退火	520	600	10	186
		不退火	560	650	5	250
铍青铜	QBe2	软的	240～480	300～600	30	250～350

（续表）

材料名称	牌　　号	材 料 状 态	抗剪强度 τ/MPa	抗拉强度 σ_b/MPa	伸长率 δ_{10}/%	屈服强度 σ_s/MPa
铍青铜	QBe2	硬的	520	660	2	—
硅锰青铜	QSi3-1	软的	280～300	350～380	40～45	239
		硬的	480～520	600～650	3～5	540
		特硬的	560～600	700～750	1～2	—
镁合金	MB1	冷态	120～140	170～190	3～5	120
	MB8		150～180	230～240	14～15	120
	MB1	预热 300℃	30～50	30～50	50～52	—
	MB8		50～70	50～70	58～62	—
材料名称	牌号	材料状态	抗剪强度 τ/MPa	抗拉强度 σ_b/MPa	伸长率 δ_{10}/%	屈服强度 σ_s/MPa
钛合金	BT1-1	已退火	360～480	450～600	25～30	—
	BT1-2		440～600	550～750	20～25	—
	BT5		640～680	800～850	15	—

附录 A3　轧制薄钢板的尺寸（GB708—1988）（mm）

钢板厚度	钢板宽度												
	500	600	710	750	800	850	900	950	1000	1100	1250	1400	1500
	冷轧钢板的长度												
0.2，0.25 0.3，0.4	120	142	1500	1500									
	100	1800	1800	1800	1800	1800	1500	1500					
	150	200	2000	2000	2000	2000	1800	2000					
0.5，0.55 0.6		120	1420	1500	1500	1500							
	100	180	1800	1800	1800	1800	1500	1500					
	150	200	2000	2000	2000	2000	1800	2000					
0.7，0.75		120	1420	1500	1500	1500							
		100	1800	1800	1800	1800	1800	1500	1500				
	150	200	2000	2000	2000	2000	1800	2000					
0.8，0.9		120	1420	1500	1500	1500	1500						
	100	180	1800	1800	1800	1800	1800	1500	2000	2000			
	150	200	2000	2000	2000	2000	2000	2000	2200	2500			

（续表）

钢板厚度	钢板宽度												
	500	600	710	750	800	850	900	950	1000	1100	1250	1400	1500
	冷轧钢板的长度												
1.0，1.1	100	120	1420	150	150	1500					2800	2800	
1.2，1.4	150	180	1800	1800	1800	1800	1800			2000	2000	3000	3000
1.5，1.6 1.8，2.0	200	200	2000	2000	2000	2000	2000	2000	2200	2500	3500	3500	
2.2，2.5	500	600											
2.8，3.0	100	120	1420	1500	1500	1500							
3.2，3.5	150	180	1800	1800	1800	1800	1800	2000					
3.8，4.0	200	200	2000	2000	2000	2000							
钢板厚度	热轧钢板的长度												
0.35，0.4		120		1000									
0.45，0.5	100	150	1000	1500	1500		1500	1500					
0.55，0.6	150	180	1420	1800	1600	1700	1800	1900	1500				
0.7，0.75	200	200	2000	2000	2000	2000	2000	2000	2000				
0.8，0.9				1500	1500	1500	1500	1500					
	100	120	1420	1800	1600	1700	1800	1900	1500				
	150	142	2000	2000	2000	2000	2000	2000	2000				
1.0，1.1				1000			1000						
1.2，1.25	100	120	1000	1500	1500	1500	1500	1500					
1.4，1.5	150	142	1420	1800	1600	1700	1800	1900	1500				
1.6，1.8	200	200	2000	2000	2000	2000	2000	2000	2000				
2.0，2.2							1000						
2.5，2.8	500	600	1000	1500	1500	1500	1500	1500	1500	2200	2500	2800	
2.8	100	120	1420	1800	1600	1700	1800	1900	2000	3000	3000	3000	3000
	150	150	2000	2000	2000	2000	2000	2000	3000	4000	4000	4000	4000
3.0，3.2 3.5，3.8 4.0				1000			1000						
				1500	1500	1500	1500	1500	2000	2200	2500	3000	3000
	500	600	1420	1800	1600	1700	1800	1900	3000	3000	3000	3500	3500
	100	120	1200	2000	2000	2000	2000	2000	4000	4000	4000	4000	4000

附录B 常用冲压设备规格

附录 B1 单柱固定台压力机技术规格

型 号		J11-3	J11-5	J11-16	J11-50	J11-100
公称压力/kN		30	50	160	500	1000
滑块行程/mm		0～40	0～40	6～70	10～90	20～100
滑块行程次数/（次/min）		110	150	120	65	65
最大闭合高度/mm			170	226	270	320
闭合高度调节量/mm		30	30	45	75	85
滑块中心至床身距离/mm		95	100	160	235	325
工作台尺寸/mm	前 后	165	180	320	440	600
	左 右	300	320	450	650	800
垫板尺寸/mm		20	30	50	70	100
模柄孔尺寸/mm	直 径	25	25	40	50	60
	深 度	30	40	55	80	80

附录 B2 开式双柱固定台压力机技术规格

型 号		JA21-35	JA21-100	JA21-160	JA21-400A
公称压力/kN		350	1000	16100	4000
滑块行程/mm		130	可调 10～120	160	200
滑块行程次数/（次/min）		50	75	40	25
最大闭合高度/mm		280	400	450	550
闭合高度调节量/mm		60	85	130	150
滑块中心至床身距离/mm		205	325	380	480
立柱间距离/mm		428	480	530	869
工作台尺寸/mm	前 后	380	600	710	900
	左 右	610	1000	1120	1400
工作台孔尺寸/mm	前 后	200	300		480
	左 右	290	420		750
	直 径	260		460	600

（续表）

型　号		JA21-35	JA21-100	JA21-160	JA21-400A
垫板尺寸/mm	厚 度	60	100	130	170
	孔 径	22.5	200		300
模柄孔尺寸/mm	直 径	50	60	70	100
	深 度	70	80	80	120
滑块底面尺寸/mm	前 后	210	380	460	
	左 右	270	500	650	

附录 B3　开式双柱可倾压力机技术规格

型　号		J23-6.3	J23-10	J23-16	J23-25	J23-40	J23-63	J23-100
公称压力/kN		63	100	160	250	400	630	1000
滑块行程/mm		35	45	55	65	100	130	130
滑块行程次数/（次/min）		170	145	120	105	45	50	38
最大闭合高度/mm		150	180	220	270	330	360	480
最大装模高度/mm		120	145	180	220	265	280	380
连杆调节长度/mm		30	35	45	55	65	80	100
滑块中心至床身距离/mm		110	130	160	200	250	260	380
立柱间距离/mm		150	180	220	270	340	350	450
工作台尺寸/mm	前 后	200	240	300	370	460	480	710
	左 右	310	370	450	560	700	710	1080
垫板尺寸/mm	厚 度	30	35	40	50	65	80	100
	孔 径	140	170	210	200	220	250	250
型　号		J23-6.3	J23-10	J23-16	J23-25	J23-40	J23-63	J23-100
模柄孔尺寸/mm	直 径	30	30	40	40	50	50	60
	深 度	50	55	60	60	70	80	75
最大倾斜角度/（°）		45	35	35	30	30	30	30
电动机功率/KW		0.75	1.10	1.50	2.20	5.5	5.5	10
压力机外形尺寸/mm	前 后	776	895	1130	1335	1685	1700	2472
	左 右	550	651	921	1112	1325	1373	1736
	高 度	1488	1673	1890	2120	2470	2750	3312
压力机总质量/Kg		400	576	1055	1780	3540	4800	10000

附录 B4 闭式单点压力机技术规格

型　号		J31-100	J31-160A	J31250	J31-315	J31-400A	J31-630
公称压力/kN		1000	1600	2500	3150	4000	6300
滑块行程/mm		165	160	315	315	400	400
滑块行程次数/（次/min）		35	32	20	25	20	12
最大闭合高度/mm		280	480	630	630	710	850
最大装模高度/mm		155	375	490	490	550	650
连杆调节长度/mm		100	120	200	200	250	200
立柱间距离/mm		660	750	1020	1130	1270	1230
工作台尺寸/mm	前后	635	790	950	1100	1200	1500
	左右	635	710	1000	1100	1250	1200
垫板尺寸/mm	厚度	125	105	140	140	160	200
	孔径	250	430	—	—	—	—
气垫工作压力/kN		—	—	400	250	630	1000
气垫行程/mm		—	—	150	160	200	200
气垫单位压力/105Pa		—	—	4	5.5	5.5	5.5
离合器工作气压/105Pa		—	4	4	4.5	4.5	4.5
主电动机功率/kW		7.5	10	30	30	40	55
压力机外形尺寸/mm	前后	1670	583	1750	2100	2250	2950
	左右	1780	2130	2400	2805	3000	3350
	高度	2780	4375	4985	5610	6030	6355
压力机总质量/kg		4830	13750	30500	35800	47500	61800

附录 C 常用冲模材料及热处理要求

附录 C1 凸模、凹模的常用材料及热处理要求

零件名称			选用材料	热处理	硬度/HRC	
模具类型	冲件情况				凸模	凹模
冲裁模	I	（1）形状简单，冲裁材料厚度 $t<$ 3mm 的凸模、凹模和凸凹模 （2）带台阶的、快换式的凸模、凹模和形状简单的镶块	T8A T10A 9Mn2V Cr6WV	淬火	58～62	62～64

（续表）

零 件 名 称			选 用 材 料	热处理	硬度/HRC	
模具类型	冲 件 情 况				凸模	凹模
冲裁模	Ⅱ	（1）形状复杂的凸模、凹模和凸凹模 （2）冲裁材料厚度 t>3mm 的凸模、凹模和凸凹模 （3）形状复杂的镶块	9CrSi CrWMn，9Mn2V Cr12，Cr12MoV 120 Cr4W2MoV	淬火	58～62	62～64
	Ⅲ	要求耐磨的凸模、凹模	Cr12MoV，G Cr15 120 Cr4W2MoV	淬火	60～62	62～64
			YG15	—	—	
	Ⅳ	冲薄材料的凹模	T8A	—	—	
弯曲模	Ⅰ	一般弯曲的凸模、凹模及镶块	T8A，T10A	淬火	56～60	
	Ⅱ	（1）要求高度耐磨的凸、凹模及镶块 （2）形状复杂的凸、凹模及镶块 （3）生产量特别大的凸、凹模及镶块	CrWMn Cr12 Cr12MoV	淬火	60～64	
	Ⅲ	热弯的凸模、凹模	5CrNiMo,5CrNiTi 5CrMnMo	淬火	52～56	
拉深模	Ⅰ	一般拉深的凸模、凹模	T8A，T10A	淬火	58～62	60～64
	Ⅱ	连续拉深的凸模、凹模	T10A，CrWMn			
	Ⅲ	要求耐磨的凹模	Cr12，YG15 Cr12MoV，YG8		—	62～64
	Ⅳ	拉深不锈钢材料用的凸模、凹模	W18Cr4V	淬火	62～64	—
			YG15，YG8	—	—	—
	Ⅴ	热拉深用的凸模、凹模	5CrNiMo,5CrNiTi	淬火	52～56	52～56

附录 C2　冲模一般零件的材料及热处理要求

零 件 名 称	选 用 材 料	热 处 理	硬度/HRC
上、下模座	HT200，HT250，ZG35，ZG45，厚钢板刨制的 A3，A5	—	—
模柄	A5	—	
导柱、导套	20，T10A	20 钢渗碳淬火	60～62（导柱），57～60（导套）
凸、凹模固定板	A3，A5	—	
托料板	A3	—	

（续表）

零件名称	选用材料	热处理	硬度/HRC
卸料板	A5	—	
挡料销	45，T7A	淬火	43～48（45 钢），52～56（T7A）
导正销、定位销	T7，T8	淬火	52～56
垫板	45，T8A	淬火	43～48（45 钢），54～58（T8A）
销钉	45，T7	淬火	43～48（45 钢），52～54（T8A）
螺钉	45	头部淬火	43～48
导料板	A5，45	淬火	43～48
推杆、顶杆	45	淬火	43～48
推板、顶板	45，A5	—	
拉深模压边圈	T8A	淬火	54～58
螺母、垫圈、螺塞	A3	—	
定居侧刃废料切刀	T8A	淬火	58～62
侧刃挡板	T8A	淬火	54～58
定位板	45，T8	淬火	43～48（45 钢），52～56（T8）
楔块与滑块	T8A，T10A	淬火	60～62
弹簧	65Mn，60SiMnA	淬火	40～45

附录 D　冲模零件常用公差配合及表面粗糙度

附录 D1　冲模零件的加工精度及其相互配合

配合零件名称	精度及配合	配合零件名称	精度及配合
导套（导柱）与上、下模座	$\frac{H7}{r6}$	固定挡料销与凹模	$\frac{H7}{n6}$ 或 $\frac{H7}{m6}$
导柱与导套	$\frac{H6}{h5}$ 或 $\frac{H7}{h6}$、$\frac{H7}{f6}$	活动挡料销与卸料板	$\frac{H9}{h8}$ 或 $\frac{H9}{h9}$
模柄（带法兰盘）与上模座	$\frac{H8}{h8}$ 或 $\frac{H9}{h9}$	圆柱销与凸模固定板、上、下模座等	$\frac{H7}{n6}$
凸模与凸模固定板	$\frac{H7}{m6}$ 或 $\frac{H7}{k6}$	凸模（凹模）与上、下模座（镶入式）	$\frac{H7}{h6}$
螺钉与螺杆孔	0.5 或 1mm（单边）	顶件板与凹模	0.1～0.5 mm（单边）
卸料板与凸模或凸凹模	0.1～0.5 mm（单边）	推销（连接推杆）与凸模固定板	0.2～0.5 mm（单边）
推杆（打杆）与模柄	0.5～1 mm（单边）		

附录 D2 冲模零件的表面粗糙度

<table>
<tr><th>表面粗糙度
R_a/μm</th><th>使 用 范 围</th><th>表面粗糙度
R_a/μm</th><th>使 用 范 围</th></tr>
<tr><td>0.2</td><td>抛光的成形面及平面</td><td>1.6</td><td>（1）内孔表面——在非热处理零件上配合使用
（2）底板平面</td></tr>
<tr><td>0.4</td><td>（1）压弯、拉深、成形的凸模和凹模的工作表面
（2）圆柱表面和平面的刃口
（3）滑动和精确导向的表面</td><td>3.2</td><td>（1）不磨加工的支撑、定位和紧固表面——用于非热处理的零件
（2）底板平面</td></tr>
<tr><td rowspan="2">0.8</td><td rowspan="2">（1）凸模和凹模刃口
（2）凸模和凹模镶块的结合面
（3）过盈配合和过渡配合的表面——用于热处理零件
（4）支撑定位和紧固表面——用于热处理零件
（5）磨加工的基准面
（6）要求准确的工艺基准面</td><td>6.3～12.5</td><td>不与冲压制件及冲模零件接触的表面</td></tr>
<tr><td>25</td><td>粗糙的不重要的表面</td></tr>
</table>

参 考 文 献

1. 丁松聚．冷冲模设计．北京：机械工业出版社，2004
2. 姜奎华．冲压工艺与模具设计．北京：机械工业出版社，2003
3. 李双义．冷冲模具设计．北京：清华大学出版社，2003
4. 成虹．冲压工艺与冲模设计．北京：高等教育出版社，2002
5. 翁其金．冲压工艺与冲模设计．北京：机械工业出版社，2004
6. 模具实用技术丛书编委会．冲模设计应用实例．北京：机械工业出版社，1999
7. 陈剑鹤．冷冲压工艺与冲模设计．北京：机械工业出版社，2002
8. 卢险峰．冲压工艺模具学．北京：机械工业出版社，1998
9. 肖景容，姜奎华．冲压工艺学．北京：机械工业出版社，2000
10. 王芳．冷冲压模具设计指导．北京：机械工业出版社，1998
11. 薛啟翔．冲压模具与制造．北京：化学工业出版社，2004
12. 冲模设计手册编写组．冲模设计手册．北京：机械工业出版社，2000
13. 刘湘云．冷冲压工艺及冲模设计．北京：航空工业出版社，1994
14. 王同海．实用冲压设计技术．北京：机械工业出版社，1995
15. 李硕本．冲压工艺学．北京：机械工业出版社，1982
16. 吴诗淳．冲压工艺学．西安：西北工业大学出版社，1991
17. 张均．冷冲压模具设计与制造．西安：西北工业大学出版社，1993
18. 赵英才．冲压模具工入门．杭州：浙江科学技术出版社，1999
19. 赵世友．模具工实用技术．沈阳：辽宁科学技术出版社，2004
20. 马正元．冲压工艺与冲模设计．北京：机械工业出版社，2003
21. 王孝培．冲压手册．北京：机械工业出版社，1992
22. 陈炎嗣．冲压模具设计与制造技术．北京：北京出版社，1991
23. 刘心治．冷冲压工艺及冲模设计．重庆：重庆大学出版社，1996